昆山高新区（玉山镇）村志系列丛书

新江村志

XINJIANG CUNZHI

昆山高新区（玉山镇）村志系列丛书编纂委员会 编

苏州大学出版社
Soochow University Press

图书在版编目（CIP）数据

新江村志/金龙主编；昆山高新区（玉山镇）村志系列丛书编纂委员会编. -- 苏州：苏州大学出版社，2023.12

（昆山高新区（玉山镇）村志系列丛书）

ISBN 978-7-5672-4670-6

Ⅰ.①新… Ⅱ.①金… ②昆… Ⅲ.①村史—昆山 Ⅳ.①K295.35

中国国家版本馆 CIP 数据核字（2023）第 240703 号

新江村志

编　　者	昆山高新区(玉山镇)村志系列丛书编纂委员会
主　　编	金　龙
责任编辑	刘荣珍
助理编辑	汝硕硕
装帧设计	刘　俊
出版发行	苏州大学出版社
地　　址	苏州市十梓街 1 号
邮　　编	215006
电　　话	0512-67481020
网　　址	http://www.sudapress.com
邮　　箱	sdcbs@suda.edu.cn
印　　刷	苏州市越洋印刷有限公司
开　　本	787 mm×1 092 mm　1/16　插页 16　印张 33(共两册)　字数 539 千
版　　次	2023 年 12 月第 1 版
印　　次	2023 年 12 月第 1 次印刷
书　　号	ISBN 978-7-5672-4670-6
定　　价	120.00 元(共两册)

版权所有　侵权必究

昆山市地方文献丛书编纂委员会

顾　　问：沈一平　单　杰

主　　任：朱建忠

副 主 任：吴　莺　苏　晔　程　知

成　　员：徐　琳　杨伟娴　何旭倩　杨　蕾

昆山高新区（玉山镇）村志系列丛书编纂委员会

总 顾 问：孙道寻

主　　任：陈青林

副 主 任：孔维华　沈跃新　范洪春　石建刚

委　　员：董文芳　王志刚　陈晓伟　刘清涛

　　　　　毛伟华　陆轶峰

审定单位

昆山高新技术产业开发区管理委员会

昆山市地方志编纂委员会办公室

昆山高新区（玉山镇）村志系列丛书编纂办公室

主　　任：刘清涛

副 主 任：姚　兰　管　烨　张振华

成　　员：姚　晨　赵赋俊　季建芬

编纂统筹：苏洪根

编　　务：朱小萍　周凤花　金小华

《新江村志》编纂委员会

主　　任：金　龙

副 主 任：张卫荣

委　　员：龚　寅　邹　浩　唐　华　王　宁

《新江村志》编纂组

主　　编：金　龙

副 主 编：张卫荣

特聘总纂：晓　鼎

撰　　稿：李　红（主笔）　何春红　杨春艳

编　　务：方　姣　周　超　梁建明　高金龙　郭凤生
　　　　　吴福康　周宝明

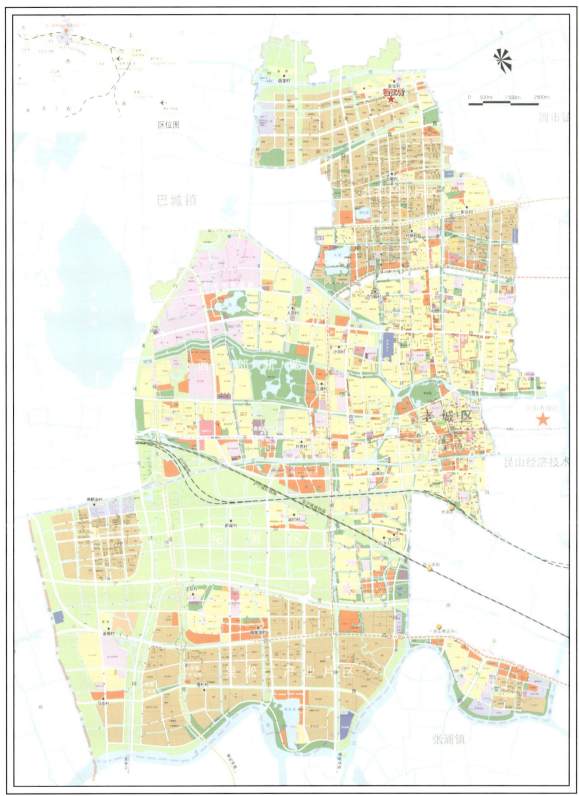

注：①本示意图由昆山高新区规划建设局提供（2020年）
②★表示新江村在昆山高新区（玉山镇）的位置

昆山高新区（玉山镇）区划示意图

⬆ 俯瞰新江村（2020年，新江村摄制组摄）

⬆ 新江村局部鸟瞰图（2020年，新江村摄制组摄）

上 新江村村委会（2020年，新江村摄制组摄）
下 新江村农村住宅（2020年，新江村摄制组摄）

上　新江村现代化动迁小区1（2020年，新江村摄制组摄）
下　新江村现代化动迁小区2（2020年，新江村摄制组摄）

上 新江村现代化动迁小区3（2020年，新江村摄制组摄）
下 新江村现代化动迁小区4（2020年，新江村摄制组摄）

上　新江村现代化动迁小区内景1（2020年，新江村摄制组摄）
下　新江村现代化动迁小区内景2（2020年，新江村摄制组摄）

上　新江村现代化动迁小区外景1（2020年，新江村摄制组摄）
下　新江村现代化动迁小区外景2（2020年，新江村摄制组摄）

<u>上</u> 新江村一角自然风光1（2020年，新江村摄制组摄）
<u>下</u> 新江村一角自然风光2（2020年，新江村摄制组摄）

上 新江村周边现代化桥梁（2020年，新江村摄制组摄）
中 新江村周边现代化道路（2020年，新江村摄制组摄）
下 北门路（2020年，新江村摄制组摄）

- 新江村河流（2020年，新江村摄制组摄）
- 新江村村民水产养殖基地（2020年，新江村摄制组摄）
- 新江村美丽菜园（2021年，新江村摄制组摄）

- 郊野公园（2020年，新江村摄制组摄）
- 新江村周边公园健身步道（2020年，新江村摄制组摄）
- 杨林社区日间照料中心（2020年，新江村摄制组摄）

上 恒盛路北门站（2020年，新江村摄制组摄）
中 郭家港机排站（2020年，新江村摄制组摄）
下 新江排涝站（2020年，新江村摄制组摄）

⬆ 昆山高新区美陆幼儿园（2020年，新江村摄制组摄）
⬅ 昆山高新区美陆小学（2020年，新江村摄制组摄）
⬇ 新江村周边农贸市场（2020年，新江村摄制组摄）

1953年新江村村民所获部队荣誉（2020年，新江村摄制组摄）

1953年新江村村民功劳证（2020年，新江村摄制组摄）

1983年新江村村民社员证（2020年，新江村摄制组摄）

1965年粮票（2020年，新江村摄制组摄）

1985年股票（2020年，新江村摄制组摄）

老物件

茶缸（2020年，新江村摄制组摄）

汤焐子（2020年，新江村摄制组摄）

脚炉（2020年，新江村摄制组摄）

饭桶（2020年，新江村摄制组摄）

江苏省级荣誉

苏州市级荣誉

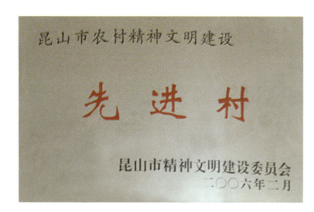

昆山高新区（玉山镇）荣誉

昆山高新区（玉山镇）荣誉

新江村村民委员会工作人员合影（2021年，新江村摄制组摄）
左起：方姣、周超、邹浩、金龙、张卫荣、王小鹏、唐华、王宁、龚寅

《新江村志》编纂委员会成员（2021年，新江村摄制组摄）
前排左起：吴福康、郭凤生、高金龙、周宝明、梁建明、何春红、李红、杨春艳
后排左起：方姣、周超、邹浩、金龙、张卫荣、王小鹏、唐华、王宁、龚寅

总 序

值此全面贯彻落实党的二十大精神的开局之年，欣闻"昆山高新区（玉山镇）村志系列丛书"之《大公村志》《南渔村志》《江浦村志》《广福村志》《新乐村志》《群星村志》《马庄村志》《燕桥浜村志》《新江村志》《新生村志》10部村志即将付梓。编修乡镇村志是落实国家"十四五"规划纲要，助力乡村文化振兴的一项重要内容，任务艰巨、意义重大。

2018年，昆山高新区（玉山镇）启动22个建制村的村志编修工作，这既为探索新型城镇化的发展经验、发展模式、发展道路提供历史智慧和现实借鉴，也是响应国家"学党史、学新中国史、学改革开放史、学社会主义发展史"的生动实践。村落是乡土文化赖以生存的土壤，活态地保存着各种村庄形态、传统民居、传统美食和民俗风情。村庄里的一座座祠堂、一本本家谱、一口口古井、一条条古道，无一不是村落文化的印记。那些反映宗族文化的家风家训、乡规乡约，反映村民声音的方言俚语，反映传统生活方式的手工技艺、民俗节庆等，对生活在这块土地上的村民来说，是难以割舍的精神滋养。

"昆山高新区（玉山镇）村志系列丛书"脉络清晰、内容丰富，既有理论又有实践，既有历史又有现实，客观再现了村民们在伟大历史进程中的奋进足迹和优异成绩。村志作为省、市、县三级志书的延伸和拓展，其丰富多彩的体裁形式在一定程度上体现了盛世修志工作的灵活性、包容性和多样性。

希望"昆山高新区（玉山镇）村志系列丛书"能讲好昆山高新区（玉山镇）乡村振兴的故事，并把故事和智慧传递得更远。希望全区广大干部和村民

能够持续聚焦乡村振兴，做这一历史伟业的见证者、记录者和传承者。

在此，谨向在昆山高新区（玉山镇）发展改革进程中洒下汗水、做出重大贡献的先辈们致以崇高的敬意！向辛勤编纂"昆山高新区（玉山镇）村志系列丛书"的编纂人员表示衷心的感谢！

是为序。

中共昆山市委常委
昆山高新区党工委书记 孙道寻

2023 年 12 月

 # 序

　　盛世修志，造福后代。

　　从2020年5月启动，历时三载精心笔耕，众手共襄，《新江村志》终于出版了！这是新江村村民政治生活中的一件大事，也是新江村文化建设和社会发展的一项重要成果。这是一项记载历史、传承文明、惠及后人的文化工程，也是一部记载新江村成长史、创业史、奋进史的翔实志书，是新江村留给子孙后代的珍贵财富。

　　岁月更迭，沧海桑田。在历史的长河中，新江村是一个具有江南文化神韵、历史文化悠久、区域建置复杂、改革历程精彩的村庄。明代戏曲作家梁辰鱼就出生于此，其编著的《浣纱记》让昆曲在舞台上大放异彩。

　　新江村是个新的行政村，由枉江、东江两村合并而成，原属陆杨镇。2003年8月，新江村并入玉山镇。改革开放前，村级经济落后，村民生活贫困。改革开放后，村民们通过勤劳和智慧，努力发展生产。随着两次行政区划调整，新江村土地资源得到有效整合，单一农业经济状况改变，农业生产与时俱进，第二、第三产业稳步发展。2004年，新江村纳入昆山高新区玉山镇民营开发区建设整体规划后，充分利用区位优势，建造标准厂房用于租赁，增加村级经济收入，各项社会事业也迅速发展，村民的物质生活和精神生活有了明显改善，村容村貌也发生了翻天覆地的变化，全面小康的目标得以实现。新江村从昔日贫困的小乡村蝶变成了现代化的新农村。

　　《新江村志》客观、准确地记述中华人民共和国成立后，新江村政治、经济、文化和社会事业各方面的重大变革和发展状况，集村情于一志，是一部实用价值较高的地情书，对人们进一步了解新江村的历史、探究新江村的未来发

展，具有一定作用。

编纂《新江村志》是一项系统、复杂的社会工程，在昆山高新区党工委、管委会领导下，在昆山高新区（玉山镇）村志系列丛书编纂办公室的精心指导下，在新江村全体村民的热情参与和大力支持下，《新江村志》编纂人员数易其稿，终于使《新江村志》得以成书面世。在此，向悉心修志的编纂人员和所有支持、关心、帮助《新江村志》编纂工作的人表示衷心感谢。

历史在前进，社会在发展。当前，我们正处在社会主义现代化建设高质量发展时期，愿我们从《新江村志》中汲取营养，更好地继承和发扬艰苦奋斗、自强不息的精神，创造出无愧前人的光辉业绩。我们也期望，这部志书能更好地发挥其凝心聚力的媒介功能，激励新江村村民精诚团结，拼搏向上，把新江村建设得更加美好，在这片热土上续写更加灿烂辉煌的历史篇章！

昆山高新区（玉山镇）新江村
党总支部书记、村民委员会主任
2023年10月

凡 例

一、本志以马克思列宁主义、毛泽东思想、邓小平理论、"三个代表"重要思想、科学发展观、习近平新时代中国特色社会主义思想为指导，坚持辩证唯物主义和历史唯物主义的立场、观点和方法，全面系统地记述新江村自然、政治、经济、文化、社会等方面的历史和现状。

二、本志纵贯古今、详今明古，上限追溯事物发端，下限至2020年12月。图照、大事记延至2021年底。

三、本志记述地域范围，以2020年现行村域为准。

四、本志由述、记、志、传、图、表、录诸体构成，志为主体，设章、节、目、子目，横排门类，纵述史实。

五、本志采用现代语体文。概述中有叙有议，叙述结合；大事记以编年体为主，结合运用记事本末体。

六、本志采用公元纪年，清代及以前采用朝代纪年括注公元纪年。"解放前（后）"是指1949年5月13日新江村解放前（后）。文中未注明世纪的年代皆为20世纪，"新世纪"则指21世纪。

七、本志计量单位原则上采用中华人民共和国法定计量单位。"亩""公斤"等计量单位的使用沿用历史习惯。

八、本志地名、政区及机构，均用当时名称，在各章中第一次出现时用全称，并在括号内注明简称，其后使用简称。

九、本志收入在本村历史发展进程中起过一定作用、具有一定贡献和影响的人物，已逝人物入人物传略，均按卒年排序；在世人物入人物简介或人物名录，人物简介按生年排序。部分人物列表入志。

十、本志资料来源于志书、档案、报刊等史料及口碑材料,经考察、核实选用。资料及数据以统计部门提供的为主。统计部门缺失的,采用业务主管部门的统计数据。

目 录

- 001 / 概　述
- 006 / 大事记

第一章　村情概览

- 030 / 第一节　建置区划
- 030 / 一、建置沿革
- 031 / 二、行政区划
- 034 / 三、自然村落
- 046 / 第二节　自然环境
- 046 / 一、地貌土壤
- 047 / 二、河流
- 050 / 三、气候气象
- 053 / 四、自然灾害

第二章　人口

- 058 / 第一节　人口规模
- 058 / 一、人口数量
- 061 / 二、人口变动
- 063 / 第二节　人口构成
- 063 / 一、民族
- 063 / 二、性别
- 064 / 三、年龄
- 065 / 四、文化
- 066 / 五、姓氏
- 068 / 六、籍贯
- 069 / 第三节　人口管理
- 069 / 一、人口生育管理
- 072 / 二、流动人口管理

第三章　村级组织

- 076 / 第一节　村党组织
- 076 / 一、组织建设
- 081 / 二、思想建设
- 083 / 三、作风建设
- 084 / 四、制度建设

085 /	第二节　自治组织
085 /	一、组织机构
089 /	二、民主选举
091 /	三、管理工作
100 /	四、民兵工作
101 /	第三节　群团组织
101 /	一、农民协会
102 /	二、共青团
103 /	三、妇女组织
105 /	四、老年协会
106 /	五、残疾人协会
106 /	六、关心下一代工作委员会

第四章　村庄建设

108 /	第一节　基础设施
108 /	一、道路
110 /	二、桥梁
114 /	第二节　公共事业
114 /	一、供水
114 /	二、供电
115 /	三、供气
116 /	四、邮政通信
117 /	五、公共交通
118 /	六、水利建设
124 /	第三节　公共设施
124 /	一、办公设施
125 /	二、活动会所
126 /	三、日间照料中心
127 /	四、停车位
128 /	五、电动车充电桩
128 /	第四节　环境保护
128 /	一、厕所改造
129 /	二、垃圾处理
130 /	三、环境绿化
130 /	四、河道维护

第五章　农业生产

134 /	第一节　生产关系
134 /	一、土地私有制
134 /	二、土地改革
135 /	三、农业合作化
136 /	四、人民公社
138 /	五、家庭联产承包责任制
138 /	六、土地规模经营
143 /	七、土地确权登记
145 /	八、股份合作制
145 /	第二节　粮油作物
146 /	一、水稻
152 /	二、三麦
155 /	三、油菜
158 /	第三节　经济作物
158 /	一、蔬菜瓜果
159 /	二、菌类种植
159 /	三、药材种植
160 /	四、果树种植
160 /	第四节　畜禽养殖
160 /	一、家畜
163 /	二、家禽

164 /	第五节　水产养殖	202 /	二、群众文娱
164 /	一、养殖方式	205 /	三、文娱场所
165 /	二、养殖品种	207 /	第三节　医疗卫生
166 /	三、病虫防治	207 /	一、医疗机构
167 /	第六节　农用肥料	208 /	二、妇幼保健
167 /	一、有机肥	210 /	三、疾病防治
169 /	二、无机肥	213 /	四、爱国卫生运动
170 /	第七节　农具农机	213 /	第四节　体育
171 /	一、传统农具	214 /	一、体育设施
172 /	二、农业机械	214 /	二、健身运动
		215 /	三、少儿体育

第六章　工商服务业

第八章　精神文明建设

176 /	第一节　工业	218 /	第一节　文明创建
176 /	一、手工业	218 /	一、学雷锋做好事
179 /	二、工业企业	219 /	二、争创文明村
188 /	第二节　商贸服务业	219 /	三、文明家庭创建
188 /	一、零售商店	222 /	第二节　新时代文明实践
189 /	二、服务业	223 /	一、党群服务中心
		223 /	二、新时代文明实践站
		227 /	三、道德讲堂
		227 /	四、志愿服务

第七章　文教体卫

第九章　村民生活

192 /	第一节　教育	232 /	第一节　收入支出
192 /	一、私塾教育	232 /	一、收入
193 /	二、幼儿教育	234 /	二、支出
194 /	三、小学教育	236 /	第二节　衣食住行
198 /	四、中学教育		
199 /	五、成人教育		
201 /	第二节　文化		
201 /	一、广播电视		

236 / 一、服饰
237 / 二、饮食
239 / 三、住房
242 / 四、家具
243 / 五、家电
243 / 六、交通出行
245 / 第三节 "万元户"家庭
245 / 一、梁文明家庭
245 / 二、龚水泉家庭
246 / 三、唐伯元家庭
246 / 四、唐培元家庭
247 / 五、邵云华家庭
247 / 第四节 养老保险
247 / 一、农村养老保险
248 / 二、社会养老保险
249 / 第五节 医疗保险
249 / 一、农村合作医疗
250 / 二、城镇居民医疗保险
251 / 三、职工医疗保险
252 / 第六节 民生保障
252 / 一、最低生活保障
253 / 二、最低生活保障边缘
253 / 三、临时救助
254 / 四、五保供养
255 / 五、残疾人两项补贴
256 / 六、普惠、精准帮扶救助
257 / 七、老年人福利
258 / 第七节 失地农民生活保障
258 / 一、土地补偿
260 / 二、房屋安置、补偿

第十章 村风民俗

264 / 第一节 习俗
264 / 一、岁时习俗
268 / 二、生活习俗
273 / 三、生产习俗
273 / 第二节 方言俗语
273 / 一、方言
278 / 二、谚语
281 / 三、歇后语

第十一章 人物 荣誉

284 / 第一节 人物
284 / 一、人物传略
285 / 二、人物简介
289 / 三、人物名录
313 / 第二节 荣誉
313 / 一、集体荣誉
315 / 二、个人荣誉

第十二章 村落文化

320 / 第一节 传统文化
320 / 一、昆曲
320 / 二、堂名
321 / 三、江南丝竹
321 / 四、宣卷
322 / 第二节 历史遗迹

322 / 一、古宅
322 / 二、古庙
323 / 三、古桥
323 / **第三节 村民记忆**
323 / 一、邵家村三义士
324 / 二、火烧走马楼
324 / 三、苦佃农年年吃租米官司

325 / 四、船工义务送部队
326 / 五、血吸虫病害苦人
327 / 六、土匪误伤良家子
327 / 七、1954年洪涝灾害

329 / **编后记**

概　述

江南灵韵育新江

美哉江南，灵韵育新江！

新江村是一个极富江南文化神韵的现代化城市型村庄。它地处玉山镇北部，东与玉山镇新生村相接，西与玉山镇唐龙村交界，南隔新塘河与玉山镇五联村相望，北与周市镇横娄村为邻，总面积约 3.71 平方千米。

中华人民共和国成立前，新江村是一个以农业为主的贫穷村庄。中华人民共和国成立后，村民们在共产党的带领下，把新江村逐步建设成为政治稳定、经济繁荣、文化昌盛、百姓安居乐业的社会主义现代化新农村。

江南人杰地灵，被江南灵韵孕育的新江村，历经沧海桑田，依然呈现一派欣欣向荣的蓬勃景象。

物华天宝，偏乡僻壤嬗变为现代化新农村

新江村地处长江三角洲、太湖下游，地势平坦，气候温和湿润，四季分明，适宜各类农作物生长和水产品养殖业发展。

早在春秋战国时期，境域内已有人定居，围耕种植，繁衍生息，渐成村落。长期以来，境域内以农业生产为主。民国时期，境域内设乡、保、甲。中华人民共和国成立初期，废保、甲，设乡、行政村，境域属三塘乡。1950 年 1 月，境域属关皇乡。1956 年，撤区并乡，境域属周墅乡。1958 年，建立人民公社，境域属周墅人民公社（简称"周墅公社"）卫星大队。1962 年，调整人民公社规模，境域属陆桥人民公社（简称"陆桥公社"）。1983 年，政社分设，改乡

建制，下设行政村柱江村、东江村。1986 年，撤乡设镇，境域属陆杨镇。2001 年，行政村区域调整，撤销柱江村、东江村，在两村原区域设立新江村。2003 年，新江村划归玉山镇管辖。2004 年，新江村纳入昆山高新区玉山镇民营开发区建设整体规划。至 2020 年，境域内 10 个自然村全部动迁；新江村辖 20 个村民小组。

中华人民共和国成立前，境域内因战乱及生产生活水平落后，人口稀少且增长缓慢。中华人民共和国成立后，境域所属的三塘乡人民政府宣告成立，境域内组织机构不断完善。1950 年 1 月，关皇乡成立，是年关皇乡成立农民协会（简称"农会"），管理当地农业生产，人民以翻身做主人的崭新面貌参与土地改革（简称"土改"）。经历初级农业生产合作社（简称"初级社"）、高级农业生产合作社（简称"高级社"）等一系列变革后，基层党组织成为引领人民群众繁荣经济、政治、文化、社会事业的核心力量。

在党的领导下，人民生活日益安定。20 世纪六七十年代，境域内人口显著增加；80 年代实行计划生育后，人口出现缓慢回落。进入 21 世纪后，村民生活水平逐步提升，家庭格局出现变化，总体趋势是从大家庭逐渐变为小家庭。随着城镇化进程的推进，新江村大多数村民户籍转到美陆佳园杨林社区。至 2020 年底，新江村总户数为 151 户，总人口为 448 人。

境域内长期以农业生产为主，经历了解放前的土地私有制，以及解放后的土地改革，分田到户。50—70 年代，境域内农业生产以集体经济为主体，经历了从互助组、初级社、高级社到公社大队的转变。集体经济对于提高农业产量、充分调配农业资源、大力发展农村基础设施建设，均有积极作用。80 年代初，境域内实行家庭联产承包责任制，村民以家庭为单位，自负盈亏，积极性被充分调动。随着经济进一步搞活，村民办家庭农场，开鱼塘发展水产养殖，充分发展副业等，经济形式变得多种多样。到 2020 年，由于村庄动迁，新江村只剩下少量耕地，本地村民基本脱离农业生产。

进入 21 世纪后，随着行政区划调整，境域内土地资源得到有效整合，单一农业经济状况得到初步改变。新江村充分利用地处玉山镇民营开发区拓展区的区位优势，建造标准厂房，通过租赁创收；尤其是在改革开放过程中，新江村上下一致努力，把一个偏乡僻壤之地建设成为村强民富、幸福文明的现代化新农村。

改革奋进，经济繁荣托起小康之梦

中华人民共和国成立前，境域内道路以泥路为主。中华人民共和国成立后，50年代仍以泥路或茅草路为主。60—70年代，境域内出现机耕路。80年代，出现黑脚子路和砂石路。90年代，出现水泥路。21世纪初，境域内出现沥青道路。中华人民共和国成立前和成立初期，境域内只有竹夹桥、小木桥、独木桥等。80—90年代，出现楼板桥、水泥桥、石条桥等。进入21世纪后，境域内建有钢筋混凝土桥。至2020年底，境域内共有9条沥青道路、15座桥梁。

随着改革开放和经济建设逐步加快，境域内的邮政通信、供水、供电、供气、环境保护等基础设施建设紧跟时代发展。在以农业为主的时代，境域内大力建设电灌站、排涝站、防洪闸，为农业生产服务。进入21世纪，境域内水利建设以防洪抗涝为主，确保一方平安。在配套设施上，会议室、活动会所、图书室等配备完善，功能齐全。

中华人民共和国成立前，境域内商业落后，从事服务业的人中，以木匠和泥瓦匠居多，裁缝、漆匠、理发师等偏少。中华人民共和国成立后，为方便村民购买日常生活用品，境域内先后开办16家农村代购代销店（简称"双代店"）或小卖部。从1976年起，境域内先后开办20家村办集体企业。从1994年起，村办集体企业陆续改制为民营企业，由私人承包办厂。至2020年，村民先后开办了26家企业，其中10家在境域内，16家在境域外。从2004年开始，村庄陆续动迁，境域被建成民营工业园区，大量外来企业入驻，村民有了更多就业机会。

改革开放40多年来，村民收入结构和收入水平发生了翻天覆地的变化。50—70年代，村民收入来源单一，主要靠农业生产。80年代后，村民收入来源逐渐丰富，村民们或搞养殖等副业，或进工厂上班，或自主创业等。进入新世纪后，村民收入来源增加，消费水平也水涨船高，村民生活品质进一步提升。至2020年，村民人均年收入54 278元，人均住房面积达40.47平方米，村民生活富足，安居乐业，过上了幸福祥和的小康生活。新江村也先后获"江苏省卫生村""全国亿万农民健康促进行动先进村""昆山市精神文明建设先进村""苏州市民主法治村"等荣誉称号。

进入新世纪，村民的生活水平稳步上升，各项社会保障也相继落实到位。村民的社会保障主要包括养老保险、医疗保险、民生保障和失地农民生活保障等。新江村针对老年人、贫困户、致病致残困难户等均有相应的保障措施，且保障日趋精准。随着物质的极大丰富，村民不仅解决了吃饱穿暖的基本需求，而且追求吃得健康，穿得时髦，生活过得越来越美好。

江南片玉， 乡风文明润泽幸福家园

新江村境域内自古浸染江南文化神韵，乡风文明润泽千年，有着深厚的文化底蕴。昆曲、堂名、宣卷、江南丝竹等传统文化在境域内都有一定的社会影响力。明代戏曲作家梁辰鱼就出生于境域内，其编著的《浣纱记》让昆曲在舞台上大放异彩。

中华人民共和国成立后，境域内文化事业不断发展，文艺宣传队、露天电影等丰富了群众的文化、娱乐生活。改革开放后，随着物质生活的改善，人们的精神文化生活也日益精彩，尤其是进入 21 世纪后，有线电视进村入户，境域内建立了文化广场、图书室、老年活动室等活动场所，极大地丰富了村民的精神生活。

中华人民共和国成立前，境域内相对较大的自然村都建有私塾。中华人民共和国成立后，各村举办冬学、夜校，在群众中开展广泛的扫盲教学活动。1980 年以后，村办幼儿园、小学、中学等全面改革，学校教育按照现代化标准阔步前进。2003 年，新江村划归玉山镇管辖，村内适龄儿童就近入学。至 2020 年，境域内适龄儿童就近入读昆山高新区美陆幼儿园、美陆小学、城北中学，成人则选择在玉山成人教育中心校或社区教育中心接受教育、培训。

中华人民共和国成立前，境域内卫生条件差，缺医少药，流行性传染病、血吸虫病盛行。中华人民共和国成立后，党和政府十分重视卫生事业，掀起群众性的爱国卫生运动，大力消灭传染病，家家户户清螺、灭螺，严防血吸虫病。此外，还建立村办卫生所、医疗站，尽量做到小毛小病不出村，一般疾病不出镇。进入 21 世纪，境域内的医疗保健水平日益提高，老百姓在家门口就可以得到良好的保健和卫生保障。

江南文化润物无声。境域内的村民在精神文明建设中始终保持着努力奋进、积极向上的精神面貌，对待传统文化与现代文明，始终坚持传承与创新相结合。从 60 年代"学雷锋"到 80 年代"五讲四美三热爱"、争做"四有新人"等，村民们始终把精神文明建设贯穿于社会主义建设中。进入 21 世纪，村民们通过"党员带领，群众参与"的志愿导航形式，把"献爱心、争先锋"作为党风、民风建设任务，全村干部、群众积极学习和创新，并努力践行社会主义核心价值观。

在历史发展的长河中，新江村形成了具有时代特色和地域风貌的民俗风情和方言谚语，通过展现村民的岁时习俗、生活习俗、生产习俗，可以看到社会发展给村民生活带来的改变，一些不合理的习俗如童养媳等被废弃，一些合理的习俗得到了保留，如中秋节吃月饼，端午节吃粽子等。从习俗的延续与改变中可以看到，村民的物质生活水平不断提高，生活质量有了很大的提升，一些优秀的传统习俗也得到很好的继承和发扬。与此同时，村民在农事生产和世俗生活中积累下大量的谚语、歇后语，这些活泼生动的语言体现了村民的朴素智慧和乐观天性。

作为戏曲作家梁辰鱼的故乡，这块充满灵气的宝地孕育了不少英才志士和能工巧匠。中华人民共和国成立前，梁辰鱼的《浣纱记》唱响大江南北。中华人民共和国成立后，新江村更是人才辈出，有多名学子考入重点大学或出国深造，为国家和家乡建设添砖加瓦，赢得荣誉。至 2020 年底，全村有研究生学历者 16 人，有专科及本科学历者 501 人，他们为新农村建设注入了新能量。

新江村，从一个不知名的小乡村，发展到如今生机勃勃的现代化新农村，其间翻天覆地的变化，在乡村史上留下了浓墨重彩的一笔。

一部志书写不尽这片土地上的古韵今风。如今，新江村人在劳动生活中创造历史，在新时代共享荣耀，谱写未来！

大事记

明朝—清朝

明正统六年（1441）

昆山县开浚流经（近）境域的至和、新塘、盐塘、杨林 4 塘，以及黄昌、鳗鲤 2 泾。

明嘉靖三十二年（1553）

境域内梁家港（今新江村）人梁辰鱼，师承魏良辅，创作以昆腔演唱的传奇《浣纱记》，并首创用昆腔演唱。

清雍正二年（1724）

昆山县分置新阳县，实行昆山、新阳两县同城分治，境域属新阳县。

清道光十六年（1836）

3 月 16 日，境域内新塘桥旁演戏，观众涌至桥面，桥上石栏被观众挤坠，死伤 10 余人。

清宣统二年（1910）

昆山、新阳两县推行地方自治，废乡、保、都，改划 1 市 17 乡，始建陆家桥乡，境域属昆山县陆家桥乡。

中华民国

1912 年

新阳县并入昆山县，1 市 17 乡不变，境域属陆家桥乡。

1921 年

夏，连续暴雨，境域内低田被淹，颗粒无收，村民激奋，闯入县署，要求免租。

1925 年

境域内螟虫危害严重，稻谷无收，村民进城报荒请愿。

1929 年

昆山县划为 10 个区，辖 329 个乡、39 个镇，陆家桥、周墅两乡合为昆山县第十区。境域属陆家桥乡。

1934 年

6 月，昆山 10 个区调整为 8 个区，辖 41 个乡、24 个镇，境域属第八区。

11 月，昆山实行保甲制（10 户为 1 甲，10 甲为 1 保），第八区共有 74 保 789 甲。境域属第八区三塘乡。

1938 年

10 月 13 日，清晨，日军在关皇村（现今境域内）残酷杀害无辜村民 9 人，烧毁民房 25 间。

1941 年

7 月，日军第一期"清乡"开始。境域属"清乡"范围。

1942 年

第一期"清乡"结束。昆山县划为 9 个区，陆家桥乡分为三塘乡和新圩乡，境域属三塘乡。

1947 年

12 月 15 日，撤新圩乡并入三塘乡，境域属三塘乡。

1948 年

1 月，昆山县警察局周墅巡务组责令境域内村民修筑巴城至陆家桥乡间道路。

1949 年

是年初，昆山县实行"民众组训"，设 5 个督导区，辖 26 个乡、1 个镇。三塘乡、周墅乡属第一督导区，境域属第一督导区三塘乡。

5 月 13 日，昆山全境解放，境域内村民欢呼、庆祝。

5月19日,三塘乡、周墅乡人民政府宣告成立,废除保甲制度。乡镇划分沿用旧区划。境域属巴城区三塘乡。

7月25日,暴风雨,洪水涨至3.65米,境域内多个自然圩遭淹决堤,导致大面积粮田歉收。

秋,西江自然村全体村民到陈孝坟处开诉苦大会,控诉曾受地主、富农剥削。

中华人民共和国

1949年

11月,昆山县划为10个区27个乡镇(乡镇区划未变)。境域属巴城区三塘乡。

是年,西江自然村村民曹维锡参军入伍,为境域内第一个报名参加中国人民解放军的青年。

1950年

1月,昆山区制不变,改划27个乡镇、101个小乡镇。境域属巴城区关皇乡。

5月1日,《中华人民共和国婚姻法》颁布,村民结婚需要到区政府办理登记手续。

9月,关皇乡列入乡镇第一批土地改革乡,境域内开展土地改革。

10月,境域内开展抗美援朝保家卫国教育,郭家港自然村青年龚小山、范林生报名参加中国人民志愿军。

12月,昆山农村开展扫盲、识字教学,各村陆续开办冬学,境域内青壮年竞相参加扫盲学习。

是年,境域内关皇自然村青年戴修士报名参加中国人民解放军。

1951年

5月,境域内进行土地改革复查,整顿户籍,发放土地证。

1952年

3月,昆山县委在清水和关皇两乡进行人民代表普选试点工作,境域列为试点。

7月18日、8月17日、9月1日，境域内遭受3次台风袭击，暴雨导致低田被淹，农田受损严重。

12月，昆山县实行粮食统购统销，境域内民众开始交公粮。

是年，关皇乡第四联队在境域内荒田挖排水沟133米。

1953年

4月，境域内开展第一次全国人口普查。

9月，东江初级社成立，入社户数24户，总人口101人。

是年，关皇乡建立党支部，张金国为关皇乡首任党支部书记。

1954年

5月18日—7月24日，境域内连续降水60余天，河水陡涨，农田受淹，境域内组织村民全力排涝。

10月，东江自然村村民陆文霞任关皇乡乡长。

1955年

11月，境域内实行粮食"三定一奖"（定产、定购、定销、超产奖励）到户政策，激励和调动农民生产积极性。

1956年

1月，巴城乡建立高级社，境域属东江高级社。

3月，昆山县撤区并乡，全县划为5个区、40个乡（镇），境域属环城区陆桥乡东江高级社。

8月，撤区并乡（大乡），全县划为22个乡镇。原环城区陆桥乡撤并入周墅乡，境域属周墅乡。

8月28日，邵阿娥、顾文琪、陆文霞、倪兆香参加由周墅乡党总支部组织召开的第一次党员大会。

冬，境域内普遍办冬学、夜校，开展扫盲活动。

1957年

冬至翌年春，境域内大搞农田水利建设。

是年，境域内开展"血吸虫防治"灭钉螺运动。

是年，由于血吸虫病感染率高，境域内连续7年免征新兵，至1964年恢复征兵。

1958 年

4月，境域内开展"干河灭螺"运动。

9月，昆山建立人民公社，实行政社合一体制。境域属周墅公社卫星大队，顾文琪任书记，龚志良任社长。

秋，公社任命潘乘鉴为关皇小学校长。

是年，境域内永新、超英、东风、陆桥、卫星（境域部分）实行公社一级核算、半供给制。

是年，境域内建澜漕电力排灌站（简称"电灌站"），拆除关皇庙。

是年，周墅公社任命工农校长并派驻农中、中心校及各完小校，向境域内陆桥、胡家巷、关皇3所完小校派驻1名副大队长级的干部任工农校长。

1959 年

4月，周墅公社实行公社、大队二级核算，废除供给制，恢复社员自留地，境域内生产秩序恢复正常。

是年，周墅公社划为19个大队（其中18个农业大队、1个渔业大队），境域属周墅公社陆桥地区卫星大队。

1960 年

2月5日，境域大队干部顾文琪参加中共周墅公社第三次党员代表大会。

6月7—10日，连降大暴雨，境域内有215亩低田被淹。

8月、9月初，受台风影响，境域内普降暴雨。

1961 年

5月，境域内恢复农业"三包一奖"（按土地面积，定产包产、定工包工、定本包本，超产或降本者奖，加入分配；反之则在分配中扣除）政策。

夏，连续10天降水，境域内公司自然村低洼农田被淹，夏粮普遍霉烂，损失严重。

9月，调整人民公社规模。卫星大队拆分成东江、枉江两个大队。境域属陆桥公社枉江大队和东江大队。东江大队书记为吴永芳，大队长为邵广山；枉江大队书记为龚志良，大队长为邵佰生。

冬至翌年春，境域内实行以生产队为基本核算单位的管理体制。

是年，东江大队创办粮食加工厂。

是年，柱江大队青年自发组建朝阳篮球队。

是年，境域内螟害猖獗，粳稻几乎颗粒无收。

1962年

6月，境域内建造东江电灌站。

是年，关皇小学、郭家港小学被列为陆桥公社完小校和初小校。

是年，柱江大队和东江大队实行按劳分配，按规定划分自留地、饲料地，社员发展养猪、养鸡等家庭副业。

1963年

3月5日，境域内东江、柱江大队开展向雷锋同志学习的活动。

4月15—16日，东江大队邵广山、柱江大队龚志良参加陆桥公社第一届（周墅乡第五次）人民代表大会。

9月，柱江大队建机电排灌站（简称"机灌站"）。

1964年

5月1日，柱江大队青年自发组建的朝阳篮球队在陆桥公社篮球选拔赛中获第一名。

6月24—27日，境域内连降暴雨204毫米，东江大队鳗鲤河自然村高田与公司自然村低田之间未及时打坝，高田水流入低田，公司自然村560亩低田受淹。27日午，始打坝，29日低田脱险。

6月30日，境域内开展第二次全国人口普查。

是年，境域内开办郭家港、东江、鳗鲤河、关皇4所耕读小学，共收学生91人。

是年，知识青年上山下乡，7名江阴籍知识青年在境域内插队落户。

是年，大渔塘南、北两坝开通，新生、柱江（境域）两灌区独立成为新生联圩。

1965年

1月23日，东江大队陈炳生家意外着火，殃及相邻4户人家，烧坏瓦房4间，家具尽毁。

5月20日，境域内遇冰雹袭击，农作物受损。

是月，柱江大队建造功率30千瓦电灌站1座。

7月，中共苏州地委社教工作团分团进驻陆桥公社，境域内开展"四清"（清政治、清经济、清组织、清思想）运动，至次年3月结束。

9月，全县第一座砖砌混凝土结构套闸在境域内柱江大队郭家港河开工，10月下旬竣工。

秋，在"四清"运动中，境域内开展"农业学大寨"运动，兴修水利，大搞农田基本建设。

是年，知识青年上山下乡、插队落户，来自昆山西街和县航运公司的共24名男女青年在东江、柱江大队落户。

是年，东江、柱江大队分别建立卫生室。

1966年

春，昆山县第一个苏排Ⅲ型单泵站在跃进圩（横溇自然村）动工兴建。

4月8日，柱江大队第3生产队向昆山县民政局申请建造郭家港初级校获批准。

是年，东江、柱江大队建成2座砖结构"T"字型一字门套闸。

1967年

5月，东江大队建机电纯排灌站1座。

是月，柱江大队建邵家港防洪闸。

1968年

9月，境域内东江、柱江大队开展"抓革命　促生产"，设"请示台"，搞"三忠于"（忠于毛主席、忠于毛泽东思想、忠于毛主席革命路线）活动。

12月13日，江苏师范附中（现苏州市第十中学）79名"老三届"学生（1966—1968届的初、高中毕业生）到陆桥公社各大队插队落户，境域内东江、柱江大队均有知青插队落户。

是年，境域内魏桂英、钱美玉参加乡村卫生院开展的"赤脚"医生培训。

是年，境域内受灰飞虱侵扰，水稻发生条纹叶枯病，中稻成片被毁。

1969年

是年，境域内兴办合作医疗，合作医疗基金每人每年收取3元，村民在村内看病免费，外出看病报销部分医药费。

是年，境域内横江河上建成跨度4米的横江口桥。

1970 年

4 月，有教师、医生、城镇居民 71 人（随带家属 20 人）下放到东江、枉江大队参加农业劳动。

5 月，西江河防洪闸建成。

12 月 20 日，西杨林塘河段拓浚，全县组织民工 1.5 万人参与拓浚工作。境域内民工公摊到户，翌年 1 月竣工。结合河道工程，筑成昆北公路路基 11.7 千米。

冬，东江河上建成跨度 4 米的东江南桥。

是年，西杨林塘河拓浚，境域内跃进和东江形成 2 个联圩。

1971 年

4 月 29 日，境域内社员陈世凤、刘根妹参加共青团陆桥公社代表大会。

5 月，东江北建机灌站。

是年，昆北公路通车，境域内咸子泾渡口废弃。

1972 年

是年，卫生部门推广用锑-273 治疗血吸虫病，东江、枉江大队推广治疗。

1973 年

5 月 14 日，昆巴线自唐龙大队茆沙塘桥至巴城镇段建成通车，境域内村民可乘公交车直达巴城镇。

1974 年

8 月，境域内中、小学恢复秋季招生。

1975 年

3 月，陆桥公社工业办公室成立，境域内 5 家队办厂纳入社队企业。

4 月 14 日，东江大队班子调整，梁文忠任副业主任，梁爱英任贫下中农协会主任。

是月，枉江大队郭家港自然村设代销店。

5 月 16 日，东江大队干部调整，梁义龙任团支部书记，张惠林任会计。

是月，昆山县首届机动插秧机培训班在陆桥农机修配厂举办，境域内唐祥生、邵建青、龚阿小、吴竹选参加培训。

是年，东江大队开办胶木厂。

是年，郭家港机灌站建成，范林生为站长。

是年，枉江大队粮食总产量135万斤。

是年，境域内受灰飞虱侵扰，水稻发生条纹叶枯病，使单季粳稻减产。

1976年

3月21日，东江大队梁红峰任第1生产队技术员；沈金龙任第3生产队组长，梁卫东、梁义良任副组长；戴文观任第6生产队会计。

8月，唐山大地震后，东江、枉江大队村民搭建防震棚，夜宿防震棚内。

是年，东江大队第1、2生产队合购1台9英寸电视机。

是年，东江大队创办铝制品厂和化工厂。

是年，枉江大队创办农修厂、制线厂和袜厂。

是年，枉江、东江大队基本消灭血吸虫病。

1977年

春，北起西杨林塘，南接西江河，全长1.92千米的龙江河由公社征调劳动力开浚，境域内村民参加开浚工程。

10月18日，邵广山任东江大队党支部书记，陈根喜任副书记。

10月22日，东江大队党员邵广山、枉江大队党员龚林生参加中共陆桥公社党员大会。

10月26日，陆桥公社第四届妇女代表大会召开，境域内社员邵阿娥和倪金毛参加。

11月1日，枉江大队班子人员调整，龚林生、龚伯龙任党支部委员，邵阿娥任妇女主任，黄德纪任副业主任，龚文元任团支部书记、民兵营长，张胜明任会计，范林生任治保主任，赵伯生任协调主任，邵建康任农技员。

是年，枉江大队青年龚永琪参军入伍。

1978年

11月，枉江大队第2生产队开展油菜种植"联产到劳"试点工作。

是年，东江和枉江大队社员参加农村信用储蓄，支援国家经济建设。

1979年

5月，枉江大队首建蘑菇棚。

是年，东江大队水稻亩产839斤，排陆桥公社第一位。

是年，东江大队设立信用服务站，倪培兴任站长。

1980 年

9月1日，陆桥中心校在境域内开办一个幼儿混合班，东江、枉江大队有孩童入学就读。

12月，境域内东江、枉江大队向只生一个孩子的夫妇发放"独生子女光荣证"。

是年，东江大队创办玻璃钢厂。

1981 年

6月，东江大队借陆杨农科站房屋创办东江制线厂。1983年后由陆杨乡接管。

12月，境域内东江、枉江大队开展地名普查工作，翌年5月结束。

是月，陆桥人民公社改建为陆杨人民公社（简称"陆杨公社"），境域属之。

是年，境域内受灰飞虱侵扰严重，水稻发生条纹叶枯病，使单季粳稻减产五成之多。

1982 年

2月，苏州地委血吸虫病防治（简称"血防"）工作领导小组在昆山召开群众性查螺责任制现场会，会议代表来枉江大队检查指导。

是月，枉江大队第2生产队和东江大队第3、4、5生产队率先实行水稻生产"联产到劳"责任制。

4月，枉江大队创办枉江冶炼厂和申江玻璃钢厂。

是年，境域内开展第三次全国人口普查，枉江大队有人口772人，东江大队有人口748人。

1983 年

4月，政社分设。陆杨公社改建为陆杨乡，生产大队改建为村民委员会（简称"村委会"），枉江大队和东江大队成立村民委员会和村经济合作社，枉江大队改名为枉江村，东江大队改名为东江村。

4月27—28日，境域内遭狂风暴雨袭击，东江、枉江村部分民房倒塌，春麦受损倒伏80%，直接受灾面积达587亩。

5月19日，受冰雹袭击，境域内东江、枉江村农田种植的三麦（大麦、小麦、元麦）、油菜的茎秆被打断，秧苗大多重新播种。

是年，境域内东江、枉江村全面推行家庭联产承包责任制。

1984年

1月1日，乡体制改革试点结束，东江村和枉江村启用"村民委员会"和"经济合作社"新印章。

8月14—15日，村干部咸阿四参加陆杨乡第五届人民代表大会第一次会议。

11月，枉江村种植果园30亩。

是年，农村调整农业产业结构，枉江村在低洼农田开鱼塘，兴办水产养殖业。

是年，东江村创办涂料厂和纸印厂。

是年，家庭农场（土地规模经营）在陆杨乡出现，枉江村第4村民小组村民邵云龙家庭成为首批家庭农场承包户之一。

1985年

7月31日，受台风、暴雨袭击，东江、枉江村部分民住房和部分厂房、仓库进水，275亩农田受淹，两村组织40人抗灾排涝。

9月10日，境域内学校的学生、老师和家长共同庆祝第一个教师节。

是年，境域创办陆杨第二羊毛衫厂和枉江日用化工品厂。

是年，境域内65岁以上男性和60岁以上女性，首次领到政府发放的养老补助金，每人每年60元。

是年，枉江村村民邵小弟获"昆山县先进工作者"称号。

是年，境域内受灰飞虱侵扰，水稻发生条纹叶枯病，使单季粳稻减产。

1986年

12月，撤乡设镇，实行镇管村体制，枉江村和东江村属陆杨镇。

是年，东江村村民梁文明家安装全村第一部电话机。

1987年

4月12—13日，东江、枉江村村干部梁红峰、魏桂兰参加陆杨镇第六届人民代表大会第一次会议。

9月26日，境域内团干部梁建明参加共青团陆杨镇第十一次代表大会。

是年，柱江村创办薄膜分切厂。

1988年

10月19日，柱江村和东江村老人在重阳节欢度首个"中国老年节"。

是年，境域内建东江村办公楼，扩建纸印厂、玻璃钢厂、涂料厂厂房。

是年，东江玻璃钢厂开办东江五金门市部。

1989年

5月，东江北站排涝站重建。

是月，柱江冶炼厂与上海卢湾有色金属联营办厂。

9月28日，昆山撤县建市（县级市）。

是年，东江村青年梁建明获得"陆杨镇十佳青年"称号。

是年，柱江村村民唐永良第一个开鱼塘养殖甲鱼。

1990年

2月10日，凌晨，常熟以东支塘一带发生5.1级地震，境域内有震感。

4月6—7日，村干部梁红峰、咸阿四、龚林生、龚文元4人参加陆杨镇第七届人民代表大会第一次会议。

是年，境域内开展第四次全国人口普查，东江村有人口736人，柱江村有人口766人。

是年，东江村村民咸阿四在第四次全国人口普查工作中获评昆山市级"第四次全国人口普查先进个人"。

是年，锦溪人王庆健在柱江村租地开办彩瓦厂。

1991年

3月4日，妇女干部倪雪珍、顾建珍参加陆杨镇第七届妇女代表大会。

5月，邵家港防洪闸、东江套闸重建。

是月，横江排涝站重建。

6月28日至7月1日，受暴雨影响，外河水位涨至3.8米，村内400亩低田被淹3天。

是年，高金龙获评"陆杨镇抗洪救灾先进个人"。

是年，境域内开办陆杨兴隆制线厂和宏达电线厂。

1992 年

3 月，境域内老年协会成立。

是月，东江南站排涝站重建。

7 月 27 日，境域内关心下一代工作委员会（简称"关工委"）成立。

11 月，境域内各家各户安装自来水。

是年，东江村通往陆杨镇的主干道桥（跃进桥）完成翻建。

1993 年

1 月 13 日，东江村村干部高金龙和枉江村村干部顾建珍参加陆杨镇第八届人民代表大会第一次会议。

是年，枉江村获评"昆山市农业规模服务合格村"。

是年，枉江村第 4 村民小组首开围塘养殖青虾。

1994 年

3 月 8 日，东江、枉江村妇女干部倪雪珍、顾雪琴作为代表参加陆杨镇第八届妇女代表大会。

5 月，境域内横跨西江河的西江闸门桥开始翻建。

是年，境域内梁雪生、赵丽萍、夏志石、凌友林 4 名教师获昆山市教委颁发的"安居乐业奖"。

是年，枉江冶炼厂进行体制改革，租赁承包给个人，承包人为龚水泉。

1995 年

是年，境域内东江排涝站重建。

是年，境域内横江桥翻建。

1996 年

9 月，境域根据国家农村宅基地政策，确定境域内每家每户宅基地面积为 3 分，超出部分收取临时用地租金。

是年，枉江村建成昆山市电话村。

是年，村集体企业转制、改制工作全面启动，境域内集体企业 100% 转制。

是年，东江村获得苏州市绿化委员会颁发的"美丽村庄植树造林"奖，村干部咸阿四获评"昆山市先进个人"。

1997 年

2月28日，陆杨镇第九届人民代表大会第一次会议召开，境域内有4名村民代表参加。

3月8日，东江、柱江村妇女干部倪雪珍、顾雪琴参加陆杨镇第九届妇女代表大会。

8月，东江村村民袁建华与村民委员会签订土地租赁协议，开办菜牛养殖场。

1998 年

5月，郭家港套闸重建。

是年，东江和柱江两村共有355户村民领取镇政府发放的宅基地使用证。

是年，柱江村被昆山市委、市政府授予"计划生育示范村"和"计划生育先进集体"称号。

1999 年

6月8日至7月1日，连续降水，境域内东江大渔塘口土坝出现险情，村民参加政府组织的大渔塘口土坝抢险突击队，同时对部分河边公路的坝岸进行加高加固。

是年，境域内企业昆山市好房子贸易有限公司生产的彩色水泥瓦获评"苏州市乡镇企业名牌产品"。

2000 年

3月7日，东江村新塘河砖砌护坡工程动工，次年4月竣工。

9月26日，柱江村南北水泥路工程完工交付并验收合格。

10月8日，东江村通往村内各家各户的道路开始浇筑为水泥路。

12月4日，东江村村民徐建忠获评"第五次全国人口普查优秀普查指导员"。

2001 年

1月16日，东江、柱江村高金龙、陆巧生参加陆杨镇第十一届第一次人民代表大会。

8月13日，行政村调整，柱江村、东江村两村合并，建立新江村。

8月25日，新江村党支部成立，范凤其任新江村党支部书记，高金龙任村

委会主任，梁建明任村会计，陆巧生任经济合作社社长，顾雪琴任村妇女主任，龚金林任民兵营长兼治保主任。

9月10日，新江村召开全体党员大会，会议决定卫生村改厕工作重新招标，恢复主干道三硬化工程建设。

12月14日，新江村召开全体党员大会，讨论两村合并后富民工程、扶贫帮困工作完成情况，投票选举产生玉山镇第十一届党员代表大会代表。

2002年

1月10日，新江村召开村民代表会议，会议决定将咸子泾、郭家港的道路浇筑为水泥路；改造横江桥至咸子泾的道路，浇筑水泥路面；翻建郭家港桥；创建新江村社区卫生服务室；完成全村改厕任务。

6月16日，新江村召开年内村民民主议事会第二次会议，会议讨论决定新江村社区卫生服务室管理及医疗服务事宜。

7月10日，新江村召开村民代表会议，总结上半年工作开展情况，以及讨论鱼塘租金收缴事项。

9月10日，境域内横江自然村横江路修建及原村道路拓宽工程完成。

9月15日，新江村召开村民民主议事会，讨论并解决"三沟"（房前屋后沟、河沟、田间沟）清理、养殖户用水需求问题等。

12月15日，新江村组织20人的打捞队，清理郭家港、横江、咸子泾河面水生植物。

是年，境域内郭家港桥完成翻建，桥长17米，宽6.2米。该桥后于2012年拆除。

2003年

1月10日，新江村召开村民代表会议，会议决定翻建邵家港防洪闸、咸子泾桥梁，建设有线电视二期工程。

3月15日，新江村开展农村卫生环境改造和全面改厕工作，在公司自然村和邵家自然村增添公厕。

4—6月，非典疫情暴发，新江村党支部组织党员干部成立专业队，组织开展检测，预防、控制非典。

6月15日，新江村村委会聘请技术人员对养殖南美白对虾新品种的村民开展培训和指导。

是年，新江村划归玉山镇管辖。

是年，新建新江站闸1座。

是年，咸子泾桥翻建完成。该桥2007年拆除。

2004年

2月27—28日，根据昆山市委、市政府提出的"三有工程"（人人有技能、人人有工作、家家有物业），新江村村委会组织种养殖户参与镇上种养殖培训以及技能培训，协调企业在村内开展用工招聘活动，为村内四五十岁的大龄劳动力寻找更多工作机会。

4月，新江村恒盛路、红杨路动工修建，次年4月建成。

8月1日，新江村召开党支部扩大会议，支部改选，并决定开展"四、八、十二"征地补偿工作（征用责任田每亩补偿400元，自留地每亩补偿800元，农民口粮田每亩补偿1 200元），推进房屋动迁审批工作。

是年，周市镇横娄村关皇自然村划入新江村。

是年，新江村纳入玉山镇民营开发区建设整体规划。

是年，新江村动迁鱼塘、苗木3 500亩，发放补偿金750万元。

是年，新江村1 579名村民获得土地补偿金222.5万元。

2005年

1月10日，新江村新一届领导班子成立，李跃林任村书记，梁建明任村委会主任。

2月10日，新江村党总支部委员会会议召开，议决2005年度村党总支部工作计划、农副产品合同，以及推进复耕复种工作。

是月，新江村落实"三防"（血吸虫病防治、寄生虫病防治、地方病防治）工作，控制和消除血吸虫病及寄生虫病危害。

是年，新江村居民换取第二代居民身份证。

是年，境域内美陆佳园小区动迁农户使用瓶装液化气。

是年，境域内自然村开始动迁，村民搬迁至美陆佳园。

2006年

2月20日，新江村村委会组织召开老党员、老干部会议，就村务公开、就

业、扶贫帮困、发展村经济等方面的问题进行讨论。

5月，新江村文体爱好者组织成立第一支女子舞龙队。

6月28日，新江村成立第一届残疾人协会。

7月14日，新江村召开全体村干部会议，讨论安全、省级卫生村创建、老年人活动场所建设、危房动迁等工作。

是月，境域内70岁以上老人参加玉山镇政府组织的免费体检。

8月2日，新江村召开创建省级卫生村专班会议。

11月30日，昆山高新区民营区域拓展，新江村以寰（环）庆路为中心的区域鱼塘停止养殖。

是年，新江村获评"昆山市精神文明建设先进村"。

是年，新江村成立群众文化工作领导小组，李跃林任组长，梁建明任副组长，组员有陆巧生、龚金林、顾雪琴。

是年，境域内咸子泾自然村开始动迁，村民搬迁至美陆佳园。

2007年

4月10日，新江村召开工作会议，决定每月15日为村卫生检查日。

4月15日，新江村召开残疾人会议，发放慰问金，安排部分有劳动能力的残疾人就业。

5月，新江村在"全国亿万农民健康促进行动"活动中获评先进村。

6月，新江村获评"江苏省卫生村"。

10月11日，新江村召开村民代表大会，选举产生第九届村委会领导班子。

12月，新江村获得昆山市玉山镇人民政府和昆山市慈善总会玉山镇分会颁发的"奉献爱心　慈善永恒"牌匾。

是年，新江村获"昆山市民主法治示范村"称号。

是年，境域内柱江桥完成翻建。该桥后于2012年拆除。

是年，境域内自来水网新一轮改造，接入昆山市区水网，实现境域供水与市区一体化。

2008年

5月20日，新江村召开党员会议，以交纳"特殊党费"的形式支援汶川抗震救灾，组织村民募捐，共募得捐款5 420元。

8月20日，新江村投资400万元，修建停车场及填埋废潭。

10月，龚寅成为新江村第一个大学生村官。

2009年

1月10日，顾雪琴任新江村党总支部书记，龚金林任新江村村委会代主任，梁建明任新江村经济合作社会计。

9月2日，费建忠任新江村党总支部副书记。

9月25日，玉山镇人口和计划生育办公室向新江村独生子女低保家庭发放补助金。

是年，美陆佳园桂苑建成会所，面积1 789平方米，一楼为宴席厅，二楼设老年活动室、图书室、健身室等。

2010年

2月，新江村计划生育"爱心超市"成立，低保独子家庭可凭计划生育爱心援助卡领取日常生活用品。

3月5日，新江村村民邵建康、梁红峰、沈菊桂家庭获评昆山市玉山镇首届"文明和谐家庭"。

6月10日，昆山市残联开展彩电下乡活动，朱伯泉家获领彩电1台。

6月23日，新江村党总支部换届选举会议召开，费建忠当选新江村党总支部书记，龚金林、梁建明、龚寅、王小鹏当选村党总支部委员。

8月13日，新江村召开第六次全国人口普查培训会。

是年，新江村开挖五号河，河道全长3.7千米，宽30米。

是年，杨林塘河拓浚工程施工，境域内唐家、郭家港、关皇、横江自然村开始动迁，村民搬迁至美陆佳园。

2011年

6月12日，新江村文艺队参加玉山镇"一村一品"演出。

10月26日，新江村村委会选送的舞蹈《闪闪的红星》获"'和美村庄 和谐社会'昆山高新区2011年新农村特色文艺汇演表演奖"。

12月30日，新江村获《江苏省机关团体企业事业单位档案工作规范》二星级标准。

是年，新江村被苏州市司法局评为"苏州市民主法治村"。

是年,新江村新开二号河泄洪河道。

2012年

2月,境域内龙生路动工修建,次年3月建成。

2月13日,新江村召开人大代表候选人与选民代表见面会,选出王小鹏、龚金林、龚群芳3位玉山镇人大代表。

4月6日,新江村党总支部书记费建忠调至大渔村任党总支部书记,泾河村村委会主任王小平调至新江村任党总支部书记。

9月,受台风"海葵"影响,新江村蔬菜大棚受损面积达70%。

是年,境域内东江自然村开始动迁,村民搬迁至美陆佳园。

是年,境域内胡寿梅家庭被昆山市妇联评为"昆山市盆栽艺术家庭"。

2013年

2月22日,新江村村民邹浩获评"昆山高新区2012年度先进个人"。

6月2日,新江村育龄妇女到卫生服务站接受高新区计划生育服务站的妇科病免费普查服务。

8月19日,新江村社区股份专业合作社成立,注册资金1 020.2万元,入股农户433户。

9月16日,新江村党组织换届选举产生新一届党总支部:王小平任新江村党总支部书记,龚金林任党总支部副书记、纪检委员兼第二党支部书记,龚寅任党总支部组织委员兼第一党支部书记,邹浩任党总支部宣传委员,梁建明任党总支部委员兼第三党支部书记。

9月20日,新江村组织排查鳗鲡河、公司自然村动迁安置遗留问题。

10月7—8日,受台风影响,境域内暴雨,致使新江村部分村民家中进水,部分养殖户鱼塘受损严重。

11月3日,新江村召开第十一届村民选举委员会议,推选产生5名选举委员会成员。

11月5日,新江村沈水林家庭获评昆山高新区第三届"文明和谐家庭示范户",邵小弟、唐雪元、顾介平、沈阿三、龚根华、沈金龙6户家庭获评"文明和谐家庭"。

是年,新江村获评"昆山市学习型社区"。

是年，境域内公司自然村开始动迁，村民搬迁至美陆佳园。

2014年

5月21日，新江村建立普通民兵连党支部，王小平任村普通民兵连政治指导员、党支部书记，唐华任村普通民兵连连长、党支部副书记，邹浩任村普通民兵排排长、党支部委员。

6月18日，新江村横跨五号河的瑞科路桥、泰科路桥竣工并投入使用。

6月20日，境域内大渔塘河桥竣工并投入使用。

10月，境域内新建的龙江河站闸竣工并投入使用。

12月1日，新江村高金龙家庭获评昆山高新区第四届"文明和谐家庭示范户"，唐雪龙、周立贵、吴福康、陆惠勤、陆凤生、龚雪林6户家庭获评"文明和谐家庭"。

是年，境域内西江、鳗鲤河自然村开始动迁，村民搬迁至美陆佳园。

2015年

2月9日，新江村落实农村河道"河长制"，村党总支部书记为河长。

3月23日，王小平任新江村党总支部书记。

6月4日，新江村组织成立地名普查工作小组，王小平任组长，龚金林任副组长。

是年，新江村组织成立"12355服务零距离"志愿者团队，队员50人。

是年，境域内美陆佳园菊苑建成会所，共两层，面积1500平方米。

2016年

1月16日，新江村党总支部委员会、村民委员会（简称"村'两委'"）人员和村民代表举行"新江村百姓福利待遇发放事宜"决策听证会。

4月12日，新江村志愿队组织开展"春季查螺、灭螺志愿行"活动。

5月8日，新江村全体党员大会召开，选举产生出席玉山镇第十四次党员代表大会代表，龚寅当选第十四次党员代表大会代表。

6月11日，新江村党员关爱基金募捐工作会议召开，所募捐款项集中汇入昆山高新区党员关爱基金专项账户，6月下旬集中发放给困难群众。

7月，境域内杨林塘寰庆路桥开建。2019年12月完工。

9月24日，新江村党总支部换届选举，卞晓平当选村党总支部书记。

2017年

4月28日,新江村志愿团队在昆山高新区"志愿昆山"平台注册成功。

7月9日,新江村经济合作社社长、民兵营长协调村民一起对原郭家港防空洞进行填土加固,确保汛期安全。

是月,新江村村委会微信公众号开通。

11月8日,新江村村"两委"班子成员召开村医疗普惠救助实施方案听证会。

11月23日,新江村召开理事会、监事会全体成员会议,根据《昆山高新区农村"政经分开"改革工作实施意见》文件精神,积极落实"政经分开"改革推进相关工作。

2018年

1月12日,新江村召集村"两委"人员及村民代表举办新江村百姓福利待遇发放事宜听证会。

2月6日,新江村村"两委"班子成员及村民代表召开邵家自然村安装监控设备及主干道两侧的"中共十九大"宣传栏等事项决策听证会。

9月20日,新江村文体队创作的《幸福歌》在2018年昆山高新区(村)、社区优秀节目展演活动中获"三等奖"。

11月1日,新江村村"两委"班子成员召开"三优三保"拆旧、复垦工作听证会。

11月28日,金龙任新江村党总支部书记。

2019年

1月2日,新江村清产核资工作小组成立,金龙任组长,张卫荣任副组长。

5月20日,新江村村"两委"成员、村务监督委员会成员召开2019年村集体资产清产核资结果听证会。

7月27日,新江村村"两委"成员及村务监督委员会成员讨论新江村人居环境整治工作及民间信仰活动场所添置硬件设备事宜。

11月,新江村党群服务中心挂牌成立。

是年,境域内美陆佳园小区建立1路区间线公交车站台(恒盛路北门路站、恒盛路泰科路站),班次间隔1小时。

是年，新江村成立"新时代文明实践站"。

2020 年

1月28日，新江村新冠疫情防控工作领导小组成立。村"两委"班子成员、村工作人员召开会议，商议在邵家自然村安装隔离栏及封闭式管理事项。

2月12日，新江村村委会召开疫情防控工作部署会议。

4月22日，新江村2019年资金收支决算审议及2020年资金收支预算听证会召开，会上拟定专项资金使用方案。

5月，《新江村志》编纂工作部署会议在村委会会议室召开。

6月11日，新江村股份经济合作社成立，法定代表人为金龙。

是月，新江村村委会对境域内征地人员进行社保折算，参与折算的村民有600余人。

7月30日，新江村将原村级集体经济组织重新赋码登记为昆山市玉山镇新江村股份经济合作社，并在税务机构进行一系列变更手续。

9月，境域内开展第七次全国人口普查工作。

是年，境域内美陆佳园兰苑日间照料中心建成并向居民开放，面积300多平方米，设有电子阅览室、休息室、理发室、餐厅、多功能活动室、康复室等。

2021 年

1月10日，新江村党总支部换届选举，金龙任新江村党总支部书记，张卫荣任副书记，龚寅任组织委员，王宁任纪检委员，邹浩任宣传委员。

3月27日，新江村村委会换届选举，金龙任村委会主任，张卫荣、唐华任村委会副主任，邹浩、龚寅任委员。

4月15日，新江村妇联换届选举，王宁任妇联主席，龚寅、方姣、周超任副主席。

6月30日，新江村党总支部为党龄50年以上的党员梁文忠、袁根福、黄德纪颁发"光荣在党50年"纪念章。

7月，新江村文艺队在2021年昆山高新区广场舞比赛中获"三等奖"。

8月1日，新江村村委会组织境域内12~17周岁的青少年在花园路新冠疫苗集中接种点进行第一针疫苗接种。

8月15日，新江村村委会组织境域内18~60周岁的居民在美陆佳园菊苑会

所进行新冠疫苗第一、第二针接种。

9月,新江村开展"书记论坛"结对共建活动,新江村与马庄村、燕桥浜村结对。

11月,新江村村委会邀请专家、医生给村民进行糖尿病预防宣讲。

12月18日,市、镇两级人大代表换届选举,新江村为昆山市第6选区,玉山镇16选区。村委会副主任唐华当选为玉山镇人大代表。

第一章 村情概览

新江村,地处昆山市玉山镇北部,距镇中心11千米,位于北纬31°26′10″~31°30′01″,东经120°54′06″~120°58′48″。东与玉山镇新生村相接,南隔新塘河与五联村相望,西与唐龙村交界,北与周市镇横娄村为邻。境域面积3.71平方千米,水域面积700亩,路桥互通,交通便捷。

早在春秋战国时期,境域内已有人定居,围耕种植,繁衍生息,渐成村落。中华人民共和国成立后,境域历经数次区划调整,先后实行互助组、初级社、高级社、人民公社,以及乡、镇管村等体制。2001年8月,枉江村与东江村两个行政村合并后设立新江村,属陆杨镇管辖。2003年8月,新江村划归玉山镇管辖。2004年,新江村纳入玉山镇民营开发区建设整体规划。新江村充分利用区位优势,有效整合资源,把一个偏乡僻壤之地建设成为村强民富、幸福文明的现代化新农村。

第一节 建置区划

一、建置沿革

明朝时期，境域属昆山县积善乡。

清雍正二年（1724），分置新阳县后，境域属新阳县积善乡。光绪六年（1880），境域属新阳县。

1912年，境域属昆山县陆家桥乡。

1929年，昆山县划为10个区，辖329个乡、39个镇。陆家桥、周墅两乡属第十区，境域属第十区陆家桥乡。

1934年6月，昆山县改划为8个区，辖65个乡、镇，境域属第八区三塘乡。

1949年初，昆山县实行"民众组训"，设5个督导区，境域属第一督导区三塘乡。

1949年5月，境域属昆山县巴城区三塘乡。

1949年11月，中华人民共和国成立后，昆山县划为10个区27个乡镇，境域属巴城区三塘乡。

1950年1月，境域属昆山县巴城区关皇乡。

1956年1月，巴城乡建立高级社，境域属东江高级社。3月，境域属昆山县环城区陆桥乡东江高级社。8月，撤区并乡（大乡），昆山县划为22个乡镇，境域属周墅乡。

1958年9月，建立人民公社，实行政社合一，境域属昆山县周墅公社卫星大队。

1961年9月，卫星大队拆分成东江、枉江两个大队。

1962年3月，调整人民公社规模，境域属昆山县陆桥公社枉江大队和东江大队。

1981年12月，陆桥公社改建为陆杨公社，境域属昆山县陆杨公社枉江大队和东江大队。

1983年4月，政社分设，撤陆杨公社设陆杨乡，境域属昆山县陆杨乡枉江村和东江村。

1986年12月，撤乡设镇，实行镇管村体制，境域属陆杨镇枉江村和东江村。

2001年8月，枉江村、东江村两村合并为新江村，属陆杨镇。

2003年8月，新江村划入玉山镇管辖范围。

2004年，周市镇横娄村关皇自然村划入新江村。年底，新江村纳入玉山镇民营开发区建设整体规划。

2005年，境域内自然村开始动迁，至2020年，除邵家自然村有4户家庭未协议搬迁外，其余村民搬迁至美陆佳园。

二、行政区划

枉江村（原行政村） 村域面积1.8328平方千米。东邻新生村，南隔新塘河与城北镇莫家村相望，西接东江村，北至横溇村，村委会驻唐家村。民国后期，境域属三塘乡。1950年1月，划小乡后，属巴城区关皇乡。1956年3月，撤区并乡，属环城区陆桥乡。同年8月，撤区并乡，属周墅乡。1958年9月建立人民公社时，属周墅公社卫星大队。1961年，撤卫星大队建枉江大队。1962年3月，属陆桥公社。1983年4月18日，政社分设，易名为枉江村。1999年，村辖5个自然村（唐家村、邵家村、咸子泾村、横江村、郭家港村），10个村民小组，181户626人，劳动力350人，其中务工人员113人。70年代中期至90年代初，枉江村兴办制线厂、袜厂、玻璃钢厂、冶炼厂、涂料厂、日用化工厂等村办企业；另有江华日用化工厂、申江玻璃钢厂、东华有色铸造厂等民营企业。1993年，获评昆山市农业规模服务合格村。1996年，建成昆山市电话村。1998年，获评计划生育示范村和计划生育先进集体。1999年，境域内耕地面积

822亩，粮食总产量881吨。

2005年，邵家、郭家港自然村纳入玉山镇民营开发区建设动迁范围。2006年，咸子泾自然村纳入玉山镇民营开发区建设动迁范围。村庄在动迁中逐渐消失。2010年，杨林塘拓宽及纳入民营开发区建设时，唐家自然村和横江自然村消失，动迁后的村民搬迁至美陆佳园。

东江村（原行政村） 村域面积1.7425平方千米。东临柱江村，南与巴城镇红窑村接壤，西至唐龙村，北达横潨村，村委会驻鳗鲤河村。东江村是明代戏曲作家梁辰鱼的故乡。民国后期，境域属三塘乡。1950年1月划小乡后，属巴城区关皇乡。1956年3月，撤区并乡，属环城区陆桥乡。同年8月，撤区并乡，属周墅乡。1958年9月，办人民公社时，属周墅公社卫星大队。1961年，拆卫星大队建东江大队。1962年3月，属陆桥公社。1983年4月18日，政社分设，改名为东江村。村辖4个自然村（东江村、西江村、公司村、鳗鲤河村），8个村民小组，189户677人，劳动力491人，其中务工人员243人。70年代中期至90年代初，东江村兴办胶木厂、玻璃钢厂、化工厂、塑料厂、铝制品厂、制线厂、彩印厂、涂料厂等村办企业；另有陆杨兴隆制线厂、陆杨陆胜涂料厂、陆杨彩印厂等几家民营企业。1999年，境域内耕地面积694亩，粮食总产量814吨。

2012年，东江自然村纳入玉山镇民营开发区建设用地。2013年，公司自然村纳入玉山镇民营开发区建设用地。2014年，西江自然村和鳗鲤河自然村被纳入玉山镇民营开发区建设用地，东江、西江、公司和鳗鲤河自然村的村民在动迁后搬迁至美陆佳园。

新江村 由柱江村与东江村合并而成。位于玉山镇北部，东与玉山镇新生村相接，南隔新塘河与五联村相望，西与唐龙村交界，北与周市镇横娄村相连。

明清时期，境域先后属昆山县积善乡、新阳县积善乡、昆山县陆家桥乡。民国时期，境域内设乡、保、甲，境域属昆山县三塘乡。

中华人民共和国成立初期，废保、甲，设乡、行政村，境域属昆山县三塘乡。20世纪，境域历经数次区域调整，经历了互助组、初级社、高级社、人民公社，以及乡、镇管村体制等演变过程。

2001年8月，境域内区域规划调整，柱江村与东江村两个行政村合并后设立新江村，归陆杨镇管辖。

2003年8月，新江村划归玉山镇管辖。2004年，新江村纳入玉山镇民营开发区建设整体规划。

2005年，境域内的村庄因区域规划、调整和建设，陆续开始动迁，村民也相继搬迁至美陆佳园小区居住。2015年5月，村委会搬迁至美陆佳园2号楼办公区域办公。

2005年未动迁之前，新江村有居民户388户，常住人口1 450人；有陆地面积4 663亩，水域面积700亩，其中耕地面积4 200亩。2020年动迁后，境域内有居民户151户，常住人口453人；有耕地面积269.83亩，水域面积35.47亩，人均收入54 278元。

2020年新江村村民小组情况如表1-1-1所示。

表1-1-1 2020年新江村村民小组情况统计表

组别	户数/户	男/人	女/人	动迁前耕地面积/亩	动迁后住房面积/米²
1	20	59	55	157.26	4 799.00
2	15	37	46	140.53	3 228.70
3	17	53	61	256.60	4 094.95
4	17	50	53	263.40	5 048.00
5	19	45	54	222.90	3 467.00
6	20	62	57	242.90	4 182.00
7	17	49	55	222.30	3 957.43
8	18	44	50	162.00	4 277.00
9	18	47	60	200.30	3 998.41
10	19	44	50	204.50	4 089.87
11	20	51	52	207.75	4 252.57
12	24	63	67	229.00	5 880.29
13	27	72	76	258.53	6 081.85
14	43	107	109	290.00	8 035.00
15	18	55	43	153.00	3 092.00
16	20	55	63	215.50	4 056.60
17	20	59	55	250.00	5 584.00

续表

组别	户数/户	男/人	女/人	动迁前耕地面积/亩	动迁后住房面积/米²
18	21	69	56	212.50	5 224.86
19	15	38	43	127.87	3 302.00
20	19	40	46	116.86	4 038.00

三、自然村落

唐家村 属新江村第1、2村民小组，位于杨林塘北侧，距玉山镇西5.4千米。形成村落历史约百年。村里原有唐家宅，其中唐姓人家比较多，故得名。村庄呈长方形，东西走向，东西长约900米，南北宽160米。村庄原有耕地面积415.79亩，其中118亩划拨原陆杨农业公司，农业基地种植丰产方，村民实际耕地面积297.79亩；宅基地面积22亩。2020年，村常住人口201人，其中男性97人、女性104人。有35户家庭，其中唐姓17户、周姓6户、顾姓3户、王姓2户、朱姓2户、袁姓1户、黄姓1户、徐姓1户、邵姓1户、孙姓1户。

唐家村以农业生产为主，种植水稻、三麦、油菜等作物。2001年，因产业结构调整，村内第1村民小组开挖鱼塘140亩，第2村民小组开挖鱼塘60亩。2010年，因水利建设需要，杨林塘河道拓宽，村庄消失。村民先后搬迁至美陆佳园小区梅苑和竹苑居住。

第1村民小组组长先后由唐祥生、唐雪生担任。第2村民小组组长先后由顾三男、邵凤明、唐伯良、王其龙担任。

唐家村卫星航拍
（2020年，新江村村委会提供）

唐家村动迁后合影
（2011年，新江村村委会提供）

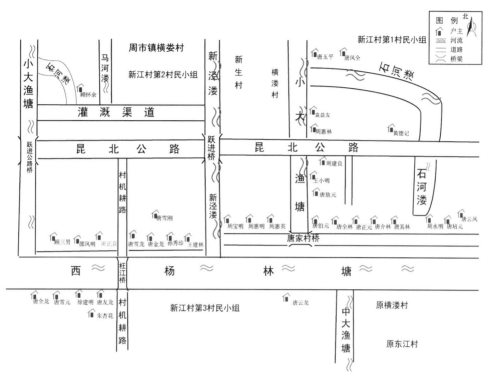

2010年唐家村住户分布示意图

邵家村 属新江村第3、4村民小组,位于杨林塘南侧,距离玉山镇政府6千米。村庄因邵姓人家较多,故得名邵家村。村庄呈长方形,东西长450米,南北宽115米,中间有邵家浜。耕地面积520亩,宅基地面积10亩。2020年,村常住人口217人,其中男性103人、女性114人。

邵家村最初以种植小麦、水稻、油菜等作物为主。1998年,产业结构调整后,开挖鱼塘430亩。2005年,因建公路和厂房的需要,村民先后动迁。至2020年底,仅有4户村民未搬迁。动迁后的村民搬迁至美陆家园竹苑、梅苑和兰苑居住。

第3村民小组组长先后由邵伯元、邵惠元、邵惠文、邵大弟担任。第4村民小组组长先后由邵惠良、邵和尚、徐伯林、邵友明、邵友龙、邵云龙、邵祖良担任。

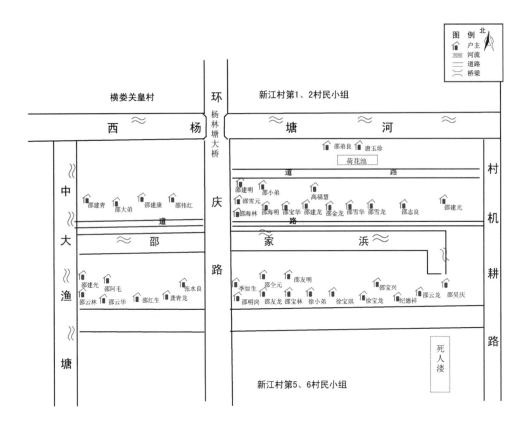

2005年邵家村住户分布示意

咸子泾村 属新江村第5、6村民小组，位于新塘河北侧，距玉山镇北5.4千米。村庄呈长方形，南北走向，南北长约310米，东西宽约78米。村名原叫衔珠泾。传说这里的村民外出打渔时，看到一只鸟衔了一颗珍珠掉到了这个地方，鸟儿的羽毛五彩斑斓，珍珠闪闪发光，村民感觉很神奇，将此地取名为衔珠泾。因为吴语中"咸""衔"同音，"珠""子"同音，所以改为咸子泾。

村庄面积为476.4亩，其中耕地面积465.8亩，宅基地面积10.6亩。2020年，村常住人口218人，其中男性107人、女性111人。

咸子泾村以种植小麦、水稻、油菜为主，村民主要经济来源是农业种植、副业养殖及企业务工。2006年10月，咸子泾村纳入玉山镇民营开发区建设整体规划，村庄房屋全部拆除，村庄消失。依据动迁政策，村民安置在美陆佳园小区。

第5村民小组组长先后由陆阿福、郁炳其、陆巧生、陆妙英担任。第6村民小组组长先后由朱炳生、朱阿四、朱弟明、朱雪明担任。

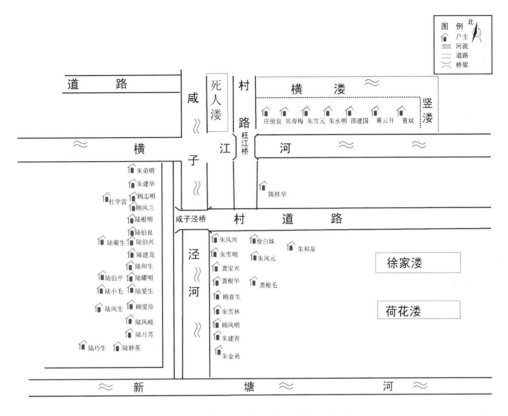

2006年咸子泾村住户分布示意图

横江村 属新江村第7村民小组，位于新塘河北，距离玉山镇政府5千米。东至郭家港，西至咸子泾，北与新生村赵家湾自然村接壤。村庄呈长方形，东西走向，东西长约200米，南北宽约80米。村子里原有一条东西走向的小河，因"东西为横，南北为竖"，所以东西向的河叫横江，村子据此取名为横江村。

村庄面积为228.8亩，其中耕地面积222.3亩，居住面积6.5亩。2020年，村常住人口104人，其中男性49人、女性55人。

横江村以种植小麦、水稻、油菜为主，村民主要经济来源是农业种植、副业养殖及企业务工。2010年9月，横江村被纳入玉山镇民营开发区建设整体规划，村庄房屋全部拆除，村庄消失。按动迁政策，村民安置在美陆佳园小区居住。

村民小组组长先后由金泉龙、沈阿小、沈雪珍、金仁龙担任。

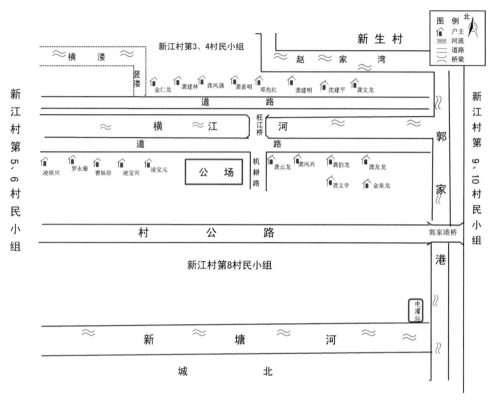

2010年横江村住户分布示意图

郭家港村 属新江村第8、9、10村民小组，位于新塘河以北，杨林塘以南，距离玉山镇政府5千米。村庄早有郭姓人家居住，故得名。村庄呈长方形，南北走向，南北长约450米，东西宽约88米。

村庄面积为584.1亩，其中耕地面积566.8亩，居住面积17.3亩。2020年，村常住人口295人，男性134人、女性161人。

郭家港村以种植小麦、水稻、油菜为主，村民主要经济来源是农业种植、副业养殖及企业务工。2010年，郭家港村被纳入玉山镇民营开发区建设整体规划，全村房屋全部拆除，村庄消失。按动迁政策，村民被安置在美陆佳园小区居住。

第8村民小组组长先后由龚福明、龚阿毛、凌金毛担任。第9村民小组组长先后由龚阿桃、龚友林、龚吉林担任。第10村民小组组长先后由沈云生、龚南生、张惠明、董云开担任。

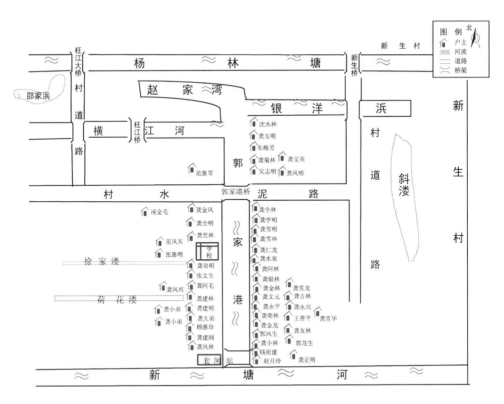

2010年郭家港村住户分布示意图

东江村 属新江村第12、13村民小组，位于新江村南端，距离玉山镇政府5千米。东靠大渔塘河。该村为明代戏曲作家梁辰鱼的故乡，村子里梁姓居多，且有一支梁辰鱼的族裔居住。原为梁家巷，后来改为梁家港，以薛家浦为界，以东称东梁家港，后村以东江命名。村庄呈长方形，南北走向，南北长450米，东西宽60米。

村庄面积约为507亩，其中耕地面积487.53亩，居住面积约19亩。2020年，村常住人口278人，其中男性135人、女性143人。

村庄原先以农业生产为主，种植水稻、三麦、油菜等作物。1999年，农村产业结构调整后，村民生产方式以养殖业为主。2012年，因建设用地需要，房屋动迁，村庄消失，村民搬迁至美陆佳园小区。

第12村民小组组长先后由陈高寿、梁小弟、梁文松、项阿毛、梁文卫担任。第13村民小组组长先后由梁金男、梁文忠、沈金龙担任。

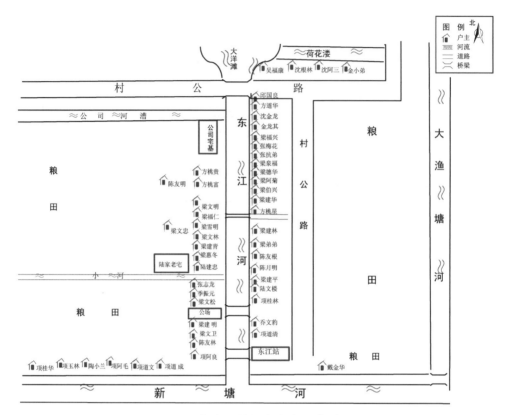

2012年东江村住户分布示意图

西江村　属新江村第11、18村民小组，位于新江村西南部，距离玉山镇政府5千米。村庄原名为梁家巷，后改为梁家港，以薛家浦为界，以西称西梁家港，后村以西江命名。村庄呈长方形，南北走向，南北长350米，东西宽60米。

村庄面积约为435.75亩，耕地面积约420.25亩，居住面积约15.5亩。2020年，村常住人口228人，其中男性120人、女性108人。

村庄以农业生产为主，种植水稻、三麦、油菜等作物，1998、1999年，农村产业结构调整后，转为以养殖业为主。2014年，因建设用地需要，房屋动迁，村庄消失，村民搬迁至美陆佳园小区。

第11村民小组组长先后由潘正友、梁冬元、梁义勇担任。第18村民小组组长先后由梁爱英、项小弟、梁伯云、梁凤林担任。

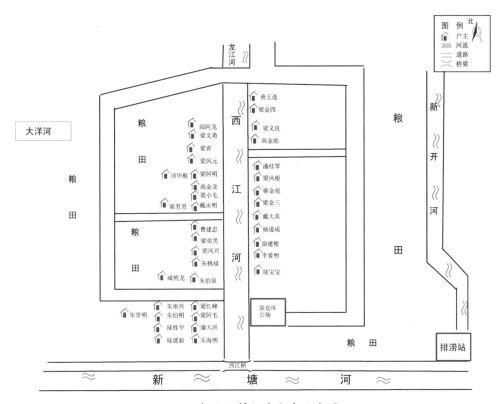

2014年西江村住户分布示意图

公司村 属新江村第14、15村民小组,位于龙江河以东,东江河以西,距离玉山镇政府6千米。原村庄住户比较分散,主要分布于龙江河的东侧、东江河的西侧,外加河漕的南、北两侧。

村庄所在地原为昆山县北部一处低洼地,中华人民共和国成立前,有个上海老板来此购置并开垦荒地建光华公司,在建设中挖塘堆土,慢慢形成塘土堆集的高地,后分别有唐姓、王姓、陆姓和朱姓4户人家在高地上筑宅基,建房子,就形成了四处宅基地,分别是唐家宅、王家宅、陆家宅和朱家宅。此后,光华公司雇佣的苏北籍和安徽籍工人陆续在这里建房、结婚、生儿育女,渐成村落,故名公司村。

中华人民共和国成立前后,公司村曾是昆山县农场分场。1960年,周墅公社水产场在该村办鱼苗场,开挖鱼塘,繁殖鱼苗,净水面21亩。公司村面积约468亩,有耕地面积443亩,宅基地面积24.5亩。2013年,村常住人口321人,其中男性167人、女性154人。

公司村以农业生产为主，种植水稻（20世纪60年代前只种水稻）、三麦、油菜等作物。1998年，因产业结构调整，村民开挖鱼塘从事养殖业。2013年，因建设用地需要，房屋动迁，村庄消失，村民搬迁至美陆佳园小区。

第14村民小组组长先后由徐老喜、李金根、陶立春担任。第15村民小组组长先后由魏西北、魏阿三、唐大顺担任。

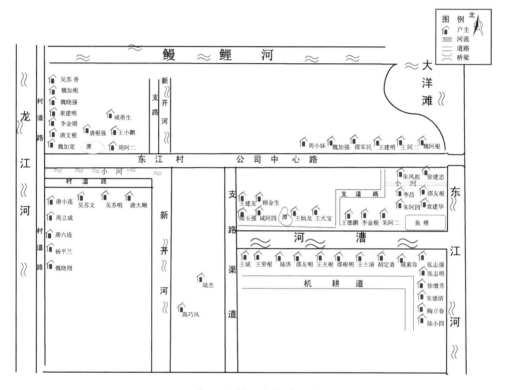

2013年公司村住户分布示意图

鳗鲤河村 属新江村第16、17村民小组，位于薛家浦与杨林塘之间，距离玉山镇政府5千米。东至大洋滩和东江河，西至龙江河。村庄呈长方形，东西走向，东西长350米，南北宽60米。因曾有人在此处河中捕捞到鳗鲤鱼，故河取名鳗鲤河，村庄以河名命名。

村面积为481.5亩，耕地面积465.5亩，宅基地面积16亩。2014年，村常住人口231人，其中男性115人、女性116人。

村庄以农业生产为主，种植水稻、三麦和油菜等作物，1998年，因产业结构调整，村民开挖鱼塘从事养殖业。2014年，因建设用地需要，房屋动迁，村民搬迁至美陆佳园小区。

第16村民小组组长先后由戴文观、戴水荣、戴阿四担任。第17村民小组组长先后由赵惠泉、赵友生、倪凤泉担任。

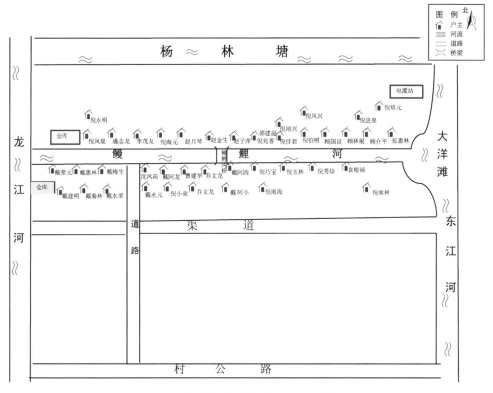

2014年鳗鲤河村住户分布示意图

关皇村 属新江村第19、20村民小组,位于杨林塘南侧,距离玉山镇北5.4千米。原属陆杨镇横溇村,2001年,该村第1、2村民小组归属新江村。村庄呈长方形,东西走向,东西长800米,南北宽50米。康熙年间,村里有座关皇庙,村庄以庙名命名。关皇庙原址现为杨林塘河道。1953年设关皇小学,1958年庙毁。1966年,在原址上建跃进小学。

村庄面积约为262.5亩,耕地面积244.73亩,宅基地面积约18亩。2020年,村常住人口167人,其中男性78人、女性89人。

村庄以农业生产为主,主要种植水稻、三麦和油菜。2000年,产业结构调整,村内开挖鱼塘,外来人员承包种植蔬菜大棚。2010年,因杨林塘拓宽及水利建设和其他建设用地需要,村庄消失,村民搬迁至美陆佳园小区。

第 19 村民小组组长先后由梁佰先、关可林、梁菊初、陈招大、梁友明担任。
第 20 村民小组组长先后由赵仁达、唐小弟、王小明、赵水林、沈菊桂担任。

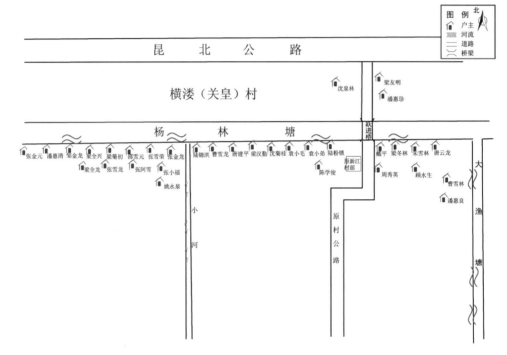

2010 年关皇村住户分布示意图

2004—2020 年新江村自然村变迁情况，如表 1-1-2 所示。

表 1-1-2　2004—2020 年新江村自然村变迁情况一览表

原行政村	自然村	组别	户数/户	动迁年代及土地规划	村民迁往地
柱江村	唐家村	1、2	35	2010 年杨林塘拓宽及水利建设用地，村庄消失	美陆佳园梅苑、竹苑
	邵家村	3、4	34	2005 年因玉山镇民营开发区建设，房屋动迁	美陆佳园竹苑、梅苑、兰苑
	咸子泾村	5、6	39	2006 年，纳入玉山镇民营开发区建设，村庄消失，现为中国节能（昆山）循环经济产业基地	美陆佳园桂苑

续表

原行政村	自然村	组别	户数/户	动迁年代及土地规划	村民迁往地
柱江村	横江村	7	17	2010年，纳入玉山镇民营开发区建设，村庄消失，现为平谦国际（昆山）现代产业园有限公司	美陆佳园桂苑、兰苑
	郭家港村	8、9、10	53	2010年，纳入玉山镇民营开发区建设，村庄消失，现为平谦国际（昆山）现代产业园有限公司	美陆佳园兰苑
东江村	东江村	12、13	51	2012年，纳入玉山镇民营开发区建设，村庄消失，现为中国节能（昆山）循环经济产业基地	美陆佳园梅苑、兰苑、竹苑
	西江村	11、18	41	2014年，纳入玉山镇民营开发区建设，村庄消失	美陆佳园兰苑、菊苑
	公司村	14、15	61	2013年，纳入玉山镇民营开发区建设，村庄消失	美陆佳园兰苑、菊苑
	鳗鲤河村	16、17	40	2014年，纳入玉山镇民营开发区建设，村庄消失	美陆佳园梅苑、兰苑、菊苑
横泺村	关皇村	19、20	34	2010年，因水利建设，村庄消失，现为西杨林塘河道	美陆佳园梅苑、桂苑、竹苑

注：至2020年，邵家村还有4户未协议动迁。

 第二节 自然环境

一、地貌土壤

新江村位于华东陆台范围的江南古陆地带，地处新塘河以北，杨林塘以南。在历史进程中，境域内房屋宅地、河浜溇潭、庄稼田地等逐渐自然形成。

（一）地貌

据1965年江苏省地质局水文地质普查资料，境域内地表以下60~133米深度均为第四纪疏松堆积物所覆盖，成陆年代距今4 200~6 000年，微呈西南向东北倾斜。地面高度平均3.5米（基准面：吴淞零点），地面高程2.5~3.5米。境域内河浜交错，水域面积700亩。2005年，境域内自然村动迁后，变化较大，河浜溇潭逐渐减少，原有的村庄、小桥、流水在建设中逐步消失，村落动迁后原村庄村民集中在新建的小区居住。

（二）土壤

1980—1982年，昆山县开展第二次土壤普查，普查结果显示境域内土壤成土母质为湖积物。受近代长江泛滥影响，沉积物上覆盖着河流冲积物，在土层中常见泥炭或腐泥层，土种分类上以黄泥土、青紫土、青泥土为主，土层剖面可见石灰结核（钙结核）。土壤在漫长的脱沼过程中，形成棱状结构，上部有胶质。总体上，土壤肥力较高，地力尚好，水汽协调较优。偶见地势较低洼的青紫土，地力较差，常受渍害，其中境内低洼地土质板僵，肥力较低。经酸碱度测定，境域内土质pH为6.5，属中性微酸。

二、河流

新江村地处江南水乡，在历史进程中，自然河、港、塘、浜、溇、潭等众多。1977—2011年，境域内结合农业生产和水利建设规划，为降低内河水位，减轻涝灾，先后开挖3条河道。2003年，因区划调整，境域内的河、浜、溇、潭相继列入规划名单，先后填埋16条河、浜、溇、潭等。

（一）自然河道

境域内有自然河、港、塘、浜、溇、潭等共计27条（个），其中自然河6条，分别为咸子泾河、新塘河、鳗鲤河、龙江河、新开河、大洋河；自然港4个，分别为东梁家港（古称薛家浦）、西梁家港、横港、郭家港；自然塘2个，分别为大渔塘和杨林塘；自然浜2个，分别为邵家浜和银洋浜；自然溇10个，分别为伏博溇、斜溇、徐家溇、荷花溇、石河溇、善江溇、马河溇、新泾溇、死人溇、五千溇；另有荷花池1个、河漕1个、灰罗潭1个。

新塘河 明正统六年（1441）开浚，西出张家港，东入汉浦塘，全长11千米，河底高程达吴淞零点，底宽18米，平均面宽40米，系昆山地区老泄洪干河之一，经唐龙、东江、柱江、新生、盛家村，流入周市镇。

杨林塘 系澜漕河、温焦泾、清水港、鳗鲤泾等河道，1970年经拓浚连接而成。西起阳澄湖，穿张家港、茆沙塘、盛泾、超英河，接东杨林塘，全长14.6千米，流经横溇和唐家村。2012年，杨林塘进行第二次拓浚后汇入浏河。

1970—2003年新江村境域内自然河、港、塘、浜、溇、潭等，如表1-2-1所示。

新塘河（2020年，新江村摄制组摄）

杨林塘（2020年，新江村摄制组摄）

表1-2-1　1970—2003年新江村境域内自然河、港、塘、浜、溇、潭等一览表

单位：米

序号	名称	起讫点	长度	宽度
1	咸子泾河	死人溇—新塘河	1 500	<30
2	新塘河	唐龙村—新生村	4 200	30
3	鳗鲡河	东江河—龙江河	500	30（距河口）
4	龙江河	杨林塘—西江北	1 920	13
5	新开河	新塘河—鳗鲡河村（第6村民小组）	2 000	15
6	大洋河	西江村—下潭	1 000	40
7	东梁家港（东江河）	澜漕河—唐家堰	1 700	20
8	西梁家港（西江河）	龙江河南端—新塘河	400	30
9	横港（横江河）	大渔塘—郭家港	1 000	<35
10	郭家港	新生村俞家港—新塘河	1 000	<35
11	杨林塘	茆沙塘—盛泾	4 000	60
12	大渔塘	杨林塘—新塘河	1 700	35
13	邵家浜	大渔塘—柱江村（第3、4村民小组）	<500	35
14	银洋浜	郭家河—伏博溇	300	15
15	伏博溇	郭家港村第9组	200	20
16	斜溇	郭家港村第10组	250	35
17	徐家溇	咸子泾村第6组	400	23
18	荷花溇	东江村第3组	100	10
19	石河溇	昆北公路（新阳西路）—小大渔塘	300	50
20	善江溇	新泾溇—跃进10队	1 500	15
21	马河溇	昆北公路（新阳西路）—横溇村	500	45
22	新泾溇	昆北公路（新阳西路）—枫塘河	1 400	70
23	死人溇	邵家浜—原柱江袜厂	500	40
24	五千溇	郭家港河东—北孝仁塘	>350	50

续表

序号	名称	起讫点	长度	宽度
25	荷花池	邵家村第3组	80	17
26	公司河漕河	公司渠道—东江河	350	40
27	灰罗潭	大渔塘—东江河	400	10

注：五千溇大部分在新生村内。

（二）新开河道

1977年，境域内结合农业生产和水利建设规划，为降低内河水位，减轻涝灾，新开挖龙江河。新河道开挖工程，由陆桥公社统一规划，统一检查，统一完成开挖时间和质量标准，以确保冬季生产和来年春耕生产。在劳动力分配和管理上，由公社调集劳动力实行各大队划段包干，按劳动力划定河段开挖面积。在合理安排用工时间的原则下，既满足生产队冬季农事生产、田间管理等方面的用工，也保证开河工程进度。开河过程中，社员们起早贪黑，挑灯夜战，按规定时间完成。劳动报酬以工分形式计，由所在生产队记工分，参加年终分配。2010年和2011年，因建设规划，新江村又相继开挖五号河和二号河。

1977—2011年新江村境域内新开河道，如表1-2-2所示。

表1-2-2　1977—2011年新江村境域内新开河道一览表

单位：米

河名	开挖年份	起讫点	长度	宽度
龙江河	1977	西杨林塘—西江河	1 920	13
五号河	2010	茆沙塘—盛泾	3 700	30
二号河	2011	杨林塘—新塘河	1 500	29

（三）废弃河道

2003年，新江村区划调整后，境域被列为动迁范围，因开发建设需要，境域内的河、浜、溇、潭等相继列入规划名单，先后填埋河、浜、溇、潭等共计16条。

2006—2017年新江村境域内填废河、浜、溇、潭等，如表1-2-3所示。

表1-2-3　2006—2017年新江村境域内填废河、浜、溇、潭等一览表

名称	填废年份	面积/亩	长度/米	宽度/米
咸子泾河	2006	67.50	1 500	30
徐家溇	2006	13.80	400	23
死人溇	2007	30.00	500	40
五千溇	2011	26.25	350	50
银洋浜	2011	6.75	300	15
伏博溇	2011	6.00	200	20
斜溇	2011	13.13	250	35
荷花溇	2012	15.00	100	10
横江河	2012	52.50	1 000	35
东江河	2012	30.00	1 000	20
郭家港	2012	52.50	1 000	35
新开河	2013	33.75	1 500	15
龙江河	2013	45.00	2 500	20
公司河漕	2013	21.00	350	40
鳗鲤河	2014	45.00	500	60
马河溇	2017	33.25	500	45

三、气候气象

(一) 气候

新江村属北亚热带季风气候，主要季节风为东南风。气候温和湿润，四季分明，光照充足，雨量充沛，无霜期长，冬、夏两季风强度多变化，降水和气温年际差异较大，旱、涝、风、冰冻等灾害时有发生。

春季　连续5天日均气温稳定在10~22℃时，为春季的开始。春

春季油菜花盛开（2020年，新江村摄制组摄）

季，一般从3月中旬到5月初，气温逐步上升，万物复苏，气候宜人，其间偶有低于5℃的"倒春寒"天气，春天降水一般持续10~20天，降水量不大。

夏季 连续5天日均气温在22℃以上为入夏，一般6月至9月中旬为夏季。夏季日照充裕，降水量渐增。初夏有集中降水期，称为"梅雨"或"黄梅天"。梅雨期为22天左右，平均降水量为183.8毫米。出梅后有副高压控制的高温旱伏天气。7月中下旬至8月上旬为盛夏，气温达35℃以上，偶有40℃以上的极高温，常有台风、雷暴等极端天气出现。

秋季 连续5天日均气温在22℃以下时入秋，一般9月下旬至11月中旬为秋季。秋季天气逐渐变得凉爽，秋高气爽，天高云淡，正是收获季。偶有炎热天气出现，俗称"秋老虎"。随着副热带高压主体迅速南撤，降水量增加，气温逐渐走低，且呈现"一场秋雨，一场凉"的自然降温过程。

秋天的田野（2020年，新江村摄制组摄）

冬季 连续5天日均气温低于10℃即入冬，一般在11月中旬入冬，至次年3月中下旬结束。冬季日照时间变短，受大陆冷高压控制，气温骤降，阴寒湿冷。最冷时段在12月下旬至2月上旬。冬季一般气温为3℃左右，也有极端低温出现，有气象记录的极端低温是在1977年1月31日，为-11.7℃。进入21世纪后，总体呈现"暖冬"现象。

根据昆山市气象局提供的2000—2020年的平均气温、极端高温、极端低温、年降水量和大风数据看，极端高温超过40℃的有2013年和2017年，分别为40.6℃和40.3℃。低温大多维持在-5℃左右，而低于-5℃的有2009年的-6.4℃、2016年的-8℃及2020年的-6.4℃。降水量超过1 500毫米的有2015年的1 669.0毫米、2016年的1 510.3毫米及2020年的1 682.4毫米。

2000—2020年新江村气温、年降水量、极大风速情况，如表1-2-4所示。

表 1-2-4　2000—2020 年新江村气温、年降水量、极大风速情况一览表

年份	平均气温/℃	极端高温/℃	极端低温/℃	年降水量/mm	极大风速/(m/s)
2000	16.8	36.5	-5.4	1 149.3	19.0
2001	16.9	38.0	-5.2	1 141.8	16.7
2002	17.2	37.6	-3.0	1 190.8	19.0
2003	16.6	38.7	-5.1	841.6	16.0
2004	17.2	37.7	-5.0	1 022.2	16.6
2005	16.9	37.8	-5.7	982.4	22.4
2006	17.6	37.9	-3.8	1 200.4	20.0
2007	17.8	38.6	-2.2	1 165.8	22.9
2008	16.9	38.5	-4.7	1 258.2	17.9
2009	17.2	38.6	-6.4	1 407.2	17.6
2010	17.0	39.2	-4.8	1 000.7	17.1
2011	16.7	37.0	-5.8	1 095.1	21.9
2012	16.7	37.4	-4.4	1 084.5	20.5
2013	17.6	40.6	-3.2	1 160.9	16.2
2014	17.1	36.0	-3.9	1 266.7	17.6
2015	17.1	38.5	-3.7	1 669.0	18.0
2016	17.6	39.8	-8.0	1 510.3	21.3
2017	17.9	40.3	-3.7	1 026.6	20.7
2018	17.8	37.8	-5.5	1 176.0	17.5
2019	17.6	38.3	-1.5	1 318.2	16.3
2020	16.8	37.3	-6.4	1 682.4	19.9

(二) 气象

霜　年平均降霜日为 11 月 15 日，最早记录为 10 月 22 日（1979 年），终霜

日为 3 月 30 日，最晚记录为 4 月 15 日（1980 年），年无霜期一般为 229 天，最长记录为 256 天（1976—1977 年），最短记录为 199 天（1978—1979 年）。

雪 中华人民共和国成立后，有气象记录以来，境域内年平均降雪天数为 6.6 天，年平均初雪日为 1 月 3 日，记录中最早在 11 月 17 日（1976 年），平均终雪日为 3 月 7 日，最迟记录为 4 月 24 日（1980 年），1964 年、1970 年、1977 年、1984 年、2008 年、2018 年均有较大降雪记录。特别是 2008 年持续半个月的暴雪，降雪深度 17~32 厘米，境域内房屋、供电、通信、交通及农副业皆受到影响。

四、自然灾害

中华人民共和国成立前，境域内地势多低洼，圩围众多，内河道狭小、弯曲、淤浅，岸堤低狭，骤风、洪涝频发。据《昆山县水利志》载，明清两代水灾多发。1925 年，螟虫危害，致稻谷无收。中华人民共和国成立后，至 2020 年，境域内有 17 年发生洪涝，后政府加强水利建设，防灾体系升级，洪涝灾情减少。

（一）台风暴雨

1921 年，连续暴雨，境域内低田颗粒无收，乡董陈映珊为乡民赴省府报荒。

1931 年 7 月，连降暴雨，境域内一片汪洋，出门便行舟。

1937 年 8 月，暴雨，境域水灾严重。

1946 年，入春以后阴雨连绵，河水高于田面，农作物被淹；是年 9 月，台风掠境，连日风雨，境域几成泽国，低田颗粒无收，高田收成不足 5 成。

1948 年 8 月，狂风暴雨，农田积水成湖，成为泽国，特低田无收，余减收三五成。

1949 年 6 月下旬，连续阴雨。7 月中旬至 8 月初，境域又连遭台风暴雨，水位陡涨至 3.65 米。巴城区的三塘乡、周墅乡、城北乡、金鸡乡、巴城乡等五乡受灾严重，有 6 万多亩农田（约占总面积的 42%）颗粒无收，约 3.5 万亩（占总面积的 25% 左右）仅收一二成。

中华人民共和国成立后，累计有 17 年（1951 年、1952 年、1954 年、1956 年、1957 年、1960 年、1962 年、1975 年、1977 年、1980 年、1983 年、1985

年、1986年、1991年、1993年、1995年、1999年）发生洪涝。后来随着水利设施不断完善，抗灾能力不断增强，灾时渐短，灾情渐轻，时有灾年变丰年。

1954年5月18日至7月24日，连续阴雨60多天，降水量达781.2毫米。7月，水位猛涨至3.88米，高水位持续126天，境域内一片汪洋；时各小乡干部带领村民奋力抗灾，抢修圩堤，突击筑围，组织"车大棚"（人力车排涝），持续3个月抗灾。是年，受灾损失小于1949年，颗粒无收的农田面积少于30%，减产8成的约占25%，余减产3~5成。

1960年6月，降水量达308毫米，境域内受水淹5~7天，有水淹田1 864亩。7月18—19日，降水143.1毫米，又有6 440亩农田受涝，抢救5天未脱险的仍有2 890亩；8月2—4日又降暴雨255毫米，水位涨至3.57米，有8 285亩稻田再次受淹，抢救6~8天，仍有3 841亩减产5~8成，465亩颗粒无收。

1985年7月31日晚至8月1日，6号台风掠境，狂风暴雨，住房、厂房各倒塌6间，30户住房进水，1 565人投入抗灾工作，抢修工地23处，筑岸土方1 710立方米，农田受淹6 500亩，至8月2日未脱险的仍有1 380亩。

1991年6月，降水348.1毫米，7月1—7日又降水254.4毫米，外河水位达3.8米，全镇5 500亩低田受淹3天。因抗洪救灾措施到位，灾情不重。

1995年5月19日，大风暴雨，水稻受淹，油菜等经济作物相应受灾。

1999年6月8—27日，降水368.5毫米，6月28日—7月1日又降暴雨238.5毫米，成百年一遇的"黄梅"大水，圩外水位由2.8米涨到3.95米，圩外农宅进水，潘泾河等处险情严峻，境域内受灾严重，村民参加抢险工作，对圩堤、闸门进行加固。

根据昆山市气象局提供的2000—2020年8级以上的大风天气数据看，2000年大风天气最多，出现4次，分别是2月7日、3月28日、4月10日、9月13日。2001年、2003年、2004年、2013年和2019年没有出现8级以上大风。暴雨天气出现次数最多的是2020年。

2000—2020年，境域内受台风暴雨影响最重的年份分别是：

2005年，9号台风，风力8~10级，境域内局部暴雨；9月12日，15号台风，风力10级，境域内水稻部分受淹、倒伏。

2009年8月2日，境域内大暴雨，多处民房、稻田受灾。

2012年9月，受台风"海葵"影响，村蔬菜大棚受损严重。

（二）旱灾

境域内旱灾少于水灾。史载，明清两代累计32年发生旱灾，曾溪河干涸，民大饥，疫死者甚多。民国期间累计6年发生旱灾。1934年夏，大旱，东、西澜漕河干涸显底，禾苗枯萎近4/10。

中华人民共和国成立后，根据江苏省水利厅1956年编印的《水利资料》规定，6—9月降水量小于370毫米为旱年，境域内累计出现8次旱年（1953年、1959年、1967年、1968年、1971年、1972年、1978年、1988年）。1958年后，境域内机电灌溉工程发展迅速，实现百日无雨保灌溉，旱年仍获大丰收。

（三）冰雹

境域内雹灾源于阳澄湖小气候，影响本地区。中华人民共和国成立后，境域内偶尔有雹灾。

1983年5月19日中午，境域内狂风大作，有冰雹落下，大的直径达45毫米，持续时间15分钟左右。三麦、油菜的茎秆被打断，秧苗大多重新播种。

1999年5月10日下午4时30分，境域内突然遭到冰雹袭击，部分油菜、小麦轻微受损。

（四）虫灾

宋熙宁五年（1072），史载有蝗灾。明嘉靖八年（1529）、明崇祯十四年（1641）、清康熙十八年（1679）、1925年、1926年、1928年、1929年都有飞蝗蔽天，集结芦荡，田禾被食尽。1935年最为严重，粳稻失收七八成。

1961年，螟害猖獗，境内粳稻几乎颗粒无收。之后政府重视灭螟。

1968年、1975年、1985年，境域内又有灰飞虱侵扰。1968年较为严重，中稻成片被毁。灰飞虱致水稻生条纹叶枯病，1981年较为严重，使单季粳稻减产五成之多。之后境域内加强灭治，未再成灾。

第二章 人口

早在春秋战国时期,境域内已有人定居,围耕种植,繁衍生息,渐成村落。旧时,区乡、图保,没有专人统计存档,人口资料缺失,无法查考。

中华人民共和国成立前,境域内大部分是当地人,少数从苏北逃荒到此。因战乱和贫困,境域内人口数量增长缓慢。中华人民共和国成立后,境域内村民生活相对稳定,人口数量稳定上升。20世纪60—70年代,10年间人口显著增加。70年代,境域内人口缓慢增长。80年代,计划生育成为国策,推广"只生一个好",境域内人口出现缓慢回落。1990—2000年,10年间人口下降明显。2000年后,人口迁入数量大于迁出数量,死亡数量少于出生数量,人口逐年小幅度增加。家庭格局总体趋势从大家庭逐渐变为小家庭。

新江村志

第一节 人口规模

一、人口数量

1962年，东江大队总户数153户，人口520人；70—90年代，户数为175~213户，人口为677~771人。1962年，柱江大队总户数为169户，人口577人；70—90年代，户数为181~224户，人口为626~795人。

进入21世纪后，东江村和柱江村合并为新江村。2005—2018年，户数为372~413户，人口为1 311~1 504人。从2019年起，昆山市公安局城北派出所对辖区内的户籍进行调整，新江村255户共1 009人的户籍转到美陆佳园杨林社区，境域内出现户数和人口陡降的情况。至2020年，新江村户数151户，人口453人。

境域内每户人数一般为3~4人，少数年份突破4人，如东江大队在1977年、1978年、1980年突破4人，柱江大队在1978年突破4人。至2020年，新江村平均每户人数3人。

1962—1999年东江大队（村）人口选年统计情况，如表2-1-1所示。

表2-1-1　1962—1999年东江大队（村）人口选年统计表

年份	户数/户	总人口/人	男/人	女/人	每户平均人数/人
1962	153	520	—	—	3.40
1971	213	753	—	—	3.54
1972	207	755	—	—	3.65
1973	206	755	385	370	3.67

续表

年份	户数/户	总人口/人	男/人	女/人	每户平均人数/人
1977	190	762	390	372	4.01
1978	186	771	397	374	4.15
1979	183	720	363	357	3.93
1980	180	727	366	361	4.04
1981	196	746	371	375	3.81
1983	194	752	368	384	3.88
1987	201	765	—	—	3.81
1990	175	736	353	383	4.21
1991	201	734	—	—	3.65
1995	201	713	—	—	3.55
1996	201	721	—	—	3.59
1997	201	756	—	—	3.76
1998	213	714	—	—	3.35
1999	189	677	324	353	3.58

1962—1999年柱江大队（村）人口选年统计情况，如表2-1-2所示。

表2-1-2　1962—1999年柱江大队（村）人口选年统计表

年份	户数/户	总人口/人	男/人	女/人	每户平均人数/人
1962	169	577	—	—	3.41
1971	224	784	—	—	3.50
1973	223	795	397	398	3.57
1977	210	793	385	408	3.78
1978	198	795	390	405	4.02
1979	—	749	371	378	—
1980	206	753	376	377	3.66
1981	208	767	381	386	3.69

续表

年份	户数/户	总人口/人	男/人	女/人	每户平均人数/人
1983	212	767	374	393	3.62
1986	198	733	—	—	3.70
1987	202	762	—	—	3.77
1990	202	766	369	397	3.79
1993	—	741	—	—	—
1998	200	637	—	—	3.19
1999	181	626	301	325	3.46

2005—2020年新江村户籍人口统计情况，如表2-1-3所示。

表2-1-3 2005—2020年新江村户籍人口统计表

年份	户数/户	总人口/人	男/人	女/人	每户平均人数/人
2005	372	1 311	619	692	3.52
2006	399	1 394	680	714	3.49
2007	399	1 411	684	727	3.54
2008	399	1 426	687	739	3.57
2009	400	1 463	705	758	3.66
2010	400	1 469	708	761	3.67
2011	400	1 470	707	763	3.68
2012	402	1 476	710	766	3.67
2013	403	1 493	723	770	3.70
2014	409	1 504	721	783	3.68
2015	411	1 491	718	773	3.63
2016	411	1 490	714	776	3.63
2017	413	1 485	713	772	3.60
2018	412	1 489	711	778	3.61
2019	157	480	232	248	3.06
2020	151	453	217	236	3.00

资料来源：城北派出所户籍资料。

1982—2020年新江村境域内历次全国人口普查数据统计情况，如表2-1-4所示。

表2-1-4　1982—2020年新江村境域内历次全国人口普查数据统计表

年份	序次	大队（村）名	户数/户	总人口/人	男/人	女/人
1982	第三次全国人口普查	东江大队	200	748	372	376
		枉江大队	211	772	378	394
1990	第四次全国人口普查	东江村	175	736	353	383
		枉江村	202	766	369	397
2000	第五次全国人口普查	东江村	189	677	324	353
		枉江村	181	626	301	325
2010	第六次全国人口普查	新江村	400	1 469	708	761
2020	第七次全国人口普查	新江村	151	453	217	236

二、人口变动

（一）自然变动

2005—2020年，新江村出生人数为309人，其中2006年出生人口最多，为110人。2020年，没有新生人口，为历年最少。年平均出生人数为19.31人，年平均出生率14.50‰。同期，死亡人数为170人，其中2015年死亡人数最多，为17人；2009年和2020年死亡人数最少，各为4人。年平均死亡人数为10.63人，年平均死亡率7.98‰。平均出生率大于平均死亡率，人口呈现增长趋势。

（二）机械变动

1964—1968年，大批插队知青涌入境域内，大队先后安置知识青年118人，其中女性知青55人、男性知青63人。安置在东江大队的有59人，枉江大队的有54人，跃进大队（关皇村）的有5人。这些知青基本来自江阴、苏州、昆山等地，其中江阴 12 人、苏州 79 人、昆山本地 27 人。知青大部分在 1976—1979 年陆续迁回原籍，少数知青因死亡或婚嫁而没有迁回原籍。

80—90 年代，新江村人口机械变动主要以婚迁方式进行迁入、迁出。90 年代开始出现买房外迁和读书外迁等情况。2005—2020 年，新江村迁入人口 178 人，迁出人口 11 人，迁入大于迁出，人口共增加 167 人，年均增加 10.44 人。

2005—2020 年新江村人口变动统计表，如表 2-1-5 所示。

表 2-1-5　2005—2020 年新江村人口变动统计表

年份	总人口/人	出生		死亡		迁入/人	迁出/人	自然增长	
		人数/人	出生率/‰	人数/人	死亡率/‰			人数/人	增长率/‰
2005	1 311	11	8.39	11	8.39	10	0	0	0.00
2006	1 394	110	78.91	11	7.89	107	6	99	71.02
2007	1 411	10	7.09	6	4.25	8	0	4	2.83
2008	1 426	11	7.71	9	6.31	4	0	2	1.40
2009	1 463	16	10.94	4	2.73	9	0	12	8.20
2010	1 469	13	8.85	9	6.13	4	0	4	2.72
2011	1 470	15	10.20	16	10.88	1	0	-1	-0.68
2012	1 476	12	8.13	13	8.81	7	0	-1	-0.68
2013	1 493	24	16.08	15	10.05	8	0	9	6.03
2014	1 504	16	10.64	13	8.64	8	0	3	1.99
2015	1 491	14	9.39	17	11.40	1	4	-3	-2.01
2016	1 490	16	10.74	13	8.72	7	0	3	2.01
2017	1 485	12	8.08	12	8.08	0	1	0	0.00
2018	1 489	17	11.42	12	8.06	2	0	5	3.36
2019	480	12	25.00	5	10.42	2	0	7	14.58
2020	453	0	0.00	4	8.83	0	0	-4	-8.83

资料来源：城北派出所户籍资料。

第二节 人口构成

一、民族

新江村地处江南,原居民都是汉族。2020年,村内有少数民族人口6人,1人为满族,1人为壮族,2人为回族,2人为羌族。其中4人为婚姻关系迁入,1人随父迁入,1人随母迁入。

二、性别

70—80年代初,境域内男性、女性数量接近,有时男性数量略多于女性,男女比例基本正常。从1983年起,男性人数比女性人数少近5%。之后历年的男性数量均未超过女性,基本保持在5%以上的差距,2005年为10.50%。一般年份则为5%~10%,据统计,原因之一为女性寿命比男性长。从2019年开始,新江村部分村民户口陆续迁入社区,新江村人口数量逐渐减少。

1977—2020年新江村境域内人口性别构成选年统计情况,如表2-2-1所示。

表2-2-1　1977—2020年新江村境域内人口性别构成选年统计表

年份	男性/人	女性/人	男女性别比例/%	年份	男性/人	女性/人	男女性别比例/%
1977	775	780	99.36	1982	750	770	97.40
1978	787	779	101.03	1983	742	777	95.50
1980	742	738	100.54	1990	722	780	92.56
1981	752	761	98.82	1999	625	678	92.18

续表

年份	男性/人	女性/人	男女性别比例/%	年份	男性/人	女性/人	男女性别比例/%
2005	619	692	89.45	2013	723	770	93.90
2006	680	714	95.24	2014	721	783	92.08
2007	684	727	94.09	2015	718	773	92.88
2008	687	739	92.96	2016	714	776	92.01
2009	705	758	93.01	2017	713	772	92.36
2010	708	761	93.04	2018	711	778	91.39
2011	707	763	92.66	2019	232	248	93.55
2012	710	766	92.69	2020	217	236	91.95

资料来源：昆山市档案馆档案资料、人口普查数据和城北派出所户籍资料。

三、年龄

根据2020年家庭人口档案资料，新江村总人口2 250人，其中男性1 099人、女性1 151人。80岁以上（含80岁）老人86人，其中男性34人、女性52人。90岁以上（含90岁）老人15人，其中男性3人、女性12人。退休老人约占总人口的26.57%，人口老龄化严重。（说明：2020年家庭人口档案资料包括户在人不在、人在户不在和婚进婚出等多种情况，与户籍人口统计数据有差异。）

2020年新江村人口年龄类别比例，如表2-2-2所示。

表2-2-2　2020年新江村人口年龄类别比例表

类别		年龄/岁	人数/人	占比/%
学龄前儿童		0~6	163	7.24
育龄妇女		15~49	493	21.91
劳动力	男	16~59	670	29.78
	女	16~54	592	26.31
退休老人	男	60及以上	237	10.53
	女	55及以上	361	16.04

2020年新江村90岁以上（含90岁）老人一览表，如表2-2-3所示。

表2-2-3　2020年新江村90岁以上（含90岁）老人一览表

序号	姓名	组别	性别	出生年月
1	唐水生	2	男	1930年7月
2	杨建万	4	女	1928年8月
3	王秀英	5	女	1930年11月
4	顾菊宝	6	女	1930年10月
5	龚白妹	7	女	1928年8月
6	龚金梅	9	男	1926年10月
7	龚小妹	10	女	1926年6月
8	金小妹	11	女	1927年9月
9	朱招娣	11	女	1930年12月
10	梁爱宝	13	女	1921年7月
11	唐三妈	15	女	1928年10月
12	王小牛	17	女	1925年2月
13	张白妹	19	女	1927年7月
14	袁妹珍	20	女	1929年10月
15	潘乘鉴	20	男	1927年4月

四、文化

根据2020年家庭人口档案资料，新江村总人口2 250人，其中大专及以上文化程度者490人，占总人口的21.78%；高中或中专文化程度者325人，占总人口的14.44%；初中文化程度者548人，占总人口的24.36%；小学文化程度者302人，占总人口的13.42%；另外在校生278人，占总人口的12.36%；文盲或半文盲121人，占总人口的5.38%；学龄前儿童163人，占总人口的7.24%。

境域内20世纪20—40年代前中期生人，绝大多数是文盲或半文盲；中华人民共和国成立后，教育得到普及，50年代、60年代生人受教育机会增加，但受教育程度普遍偏低，大多数为小学或初中毕业。1999年，全国高校扩招，70年

代后期生人中,大学生的比例增加,大专及以上学历者占该年龄段总人数的22.50%;80年代和90年代生人中,大学生的比例显著增加,分别为60.62%和72.34%。

2020年新江村村民文化程度统计情况,如表2-2-4所示。

表2-2-4　2020年新江村村民文化程度统计表

单位:人

年龄	人口总数	文化程度					
		文盲或半文盲	小学	初中	高中	中专	大专及以上
90岁以上	11	9	—	—	2	—	—
81~90岁	61	55	1	4	1	—	—
71~80岁	149	52	65	30	1	—	1
61~70岁	267	4	167	85	8	—	3
51~60岁	397	1	55	257	61	4	19
41~50岁	280	—	10	115	68	24	63
31~40岁	386	—	39	40	68	41	234
21~30岁	235	—	—	18	25	22	170

五、姓氏

2020年,根据家庭人口档案,新江村总人口2 250人,共有姓氏132个(1人为德国人,不计入姓氏),其中本地姓氏42个,为龚、梁、邵、陆、朱、王、唐、张、顾、陈、沈、倪、徐、戴、李、周、项、袁、吴、赵、魏、刘、凌、高、金、孙、潘、姚、陶、杨、韩、曹、方、咸、郭、邹、黄、范、董、邱、束、宋。罕见姓氏(即该姓人数为3人或3人以下)66个。其中,龚姓人数最多,为196人,其次为梁姓161人。

2020年新江村村民姓氏情况,如表2-2-5所示。

表2-2-5 2020年新江村村民姓氏一览表

单位：人

姓氏	人数	姓氏	人数	姓氏	人数	姓氏	人数
龚	196	孙	20	丁	6	卞	3
梁	161	潘	20	查	8	左	2
邵	144	俞	18	蔡	6	宗	2
陆	133	钱	17	叶	5	钟	2
朱	126	姚	16	汤	5	章	2
王	114	陶	16	盛	6	游	2
唐	102	杨	15	吕	5	熊	2
张	85	韩	7	蒋	5	苏	2
顾	70	曹	15	成	6	史	2
陈	70	方	13	支	4	时	2
沈	61	咸	12	谈	4	荣	2
倪	60	郭	12	邱	4	钮	2
徐	58	冯	12	马	4	毛	2
戴	59	许	10	罗	5	焦	2
李	52	邹	9	何	4	冀	2
周	46	夏	9	费	4	纪	2
项	38	汪	8	庄	3	樊	2
袁	29	黄	8	谢	3	窦	2
吴	29	胡	9	翁	3	刁	2
赵	28	郑	7	束	3	毕	2
魏	24	薛	6	宋	3	郁	1
刘	24	莫	6	施	3	席	1
凌	22	季	6	任	3	田	1
高	22	范	6	平	3	沙	1
金	21	董	6	葛	3	全	1

续表

姓氏	人数	姓氏	人数	姓氏	人数	姓氏	人数
乔	1	皋	1	狄	1	武	2
彭	1	凡	1	候	2	祁	1
缪	1	杜	1	管	1	靳	1
楼	1	崔	1	宁	1	仲	2
廖	1	曾	1	洪	2	嵇	1
冷	1	常	1	吉	1	花	1
雷	1	仇	2	童	1	谭	1
关	1	程	1	肖	2	殷	1

六、籍贯

新江村村民与外地人通婚不多。截至2020年底，常住人口中，通婚对象籍贯涉及江苏省内包括南京、无锡、徐州、常州、连云港、南通、盐城、泰州、扬州、淮安等在内的10个市；省外涉及吉林、陕西、四川、贵州、河南、广西、安徽、湖南、湖北、山东、江西、上海等12个省市，共计47人。其中，女性均属婚迁，人数为30人，占新江村总人口的1.33%，主要来自安徽、四川、湖北。男性有做女婿和子随父籍两种形式，人数为17人，占总人口的0.76%，主要来自安徽、四川。另外，有2人与外籍人士通婚，分别为第18村民小组和第20村民小组村民。

2020年新江村外地迁入人员情况，如表2-2-6所示。

表2-2-6　2020年新江村外地迁入人员一览表

单位：人

| 籍贯 | 人数 | | 籍贯 | 人数 | | 籍贯 | 人数 | |
	男	女		男	女		男	女
安徽	7	7	河南	1	2	上海	1	1
四川	4	6	陕西	0	2	湖南	0	1
湖北	0	5	贵州	0	2	总数	17	30
广西	0	3	吉林	1	1			
山东	2	0	江西	1	0			

第三节 人口管理

一、人口生育管理

（一）计划生育管理

20世纪70年代之前，境域内村民的传统生育观为"早生儿子早得福""多子多福，传宗接代""养儿防老"，一个家庭少则生育2~3个孩子，多则生育7~8个，一般家庭生育4~5个。

1971年7月8日，国务院向各省、市、自治区革命委员会转发《关于做好计划生育工作的报告》，根据毛主席"人类在生育上完全无政府主义是不行的，也要有计划生育"的指示，境域内的计划生育工作由此拉开帷幕。

1973年7月16日，国务院成立计划生育领导小组，在计划生育宣传教育上提出"晚、稀、少"的口号，1973年12月，第一次全国计划生育汇报会提出"晚、稀、少"的政策。境域内东江大队和枉江大队成立计划生育工作小组，向村民宣传计划生育政策，提倡晚婚、节育，以"一个不少，二个正好，三个

庆祝"5·29"计划生育协会成立30周年活动
（2010年，新江村摄制组摄）

多了"为生育有限目标。境域内育龄夫妇生育人数绝大部分控制在一孩或两孩,"生育无政府主义"得到有效控制。

1980年9月25日,中共中央发布《关于控制人口增长问题致全体共产党员、共青团员的公开信》,提倡"一对夫妇只生一个孩子"。东江大队和枉江大队响应政府号召,通过各种举措狠抓计划生育工作,基本做到"独生子女"的普及。

在独生子女的普遍政策下,1980—2016年初,昆山市政府规定,部分符合条件的家庭可以领取"二孩证",生育两孩。

随着人口结构的变化,至2015年底,国家调整计划生育政策,全面放开两孩政策。

"准生证" 从1979年开始,境域内按照国家规定,实行计划生育准生证管理。"准生证"关乎给孩子上户口,村里育龄妇女一般可在怀孕三个月之内拿着相关证件到村委会办理"准生证",凭着"准生证"和其他相关证件,育龄妇女在卫生院或医院建档进行产检。定期产检为优生优育提供有力保障。

2016年3月24日,按国家规定,新江村取消"准生证"(包括"二孩证")的申请和发放,改为实行出生登记制度。育龄妇女在确知怀孕后即可到村委会进行出生登记。

"独生子女光荣证" 从1982年开始,国家为只生一个孩子的家庭发放"独生子女光荣证"。为鼓励村民遵守国家政策,境域内对领取"独生子女光荣证"、自愿只生一孩的家庭每人每年发放30元的"独生子女父母奖励金",从孩子出生一直发放到孩子14周岁。

2008年,新江村根据《昆山市对持〈独生子女光荣证〉企业退休人员一次性奖励金发放工作方案》的通知,决定对符合以下条件的退休人员发放一次性奖励金3 600元:1996年1月1日至2007年12月31日,在本市按企业职工养老保险规定办理退休手续,且退休时未享受加发5%养老金待遇的持证退休人员;符合奖励条件已死亡的退休人员,由配偶或子女代领;符合这一条件,终身无子女的退休人员参照执行。是年新江村共有48位村民符合条件并享受了该福利。这项政策一直延续至今(2020年),只是发放奖励金时间改为退休次年。

2015年12月31日为新江村最后一天发放"独生子女光荣证"。从2016年1

月1日起,国家实行全面两孩政策,自愿生育一个孩子的夫妻,不再享受"独生子女父母奖励金"等相关奖励和优待政策。之前持有"独生子女光荣证",且未满奖励领取年限的,可继续领取奖励金。

"独生子女光荣证"

(2020年,新江村摄制组摄)

计生低保独子家庭慰问

(2011年,新江村村委会摄)

2009—2020年新江村计划生育情况,如表2-3-1所示。

表2-3-1 2009—2020年新江村计划生育一览表

年份	育龄妇女人数/人	已婚人数/人	未婚人数/人	新生儿人数/人	新生儿出生率/‰	独生子女领证人数/人
2009	293	238	55	9	3.78	3
2010	302	245	57	15	6.12	14
2011	289	235	54	12	5.11	7
2012	266	211	55	8	3.79	9
2013	273	223	50	7	3.14	7
2014	259	213	46	10	4.69	6
2015	254	208	46	7	3.37	2
2016	240	200	40	16	8.00	1
2017	224	186	38	9	4.84	—
2018	213	177	36	16	9.04	—

续表

年份	育龄妇女人数/人	已婚人数/人	未婚人数/人	新生儿人数/人	新生儿出生率/‰	独生子女领证人数/人
2019	182	140	42	15	10.71	—
2020	176	137	39	4	2.92	—

资料来源：《昆山高新区农村年鉴》。

（二）两孩生育管理

1980年后，昆山市政府作出照顾生育第二个孩子的家庭的规定。在提倡和鼓励一对夫妻只生育一个孩子，鼓励公民晚婚、晚育的同时，规定在符合法律、法规的前提下，一对夫妻可以申请再生育一个孩子。其中规定，女方为农村户口的夫妻，夫妻一方为独生子女，只有一个孩子的；男方到无兄弟的女方落户并赡养女方父母，只有一个女儿的；男方无兄弟且只有一个姐妹，只有一个女儿的，可以申请"二孩证"，再生育二孩。在此政策下，1980年至2016年3月24日停止发放"二孩证"期间，在低生育率和人口老龄化加速的社会大趋势下，新江村共有30个家庭领取了"二孩证"，生育第二个孩子。

"生育证"
（2020年，新江村摄制组摄）

2015年12月27日，全国人大常委会表决通过了全面实施一对夫妇可生育两个孩子的政策，国家对生育两孩不再进行严格管控。实行新政策后，2016年，新江村选择生育两孩的有13个家庭。2017年，选择生育两孩的有7个家庭，其中一个家庭为双胞胎。2018年，选择生育两孩的有13个家庭。2019年，选择生育两孩的有21个家庭。2020年，选择生育两孩的有2个家庭。

二、流动人口管理

（一）流动人口数量

2000年后，随着全市经济高速发展和城市开放程度不断提高，新江村流动人口不断涌入。2008—2014年，流动人口总体呈增加趋势，2015年之后逐年减少，主要原因为新江村陆续动迁，村民搬迁至美陆佳园，美陆佳园的流动人口归杨林社区管辖。2020年，新江村流动人口为506人，其中村流动人口117人，厂区流动人口389人。

2008—2020年新江村流动人口选年情况，如表2-3-2所示。

表2-3-2　2008—2020年新江村流动人口选年情况一览表

单位：人

年份	流动人口	年份	流动人口
2008	250	2015	2 331
2010	702	2016	1 830
2011	1 922	2017	1 090
2012	1 918	2018	1 073
2013	2 233	2019	1 070
2014	2 462	2020	506

（二）流动人口管理

境域内流动人口由新江村村委会配合当地派出所一起管理。2004年，新生警务室成立，配备辅警4~5人，负责新江、新生、唐龙3个村的流动人口管理，主要职能为对流动人口进行定期或不定期上门登记和为流动人口办理暂住证。2015年，新生警务室搬迁后，改为杨林社区警务室，配备辅警17人，负责新江、新生、唐龙和杨林社区4个片区。警务室除了对流动人口进行上门登记和居住证的发放，也对辖区居民进行安全知识的讲解，以及宣传网络电信诈骗的防范手段。

（三）流动人口生育管理

流动人口生育管理遵循流出地与流入地共同管理，以现居住地管理为主的原则。2020年，新江村流动人口已婚育龄妇女的数量为67人，未婚育龄妇女92人。

新江村定期摸查外来育龄妇女的数量、原户籍所在地、现居住地址、婚育状况。检查外来育龄妇女是否按要求持有"流动人口婚育证明"，如未按要求办

理，向其出具《限期补办〈流动人口婚育证明〉告知书》，督促其在期限内向户籍地县级人民政府计划生育行政部门或乡（镇）人民政府街道办事处办理"流动人口婚育证明"，并跟踪补办情况。

新江村为有意愿在本地生育子女的流动育龄妇女办理"生育联系卡"，以便她们可以在昆山市各医院妇产科进行围产期保健和分娩。同时，村委会向外地育龄妇女提供宣传资料、免费B超、免费RTI（生殖道感染）检查、免费避孕药具等。

第三章 村级组织

中华人民共和国成立前,境域内村庄受区、乡管辖,地方官吏很少进村入户,基层组织较为单一,保长只有在催收田赋、征召壮丁或发生大事时才与民众接触。百姓除了在买田立契、分割宅基等重大事宜上找图长、保长担保议事外,一般很少接触地方官吏。

1949年5月19日,境域所属的三塘乡人民政府宣告成立,废除保甲制度。境域内组织机构不断完善,逐步健全。1950年1月,境域划归巴城区关皇乡管辖。经历初级社、高级社等一系列生产组织变革后,基层党组织成为引领人民群众繁荣经济、政治、文化、社会事业的核心力量。

改革开放后,境域内村民在党组织的带领下,一手抓经济,一手抓文明,积极推动社会主义现代化建设。2001年8月,境域内东江、柱江两个行政村合并为新江村后,村级组织不断完善,为新江村经济发展和现代化新农村建设提供了有力的组织保证。

第一节 村党组织

一、组织建设

1953年，为培养小乡干部和进一步创办初级社的骨干力量，境域内初建党组织。村党组织党员积极参与党支部活动，学党章，听党课，宣传贯彻党在过渡时期建设社会主义总路线。

1956年8月，昆山撤区并乡，境域归属周墅乡，并设周墅乡党支部。境域内邵阿娥、顾文琪、陆文霞、倪兆香4名党员干部参加周墅乡党支部第一次党员代表大会。

1958年，建立人民公社，党组织改为中共周墅公社委员会，境域内第一任党支部书记为顾文琪。

1961年9月，周墅公社调整生产大队规模，境域内分设东江大队和柱江大队。吴永芳任东江大队党支部书记，龚志良任柱江大队党支部书记。1966年，在社会主义教育运动中，根据《中国共产党章程》的规定和要求，重点培养一批入党积极分子，增强党支部的战斗堡垒作用。

60年代后期，党组织的活动基本处于停滞状态。境域内主要"抓革命 促生产"，设"请示台"，搞"三忠于"活动。

1970年，陆桥公社新党委成立，东江、柱江大队党组织重新开展活动。

1961—2001年东江大队（村）党支部书记任职情况，如表3-1-1所示。

表 3-1-1　1961—2001 年东江大队（村）党支部书记任职一览表

姓名	性别	任职时间
吴永芳	男	1961 年 9 月—1962 年 3 月
邵广山	男	1962 年 3 月—1978 年 5 月
陈根喜	男	1978 年 5 月—1983 年 6 月
咸阿四	男	1983 年 6 月—1985 年 8 月
梁文林	男	1985 年 8 月—1986 年 5 月
倪兆香	男	1986 年 5 月—1988 年 7 月
梁红峰	男	1988 年 7 月—2001 年 8 月

1961—2001 年柱江大队（村）党支部书记任职情况，如表 3-1-2 所示。

表 3-1-2　1961—2001 年柱江大队（村）党支部书记任职一览表

姓名	性别	任职时间	姓名	性别	任职时间
龚志良	男	1961—1965 年	龚林生	男	1973—1993 年
唐伯安	男	1965—1973 年	范凤其	男	1993—2001 年

1983 年 4 月，政社分设，境域所属陆杨公社改为陆杨乡，生产大队改为村，设村民委员会和村党支部。境域内的柱江村和东江村均设有党支部，每个党支部设书记 1 人、副书记 1 人、支部委员 3~5 人。1999 年，柱江村有党员 19 人，其中女性党员 2 人；东江村有党员 26 人，其中女性党员 1 人。党员干部在改革开放的思潮中充分发挥党员的先进模范作用。

2001 年 8 月，行政村区划调整后，东江、柱江两行政村合并，组建新江村行政村，设立新江村党支部，党支部设书记 1 人、支部委员 3 人，范凤其任党支部书记。新江村有党员 54 人，其中女性党员 3 人。规划调整后，村党支部为加强组织建设，组织党员干部参加镇党政办开展的培训，加强对党的基本知识和理论的学习，激励党员奋发向上，努力工作。

2013 年 9 月，新江村党组织选举产生新一届党总支部委员会，王小平任党总支部书记。村党总支部分设 3 个支部，吸纳 20 名年轻党员加入。龚寅任第一党支部书记，龚金林任第二党支部书记，梁建明任第三党支部书记。第一党支部以青年党员为骨干力量，有党员20人。第二、第三党支部以中老年党员干部为主体，有党员50人。村党总支部按照《中国共产党章程》规定，开展党总支部活动，进行学习、讨论。

新江村党员留影（2013年，新江村党总支部摄）

至2020年，新江村党总支部设3个党支部，有党员70人，其中女性党员14人，35岁以下青年党员13人，大专以上学历党员20人（硕士研究生党员1人），退休党员37人。在新时期，新江村党员干部充分发挥共产党员的先进性和先锋模范作用，以习近平新时代中国特色社会主义思想为指导，学习贯彻落实党的十九大精神，努力做到"不忘初心、牢记使命"，落实全面从严治党要求，强化责任，求真求实，为实现"两个率先"做出贡献，先后有2人获评"昆山市优秀共产党员"，4人获评"玉山镇优秀党员"。

2001—2020年新江村党（总）支部书记任职情况，如表3-1-3所示。

表3-1-3　2001—2020年新江村党（总）支部书记任职一览表

姓名	性别	职务	任职时间
范凤其	男	党支部书记	2001年8月—2004年8月
李跃林	男	党总支部书记	2004年9月—2009年1月

续表

姓名	性别	职务	任职时间
顾雪琴	女	党总支部书记	2009年1月—2010年5月
费建忠	男	党总支部书记	2010年6月—2012年4月
王小平	男	党总支部书记	2012年4月—2016年9月
卞晓平	男	党总支部书记	2016年9月—2018年12月
金 龙	男	党总支部书记	2018年12月至今（2020年）
龚 寅	女	第一党支部书记	2013年9月至今（2020年）
龚金林	男	第二党支部书记	2013年9月—2015年12月
唐 华	男	第二党支部书记	2019年12月至今（2020年）
梁建明	男	第三党支部书记	2013年9月—2015年12月
张卫荣	男	第三党支部书记	2015年12月至今（2020年）

注：2015年龚金林调离后，没有补充改选他人，直到2019年唐华任职。

2020年新江村第一党支部党员情况，如表3-1-4所示。

表3-1-4　2020年新江村第一党支部党员一览表

姓名	性别	民族	入党时间	姓名	性别	民族	入党时间
龚永平	男	汉	1986年7月	吴 涛	男	汉	2007年6月
龚建明	男	汉	1991年10月	仲根磊	男	汉	2008年5月
王小鹏	男	汉	1991年11月	方 姣	女	汉	2010年10月
董 兵	男	汉	1993年11月	梁秋霞	女	汉	2011年5月
龚文明	男	汉	1996年6月	倪佳君	女	汉	2011年11月
倪永清	男	汉	1998年10月	梁 玲	女	汉	2012年5月
龚雪芳	女	汉	2004年1月	龚永青	男	汉	2012年6月
戴丽萍	女	汉	2005年12月	朱德胜	男	汉	2013年7月
金 龙	男	汉	2006年7月	王 宁	女	汉	2017年7月
龚 寅	女	汉	2006年11月	龚国华	男	汉	2018年7月

2020年新江村第二党支部党员情况，如表3-1-5所示。

表 3-1-5　2020 年新江村第二党支部党员一览表

姓名	性别	民族	入党时间	姓名	性别	民族	入党时间
龚伯龙	男	汉	1972 年 2 月	龚凤兴	男	汉	1990 年 12 月
陶立春	男	汉	1976 年 10 月	沈金龙	男	汉	1992 年 7 月
周成宝	女	汉	1977 年 7 月	顾建珍	女	汉	1992 年 8 月
周立成	男	汉	1977 年 8 月	金龙其	男	汉	1993 年 6 月
范凤其	男	汉	1978 年 1 月	梁凤兴	男	汉	1993 年 11 月
龚全林	男	汉	1978 年 5 月	梁兴元	男	汉	1994 年 5 月
唐培元	男	汉	1978 年 8 月	朱凤彪	男	汉	1995 年 6 月
郭龙生	男	汉	1979 年 3 月	邵雪花	女	汉	1996 年 11 月
邵友明	男	汉	1981 年 7 月	顾雪琴	女	汉	2000 年 6 月
魏家宽	男	汉	1980 年 3 月	倪雨海	男	汉	2005 年 6 月
袁小弟	男	汉	1980 年 10 月	周超	女	汉	2009 年 12 月
唐文根	男	汉	1984 年 8 月	唐华	男	汉	2010 年 12 月
梁建青	男	汉	1985 年 6 月	宋玲珍	女	汉	2014 年 7 月
沈水林	男	汉	1990 年 10 月				

2020 年新江村第三党支部党员情况，如表 3-1-6 所示。

表 3-1-6　2020 年新江村第三党支部党员一览表

姓名	性别	民族	入党时间	姓名	性别	民族	入党时间
袁根福	男	汉	1965 年 1 月	项阿毛	男	汉	1977 年 7 月
梁文忠	男	汉	1965 年 1 月	顾国林	男	汉	1977 年 9 月
黄德纪	男	汉	1965 年 4 月	龚云龙	男	汉	1978 年 8 月
顾三男	男	汉	1965 年 12 月	龚文元	男	汉	1978 年 4 月
陈根喜	男	汉	1972 年 2 月	邵建康	男	汉	1982 年 9 月
咸阿四	男	汉	1972 年 2 月	梁文明	男	汉	1986 年 3 月
梁文林	男	汉	1976 年 10 月	唐伯元	男	汉	1986 年 7 月

续表

姓名	性别	民族	入党时间	姓名	性别	民族	入党时间
梁红峰	男	汉	1987年7月	董云开	男	汉	1995年5月
高文俊	男	汉	1989年5月	梁友明	男	汉	1996年6月
梁小毛	男	汉	1989年12月	陆巧生	男	汉	2002年6月
张卫荣	男	汉	1993年9月	邹浩	男	汉	2012年6月
龚水泉	男	汉	1994年6月				

二、思想建设

1952年，境域内全面开展整党、整风运动，对党员进行思想作风教育，通过学习党员八条标准，发扬自觉自查精神，纠正不良作用，提高政治觉悟，遵守组织纪律，端正工作作风。

1960—1961年，境域内开展整风整社运动，纠正"五风"（共产风、浮夸风、特殊化风、强迫命令风、瞎指挥风）和"一平二调"（平均分配、无偿调拨集体和个人财物）的错误风气。

1965—1966年，苏州地区社教工作团进驻公社，开展社会主义教育运动，即"四清"运动，对党员干部作风和经济管理起到一定作用。

1966—1976年，"文化大革命"期间，党组织活动基本停滞。

1976年，境域内实施"以工补农"战略，东江、柱江大队在党支部的组织下，带领党员，改变单一农业经济思想，掀起现代化建设的热潮，先后开办玻璃钢厂、制线厂、袜厂、化工厂等集体企业。

1977年，昆山县委派工作队进驻公社，开展路线教育。党员带领干部群众战天斗地解决温饱问题，开河道，筑圩堤，在粮食产量稳步提升的同时，搞多项副产养殖业，发展多种经营，解决物资紧缺和经济困窘状况。

1978年，境域内东江、柱江大队党支部组织党员干部学习中共十一届三中全会精神，贯彻中央提出的"以经济建设为中心，坚持改革开放，坚持四项基本原则的基本路线"（简称"一个中心两个基本点"）。

1983年，陆杨乡建立全县第一所基层党校，党校对全乡党组织的入党积极分子进行马克思列宁主义、毛泽东思想、邓小平理论及党的基本知识教育。境域内东江和枉江 2 个村党组织的入党积极分子参加学习，并通过学习提高了政治思想水平和业务素质。1991—1998 年，境域内东江、枉江村党支部有多名党员干部参加陆杨镇党校举办的党员干部培训班学习。

1987 年，东江、枉江村党支部建立规范化的"党员之家"。党员定期集中在"党员之家"开会学习、汇报工作、交流思想。

1992 年，东江、枉江村党支部带领全体党员学习邓小平南方谈话，开展"学理论、学党章"的教育活动，提高思想觉悟。

2001 年，境域内东江村和枉江村合并为新江村，并成立新江村党支部。之后，全体党员通过学习"三个代表"重要思想及市委富民工程会议精神，在"科学发展观"理论引导下完成党务工作，实现党务、村务、财务公开。

2005—2010 年，新江村新一任党总支部领导班子带领全体党员深入学习"三个代表"重要思想，全面落实"科学发展观"，学习领会中共十七届全会精神，有计划地开展学习，加强基层组织建设，提高党员自身素养。在"增强党员意识，争当时代先锋"的教育指导下，保持良好的工作作风。

党员"迎新春创平安送祝福"活动
（2020 年，新江村党总支摄）

2013 年，新江村全面开展创建学习型党组织活动，积极开展党员志愿先锋工作和党员廉政建设。是年，新江村荣获"昆山市学习型社区"荣誉称号。新江村通过"践行群众路线、永葆清廉本色"、"树家风、重家教"、"走基地、看变化、聚力量"、"两学一做"鹿城党建网络学习教育、"修身、勤学、敬业、自律"、"守规矩、做表率、有作为"等专题读书活动，提升党员素养，同时通过远程教育"固定学习日"学习，提升党员业务能力。

2016 年，新江村党总支部全体党员学习中共十八大精神。2017 年，中共十九大召开，至 2020 年，新江村全体党员在习近平新时代中国特色社会主义思想的引导下，"不忘初心、牢记使命"，努力做好带头人。

2020年，新冠疫情期间，新江村成立新冠疫情防控工作领导小组，村"两委"积极做好疫情防控工作，做到责任到人。同年，围绕"垃圾分类 党员先行""先锋行动月""红七月"等一系列活动，开展主题党日活动。

三、作风建设

60年代，境域内东江、柱江大队党支部建立党员蹲点挂钩制度，党员干部按照生产队实际情况，下生产队带领群众参加生产劳动，和群众同工计酬，与群众同甘共苦，在群众中树立光辉榜样，深得群众信任和爱戴。党员们积极参与农业生产，以努力发展好农业生产为目标，带领社员兴修水利，大建联圩。

70年代初，东江、柱江大队党支部在"文化大革命"期间停止活动，大队党员干部带领群众开展"农业学大寨"运动，修圩堤，促生产。1970年12月，县组织1.5万人拓浚西杨林塘河段，党员干部白天与社员同出工，午休和晚间参加政治学习。同年，结合河道工程，筑成昆北公路路基11.7千米。党员干部在劳动生产中成为革命和生产的中坚力量。

70年代末，东江、柱江大队党支部党员投身改革开放大浪潮，抓机遇，扩思路，找典型，寻发展。党员干部带头贯彻"以粮为纲、多种经营、全面发展"方针，学习无锡"围绕农业办工业，办好工业促农业"的经验，开办制线厂、玻璃钢厂、化工厂、针织厂等，通过队办企业搞经营，发展种、养殖业，使农民得到实惠，农业走向工业化，农村逐步走上富裕之路。

80年代，农村实行经济体制改革，境域内东江、柱江村实行包干制，两村党支部确立工作目标，在搞好家庭农业生产的同时，大搞村集体企业，提高农村家庭经济收入，助推农业生产工作稳步发展。

90年代，境域内东江、柱江村党员干部在做好三农（农业、农村、农民）工作的同时，积极抓村基础设施建设，修村路，自来水管道安装到户，加强村企改制等，党员干部忙时种地，闲时务工。同时，一些党员带头搞投资，办实体，做绿化，搞种、养殖业，努力发展第三产业，以提高村民收入，改善村民生活品质。1993年，柱江村被评为"昆山市农业规模服务合格村"。1996年，东江村获得苏州市绿化委员会"美丽村庄植树造林"奖。

新江村党员冬训大会（2011年，新江村党总支部提供）

21世纪，新江村党（总）支部带领全村党员干部，努力做好农村自然村动迁工作，改善居住环境，抓好农业生产，开展水产养殖培训，提升经济效益；积极规划，完成土地确权任务，加强基础设施建设，完成村道标准化建设工作、公共场所保洁队伍稳定化工作、农村三清工作、卫生村建设工作、境域内有线电视的普及工作、扶贫帮困工作，以及房屋动迁、安置工作等。至2020年，境域内村民房屋动迁基本完成。在新时代新发展理念的指引下，党群一体，共谋发展，新江村村民安居乐业，村民生活基本达到小康水平。

四、制度建设

从1956年3月起，为使党员干部遵纪守法，监督党员干部照章办事，激励党员干部严于律己，境域所属的陆桥乡党总支部设1名监察委员，分管党纪工作，有效保证党支部的制度建设。

1986年，境域内党支部建立规范化"党员之家"，实行"党员岗位职责""党员日活动汇报""违纪查处"等12项制度，并根据新时期、新形势的要求，不断完善，修订更新。

1988年，境域内东江、柱江村党支部根据中共十三届三中全会提出的做好党的"三会一课"的要求，坚持定期召开支部党员大会、支部委员会、党小组会，按时上好党课的"三会一课"制度。

进入新世纪，经过行政区划调整，新江村党支部更是坚持政治理论学习，健全党的组织生活，严格党员管理，加强党员教育，逐步增强基层党组织的战斗力；确保各项制度上墙公示，党会、党课不断学习，不断检查，促进党员素质提升；积极查阅台账，促进党员为群众办实事、做好事，切实解决群众困难。同时，新江村党支部建立了党的纪律检查委员会，加强对境域内党员的党风党纪教育及党员违纪监管，以维护党的章程和法规，严肃党纪，加强党的廉政建设，提高党员的政治思想觉悟。

第二节　自治组织

中华人民共和国成立后，境域内行政（自治）组织经过初级社、高级社、生产大队、革命委员会、村民委员会等几个阶段的变化。1983年，政社分设时，实行镇管村体制，境域内的东江大队和柱江大队分别成立村民委员会。次年，乡体制改革试点结束，东江和柱江两村启用"村民委员会""经济合作社"新印章。生产队改名为村民小组，村委会主任和村委会成员由村民民主投票选举产生，村委会作为自治管理组织，推行《中华人民共和国村民委员会组织法》，保障民主选举、民主决策、民主管理、民主监督等。

一、组织机构

（一）高级社

1955年，中共七届六中全会后，各级政府贯彻中央《关于农业合作化问题的决议》，将农业合作化推向高潮，经过互助组和初级社及小社并大社，组建高级社。1956年1月，境域内在原东江初级社和柱江初级社的基础上成立东江高级社和柱江高级社。高级社既是组织生产的经济实体，又是基层行政单位。

（二）生产大队

1958年，建立人民公社，实行政社合一体制。是年9月，周墅人民公社宣布成立，将东江、横溇两个高级社合并为卫星大队；建立党、团等基层组织，

宣传贯彻党和政府的各项方针政策。公社以下设大队，大队有正、副大队长，会计、民兵营长、治保主任、妇女主任、团支部书记。顾文琪任卫星大队党支部书记，龚志良任社长，邵阿娥任妇女主任，陆国范、范林生先后任民兵营长，团支部书记为邵小弟，会计为蒋明善、陆文楼。大队驻地为大渔塘村张福生家。

1962年，根据中共中央《农村人民公社工作条例（草案）》，境域内调整人民公社规模，组建陆桥人民公社，成立公社管理委员会。东江大队党支部书记为邵广山，大队长为倪兆香；枉江大队党支部书记为龚志良，大队长为邵佰生。1965年，中共苏州地委社教工作团分团进驻陆桥公社，境域内开展"四清"运动，至次年3月结束。

（三）革命委员会

1969年，公社下属生产大队分别成立革命委员会，设正、副主任及委员，生产队设政治队长、生产队长各1人。其时，东江大队革命委员会有委员7人，革命委员会主任由邵广山担任，倪兆香、倪金毛为副主任，吴竹选、陈根喜、邓明枢为委员。枉江大队主任由龚林生担任，顾三男为副主任，张胜民、邵伯弟、黄德纪、邵阿娥为委员。1981年，公社革命委员会改为公社管理委员会，生产大队撤革命委员会，恢复大队管理委员会。

公社成立革命委员会的同时，又于1970年9月成立治安保卫委员会（简称"治保委"）。其时，枉江治保委主任为范林生，副主任为周军，委员为朱雪明、张卫明、龚阿小。东江大队治保委主任为咸明夫，副主任为王维忆，委员为袁根福、梁冬元、魏阿三、梁文忠、赵友生。

（四）行政村（村委会）

1983年，政社分设，实行农村体制改革，境域内的生产大队改为村，东江大队改为东江村，枉江大队改为枉江村，设村委会。村委会设主任、副主任、委员若干人，属行政自治管理组织，配设民兵营长、团支部书记、妇女主任、会计。村委会以下为村民小组，村民小组设有村民小组长。境域内的2个行政村（枉江村、东江村），辖9个自然村18个村民小组。

2001年8月，东江、枉江两村合并为新江村；2004年，周市镇横娄村关皇自然村划入新江村。是年，新江村有10个自然村20个村民小组。

东江村村委会 1983年，东江生产大队改为东江村。4月18日，村委会成立，驻地在公司自然村鱼苗场，1986年搬至灰罗潭。辖4个自然村（东江村、西江村、公司村、鳗鲤河村）8个村民小组189户677人。1983—2001年，村委会主任依次为咸阿四、项阿毛、梁红峰、咸阿四和高金龙；妇女主任依次为魏桂兰、倪雪珍；民兵营长（治保主任）依次为咸明夫、咸阿四、梁洛、梁建青、梁凤林；团支部书记为梁建明；村会计依次为高金龙、梁建明。

1961—2001年东江大队（村）大队长（村委会主任）任职情况，如表3-2-1所示。

表3-2-1　1961—2001年东江大队（村）大队长（村委会主任）任职一览表

姓名	性别	职务名称	任职时间
邵广山	男	大队长	1961—1962年
倪兆香	男	大队长	1962—1976年
陈根喜	男	大队长	1977—1979年5月
梁文忠	男	大队长兼党支部副书记	1979年6月—1983年3月
咸阿四	男	村委会主任兼党支部书记	1983年3月—1984年
项阿毛	男	村委会主任	1984—1986年
梁红峰	男	村委会主任	1986—1988年
咸阿四	男	村委会主任	1988—1999年
高金龙	男	村委会主任	1999—2001年

1961—2001年东江大队（村）会计任职情况，如表3-2-2所示。

表3-2-2　1961—2001年东江大队（村）会计任职一览表

姓名	性别	任职时间
梁文林	男	1961—1966年5月
韩小平	女	1966年5月—1966年12月
陈根喜	男	1966年12月—1976年
张惠林	男	1976—1983年
高金龙	男	1983—1988年
梁建明	男	1988—2001年

枉江村村委会　1983年，枉江生产大队改为枉江村，设村委会，驻地在唐家宅，辖5个自然村（唐家村、邵家村、郭家港村、咸子泾村、横江村）10个村民小组181户626人。1983—2001年，村委会主任先后为邵友明、龚文元；村会计先后为董云开、周宝明；妇女主任依次为邵阿娥、顾建珍、顾雪琴；民兵营长（治保主任）依次为陆国范、范林生、龚金林；团支部书记依次为龚文元、顾建珍、龚金林。

1958—2001年枉江大队（村）大队长（村委会主任）任职情况，如表3-2-3所示。

表3-2-3　1958—2001年枉江大队（村）大队长（村委会主任）任职一览表

姓名	性别	职务名称	任职时间
龚志良	男	大队长（社长）	1958—1961年
邵伯生	男	大队长	1961—1965年
顾三男	男	大队长（社长）	1965—1970年
龚伯龙	男	大队长（社长）	1970—1973年
邵建康	男	大队长（社长）	1973—1983年
邵友明	男	村委会主任	1983—1985年
龚文元	男	村委会主任	1985—2001年8月

1958—2001年枉江大队（村）会计任职情况，如表3-2-4所示。

表3-2-4　1958—2001年枉江大队（村）会计任职一览表

姓名	性别	任职时间	姓名	性别	任职时间
陆文楼	男	1958—1965年	邵弟良	男	1979—1981年
张胜民	男	1966—1976年	董云开	男	1982—1993年
邵友明	男	1977—1979年	周宝明	男	1993—2001年

新江村村委会　2001年8月，撤销枉江、东江行政村，在两村区域设立新江村行政村。范风其任新江村党支部书记，高金龙任村委会主任，梁建明任村会计，陆巧生任村经济合作社社长，顾雪琴任妇女主任，龚金林任民兵营长兼

治保主任。村委会办公驻地在原跃进小学（关皇小学旧址）。

合并为新江村后，村委会一班人树立"村级经济主要靠村委会班子"的敢于担当、审时度势、一心为民的意识，村委会班子人员每届任期3年，到期进行换届选举。村委会班子在工作中坚持抓好五大管理，即公共事务管理、集体经济管理、土地规划管理、计划生育管理、社会治安管理。坚持民主决策制度，遇到重点项目、重大活动，召开村民代表大会，村委会主任做翔实介绍，提出讨论意见，说明利弊，由村民表决。村委会保障依法自治，加快村经济稳定增长，坚持民主集中制，实行民主决策、民主管理、民主监督，做到政务、财务公开，提高工作透明度，接受群众监督，健全人民调解、民事调解、治安管理、公共管理机制，积极发挥群团作用，做好村级规划，提升村级收入，加快落实富民强村计划。

合并为新江村后，村委会办公室配置了电脑、打印机、传真机。在统计工作进入科学管理的时代，统计信息包括村务公开信息、老龄工作委员会信息、网上平台发布信息等。归档工作涉及年报、农村居民收入调查、人口普查、劳动力调查、便民统计等项。在统计资料的

新江村村委会（2020年，新江村摄制组摄）

管理和使用上，村档案室统一存档，凡借阅档案均有记录。2001年至2020年，负责统计的人员多次参加业务培训，内容包括建立台账、调查研究、撰写统计分析报告等。2001—2020年，新江村负责统计工作的人员先后为梁建明、龚金林、龚寅。

二、民主选举

1953—1966年，根据《中华人民共和国选举法》，乡（公社）实行普选制，由选民直接选出乡（公社）人民代表大会代表。县人民代表由乡（公社）人民

代表大会选举产生。1953年3月至7月，巴城区在境内关皇乡搞普选试点工作，后在全区全面推开。1958年5月，周墅乡第一届人民代表大会召开，会议决定柱江大队龚志良任大队长。1963年4月，陆桥公社第一届（周墅乡第五次）人民代表大会召开，邵广山、龚志良作为代表参加。1966年5月，陆桥公社第二届（周墅乡第六次）人民代表大会召开，会议决定柱江大队顾三男任大队长，东江大队倪兆香任大队长。

1978年9月，陆桥公社第三届人民代表大会召开，柱江大队邵建康任大队长，东江大队陈根喜任大队长。

1981年，根据1979年颁布的选举法，县、社人民代表实行直接选举制和差额选举制。1981年9月，陆桥公社第四届人民代表大会召开，12月，陆桥公社更名为陆杨公社。之后，人民代表大会每3年召开一次。

1998年11月4日，第九届全国人大常委会第五次会议通过《中华人民共和国村民委员会组织法》（简称《村民委员会组织法》）。该法的实施助推了农村民主政治建设，进一步增强了村民进行自我管理、自我教育、自我服务的能力。民主选举村委会在广大农村逐步推行。2008年10月，龚寅成为新江村第一个大学生村官，"村官"选举对于培养农民的民主意识和政治参与意识起到了重要作用。

2010年、2018年，国家先后两次对《村民委员会组织法》作出修改，进一步完善和规范了村委会成员的选举和罢免程序。

人大代表候选人与选民见面会
（2010年，新江村村委会摄）

新江村第十届村委会换届选举工作会议
（2010年，新江村村委会摄）

为进一步加强农村基层组织建设，新江村坚持以建设有中国特色的社会主义理论和党的基本路线为指导，充分发挥村干部的带头作用，发挥群团组织、民兵组织力量，健全妇女代表大会（简称"妇代会"）组织，完善村务管理制度，以集体经济为主体，以共同富裕为目标，走因地制宜发展的道路，从动迁会议上干部带头到停车场商议改建，从村务公开到困难户补助到位，从建设公共服务体系到土地流转补偿到人，从全村每一个村民参保到建好一个老人活动场所，村委会干部从政策着手，从细处入手，做到安全排查到位和强化管理，做好每一项为民服务的工作。

2002—2020年新江村村委会主任任职情况，如表3-2-5所示。

表3-2-5　2002—2020年新江村村委会主任任职一览表

姓名	性别	任职时间	姓名	性别	任职时间
高金龙	男	2002—2004年	龚金林	男	2009—2015年
梁建明	男	2004—2009年	张卫荣	男	2015年至今（2020年）

2001—2020年新江村会计任职情况，如表3-2-6所示。

表3-2-6　2001—2020年新江村会计任职一览表

姓名	性别	任职时间	姓名	性别	任职时间
梁建明	男	2001—2004年	梁建明	男	2009—2016年
龚金林	男	2004—2009年	龚　寅	女	2016年至今（2020年）

三、管理工作

旧时，境域内的综合管理由区、图、保长负责，主要处理民事纠纷、土地买卖、宅基地争议等事宜。发生家庭矛盾、邻里纠纷时，人们习惯于请"舅父断事""长公断事""族长断事"等。

中华人民共和国成立后，人民政府废除封建制度，建立行政自治管理的基层群众自治制度，推行民主决策，依法行政。2004年，新江村内安装"小技防"和报警系统，确保村民安全，确保域内平安。同时加强群众来信来访工作及接

待和调解工作,把问题解决在基层,切实抓好行政、经营、财务三大管理工作。21世纪以来,村民自治以民生利益为管理核心,建立健全各项常态管理制度,确保综合管理工作落到实处;认真做好扶贫帮困工作,让弱势群体能够感受到党的温暖。此外,境域内还开展法制进村、文艺进村、科技进村活动,利用画廊、文艺节目、电影等宣传工具,丰富村民精神生活,为农村现代化建设保驾护航。

(一) 公共安全

治安管理 旧时,巡夜敲更,每个时辰(约两小时)敲更一次,提醒百姓小心火烛,关好门窗,防止窃贼,如遇险情以锣示警,保一方平安。

中华人民共和国成立初,在区公安部门指导下,境域内治安管理工作由乡、行政联村牵头,组织民兵青年,分两组日夜进行巡防,重点防范国民党反动派残余势力勾结地方不法分子搞破坏活动。严防反动派及来路不明、行为不正的嫌疑分子搞破坏。在境域内村民的努力下,治安管理井井有条,无相关事件发生,有力维护了生产秩序和人民利益,从而也巩固了人民新政权和土地革命成果。

60—70年代,东江和柱江两个大队的民兵营、治保组织,由公社公安派出所统一安排,在国庆、元旦、春节等重大节日前夕,组织警力、武装基干民兵、治保主任进行拉网式政治大扫除,确保境域内节日期间安全无事故。

1985年11月,境域所属的陆杨乡成立乡治安联防队,归派出所管理。治安联防队带领村内民兵组织严格防止流窜人员入境域作案,保证境域内居民安全无事故。2002年,新江村组建村级治安联防队,队员以复员军人居多。2006年,新江村成立联防分队和警务室,社区警务人员2人,联防分队队员6人。同时,成立村治安志愿团队,队员7人。2008年,向社会公开招收一批村联防分队队员,采用合同制,并进一步建立和完善联防分队的规章制度。明确职责要求:做好治安巡逻、伏击守候工作;积极参与防火、防盗、防爆、防破坏活动,协助盘查嫌疑人员,以抢险救灾为己任,为群众排忧解难,一切行动听指挥。2006年,村联防分队由派出所统一收编,村定编人员6人。至2020年,村联防分队有17人。联防分队实行划片包干的工作方法,实行责任到人,工作到点责任制。

2006年，新江村成立村社会治安综合治理领导小组，加强社会治安综合治理，维护社会稳定，保护村民合法权益，保障改革开放和社会主义经济建设事业的顺利推进。老党员、老干部、村民代表组成群防群治队伍，做到年初有计划，年中有管理，年末有考核，构建网络安全工作平台，建立会议、值班、平台、考核制度。实行24小时值班制，明确职责，落实到人。各条线、部门密切配合，保证各项工作的顺利开展。

2007年，结合"建设平安昆山"宣传月及镇百日万人创安大联动活动，村治办努力营造平安创建氛围，大力做好宣传工作。坚持"打防结合、预防为主"的方针，搞好社会治安综合治理，开展"五五普法""'12·4'法制宣传日"及法律进社区等宣传活动，充分强化群众法治观念。

2018年2月，新江村开展"331"专项行动，对境域内住宅小区车库使用情况开展排查摸底，发现问题及时纠正，对电动车的停放及充电等进行规范，新建电动车充电棚98个；对境域内小区出租房建档，强化责任；对"九小"场所进行全面、细致、无死角的安全检查，避免事故发生。对存在的问题限期整改，对隐患场所负责人现场进行消防安全知识宣传、讲解，并定期巡查，谋求长效治理，为境域内村民创造安全、稳定的居住环境。

公共管理 1995年，境域内实行集体企业转制，集体资产包括村民小组公房、电灌站等固定资产及村委会的办公楼、老年活动室、医疗卫生器械、健身器材等。在管理上，村委会采取分解管理措施，指定专人负责，实行包干制，确保集体资产完好乃至增值。在使用上，保持卫生整洁到位，安全可靠。对于出租集体资产，村委会要求签订集体租借合同，明确租借期限。对境域内的道路、绿化带、公厕、垃圾站点等加强保洁工作。至2020年，村公共管理达到镇有关要求，集体资产完好无损，公共设施、环境卫生达到上级规定标准。同时强调在个人租赁方面，民企、个体工商户等首先办理工商登记，领取营业执照方可租赁，合法营业。

安全管理 中华人民共和国成立前，境域内以一家一户的小农经济为主，村民兼营小手工业，大多为原生态作坊。家家都有"火着全无"的理念，时刻警惕着安全生产问题。中华人民共和国成立后，随着社会经济不断发展，高级社在公社化后实施大面积科学种田，农技员对施用化肥农药进行操作规程培训，

强调戴手套、口罩,避免中毒;农技员和仓库保管员对农药的保管也有严格的管理制度,并定期进行安全检查,确保其安全性。

工业生产方面,境域内企业十分重视安全用电、防火等具体工作,安全生产成为境域内企业管理中的重要课题。除安全生产检查外,境域还增添防火器材,指定村消防队员参加昆山高新区消防中队组织的消防演练,提高企业防火能力和安全生产防范能力。

2002年,按照国家"安全生产日"活动要求,境域内制订安全生产计划,认真贯彻安全生产法规,树立"以人为本"的安全工作理念,坚持"安全第一、预防为主、综合治理"的方针,落实安全生产责任制,实行门卫岗位责任制,强化企业业主负主责的机制,避免重大生产事故的发生。新江村成立安全生产领导小组,实施"一把手"负责制,负责对全村安全生产的组织和领导,坚持做到安全生产工作与生产任务统一部署;负责对全村安全生产的日常管理统一进行考评,督促检查工作。建立村委会安全生产小组和消防、租赁企业之间的监察机制,实现全方位的安全管理,实施动态管理常态化。要求租赁企业及农场生产管理者签订安全生产目标管理责任书,明确租赁企业业主是安全第一责任人,并将安全责任层层落实到各个岗位和个人,确保安全生产人人有责、人人负责。

(二) 财务管理

中华人民共和国成立后,境域内建立了严格的现金开支审批制度,东江、柱江、横溇3个初级社,各指定一名社长负责财务审批。审批制度从高级社或人民公社、生产大队到村民小组层层落实。至2020年,财务审批由党总支部支书记签复,数额较大的由镇政府审批,3万元以上的财务审批须召开村民代表大会表决。

财务会审始于人民公社化时期的三级所有队,以生产队为核算单位。1962年,东江、柱江两个生产大队按公社统一规定建立健全生产队经营管理财会队伍,设立由财务会计、现金保管员、出纳员、记工员、仓库管理员等组成的理财班子。其中会计管账不管现金,每月编制收支平衡表,一式三份;现金保管员只管现金,凭发票收付;出纳员负责收款、领款和购买队里急需的生产资料;仓库管理员管理仓库各项物资,记清入库、出库账目,每月结合生产审查账目盘点核审一次。财务会审制度执行至1983年，境域内实行家庭联产承包制，生产队撤销核算单位，改为村民小组，财会事项集中到村委会办理，设立村经营管理财会班子，接受镇政府经营管理办公室的统一领导和管理。

财务公示始于中华人民共和国成立初，从初级社开始，生产队每月张榜公示一次，让社员了解经济状况和收支情况。生产队改为村民小组后，村委会在办公区公示栏内张榜公示，方便让村民了解村经济状况和收支情况。村委会财务公开按季度进行，公开专项资金的筹集、使用情况，包括收支明细和相关会计账目，年终公布各项财产、债务、债权、收益分配等。

（三）民事调解

中华人民共和国成立前，境域内没有司法行政组织，兄弟分家、老人赡养、产权继承等矛盾，绝大部分由"舅父"上门评断。不公正的评断，会成几代人不和。邻里之间，宅基地争端、租田争议、合伙农具分配矛盾和师徒纠纷等，一般由氏族长者或村里有公信力者公断。

中华人民共和国成立初至1954年，境域内村民间的纠纷由治保主任、村长、农会组成的民事调解小组处理。1962年，人民公社化后，由大队管委会人员负责民事调解工作，并建立划片包干制度，解决民间赡养、子女分家、夫妻矛盾、邻里纠纷等。民事调解在"文化大革命"时期由大队负责。

1975年，恢复公社、大队、生产队，建立三级调解组织。1981年，公社设司法助理后，比较大的民事纠纷由司法助理办理。以后，由历届人民代表大会选举产生人民调解委员会。东江、柱江大队也建立了调解委员会，调解的工作方针是"调防结合、以防为主"。在调解组织的努力下，家庭纠纷、婆媳矛盾、邻里争执有所减少。

1987年，东江村和柱江村均成立了民事调解委员会，村委会主任、党支部书记、会计、妇代会主任为调解委员。1990年，根据《民间纠纷处理办法》，民事调解委员会以法律为准绳，调解村民生产生活中产生的纠纷。根据工作中的思想动态，针对土地、房屋、财产、婚姻等方面的矛盾、纠纷，民事调解委员会建立健全有针对性地上门调解、处理等10项管理制度。

村民事调解委员会在昆山市司法局的指导下，发挥人民调解职能，夯实人民调解工作基础，推动人民调解机制创新，积极构筑以人民调解为基础，司法

人民调解（2020年，新江村村委会摄）

调解和行政调解紧密配合的"三位一体"大调解工作格局，使大量社会矛盾在基层得到及时调解，促进社会持续、快速、健康发展，取得较好成效。

2006—2020年，新江村共有民事纠纷35起，以动迁牵连的财产分割、老人赡养等方面纠纷为主，经过村民事调解委员会耐心细致的调解，结案成功率达100%。

2007—2020年新江村民事调解委员会成员，如表3-2-7所示。

表3-2-7　2007—2020年新江村民事调解委员会成员一览表

姓名	性别	调委会职务	任职时间
龚金林	男	主任	2007年11月—2015年12月
张卫荣	男	主任	2016年1月—2020年12月
梁建明	男	委员	2007年7月—2015年12月
陆巧生	男	委员	2009年1月—2015年12月
吴福康	男	委员	2009年1月—2015年12月
龚　寅	男	委员	2009年1月—2020年12月
唐　华	男	委员	2016年1月—2020年12月
邹　浩	男	委员	2016年1月—2020年12月
王　宁	女	委员	2016年1月—2020年12月

2007—2020年新江村民事调解委员会调解员，如表3-2-8所示。

表 3-2-8　2007—2020 年新江村民事调解委员会调解员一览表

自然村	姓名	性别	是否党员	任职时间	调解小组
唐家村	周宝明	男	否	2007 年 11 月至今（2020 年）	第 1、2 村民小组
邵家村	邵建康	男	是	2007 年 11 月—2018 年	第 3、4 村民小组
郭家港村	龚阿毛	男	否	2007 年 11 月—2009 年	第 8、9、10 村民小组
东江村	方桃富	男	否	2007 年 11 月至今（2020 年）	第 12、13 村民小组
公司村	孙冬林	男	否	2007 年 11 月—2012 年	第 14、15 村民小组
西江村	梁凤林	男	是	2007 年 11 月—2015 年	第 11、18 村民小组
关皇村	沈菊桂	男	否	2007 年 11 月至今（2020 年）	第 19、20 村民小组
咸子泾村	顾志明	男	否	2007 年 11 月至今（2020 年）	第 5、6、7 村民小组
公司村	王小鹏	男	是	2012 年至今（2020 年）	第 14、15 村民小组
邵家村	俞国娟	女	否	2018 年至今（2020 年）	第 3、4 村民小组
鳗鲤河村	倪雨海	男	是	2007 年至今（2020 年）	第 16、17 村民小组
西江村	戴大英	女	否	2015 年至今（2020 年）	第 11、18 村民小组

（四）村规民约

旧时，境域内有乡风民俗，民众按规矩办事，推动了境域内百姓和谐共处。中华人民共和国成立以来，村民接受文化教育，文明素养不断提升。2004 年，新江村修改并实施新的《新江村村规民约》，在村社区活动中心、村道两侧以及村文明宣传栏内张贴。《新江村村规民约》主要作用为规范村民的文明行为，提升村民的文明素质，塑造文明形象、提高境域内民众文明程度。

2008 年，新江村实施《新江村文明公约》《新江村村民文明卫生行为规范》，引领了文明新风尚，推动了精神文明建设工作的发展，提升了全民素养。

2020 年，新江村再次修订和实施《新江村村规民约》，新的文明公约倡导村民遵守文明新风，维护公共环境与公共秩序，促进文明新发展；弘扬传统美德，

规范约束民众公共行为，建立群众自我管理、自我教育的文明建设新机制；推进乡村综合治理，提升民众素质，对进一步创造清洁、优美、文明、和谐的生产生活环境起到引领作用，为创建文明城市发挥积极作用。

附：

2004年《新江村村规民约》

1. 坚持党的四项基本原则，拥护党的路线、方针、政策，遵守国家的法律法规。
2. 发展生产、勤劳致富、支持集体经济建设，积极完成上级规定的各项任务和本村规定的任务。
3. 学习科学文化知识，实行科学种田。
4. 加强土地管理，不准私自出售撂荒土地，不准违章占地建房。
5. 实行计划生育，提倡晚婚晚育，坚决杜绝无计划生育和非法生育。
6. 遵守社会公德，尊老爱幼、赡养老人、邻里团结、家庭和睦。
7. 维护社会治安，不打架斗殴、诽谤他人，不扰乱社会秩序。
8. 开创文明新风，严禁赌博、反对迷信、打击盗窃和流氓滋事活动。
9. 爱护集体财产，爱护公共设施。
10. 搞好房前屋后绿化，美化环境、讲究卫生。

2008年《新江村文明公约》

爱我中华　兴我新江

同心同德　艰苦创业

爱护公物　保护环境

文明礼貌　讲究卫生

爱岗敬业　诚实可信

办事公道　奉献社会

尊老爱幼　爱和邻睦

优生优育　移风易俗

遵纪守法　见义勇为

扶贫帮困　热心公益

2008 年《新江村村民文明卫生行为规范》

不乱扔垃圾　　不乱扔杂物

不乱穿马路　　不乱贴乱画

不乱停车辆　　不破坏绿化

不随地吐痰　　不说脏话粗话

不损坏公共设施　　不在禁烟场所吸烟

2020 年《新江村村规民约》

一、加强土地管理，服从建设规划，不私自违章搭建。

二、拥护党的方针、政策，服从大局，配合政府完成动迁等各项工作。

三、每个村民都要学法、知法、守法、自觉维护法律尊严，积极同一切违法犯罪行为作斗争。自觉维护社会秩序和公共安全，不扰乱公共秩序，不阻碍公务人员执行公务。

四、邻里纠纷，应本着团结友爱的原则平等协商解决，协商不成的可申请村民事调解委员会调解，也可依法向人民法院起诉，树立依法维权意识，不得以牙还牙，以暴制暴。反对家庭暴力。

五、父母应尽抚养、教育未成年子女的义务，禁止歧视、虐待、遗弃女婴，破除封建陋习。子女应尽赡养老人的义务，不得歧视、虐待老人。

六、遵守出租房屋规定，不租赁给无业人员和无任何证件者，配合政府、派出所加强外来人口管理。

七、不打架斗殴，不辱骂、诽谤他人，不扰乱社会秩序。维护正义，坚决与违纪违法行为作斗争。

八、崇尚科学、反对封建迷信，远离"黄、赌、毒"，积极参与健康文明的文体活动；婚事丧事不大操大办，破除陈规旧俗，反对铺张浪费。

九、保持村容整洁。严禁在河道、水沟、水渠、水塘、桥头、道路两侧等公共场所乱倒生活垃圾、建筑垃圾。垃圾实行源头分类、减量处理、定时定点投放。家禽一律实行圈养，不得放养。

十、富有爱心，积极参与公益性事业，为村"两个文明"建设出谋划策。

四、民兵工作

民兵活动（2020年，新江村摄制组摄）

1950年秋，全县始建民兵组织，区建大队，乡建中队，村建排，组建班，境域内凡政审合格、17~40周岁、身体健康的青壮年均可参加。境域所属的巴城区中队，负责乡民兵组织、联防、社会治安等工作。关皇乡有3个仓库，乡民兵组织每夜以3个排轮流值守并设流动放哨人员。

1952年，境域内民兵分为两种，17~25周岁的民兵和18~30周岁的复员军人编成的基干民兵，余者为普通民兵。

1958年，实行全民皆兵和劳武结合，民兵建制由大队、中队、小队改为团、营、连。公社民兵营长为陆国范，大队长和党支部书记兼任教导员，生产队组建连部，由队长任连长。东江大队的民兵营长先后有咸明夫、咸阿四、梁洛、梁建青、梁凤林。柱江大队的民兵营长先后有陆国范、范林生、龚金林。

2001年8月，行政区划调整，柱江、东江并村后的民兵营长先后由龚金林、梁建明、邹浩、唐华担任。

境域内每年春运时期组织民兵队长及基干民兵执勤。每年4月民兵队伍整组，普通民兵和基干民兵队伍人员整合，每年5月境域内招募新兵入伍并进行新兵体检，每年10月境域内优秀基干民兵参加由镇组织的集训及学习活动。

1958—2020年新江村境域内大队（村）民兵营长（治保主任）任职情况，如表3-2-9所示。

表 3-2-9　1958—2020 年新江村境域内大队（村）民兵营长（治保主任）一览表

村（大队）	姓名	任职时间
东江	咸明夫	1962—1970 年
	咸阿四	1971—1983 年
	梁 洛	1983—1985 年
	梁建青	1986—1993 年
	梁凤林	1994—2001 年
柱江	陆国范	1958—1965 年
	范林生	1965—1983 年
	龚金林	1983—2001 年
新江	龚金林	2001 年 8 月—2009 年
	梁建明	2009—2010 年
	邹 浩	2011—2013 年
	唐 华	2014—2020 年

第三节　群团组织

一、农民协会

1950 年，境域所属关皇乡成立农民协会，农会委员由农民代表选举产生，设主任 1 人，委员若干，农会成员主要由吸收雇农、贫农、积极分子而来。关皇乡农会主任为梅阿根，会员有 1 142 人，主要协助党的基层组织顺利完成土地改革及以后的互助组、合作社建设等工作，在生产自救、抗洪救灾、肃清反革命、统购统销、抗美援朝等运动中发挥了积极作用，成为联系人民群众的桥梁和纽带，在完成历史使命后，农会随之解体。

二、共青团

1953年，境域所属的巴城区关皇乡设团支部委员会。1956年，境域所属的环城区建陆桥乡团总支部委员会。团支部吸纳积极向上的青年开展政治运动，宣传党的方针政策，配合民兵中队，维护地方治安，积极参加互助合作、初级社、高级社的活动，带头参加生产劳动。1958年，境域内枉江大队第一任团支部书记为邵小弟。1966年，

新江村共青团活动
（2020年，新江村村委会提供）

"文化大革命"开始，境域内共青团停止活动。1970年8月，共青团恢复组织活动，随着政社分设及区划调整，基层团委及团员们活跃至今，团员们在农村查螺、灭螺，水利兴建，以及农村业余文化活动、学雷锋做好事活动中充分发挥积极性。进入21世纪，团员们积极开展赈灾救灾、爱心助学、爱心帮困等社会公益活动，他们充分发挥党的助手作用，在经济发展中也起到了良好的助力作用，团员队伍不断扩大，至2020年新江村共青团有团员5人，均为大学生。

1958—2020年新江村境域内大队（村）团支部书记任职情况，如表3-3-1所示。

表 3-3-1 1958—2020 年新江村境域内大队（村）团支部书记一览表

村（大队）	姓名	任职时间
东江	韩小平	1965—1966 年
	陈世凤	1967—1971 年
	梁义龙	1972—1980 年
	陈友根	1981—1982 年
	梁建明	1983—2001 年
枉江	邵小弟	1958—1962 年
	范林生	1962—1964 年
	周宝明	1964—1969 年
	刘根妹	1969—1975 年
	龚文元	1975—1988 年
	顾建珍	1988—1993 年
	龚金林	1993—2001 年
新江	龚金林	2001—2009 年
	龚 寅	2009—2018 年 8 月
	王 宁	2018 年 9 月至今（2020 年）

三、妇女组织

1950 年，境域所属的巴城区关皇乡设妇女联合会，设正、副妇女主任，各行政村设妇女主任 1 人。1954 年，农业合作化后，在各初级社、高级社内设妇女委员，她们积极投入到生产劳动中，参加各项生产。1958 年，人民公社化时期，公社建妇女联合会，枉江大队第一位妇女主任是邵阿娥，东江大队第一位妇女主任是梁爱英。60 年代，妇女与男人一样参加集体化生产劳动，成为拔秧、莳秧、耘稻、耥稻、轧稻的能手，与男人同工同酬。70 年代，妇女顶起半边天，在开河整田、兴修水利、种植造肥等生产劳动中，发挥了积极的作用。

1962—1976 年，第一届至第三届陆桥乡妇代会由境域内的邵阿娥代表参加。随着改革开放和行政体制改革，妇女组织也相应更名，1978 年称为妇女联合会

妇联插花活动（2020年，新江村摄制组摄）

（简称"妇联"）。1977—1991年，第四届至第七届妇代会由境域内的顾建珍、倪金毛、魏桂兰代表参加。1994—2000年，第八届至第十届妇代会由东江、枉江村的倪雪珍、顾雪琴两位代表参加。

进入21世纪，妇女代表参与国家和社会事务的民主管理、民主监督，以及有关妇女、儿童法律、法规的制定，积极维护妇女、儿童合法权益，为境域内的妇女、儿童讲政策、办实事，妇联重视女性群体的生产生活，为育龄妇女争取免费体检。2017年，新江村第一届妇女联合会执行委员会（简称"妇联执委"）成立，设妇女主席1人、副主席3人、委员3人。2020年，新江村15—49周岁妇女共497人，按规定定期参与村组织的妇女活动与健康检查。

1962—2020年新江村境域内大队（村）妇女主任任职情况，如表3-3-2所示。

表3-3-2　1962—2020年新江村境域内大队（村）妇女主任一览表

村（大队）	姓名	任职时间
东江	梁爱英	1962—1964年
	倪金毛	1964—1983年
	魏桂兰	1983—1991年
	倪雪珍	1991—2001年
枉江	邵阿娥	1958—1974年
	顾建珍	1974—1993年
	顾雪琴	1993—2001年
新江	顾雪琴	2001年8月—2009年
	龚　寅	2009—2018年9月
	王　宁	2018年10月至今（2020年）

2017年新江村第一届妇联执委成员，如表3-3-3所示。

表3-3-3 2017年新江村第一届妇联执委成员一览表

姓名	出生年月	是否党员	工作单位及职务	妇联职务
龚 寅	1986年3月	是	妇女主任、会计	主席
王 宁	1990年1月	否	劳动保障协理员	副主席
顾雪琴	1962年2月	是	新江村原党支部书记	副主席
梁 玲	1991年11月	是	纬创资通（昆山）有限公司主管	副主席
龚家欢	1994年4月	是	江苏天合物业管理有限公司财务	委员
邵 红	1990年2月	是	昆山农村商业银行	委员
项林珍	1986年6月	否	个体户	委员

四、老年协会

1992年3月，境域内东江、枉江村成立老年协会，设会长1人，委员5人。开办老年人活动场所25平方米，设图书室1间，影像室1间，棋牌室1间，并设有专人负责，定时开放。在镇老龄工作委员会的指导下，村老年协会认

老年协会重阳节活动（2020年，新江村村委会摄）

真贯彻《老年人权益保障法》和《关于加强老龄工作的决定》，围绕"老有所养、老有所医、老有所为、老有所学、老有所教、老有所乐"，开展深入、细致的工作。老年协会自2006年起为65周岁以上的老年人进行体检。每年老年节，村老年协会便组织慰问80周岁以上的老人，召开老年人座谈会，了解老年人状况，发放节日礼品。至2020年，老年协会有会员403人。

五、残疾人协会

2006年6月28日,新江村成立残疾人协会,并选举残联主席、副主席及委员数人,帮助残疾人解决就医问题,为体弱病残人员解决交通问题,让他们的日常生活更加方便。做好重疾病人、特困病人的低保工作,解决其生活问题。每年村委会代表会看望境域内生活困难的残疾人,并给予支持和帮助。至2020年,协会有会员53人。

六、关心下一代工作委员会

1992年7月27日,境域内东江、枉江村成立关心下一代工作委员会(简称"关工委"),工作人员主要由老党员、老干部组成。2019年,新江村关工委联合村妇联利用周末及寒、暑假开展青少年手工培训活动。2019—2020年,共开展各类培训活动22场次,主要是青少年手工培训活动,通过活动,充分发挥青少年的创造力、想象力、思维能力。

新江村关工委举办六一儿童节活动(2020年,新江村村委会摄)

第四章 村庄建设

中华人民共和国成立前,境域内村庄基础建设落后,道路以泥路或茅草路为主,只有竹夹桥、小木桥、独木桥,公共设施、水利设施等基础建设空白。中华人民共和国成立后,村庄的基础建设全面推进和提升,村容村貌、人居环境全面改观。60—70年代出现机耕路,80年代出现黑脚子路和砂石路,90年代出现水泥路,进入21世纪有了沥青道路。80—90年代出现楼板桥、水泥桥、石条桥,进入21世纪修建了钢筋混凝土桥。改革开放后,在邮政通信、供水、供电、供气、公共交通、环境保护等基础设施建设上紧跟时代发展。在农业为主的时代建设配套电灌站、排涝站等。在21世纪以工业为主的时代,水利建设主要目的是防洪防涝,确保一方平安。会议室、活动会所、日间照料中心、停车位、充电桩等公共设施配备完善,功能齐全。

第一节 基础设施

一、道路

中华人民共和国成立初期，境域内道路以泥路、茅草路为主。

60年代初，境域内电力灌溉发展迅速，渠系不断伸展，渠道成为行人往来的主干道。从1966年起，农业生产开始使用手扶拖拉机，境域内部分烂泥路被拓宽至2~2.5米，形成机耕路。70年代初期，柱江大队将机耕路加宽到3.5米左右。70年代末至80年代初，为解决雨天道路泥泞难行的问题，大队组织生产队到昆山化工厂装运碳氮化钙下脚料，陆续把村内道路铺成黑脚子路。1985年，在黑脚子路基础上拓宽，铺上瓜子片（碎石片材料），形成砂石路。

90年代至2004年，村里先后共投资202万元，翻新或拓宽村路累计10条，对各自然村主干道铺浇水泥，水泥路通到每家每户。

邵家自然村村路（2020年，新江村摄制组摄）

2004年，境域内村庄陆续动迁。根据政府规划，之前的村路被拆除，建成厂房或重新铺沥青。到2020年，除邵家自然村保留的约300米水泥路和东江自然村保留的约200米水泥路外，其余均为新修沥青马路，其中主干道1条、次干道4条、支路4条，共9条。

东江自然村村路（2020年，新江村摄制组摄）

寰庆路（2020年，新江村摄制组摄）

寰庆路 主干道，南北走向，纵穿新江村境域，南起玉山镇汉浦路，北至周市镇西杨林塘北侧，全程36.7千米，有18米宽双向双车道、2×3.5米侧分带、2×3.5米非机动车道。该路在境域内南接新塘河，北接杨林塘。2004年动工修建，2005年建成。

恒盛路 次干道，东西走向，位于新江村境域北侧，靠近杨林塘，东起昆北路，向西延伸过茆沙塘通巴城镇，全程31千米，有18米宽双向双车道、2×3米侧分带、2×3.5米非机动车道、2×1.8米人行道。该路在境域内西与红杨路交叉，东与泰科路交叉。2004年动工修建，2005年4月建成，2018年又向东西分别延伸。

玉杨路 次干道，东西走向，位于新江村境域南侧，靠近新塘河，东起常泾河，西至茆沙塘，全程4.396千米，有16米双向双车道、2×3米侧分带、2×3.5米非机动车道。该路在境域内西与红杨路交叉，东与泰科路交叉。2004年4月动工，2005年4月建成。

红杨路（2020年，新江村摄制组摄）

红杨路 次干道，南北走向，位于新江村境域西侧，南通巴城镇红杨村，北至西杨林塘，全程2千米，有18米双向双车道、2×3.5米侧分带、2×3.5米非机动车道。该路在境域内北接西杨林塘，南接新塘河。2004年动工修建，2005年4月建成。

昆北路 次干道，东西走向，位于西杨林塘北边，东接周市镇，西通巴城镇，全程23.57千米，有10米双向单车道。该路在境域内西接唐龙村，东接新生村。1971年建成。

新塘路 支路，东西走向，位于新江村境域南侧，东起寰庆路，西至唐龙村，全程1.781千米，有11米双向单车道、2×2米人行道。该路在境域内东接寰庆路，西接红杨路。2017年6月建成。

龙生路 支路，东西走向，位于新江村境域东侧，西起寰庆路，东至常泾河。全程2.133千米，境域内路段东接泰科路，西接寰庆路，有16米双向单车道、2×4米人行道。2012年动工修建，2013年3月建成。

瑞科路 支路，南北走向，位于新江村境域偏西侧，南起新塘路，北至恒盛路。全程1.067千米，有15米双向单车道、2×4米人行道。2015年6月建成。

泰科路 支路，南北走向，南起玉杨路，北至恒盛路，全程0.969千米，有14米双向单车道、2×2米绿化带、2×2米人行道。2014年5月建成。

二、桥梁

中华人民共和国成立前和成立初期，境域内桥梁比较简陋，桥梁类型主要有竹夹桥、小木桥、独木桥等。

80—90年代，境域内建起一批楼板桥、水泥桥、石条桥等，替代之前的竹夹桥、小木桥、独木桥。1999年，境域内共有桥梁16座，其中拱桥2座，其余均为平桥。桥宽超4米、承载负荷在5吨以上的桥梁共有5座。

1999年新江村境域内桥梁情况，如表 4-1-1 所示。

表 4-1-1　1999 年新江村境域内桥梁情况一览表

坐落村名	桥名	所跨河流	类型	结构	跨度/米	宽度/米	净高/米	修建年份
柱江	柱江口桥	柱江河	平	石、水泥	4.00	4.00	3.00	1969
	咸子泾桥	咸子泾	平	楼板	15.00	2.00	3.00	1980
	郭家港桥	郭家港	平	楼板	15.00	2.00	3.00	1980
	柱江桥	柱江河	平	楼板	15.00	1.00	3.00	1980
	大渔塘桥	大渔塘	平	楼板	15.00	1.00	3.00	1980
	杨林塘桥	杨林塘	拱	砖石	37.00	6.00	4.50	1995
东江	大渔塘桥（天禄桥）	大渔塘	平	石条	6.00	3.50	3.00	1835
	东江南桥	东江河	平	楼板	4.00	2.00	2.50	1970
	龙江河桥	龙江河	平	石、水泥	4.00	1.00	3.00	1976
	鳗鲤河北桥	鳗鲤河	平	楼板	4.05	4.50	3.50	1985
	东江北桥	东江河	平	楼板	4.45	2.50	3.00	1985
	中心桥	东江河	平	石条	4.50	3.00	3.00	1993
	薛家浦桥	东江河	平	石条	4.00	3.00	3.00	1993
	西江闸门桥	西江河	平	楼板	4.50	3.00	3.50	1994
	鳗鲤河村桥	鳗鲤河	平	楼板	4.05	3.35	3.00	1997
横潦	跃进桥	杨林塘	拱	水泥	32.00	6.00	4.50	1992

2002 年，郭家港自然村翻建郭家港桥，为钢筋混凝土结构，平桥，总长 17 米，宽 6.2 米（2012 年拆除）；2003 年，翻建咸子泾桥，为钢筋混凝土结构，平桥（2007 年拆除）。2008 年，柱江自然村翻建柱江桥，为钢筋混凝土结构，平桥（2012 年拆除）；2011 年，翻建鳗鲤河桥（2015 年拆除）。

2004 年之后，随着新江村纳入昆山高新区玉山镇民营开发区建设整体规划，新江村境域内原自然村除邵家村仍保留一小部分外，其余全部动迁，道路、桥梁、河流被重新规划，原自然村桥梁大多拆除。

2020年,新江村有14座桥梁,其中13座为中型或小型桥、1座为大型桥;从桥梁类型上看,有箱涵桥6座,简支梁桥7座,钢桁架桥1座。桥梁分布情况为:大渔塘3座、二号河3座、五号河3座、龙江河2座、新塘河2座、西杨林塘1座。

寰庆路桥（2020年,新江村摄制组摄）

寰庆路桥为杨林塘上最大的桥,2016年7月开始建造,2019年12月完工。桥梁道路宽26～28.6米,跨径布置采用2×(4×20)米预应力混凝土空心板,桥梁全长418.04米,主桥部分采用91.24米钢桁架桥。

2020年新江村桥梁情况,如表4-1-2所示。

表4-1-2　2020年新江村桥梁情况一览表

桥名	所在道路名称	所跨河流	类型	桥梁长度/米	宽度/米	竣工年份
鳗鲤河桥（恒盛路三号桥）	恒盛路	大渔塘	箱涵	28.00	37.00	2003
玉杨路桥（玉杨路三号桥）	玉杨路	大渔塘	箱涵	9.60	35.60	2004
大渔塘河桥	新塘路	大渔塘	简支梁	30.00	15.60	2014
横江桥（恒盛路二号桥）	恒盛路	二号河	箱涵	15.00	36.60	2003
咸子泾桥（玉杨路二号桥）	玉杨路	二号河	箱涵	9.60	35.60	2004
龙生路桥	龙生路	二号河	简支梁	34.00	24.00	2013
寰庆路五号桥	寰庆路	五号河	箱涵	9.00	36.20	2004
瑞科路桥	瑞科路	五号河	简支梁	30.00	19.60	2015
泰科路桥	泰科路	五号河	简支梁	36.00	22.60	2014
玉杨路四号桥	玉杨路	龙江河	箱涵	9.60	35.60	2004
新塘路桥	新塘路	龙江河	简支梁	24.00	15.60	2017

续表

桥名	所在道路名称	所跨河流	类型	桥梁长度/米	宽度/米	竣工年份
环庆路四号桥	环庆路	新塘河	简支梁	48.00	24.60	2004
新塘河桥	红杨路	新塘河	简支梁	40.00	24.60	2004
寰庆路桥	寰庆路	杨林塘	钢桁架	418.04	28.60	2019

大渔塘河桥（2020年，新江村摄制组摄）

横江桥（2020年，新江村摄制组摄）

瑞科路桥（2020年，新江村摄制组摄）

泰科路桥（2020年，新江村摄制组摄）

咸子泾桥（2020年，新江村摄制组摄）

新塘路桥（2020年，新江村摄制组摄）

第二节　公共事业

一、供水

中华人民共和国成立前，村民从湖、河中获取生活用水。每天清早，村民用水桶挑水，倒入厨房的大水缸内。如果遇到大风浪，湖、河水混浊，就在水缸中放一些明矾，用这种方法澄清水。

中华人民共和国成立后，为消灭血吸虫病，政府号召打公井（集体用井）。1965年"四清"时，每个生产队都有2~3口公井，村民生活饮用井水。

院中井（2020年，新江村摄制组摄）

从70年代起，昆山县爱国卫生运动委员会（简称"爱卫会"）提倡每家每户饮用井水，采取补贴300元购买八五砖水泥等方法，鼓励村民家家户户打井，境域内出现了院中井、灶边井等。

1992年，陆杨镇自来水接入各村，东江、枉江村村民用上由镇水厂直供的自来水。2007年，新江村进行新一轮自来水网改造，境域内供水与昆山市区供水一体化。

二、供电

中华人民共和国成立前，村民晚上照明主要用油盏碟（碟里加菜油，用灯芯草点火，然后放在一个小框内，可挂在墙壁、灶壁上），火似花生粒大小，半明半暗。少数人家用洋油灯（煤油灯。因煤油从国外进口，故称"洋油"）。中华人民共和国成立后，绝大部分村民用上洋油灯。

1962年，境域内建立电灌站。村民开始从电灌站架电线引电用来照明，照明用上电灯泡。当时没有电线杆，村民用粗一点的毛竹或树干做电线杆，架上电线。1968年前后逐渐换成水泥杆。由于供电不足，同时需要先保证农业灌溉、脱粒等生产用电，村民家庭照明仍需辅以洋油灯或蜡烛。

新江村电线架设（2020年，新江村摄制组摄）

70年代，为弥补电力不足，枉江大队买了一台发电机，主要用于村民家庭照明。

80年代，电力趋于稳定，枉江大队（村）和东江大队（村）各配备一名电务员，负责抄表、收电费和故障维修。

1999年，境域内东江、枉江村开展农村电网改造，更新输电线路，统一安装电表箱，并取消村电务员一职，由镇供电所负责收取电费。

2012年起，新江村全面使用智能化电表，执行峰谷分时电价机制。

三、供气

20世纪80年代前，村民煮饭使用柴火灶，燃料为稻草、麦秸、木柴等。

80年代中期，村民煮饭燃料逐步由柴草变为瓶装液化气。2000年，随着提倡秸秆还田和农业适度规模经营，瓶装液化气用户增多。瓶装液化气主要来自昆山液化气供应站。2002年，新江村瓶装液化气入户率达100%。

2005年底，最早一批搬入美陆佳园小区的动迁村民，仍然使用瓶装液化气。美陆佳园最早建设的3个小区桦苑、枫苑、桂苑没有安装天然气管道，2018年经过改造，全部安装天然气管道。建设略晚的美陆佳园梅苑、兰苑、竹苑、菊苑交房时即配置天然气管道。天然气由昆山华润城市燃气有限公司供应。邵家

自然村未动迁用户仍然使用瓶装液化气。

四、邮政通信

邮政 1953年,境域内邮政业务开通,有专人负责到村中送信,但村民寄信需到陆家桥乡邮政所。1956年,境域内设置一个邮筒,村民可以把信投进邮筒,邮递员隔天来取一次。70年代,新增订报业务,邮递员既送信也送报。90年代手机出现之后,写信的人减少,邮筒取消。2000年之后,邮政业务主要是订报或邮政储蓄,信件投递业务稀少,部分业务由快递业替代。

通信 1961年,东江大队、柱江大队的办公室都安装了手摇式电话,用于接听公社来电。打电话时需先转到邮电局总机,再由邮电局话务员分拨出去。1970年前,电话线路借用广播线路,广播时间内不能通话。1971年后才单独安装电话线路。

1986年,东江村村民梁文明家安装全村第一部程控电话(固定电话)。80年代末,境域内东江、柱江村一些村民使用寻呼机(俗称"BP机")。寻呼机只能接收信息,不能发送信息,收到信息后,使用者需找一部固定电话与对方联系。当时购买一台"BP机"的费用为2 000~5 000元,后价格下降到几百元。境域内大部分年轻村民都用过"BP机"。

1993年,住宅程控电话迅猛发展,同时,少数家庭条件好的村民配备了体积庞大的"大哥大"。1996年,柱江村建成"昆山市电话村"。21世纪后,手机逐渐普及,一开始使用体积较小的国产手机,也有的用进口手机。部分村民选择用更便宜的"小灵通"(只能在市区范围内通话,功能和固定电话类似,但可以像手机一样带在身上)。2008年,随着手机资费直线下降,小灵通基本被淘汰。

进入21世纪,互联网发展迅猛,村民搬进社区后,家家通网线,通信变得极为便利。2010年后,村民中除了耄耋老人和上学儿童,几乎人手一部智能手机。由于手机的普及和互联网的发展,固定电话逐渐被淘汰。截至2020年,除了办公场所安装固定电话,一般村民家庭很少有固定电话。

五、公共交通

公交站台（2020年，新江村摄制组摄）

公交车 1971年11月，昆北线通车，在境域内设跃进站，方便村民往返昆山、石牌。1973年5月，昆巴线通车，在境域内设跃进站，方便村民往返昆山、巴城。2014年，美陆佳园各小区均有1路公交车，站名为新生首末站，班次为高峰间隔5~6分钟，平峰间隔7~9分钟，低峰间隔10~20分钟。2019年，设立恒盛路北门路、恒盛路泰科路（1路区间线公交车）站，高峰间隔9~12分钟，低峰间隔35~50分钟。

公共自行车租借点（2020年，新江村摄制组摄）

公共自行车 2015年，为解决公共交通"最后一千米"的问题，昆山市民生工程之一的公共自行车及智慧单车系统开通。北门路（覆盖枫苑、桂苑、桦苑）、梅苑（覆盖兰苑）、竹苑、菊苑、新生首末站都设立了公共自行车租借点，每个租借点设置公共自行车租借桩20~40个不等。境域内居民只要用市民卡或用手机在租借桩上扫码，即可租借，使用完后可找附近任一租借点还车。

2020年新江村居住区公共自行车租借点情况，如表4-2-1所示。

表4-2-1　2020年新江村居住区公共自行车租借点一览表

公共自行车站点	公共自行车租借桩数/个
美陆佳园竹苑	28
新生首末站	38
美陆佳园菊苑	40
美陆佳园梅苑（覆盖兰苑）	30
北门路（覆盖枫苑、桂苑、桦苑）	30

六、水利建设

（一）圩区建设

圩堤　境域内水网圩田成于宋代以前。史载："时，大圩千亩以上，小圩百亩左右。塘浦为界，形如城廓，主河口置闸御潮"，"至宋，成以小圩，泾浜为界，沿河筑堤，顺江置闸"。经元、明、清数代，自然圩演变为单元之圩围，至昆山解放初期，境域内的自然小圩，其圩围堤岸之单薄，无力挡洪，常有部分圩堤漫水、溃决。1949年7月25日暴风雨，洪水涨至3.65米，境域内多个自然圩遭淹决堤，导致大面积粮田失收。

50年代，政府先后多次开展修堤复圩工程，对圩堤进行加固加高，堤顶高度达3.9米左右，堤顶宽0.6~1米，对防御1954年的特大洪涝灾害起到了一定作用。

50年代末至60年代初，圩堤仅在暴雨后抢修，加上种植垦植，防洪能力减弱。1962年9月4—5日，14号台风过境，降水量达272毫米，农田受淹严重。此后，境域内年年冬春都整修大塘圩岸。

1970年6月，苏州地区专署修订建设吨粮田标准，其中规定："挡得住，按历史最高水位，堤防超高1~1.5米，如遇比历史较高的水情，所有堤防和控制建筑物，要挡得住，不出事，保丰收。"70年代按顶高4.5米，顶宽2米，堤坡1∶1.5加固加高圩堤。

1986年，境域内东江、柱江村按照陆杨机电站要求，推行"统一规划、定点取土、专业施工、一土专用"，高标准修筑防洪圩堤。以堤坡1∶1.5加高加固堤岸，顶高至 4.7 米，顶宽 3 米以上。

1999 年 6 月 8 日至 7 月 1 日，降水量达 238.5 毫米，外河水位涨至 3.95 米，均未发生溢水、决堤现象，圩堤有效地防御了洪水的侵袭，保障了人民生命财产的安全和三业生产的正常运作。

联圩划分 50 年代在筑圩的同时，境域内还开展联圩并圩。东江村并入澜漕联圩。1964 年，开通大渔塘南、北两坝，枉江和新生两灌区独立成为新生联圩。1970 年，西杨林塘拓浚后，澜漕联圩消失，产生跃进和东江 2 个联圩，跃进联圩包括境域内枉江，东江联圩包括境域内东江和枉江。

70 年代境域内联圩情况统计，如表 4-2-2 所示。

表 4-2-2　70 年代境域内联圩情况统计表

联圩名称	总面积/亩	耕地/亩	圩堤总长/米	两水隔一堤/米	楼板护坡/米	石驳岸/米	24 小时排涝能力/米^3	联圩辖区
跃进	7 798	4 400	10 460	1 169	150	960	145	枉江、唐龙、横溇、新生、陆桥
新生	4 514	3 318	7 008	794	950	790	163	枉江、新生、陆桥
东江	5 144	3 268	7 700	905	—	250	240	东江、唐龙、横溇、枉江

2000 年后，重新划分联圩，产生新江联圩，由杨林塘、茆沙塘、新塘河、常泾河（皇仓泾）联堤组成，新江联圩辖区内包括唐龙、新江、新生 3 个村，联圩总面积 9 658.5 亩，其中水面积 724.5 亩、其他面积 8 934 亩。圩内建有防洪圩堤 12.693 千米、各类护岸 6.132 千米。

2020 年新江村联圩堤防情况，如表 4-2-3 所示。

表 4-2-3　2020 年新江村联圩堤防情况一览表

堤防名称	堤防长度/米	起讫点		河道建护坡长度/米		
		起点	讫点	石驳岸	楼板护坡	其他
新塘河	5 002	常泾河	茆沙塘	462	2 440	672
茆沙塘	2 477	新塘河	杨林塘	730	0	0
杨林塘	4 372	茆沙塘	常泾河	986	0	0
常泾河	842	杨林塘	新塘河	0	842	0

堰闸建设　1966 年，枉江和东江大队共建成 2 座砖结构"T"字型一字门套闸，闸孔宽 3 米，可通行 5 吨水泥船，设计水位差 1.5 米，闸首底板长 3 米，内闸 2.7 米，厚 0.35 米，底板前后均设 0.4~0.6 米深的齿槛。闸首两侧为钢筋混凝土护坡，厚 0.15~0.2 米；外闸首高 4.3 米，内闸首高 3.9 米，外闸首设 1 米宽的人行便桥。后重建时，将一字门改为横拉移动门，闸孔宽由 3 米改成 4 米，可通行 15 吨水泥船，闸门的启闭更方便。由于砖结构一字门套闸不耐碰撞，磨损严重，渐成渗漏病闸，遂改建成石结构横拉移动门套闸。2012 年，东江套闸拆除，保留枉江套闸。境域内先后建有防洪闸 3 座，分别为邵家港闸、西江闸、大渔塘北闸。2020 年，仅保留大渔塘北闸，闸孔径 6 米，闸门顶高 5 米。

枉江套闸（2020 年，新江村摄制组摄）

大渔塘北闸（2020 年，新江村摄制组摄）

1966—2020 年新江村境域内套闸情况，如表 4-2-4 所示。

表 4-2-4　1966—2020 年新江村境域内套闸情况一览表

闸名	坐落位置	始建时间	重建时间	闸孔径/米	闸门顶高/米 外闸	闸门顶高/米 内闸	备注
枉江	郭家港	1966 年 4 月	1998 年 5 月	4	4.39	3.90	
东江	东江	1966 年 5 月	1991 年 5 月	4	4.33	3.85	2012 年拆除

1967—2020 年新江村境域内防洪闸情况，如表 4-2-5 所示。

表 4-2-5　1967—2020 年新江村境域内防洪闸情况一览表

闸名	坐落位置	始建时间	重建时间	闸孔径/米	闸门顶高/米	备注
邵家港	邵家浜	1967 年 5 月	1991 年 5 月	3.00	4.58	停用
西江	西江河	1970 年 5 月	1994 年 5 月	4.00	4.30	2014 年拆除
大渔塘北	大渔塘	2019 年 12 月	—	6.00	5.00	

（二）灌排设施

水车　中华人民共和国成立初期，境域内使用三车（人力水车、牛力水车、风力水车）灌溉农田及在汛期排涝。

人力水车有脚踏水车和手牵水车，境域内以前者为主。人力脚踏水车以脚踏为动力，岸上设扶手架，戽水时手握扶手架，脚踏车轴榔头，传动龙骨提水上岸。人力水车分二人车、三人车，车筒长 5~6 米，有 18~24 档件。汛期排涝时，集中多部水车，日夜戽水，俗称"车大棚"。1962 年，枉江大队和东江大队各有人力水车 7 部。

牛力水车有座盘、行盘之分，境域内以行盘为主。由车盘、墩心、车轴、旱齿钵、水齿钵等部件组成。牛拉车盘，传动车轴水旱齿钵，带动龙骨车斗板提水上岸。1962 年，枉江大队有牛力水车 8 部，东江大队有牛力水车 9 部。

境域内风力水车都用于特低圩区。风力水车由四方锥形立架、立轴（竖轴）、上车轴（天轴）、下车轴（地轴）、水旱齿钵、篷竹、风篷、前支架等部件组成。风篷一般有 6 叶，在灌溉时，视风力大小，调整风篷受力角度及展开叶数。三级风力就可吹动风篷转动车轴，由水旱齿钵传动龙骨提水上岸。1962 年，枉江大队无风力水车，东江大队有风力水车3部。

1959年东江、枉江大队三车流量测量情况，如表4-2-6所示。

表4-2-6　1959年东江、枉江大队三车流量测量表

类型	斗板总数/个	槽筒长度/米	斗板间距/米	槽筒尺寸/米	斗板尺寸/米	风力级	转速/(转/分)	扬程/米	出水量/(米³/时)
人力水车（三人车）	72	5.25	0.15	0.4×0.14	0.25×0.12	—	4.20	0.86	67.40
	72	5.50	0.16	0.34×0.13	0.20×0.13		6.00	0.39	77.00
牛力水车	72	5.25	0.15	0.41×0.14	0.25×0.12		3.00	0.85	53.40
	72	5.55	0.16	0.39×0.16	0.25×0.13		2.40	0.60	65.00
风力水车	68	5.00	0.15	0.33×0.13	0.31×0.10	3	—	0.34	63.40
	68	5.00	0.15	0.33×0.13	0.31×0.10	2	4.14	0.34	52.00

排灌站　1962年后，水利部门为贯彻中央"调整、巩固、充实、提高"的方针，提出"先急后缓"的调整原则，陆续在东江南、枉江、西江、东江北建成机电排灌站。从80年代初到90年代，为贯彻中央"讲究经济效益，加强经营管理"的治水方针，境域内陆续改建、重建了电力排灌站，并对灌排设施进行了改革。

为缓解排涝压力，1967年5月，水利部门在东江村建成机电纯排站1座，总功率22千瓦，平均流量0.55米³/秒。该机电纯排站于1995年5月重建。

1960—2020年新江村境域内机电排灌站情况，如表4-2-7所示。

表4-2-7　1960—2020年新江村境域内机电排灌站一览表

站名	首建时间	重建时间	水泵		电动机		灌溉面积/亩
			数量/台	设计流量/(米³/秒)	数量/台	功率/千瓦	
东江南	1962年6月	1992年4月	1	0.56	1	30	583.0
枉江	1963年9月	1991年5月	2	1.10	2	60	1 177.5
西江	1965年5月	1979年5月	1	0.55	1	30	650.2
东江北	1971年5月	1989年5月	1	0.56	1	30	639.0

站闸 21 世纪后，境域内农田减少，灌溉需求减少，站闸主要用于排涝。至 2020 年，境域内共建有 3 座站闸，分别为新江站闸、龙江河站闸、二号河站闸，排涝流量共计 9.6 米^3/秒。

新江站闸（2020 年，新江村摄制组摄）

二号河站闸（2020 年，新江村摄制组摄）

龙江河站闸（2020 年，新江村摄制组摄）

2020 年新江村站闸情况，如表 4-2-8 所示。

表 4-2-8　2020 年新江村排涝站一览表

站名	建站年份	水泵		电动机		变压器	
		数量/台	设计流量/（米^3/秒）	数量/台	功率/千瓦	数量/台	容量/千伏安
新江站闸	2003	2	3.2	2	130	1	200
龙江河站闸	2014	2	3.2	2	130	1	250
二号河站闸	2020	2	3.2	2	160	1	250

渠道 1962年，渠道工程与电灌站建设同时起步。随着电灌站建成及干、支、斗三级渠道筑成，实现了灌排分开，达到了百日无雨保灌溉，"以水调温、以水调气、以水调肥"的科学用水的目的。至1999年底，东江、枉江村共建成干渠10条，总长度6 070米；建成支渠22条，总长度7 405米。2004年后，新江村田地大多被征用，渠道基本消失。

1999年东江、枉江村渠道情况，如表4-2-9所示。

表4-2-9　1999年东江、枉江村渠道情况一览表

站名	干渠		支渠		倒虹吸/条
	条数/条	长度/米	条数/条	长度/米	
枉江	2	1 220	5	1 125	1
枉江（机）	1	150	2	200	—
东江（南）	2	2 010	5	2 150	5
东江（北）	2	640	4	1 420	1
西江	3	2 050	6	2 510	1

第三节　公共设施

一、办公设施

2001年8月，枉江村和东江村合并为新江村，村委会办公地点位于关皇自然村原跃进小学校址，面积300多平方米，两层楼。2012年，村委会办公地点迁移至美陆佳园桂苑活动中心三楼，面积200余平方米。

2015年，村委会办公地点搬迁至美陆佳园兰苑。兰苑内建有三层村（居）

委会办公大楼，杨林社区居委会、新生村村委会、新江村村委会均在此楼办公。新江村村委会办公地点位于该大楼二楼，共计100多平方米，有4间办公室（每间办公室21平方米）、2间档案室、1间会议室（与杨林社区、新生村共用）、1间村民议事厅（与杨林社区、新生村、唐龙村共用）。

其中，会议室面积42平方米左右，内设1台投影仪，1台柜式空调，1张可容纳至少12人开会的会议桌和若干张座椅，用于村委会开会、接待来访群众、接待上级领导等。村民议事厅面积80平方米，内设30套双人桌椅和8套三人桌椅，1台投影仪，2台柜式空调。村民议事厅用途

新江村村委会办公区域（2020年，新江村摄制组摄）

多样，除了开村民大会，还作为党员活动室、家长学校、未成年人活动室、妇女儿童之家、道德讲堂等。档案室面积42平方米，配备专用档案柜10个，内藏新江村上级下达的各类文件资料及村级各类资料。

二、活动会所

活动会所是新江村村民婚丧嫁娶时办宴席和村、社区开展各种活动的场所。2009年，美陆佳园桂苑建有面积1789平方米的会所，一楼用来办宴席，二楼用来开展各种活动，设有棋牌室、图书室、观影室、健身室等。其中，棋牌室60平方米，作为老年人活动中心，提供茶水；图书室50平方米，藏书量约500册，配置桌椅，供村民在此阅览、学习；观影室60平方米，内置电视、空调、座椅；健身室60平方米，内置乒乓球桌、台球桌及其他健身器材。2015年，美陆佳园菊苑建有1500平方米的会所，一、二楼均用来办宴席。

棋牌室（2020年，新江村摄制组摄）

图书室（2020年，新江村摄制组摄）

观影室（2020年，新江村摄制组摄）

健身室（2020年，新江村摄制组摄）

三、日间照料中心

2020年5月，位于美陆佳园兰苑的日间照料中心建成并向居民开放。该中心面积300多平方米，配置有电子阅览室、休息室、理发室、餐厅、多功能活动室、康复室等。有工作人员1名，专为65周岁以上老人提供服务。该中心拥有会员近百人，每个月工作人员为会员组织4~5场活动，包括做手工、烘焙等。会员周一至周五可以在中心就餐（每餐的

杨林社区日间照料中心（2020年，新江村摄制组摄）

费用标准为 8 元）和活动。

四、停车位

2010 年后，新江村村民汽车拥有量增长迅速，美陆佳园各个小区均开辟有停车位，共 2 661 个。其中，兰苑、竹苑、菊苑开辟了地下停车位。

新江村地上停车位（2020 年，新江村摄制组摄）

2020 年新江村居住区停车位情况，如表 4-3-1 所示。

表 4-3-1　2020 年新江村居住区停车位一览表

停车位地址	地上停车位/个	地下停车位/个
美陆佳园桂苑	280	—
美陆佳园桦苑	100	—
美陆佳园枫苑	78	—
美陆佳园兰苑	364	142
美陆佳园梅苑	192	—
美陆佳园竹苑	357	343
美陆佳园菊苑	403	402

五、电动车充电桩

2018年,为满足新江村居民电动车充电需求,排除私拉电线充电或入户充电可能带来的安全隐患,美陆佳园各个小区建设充电桩车棚,共计87处,其中桂苑14处、桦苑9处、枫苑5处、兰苑21处、梅苑13处、竹苑10处、菊苑15处,每处充电桩车棚设8~10个充电插头。

新江村充电桩车棚(2020年,新江村摄制组摄)

第四节 环境保护

一、厕所改造

中华人民共和国成立前和成立初期,境域内每家每户都使用露天粪缸。1958年,境域内大搞爱国卫生运动,为了除"四害"和消灭钉螺,各生产队集中整治农户私人粪坑,将私人粪坑集中加盖,并派专职清洁员清理马桶,杜绝人们在河道中清洗马桶的不良习惯。1962年以后，又把粪缸分散，其间有一段时间粪缸又加盖，消毒管理，但坚持时间不长，后来一直露天。2000年，境域内开始整治露天粪缸，到2003年，新江村共清理露天粪缸363只，露天粪缸消失。2004年，镇、村两级累计投资24.5万元（村投入18.5万元，镇投入6万元），在新江村建造新型公共卫生间25座（村动迁后仅保留邵家村1座）。同时，村民每家每户进行室内卫生设备改造，改用现代化的抽水马桶，改厕率达100%。村

邵家村公共卫生间（2020年，新江村摄制组摄）

委会组织专业施工队伍，进入各村民小组，挨家挨户砌筑化粪池，其间共砌筑砖砌三格化粪池120座，预制三格化粪池243座，避免生活污水流入河道。

村民动迁搬入美陆佳园小区后，每个小区均有一个大的化粪池，居民楼污水通过专用管道和地下埋管相连，再输送到小区化粪池。

2019年，新江村投资7.5万元，对邵家村公共卫生间进行翻新装修，内部墙砖换新，更换洗手池。每天2次保洁，做到清洁、卫生。

二、垃圾处理

实施垃圾分类之前，新江村垃圾利用荒废潭填埋，卫生质量差，易产生二次污染。2019年，按照政府规定，新江村实施垃圾分类和定点回收，设置4种类型的垃圾桶，分别为：可回收垃圾桶、厨余垃圾桶、有害垃圾桶、其他垃圾桶。

美陆佳园7个小区共设置15处定时定点垃圾回收站，其中桂苑2处、桦苑1处、枫苑1处、兰苑4处、梅苑1处、竹苑3处、菊苑3处。每个垃圾站配置一位工作人员。垃圾投放时间为每天早上6：30到8：30，晚上5：30到7：30。每周二上午6：30到9：30，为有害垃圾清运时间；每周三晚上6：00到9：00

新江村垃圾分类（2020年，新江村摄制组摄）

为可回收垃圾清运时间；厨余垃圾和其他垃圾的清运时间均为每天早上6：30到8：30，晚上6：00到8：00。

垃圾回收后，有害垃圾被运往昆山市环卫处有害垃圾专用归集点，可回收垃圾被运往昆山高新区再生资源分拣中心，厨余垃圾被运往晨丰路餐厨垃圾处置站，其他垃圾被运往陆杨中转站。

三、环境绿化

中华人民共和国成立前，境域内路边、宅旁很少种植树木，野生树木居多，有杨树、楝树、榆树、构树、桑树和少量榉树。坟地栽种柏树、冬青树。枉江村唐家祠堂有一棵百年以上的银杏树，每年结银杏果，后因为新开河道，此树被毁。

中华人民共和国成立后，绿化得到重视，村民有意识地植树造林。60年代，境域内引进枫杨、泡桐、刺槐和白榆树种，70年代，推广栽种水杉、树杉和香樟。80—90年代，村级公路两边主要栽植水杉，形成林荫大道。进入21世纪后，新江村新建沥青马路的绿化工作由昆山市绿化委员会办公室园林科统一负责。小区绿化由专门的养护公司负责养护。

水杉（2020年，新江村摄制组摄）

四、河道维护

中华人民共和国成立前，境域内河道呈自然状态，河道清淤工作仅靠村民以罱河泥等方式进行。中华人民共和国成立后,村民积极配合水利局,对河道进行清理维护。进入21世纪,新江村开展农村"三清"(清道路、清公厕河流、清村容村貌)活动,村委会派专人进行河道保洁,做到河边无垃圾、河面无漂浮物,并对保洁员进行绩效打分,确保清理工作到位。

新江村河道(2020年,新江村摄制组摄)

2015年,昆山高新区河道管理实行河长制,日常保洁工作由水利部门负责,各行政村安排一名河长配合上级工作。新江村河长由时任村书记担任,2015年河长为王小平,2016年9月之后河长为卞晓平,2019年12月之后河长为金龙。

新江村安排一位巡河员王小鹏,每周对境域内河流巡查一次(五号河、二号河、大渔塘),发现问题(如河道两岸设置了五米蓝线,巡视蓝线内是否种植蔬菜、堆放垃圾),由村协助水利部门及时整改。

第五章 农业生产

中华人民共和国成立前后，新江村农业体制经历了土地私有制和土地改革，分田到户。50—70年代，境域内农业以集体经济为主体，从互助组、初级社、高级社到公社大队，集体化程度越来越高。集体经济时期，境域内曾开办养猪场，养猪业相对其他禽畜类养殖较为发达。80年代初，境域内实行家庭联产承包责任制，以家庭为单位，自负盈亏，农民的积极性被充分调动。农民种植的粮食作物主要为水稻、三麦、油菜。随着经济进一步搞活，村民办家庭农场，开鱼塘搞水产养殖，充分发展副业等，经济形式多种多样。到2020年，由于村庄动迁，土地征用，新江村只剩下少量耕地，提供给益群农场和一些外来户租种。村里禽畜养殖业逐渐萎缩，基本消失。新江村村民基本脱离农业生产。

 第一节 生产关系

一、土地私有制

土地改革之前，境域内实行土地私有制，占有的土地即为自田，田面权和田底权都归自己所有，称为"完粮田"。占有土地的业主拥有土地出租权，将土地租给佃户（佃农），收取高于田赋十倍以上的地租。贫困佃农的土地称为"保租田"，举债还租。借债无门的佃户，无米还租，被迫上县衙门"吃租米官司"。

二、土地改革

1949年7月，土改前，境域内先成立农会，韩阿三担任东江村农会主任，朱坤是贫下中农代表。行政联村建立民兵、妇女、青年团组织。土地改革在土改工作队指导下开展，以联村为单位、农会为主体，清理地籍、归户造册。对照政策评定村民的阶级成分，分别划分为地主、富农、中农、贫下中农（贫农和下中农的简称）、雇农。

1950年，东江和柱江被列为第一期参与土地改革的村落，1950年9月开始土改，至10月结束。土改中，境域内贯彻执行依靠贫雇农、团结中农、中立富农、孤立地主的指导方针，进行"忆苦诉苦""谁养活谁"教育，和地主展开斗争，依法没收地主剥削所得的全部土地、大部分耕牛、农具和多余的房屋、家具。征收庙产、族产、校产的公有土地和半地主式富农的出租土地。

土改时，先分土地后分财物。根据雇农、贫农、中农无田和缺田状况，分别按"大平均"和"小平均"两种情况分配土地，先分"出田户"，称"先分户"，含地主、富农和少数中农；后分"进田户"，称"后分户"，主要为贫农、雇农、部分中农。"先分户"人均土地多于"后分户","先分户"人均土地5.049亩,"后分户"人均4.974亩。

贫农、雇农、中农分到土地后,又分到耕牛、农具、房屋及家具、粮食。农民都有自己的土地。1951年5月,土改复查、整籍、发土地证,土地证上写明业主、土地面积、房屋间数,所有权受到国家法律保护。

三、农业合作化

（一）互助组

1950年,境域内土改后,分到土地的贫农、雇农,由于历史原因,家底薄弱,没有生产资金,缺乏生产资料,尤其是人口多、劳力少的家庭,在生产、生活上都很困难,于是又出现卖田、当雇工或借高利贷的现象。

1953年2月15日,中央颁布《关于农业生产互助合作的决议》,按照文件精神,为防"两极分化",在土地所有权不变的基础上,引导境域内农民组织生产互助组。互助组实行"统一干活、依次帮助、年（季）终结算、余缺找补、收获归己",坚持"自愿互利、等价交换"原则。

互助组成立后,组员推选1名组长和1名工票员。组长依据组员家庭农时、农事,合理安排,统一分配工作、工具,一天生产结束,由工票员发给每人一张工票,耕牛、犁耙一天抵三张工票。一年或一熟生产结束,由工票相抵,余缺户可以用现金收付结算清楚。

（二）初级社

1953年9月,东江村在关皇乡第一个办起初级社。初级社是在互助组的基础上,部分农民自愿组织的半社会主义性质的集体经济组织。境域内共成立初级社2个,分别为东江初级社和柱江初级社。其中,东江初级社入社户数24户,人口101人,劳动力53人,入社耕地415亩,社长由梁金男（党员）担任,项文其担任会计。

1954年发生洪涝灾害,初级社人人有饭吃,合作社的优势显现。办合作社需满足3个条件:社内要有党员,规模为18~25户,农民自愿参与。办合作社时,村民土地入股,大型农具也要入股,劳动力分为全劳力、半劳力,地主、富农不准入社。

初级社中设立党小组、社委会，选举产生社长、副社长。社长兼任党小组长，负责全面工作；副社长负责生产经营管理；小队长指挥生产，对入社农民进行统一派工；社员参加集体生产劳动，凭工分及入股土地和大型农具参加年终分配。

(三) 高级社

1956年，互助组、初级社及单干户先后合并，于1956年1月21日成立东江高级社（包括后来的东江大队、枉江大队）。入社农户263户，人口1 000人，劳动力521人，入社耕地4 135亩，完成农业社会主义改造。顾文其任东江高级社社长。

高级社既是组织生产的经济实体，又是基层行政单位，设立党、团等基层组织，宣传贯彻党和政府的各项方针、政策。管理委员会和监察委员会由社员代表大会选举产生，管委会由5~9人组成，设主任、副主任、会计、若干委员；监委会由3~5人组成，设主任、委员；下设生产队（称小队），配队长、副队长、会计和队委。

高级社的土地归集体所有，按国家规定划出占总面积1%左右的耕地作为社员自留地（每人旱地0.02~0.05亩）；实行高级社一级核算，统一经营农副业生产；取消土地分红，实行按劳分配；耕牛和大中型农具全部作价归社。对生产队采取"四固定"（土地、劳力、耕牛、大中型农具固定）和"三包一奖"的管理办法，实行夏熟预分、秋熟决算的分配方式；70%的口粮按人口分配，30%作工分粮（按工分分配），按社员全年工分计算分配所得，扣除粮草款后，向社员支付现金；年净收入中提取3%~5%的公积金和1%~2%的公益金，分别用于扩大再生产和社员集体福利及困难户的补助。

四、人民公社

1957年冬至1958年春，许多地方为了加强集体协作的力量，开始突破原有的农业合作社的规模，实行并社。在贯彻建设社会主义总路线和"大跃进"的高潮中，掀起大办人民公社运动。1958年9月15日，周墅公社宣布成立。境域内东江高级社改称卫星大队（含横溇高级社），隶属周墅公社。顾文琪担任卫星大队党支部书记，龚志良担任大队长，蒋明善担任大队会计。卫星大队实行

"政社合一""工农商学兵"五位一体制。劳动管理上按照军事建制，实行大兵团作战，大队为"营"，下设"连"和"排"，劳动力称"农战军"，社员生活实行"四集体制"（集体吃、集体住、集体劳动、集体军训），包括老人、小孩在内，均住在当时的大户人家家中，睡在用稻草铺成的大通铺上，男的住在一起，女的住在一起。平时青壮年出去劳动，老人就负责照顾小孩。生活上按照供给制，大办公共食堂，实行"吃饭不要钱"，搞全社性的拉平分配。取消自留地，无偿调用各队的生产资料、劳动力及部分社员的房屋、家畜。在"一天等于二十年""跑步进入共产主义"的口号鼓动下，组织"打擂台"，产量放"卫星"，一时"共产风""浮夸风""瞎指挥风"盛行，挫伤了农民的生产积极性。

1959年春，贯彻中央"郑州会议"精神，"共产风""瞎指挥"造成的"一平二调"（"一平"是指在人民公社范围内把贫富拉平，搞平均分配；"二调"是指对生产队的生产资料、劳动力、产品及其他财产无代价地上调）得到纠正。4月23日，周墅公社召开为期三天的"算账"大会，对"平调"进行清算退赔；接着将规模较大的大队划小，实行公社、大队二级核算，取消"军事化"，废除"供给制"，恢复社员自留地，生产秩序恢复正常。后受"反右倾"影响，至1959年底，境域内口粮已显不足，社员继以吃野菜、胡萝卜，体质下降，"浮肿病"流行，加上接踵而来的自然灾害，农业生产连续三年大滑坡，社员生活困苦不堪。

1961年，境域内撤销卫星大队，成立枉江大队和东江大队，1962年隶属陆桥公社，认真贯彻中共中央《农村人民公社工作条例（草案）》（即"六十条"）和《关于改变农村人民公社基本核算单位问题的指示》，确定公社、大队、生产队三级所有，队为基础，以生产队为基本核算单位的管理体制。同时改进劳动管理，坚持按劳分配原则，调动农民生产的积极性，使农业生产得到较快恢复和发展。

1965年秋，境域内在"四清"运动中开展"农业学大寨"运动，取消定额包工，劳动讲政治、树标兵，自报互评记工分，产生了平均主义，挫伤了一部分农民的积极性，影响了农业生产进度和质量。

"文化大革命"前期，境域内继续实行"大寨式"劳动管理。在生产经营上坚持"以粮为纲、全面发展"的方针，兴修水利、大搞农田基本建设，在发展

粮食生产的同时抓生产队的副业生产。

1971年12月,根据中央指示,境域内不再硬搬"大寨式"的管理办法。从1972年起,逐步恢复劳动定额、评工记分、按劳取酬制度。

五、家庭联产承包责任制

1978年,中共十一届三中全会召开,经过拨乱反正,境域内逐步推行家庭联产承包责任制,实行"定额包工、按件记工、小段包工、死分活评"的政策。但由于生产队的高度集中,分配上的平均主义,"大锅饭"弊端仍难以克服,社员的劳动生产积极性仍未能充分发挥。

1980年,境域内贯彻中央《关于进一步加强和完善农业生产责任制的几个问题》的文件精神。是年11月,公社试行"大组联产承包"和"联产到劳"两种责任制。在枉江大队第2生产队以种植油菜作为"联产到劳"试点,当年产量有了明显提升,试点成功。1981年,"联产到劳"迅速铺开,在油菜、三麦种植上普遍实行,是年油菜、三麦获大丰收。

1982年,境域内在枉江大队第2生产队和东江大队第3、4、5生产队率先实行水稻生产"联产到劳"责任制。

1983年,境域内东江、枉江村全面推行家庭联产承包责任制。土地仍归集体所有,承包户只有耕种权,无权买卖。

1988年8月,根据农村劳动力大量转移的情况,各村对家庭联产承包土地进行了一次调整。

1998年8月,境域内东江、枉江村进行第二次土地承包确权,稳定家庭联产承包责任制,推进农业现代化、商品化、专业化、集约化发展进程。

六、土地规模经营

实行家庭联产承包责任制后,农民自主经营,村经济合作社组建各种服务队,为一家一户不易解决和无法解决的生产环节提供服务。这种"双层经营体制",减轻了农民的劳动强度,减少了用工量,使农户有精力、有时间发展多种经营。

"家家责任田,户户小而全",也造成一些善于经营而不熟耕作的农民不能发挥其专长，特别是在乡镇企业当工人的中青年，迫切要求转让责任田，而一些种田能手则嫌分到的承包田少而无用武之地。要求转让责任田和要求增加承包田的现象同时出现。

1984年，中央1号文件"关于延长土地承包期和允许土地向种田能手集中"的精神传达后，境域内土地规模经营（家庭农场）应运而生。枉江村第4村民小组邵云龙成为省内第一批土地规模经营户之一。邵云龙原承包土地11亩，后又从其他10个农户处承包土地40.15亩，共承包土地51.15亩。

乡政府在给予精神鼓励的同时，实行"六个优先、三个不收、二项补贴"的措施，扶持家庭农场稳步成长。"六个优先"是贷款、定金优先发放，化肥、农药优先供应，优良品种优先调拨，农机作业优先安排，农业技术优先辅导，出售粮油优先收购。"三个不收"是公积金、公益金和管理费，家庭农场不用缴。"二项补贴"是凡承包田满30亩的农户，每亩补贴20元，出售粮食与一般农户同样享受奖励。

规模效应吸引了种田能手，每年春秋交替时节，境域内都会增加一批家庭农场。1989年，枉江村有家庭农场4户，总承包面积193.15亩，其中全年最高纯收入达13 744元，最低纯收入也能达到11 745元；东江村有家庭农场7户，总承包面积520.2亩，其中全年最高纯收入达17 160元，最低纯收入为10 967元。

1989年枉江村、东江村土地规模经营情况统计，如表5-1-1、表5-1-2所示。

表5-1-1　1989年枉江村土地规模经营情况统计表

承包户	组别	家庭成员/人	务农劳力/人	承包面积/亩
董士才	3	3	1	55.63
周齐明	3	3	1	60.94
邵云龙	4	4	2	46.14
龚全生	6	8	2	30.44

表 5-1-2　1989 年东江村土地规模经营情况统计表

承包户	组别	家庭成员/人	务农劳力/人	承包面积/亩
项道清	2	4	2	64.30
方道华	3	3	1	80.50
倪凤泉	4	3	2	68.60
王天宝	5	3	2	76.90
戴永元	6	3	2	64.00
陈有才	7	4	2	69.80
梁金山	8	4	2	96.10

1990 年，枉江村家庭农场增加到 9 户，总承包面积 435.2 亩，其中全年最高纯收入达 12 576 元，最低纯收入为 5 298 元；东江村家庭农场仍为 7 户，承包面积 516.9 亩，与上一年基本持平，其中全年最高纯收入达 16 660 元，最低纯收入为 8 519 元。

1990 年枉江村、东江村土地规模经营情况统计，如表 5-1-3、表 5-1-4 所示。

表 5-1-3　1990 年枉江村土地规模经营情况统计表

承包户	组别	家庭成员/人	务农劳力/人	承包面积/亩
李加先	2	4	2	59.88
邵建明	3	3	1	61.67
钱荣根	3	4	2	43.91
陆伯良	5	3	2	37.00
朱永明	6	3	2	64.70
朱弟明	6	4	2	43.22
朱根泉	6	6	3	44.14
龚全生	6	4	2	31.23
邵云龙	4	4	2	49.45

表 5-1-4　1990 年东江村土地规模经营情况统计表

承包户	组别	家庭成员/人	务农劳力/人	承包面积/亩
项道清	2	4	2	64.00
方道华	3	3	2	79.00
倪凤泉	4	3	2	70.00
王天宝	5	3	2	76.90
戴永元	6	3	2	64.00
陈少军	7	3	2	63.00
梁金三	8	4	2	100.00

80 年代末至 90 年代初，随着经济建设不断发展，乡镇企业吸引着中青年离开土地走进工厂，致使部分村组转让出来的土地无人接受，一些来自外省、外市或外乡的人便被引入境域内。

1995 年，境域内执行土地有偿转让的规定，种田大户须向村经济合作社上缴经营发展基金、承包金、二金一费、农技服务费等，每亩上缴 92 元。1996 年每亩上缴 130 元，1997 年每亩上缴 170 元，1998 年每亩上缴 145 元，1999 年每亩上缴 160 元。

1998 年，枉江村土地规模经营户达到 14 户，其中本地村民 5 户、外来户 9 户，另外还有 112.80 亩由陆杨镇农业公司种子基地承包，总承包面积达 857.18 亩，占当年责任田的 92%；东江村土地规模经营户达到 12 户，其中本地村民 11 户、外来户 1 户，总承包面积达 728.17 亩，占当年责任田的 100%。

1998 年枉江村、东江村土地规模经营情况统计，如表 5-1-5、表 5-1-6 所示。

表 5-1-5　1998 年枉江村土地规模经营情况统计表

承包户	所属自然村或其他	承包面积/亩
邵建明	邵家村	68.54
陆凤生	咸子泾村	45.62

续表

承包户	所属自然村或其他	承包面积/亩
朱弟明	咸子泾村	26.80
陈桂华	咸子泾村	59.79
金泉龙	枉江村	19.17
何诗柱	外来户	32.58
李加龙	外来户	45.17
陈耀明	外来户	67.17
李加双	外来户	42.35
张涛城	外来户	19.33
丁常年	外来户	35.59
钟玉明	外来户	105.03
何齐倩	外来户	88.02
常永林	外来户	89.22
镇级丰产方	陆杨镇农业公司种子基地	112.80
总计	—	857.18

表5-1-6 1998年东江村土地规模经营情况统计表

承包户	所属自然村或其他	承包面积/亩
倪凤泉	鳗鲤河村	82.75
戴菊林	鳗鲤河村	67.94
李茂友	鳗鲤河村	76.31
魏阿根	公司村	12.15
邵友根	公司村	40.60
梁文松	东江村	67.60
梁金元	东江村	68.20
张桂英	东江村	66.17
吴苏香	公司村	17.65
王天宝	公司村	72.70

续表

承包户	所属自然村或其他	承包面积/亩
梁男男	西江村	98.60
万家明	外来户	57.50
总计	—	728.17

2020年,新江村耕地有129.86亩,其中益群农场规模经营74.33亩,用于种植水果、蔬菜,租金为每亩1 200元;剩余耕地由3户外来户承包,主要种蔬菜,租金为每亩700元。为了防止抛荒,新江村将一些预征耕地也进行了外包,外来户向学文规模经营186亩,外来户刘兆清规模经营18亩,用于种植水稻、小麦,租金每亩600元。

七、土地确权登记

1998年8月,境域内为贯彻落实《中共中央办公厅、国务院办公厅关于进一步稳定和完善农村土地承包关系的通知》,对承包人承包的土地进行第二次土地确权,并颁发"农村集体土地承包经营权"证书,承包人对本证所列土地享有30年承包经营权。土地确权采取"大稳定、小调整"的原则,以村民小组为单位,按在队人口均分土地,实行口粮田、责任田(包括规模经营)"二田"分开。责任田采用"动账不动田"的方式,结算到户。对于少数农户放弃土地确权承包,原则上做好动员工作,一定要确权后由村进行流转。其中,东江村确权土地总面积1 133.73亩,总户数213户,总人数714人;柱江村确权土地总面积1 302.10亩,总户数200户,总人数637人。

农村集体土地承包经营权证书
(2020年,新江村摄制组摄)

1998年东江村、柱江村土地确权登记情况统计,如表5-1-7、表5-1-8所示。

表 5-1-7　1998 年东江村土地确权登记情况统计表

组别	确权土地面积/亩	土地类别/亩			总户数/户	总人数/人
		口粮田	责任田	规模经营		
1	115.56	44.03	—	71.53	20	85
2	134.58	60.28	—	74.30	27	99
3	193.47	62.20	—	131.27	32	102
4	140.84	84.61	—	56.23	44	147
5	52.23	28.18	—	24.05	22	67
6	169.24	40.84	—	128.40	23	69
7	190.31	46.42	—	143.89	24	79
8	137.50	39.00	—	98.50	21	66
总计	1133.73	405.56	—	728.17	213	714

表 5-1-8　1998 年枉江村土地确权登记情况统计表

组别	确权土地面积/亩	土地类别/亩			总户数/户	总人数/人
		口粮田	责任田	规模经营		
1	145.98	35.21	18.38	92.39	19	53
2	106.20	22.15	5.96	78.09	15	46
3	177.78	43.91	0.43	133.44	21	71
4	163.41	37.92	15.45	110.04	22	74
5	101.18	35.17	1.16	64.85	22	69
6	141.41	42.71	7.28	91.42	25	67
7	165.34	40.58	7.98	116.78	20	60
8	76.32	38.48	5.45	43.29	19	66
9	99.46	41.16	11.32	46.98	18	68
10	125.02	37.32	7.80	79.90	19	63
总计	1302.10	374.61	81.21	857.18	200	637

八、股份合作制

2013年8月,新江村农村社区股份专业合作社成立,注册资金1 020.2万元,实际入股资本1 214.57万元,主要从事房屋租赁、土地发包活动。村民每年按股分红,2014—2015年按每股100元分红,2016年按每股150元分红,2017年按每股200元分红,2018年按每股250元分红,2019年按每股300元分红,2020年按每股350元分红。

2014—2020年新江村农村社区股份专业合作社情况,如表5-1-9所示。

表5-1-9　2014—2020年新江村农村社区股份专业合作社情况一览表

年份	入股户数/户	入股人数/人	总资产/万元	净资产/万元	资产量化金额		全年收益/万元	按股分红总额/万元
					集体股金/万元	个人股金/万元		
2014	360	1 473	2 390.00	2 089.19	91.25	1 020.20	529.91	16.00
2015	360	1 471	2 691.00	2 403.00	0	1 214.57	513.00	16.73
2016	433	1 678	3 603.00	2 726.00	0	1 214.57	346.54	25.17
2017	433	1 680	3 160.28	2 853.42	0	1 214.57	200.61	33.60
2018	435	1 680	1 418.66	1 427.83	0	1 214.57	103.19	42.00
2019	435	1 680	1 387.42	1 381.72	0	1 214.57	94.33	50.40
2020	441	1 658	1 352.21	1 343.31	0	1 214.57	123.51	58.03

第二节　粮油作物

境域内粮油作物以水稻、三麦、油菜为主。70年代,境域内单、双季稻并

存。80年代，杂交水稻大量种植。从90年代起，水稻、三麦、油菜的品种不断更新，品质好，作物栽培、田间管理、防病治虫等更加先进科学，粮油作物的亩产量也逐年提升。

一、水稻

（一）品种

民国时期，境域内地势低洼，为防水患和保证粮食产量，村民多种植籼稻，籼稻耐瘠、省肥。少数富裕农民田高肥足，粳稻种得较多。

50年代初，境域内沿用中华人民共和国成立前的品种，籼稻（杜子籼、晚杜子籼、飞来籼、胜利籼、中农4号等）种植面积占水稻种植总面积的70%左右，其余为粳稻和极少量糯稻。

1955年，境域内推行籼改粳，早粳改晚粳，粳稻品种增多，包括石稻、三穗千、一时兴等，但籼稻（江西籼、苏北籼）仍未绝迹。

60年代，境域内推广世界稻（矮秆晚粳农垦58号、农垦57号），但总体以粳稻苏稻1号、老来青为主。

1969—1979年，境域内单、双季稻并存。1972年，双季稻种植达到高峰，形成"双三制"（大麦、元麦+双季稻），其中柱江4队双季稻种植比例最高。双季稻的前季稻均为籼稻，其中早熟品种有矮南早1号、二九南1号、二九青。中熟品种有矮南早39号、辐早2号、原丰早。晚熟品种有团粒矮、广六矮4号。后季稻一般为粳稻或糯稻。粳稻品种有早熟晚粳农虎6号、沪选19、江丰3号、武农早、东方红1号、桂花黄、南粳33、农桂早3-7等；糯稻品种有复虹糯、桂珠糯、京引15、紫金糯等。生产队里保留的品种前、后季各2~3个。单季稻主要品种为中籼广二矮（1972年从吴江庞山湖农场调进）、苏粳2号（1972年从苏州市农业科学研究所引进）和加农昆农。

1976年，江苏省推广杂交水稻，东江大队村民梁文林和其他两位农技员被镇领导派往海南岛陵水县光坡公社武山大队育种，育成的杂交稻种子和母体种子于1977年5月运回试种示范。种植杂交稻（属单季稻）后，中籼广二矮被淘汰。

80年代初期，受台风危害和收购价格影响，杂交稻种植面积减少，境域内以种植苏粳2号为主。此后，杂交稻又扩大种植。至1984年，苏粳2号和杂交稻种植约各占50%。

80年代中期，引进晚粳8204和苏州市农业科学研究所培育的早熟晚粳早单八、太湖糯。同时引进一些名特优品种，包括莲香1号香粳、鸭血糯、苏御糯，后因产量不高，种植面积很少。

90年代初，水稻品种仅有早单八、晚粳8204和太湖糯，后引进88-121、88-122，1994年自行引进武育粳5号。1997年引进95-22（武运粳7号）、S015（苏香粳1号），米质优于一般粳稻，亩产量在600公斤左右，成为新的主要品种。

水稻（2020年，新江村摄制组摄）

2020年，境域内水稻品种主要是南粳46。

1974年枉江、东江大队水稻种植面积统计，如表5-2-1、5-2-2所示。

表5-2-1　1974年枉江、东江大队水稻单季稻品种种植面积统计表

单位：亩

队别	合计	广二矮	苏粳2号	加农昆农	其他
枉江	994	312	534	114	34
东江	930	135	795	—	—

表5-2-2　1974年枉江、东江大队水稻后季稻品种种植面积统计表

单位：亩

队别	合计	农虎6号	京引15	武农早	沪选19	江丰3号	其他
枉江	945	694	142	28	57	7	17
东江	780	567	92	85	30	6	—

(二) 栽培

1. 育秧

育秧时应选择地力足、水口好的田块做秧田。做秧田十分讲究，立足三犁三耙三细作，确保秧田肥足、平整、渗水、光足。育秧主要有以下几个工序。

做秧板 秧田细作上水整平后，个别户采用整合式水落谷，落谷时边撒边走，脚印就作为秧沟。绝大多数农户采取分板式，即做成横竖两种秧板，秧板之间开一条五寸深出水沟，便于管理和排灌，秧板阔狭不等，只要均匀，秧板做成后脱水干硬。水育秧落谷农艺沿用至60年代后期。70年代育秧农艺有了改进，当时已有化肥、农药，进行集体化生产，基本上按照茬口做成连片秧田，一般安排在进出水沟方便的渠道旁边，有利于灌排水及挑秧送去移栽。

浸种 在落谷前，各生产队安排人力，把绝大部分稻谷种放在小船舱中，盛满水，用浓度20%的盐水选种，搅拌几次，将浮在水面的秕谷、病粒等清除干净，再用西力生、赛力散或多菌灵浸种，浸上24小时后换一次水，种子"破口"时把种子捞出堆放在箩筐内待播种。每亩播种量为50~60千克，力求"稀落谷"培育壮秧，俗称"秧好半年稻"。机直播种子，大农户都浸在水泥船舱或几口七石缸内。浸种都用药物，浸种24小时后，将种子捞出淘干净放在箩筐内待播。浸种以胚芽现白为标准。露芽长根须对直播有影响，只有严格把握这一点，才能确保机直播均匀、顺利实施。

落谷（播种） 60年代中期，在"立夏"前后落谷，60年代后期，在5月20日前后落谷，播种量按秧和大田1:6计算，每亩秧田播量为35~45千克，推广"通气秧田"前采取水落谷方式，以后改为干落谷。

上秧灰 落谷后上秧灰，直到把种子盖没为止。秧灰起到保暖和防止田鼠、鸟类损害种子的作用。推广"通气秧田"后，以拓谷替代秧灰，将种子压入泥中。

2. 秧田管理

待秧苗钻出灰层后，保持秧板湿润，水浆管理即上午打水建薄水层，下午水层渐干。三叶龄时浇上一次人粪，称为"断奶肥"，之后再施2次有机肥。60年代后以化肥为主。同时，视实际情况进行2~3次拔稗除草，70年代以后，播种前使用除草剂。

推广"通气秧田"后,做秧田基本上都是水改旱。一般生产队秋收秋种结束后,秧田布局已定,冬闲季节组织劳动力按5尺(1尺≈0.33米)宽秧板开一条沟,沟泥均匀地放在两秧板上,冻松后组织劳动力用阔齿铁搭(俗称"铁拉")把泥土斩细,并翻倒2~3次,其间浇上有机肥1~2次,落谷前上水,人工做秧田,用铁搭将秧板烂泥削匀削平,用木板推平,秧板缺口和小弯塘用夹板手工结直,待秧板干硬后,上水至秧沟与秧板肩口为止,落谷时浇上一层水河泥,用5尺长的阔毛筋竹稻扒推平,再用推板轻轻将河泥推平。接着落谷,把露芽的稻谷均匀地撒在秧板河泥层上,用夹板轻压轻刮一次,让种子嵌在河泥里,板面上不见露籽为止,并及时用上除草剂除草。2~3天后秧板基本干润,开始上秧灰、砻糠灰将谷种全部覆盖住,确保出苗率。水浆管理掌握秧板干湿润,上午打卯时水,淋到为止,傍晚秧田基本只有秧沟里存水。视秧苗叶龄,认真做好追施"断奶肥""长粗肥""搬家肥"和防病治虫,拔除田间稗草、杂草等管理工作。

随着双季稻扩种,育秧保持通气式秧田,并推广田头、旱地、场头旱育秧,采取底层铺尼龙,尼龙上面浇河泥浆2寸(1寸≈0.03米)厚,旱育秧,每亩秧田播种100千克左右,并架尼龙环棚,严格控制气温和湿度的方法。15天后可以移栽小苗,秧苗直接放在秧板上,装担发送,进行人工移栽或小苗机栽抛秧等,省工省时,一举多得。这种旱育秧方式沿袭到80年代中期。90年代育秧推广机直播、小苗机插秧、壮苗人工移栽三种方式,基本上以机直播为主,个别大农户和普通农户家庭恢复秧田水育秧苗、人工移栽的方式。

3. 移栽

50年代,一般在每年农历五月"芒种"节气前后进行移栽,以避水患。60年代后,单季稻在6月中下旬移栽;双季早稻在5月上旬或下旬移栽;后季稻在7月底前移栽。旧时,农户做好莳田后进行移栽,每行栽6株,栽秧较稀,株行距为6×6寸或6×7寸,

新江村水稻田(2020年,新江村摄制组摄)

一般一亩田为1.5万株左右，便于垄稻耥稻。中华人民共和国成立后，50年代前期大棵稀植每亩1.4万穴，基本苗4万~6万株。从60年代起，移栽密度逐渐增加，70年代初，单季稻每亩达到3万穴15万株基本苗。双季稻前作稻每亩移栽密度为4万~5万穴，共移栽25万~30万株基本苗。双季稻后作稻移栽密度为3.5万~4万穴，共移栽20万~25万株基本苗。杂交稻株行距为4×7寸，每亩移栽密度为2万~2.2万穴，单株、双株混栽，基本存活量保持在7万~8万株苗。80年代推广阔行条栽，行距5~5.5寸，密度保持在2.7万穴，基本苗稳定在12万株左右。90年代后全面推行水稻机直播、小苗机栽技术。1993年，枉江村试种600亩机直播稻，被称为"轻型栽培"，省工、省力、产量高。1998年亩产达600公斤左右，获得预期的高产量，受到农户欢迎。

(三) 管理

中华人民共和国成立前至五六十年代，境域内农田除草一般是一垄一耥二耘。其中一垄是指用垄稻搪耙垄一次，行勒（株距）间垄4~5搪耙，把泥块搅碎，接着耥稻，称"头通"；耥稻后再耘稻称"二通"；草多的再做一次称"转二通"。耥稻时，用耥耙，每行推拉2~3回。耘稻时，男士穿草裤跪耘，把稻棵周围泥土拉松，草拉尽塞在"拖膀路"（两脚向后移动形成的2条沟）里，女士弯腰站耘。随着水稻的株距逐步缩小，60年代取消垄稻，70年代不再耥稻，80年代普及除草剂代替耘稻。

60—70年代，使用药物防治病虫害和推广使用穗肥。80年代，全面推广使用"除草醚"除草，追施化肥，简化了农艺。运用肥促水控管理技术，以及水稻移栽后管水员掌握深水护苗、浅水促发、分次轻搁、湿润灌溉等环节，在水稻收割前5~6天放水落干，使水稻活熟到老，增加稻谷千粒重。80—90年代，大农户按照农科站培训技术，抓住水稻田间管理水浆、肥控、除草、防病、治虫等环节，千方百计创造高产群体，挖掘增产潜力，提高土地资源的利用率和产出率。

(四) 防病治虫

三化螟 旧时，三化螟猖獗，农民束手无策，只得听天由命。遇上灾害，枯稻一片，农民颗粒无收。1925年，三化螟虫灾严重，水稻枯黄，境域内绝大多数农民深受其害，靠借债度日。中华人民共和国成立后，遇上三化螟虫灾，种田农户听从政府指挥，组织家人挖稻根、拔枯心苗、采卵块、点灯诱蛾等，进行人工防治，降低三化螟虫害。1961年，三化螟虫灾暴发，卫星大队受害稻株占总数的20%～50%，新塘河南的20多亩粳稻，全是白穗，颗粒无收。1962年，境域内东江、枉江大队推广中粳改种晚粳，连片种植，适当晚播晚栽，使抽穗期避过三化螟虫盛卵期。将中稻安排在早茬口，使之在螟虫盛卵期前齐穗。同时改进药剂防治方法，提高效率。70年代，单季稻、双季稻并存，主要依靠药剂控制虫害。80年代，恢复纯单季稻种植，一代三化螟仅在秧田中有所危害，水稻移栽后连续多次用药，特别是杀虫脒应用后，三化螟不再是水稻的主要危害源。

二化螟 旧时，境域是纯晚稻种植地区，遭受二化螟虫害较严重。70年代，二化螟重点危害双季早稻和广二矮、昆稻二号、杂交稻等壮秆大穗型单季稻品种。大螟曾危害单季晚稻。从1980年开始，二化螟、大螟虫害均得到了控制。1983年后，水稻穗期不再用药剂治螟。

稻飞虱 从50年代起，境域内水稻布局变动频繁，易于稻飞虱繁殖，加上由南方迁入的虫源增多，稻飞虱成为常年引发虫灾的水稻害虫。1955年、1956年、1968年、1975年、1985年、1987年和2006年稻飞虱虫灾大暴发，1968年境域内东江、枉江大队受虫害最重，水稻平均亩产比上年减收52公斤。境域内东江、枉江大队采用"混灭威"和"叶蝉散"等高效药剂，推广弥雾机、拉管喷粉等防治措施，使虫害得到控制，损失降到最低。

危害水稻的其他病虫害还有很多，如稻蓟马、稻纵卷叶螟、稻苞虫和稻瘟病、纹枯病、白叶枯病、稻曲病、病毒病等，随着防治技术的提高，这些病虫害得到有效预防和控制。

1957—1982年枉江、东江大队水稻产量选年统计情况，如表5-2-3所示。

表5-2-3 1957—1982年枉江、东江大队水稻产量选年统计表

年份	枉江大队			东江大队		
	面积/亩	平均亩产/斤	总产量/斤	面积/亩	平均亩产/斤	总产量/斤
1957	2 184	339.50	741 468.00	1 834	378.00	693 252.00
1958	2 184	315.00	687 960.00	1 834	315.00	577 710.00

续表

年份	枉江大队			东江大队		
	面积/亩	平均亩产/斤	总产量/斤	面积/亩	平均亩产/斤	总产量/斤
1959	2 184	253.90	554 517.60	1 834	253.90	465 652.60
1960	2 184	278.50	608 244.00	1 834	253.30	464 552.00
1961	2 184	168.00	366 912.00	1 834	208.00	381 472.00
1962	2 198	335.50	737 337.00	—	—	—
1966	2 068	670.00	1 385 560.00	1 841	680.00	1 251 880.00
1969	1 983.7	653.10	1 295 572.00	1 749	690.30	1 207 301.00
1970	—	744.50	—		720.70	—
1972	1 916.2	858.60	1 645 249.00	1 718	831.10	1 427 829.80
1974	1 961.1	—	—	1 730		
1982	1 961.1	833.70	1 634 899.00	1 718	843.81	1 449 670.00

二、三麦

（一）品种

中华人民共和国成立前和成立初，境域内的三麦品种，小麦有六柱头、茧子团、丈四红；大麦有三月黄、老秃须、薜箕大麦；元麦有立夏黄、六棱元麦。种小麦和元麦都为接济口粮，其中元麦可轧成麦片。大麦主要用作猪饲料，人食用极少，只在夏暑时节，泡大麦茶解渴。

50年代中期，小麦推广矮粒多、山农205。矮粒多粉质好、耐肥，因肥料不足，产量不高；山农205在冬天抽穗，因不适应气候而被淘汰。

60年代，广泛种植小麦良种华东6号，由于缺乏防治赤霉病的能力，病重、产量低。省肥、病轻、稳产的万年2号，种植时间较长。后来引用的小麦品种有望麦17、苏麦1号、内乡5号，以及国外品种吉利、阿夫。大麦和元麦仍使用老品种。

70年代，推广扬麦1号，采取降湿防渍、增施肥料等配套措施，品种的高产性能得到有效发挥。其余少量种植品种为昆麦672、宁麦3号、宁麦7317、早红37、鄂麦6号、苏麦1号。为搭配好双季稻三熟制茬口，更新了大麦和元麦品种。大麦有二一四、早熟 3 号，元麦有浙 114、矮秆齐、七五七、立新 1 号、海麦 1 号、昆麦 481、昆麦 492。

80 年代，小麦以扬麦 1 号和宁麦 3 号为主，少量种植扬麦 3 号、扬麦 4 号、扬麦 5 号、昆麦 672、鄂麦 6 号、8060 等；大麦品种为沪麦 4 号、早熟 3 号、矮早三；元麦品种为海麦 1 号、矮秆齐、浙 114、昆麦 481、昆麦 492。

90 年代，扬麦 5 号逐渐成为当家品种，淘汰的品种有品质较差的扬麦 4 号和早熟的 8060。1995 年引进嘉麦 2 号，1996 年又引进扬麦 9 号，1997 年从江苏太湖地区农业科学研究所获得白皮小麦 9356（定名为苏麦 6 号），1999 年白皮小麦成为小麦的当家品种。种植的大麦极少，品种仅盐麦 2 号。元麦已无人种植。

2020 年，新江村小麦品种主要是扬麦 23。

（二）栽培

旧时，境域内麦类生产农户粗耕粗作，管理马虎，致使三麦产量较低。中华人民共和国成立后至 60 年代末，农户均采用传统播种及耕作方式。1962 年，境域内东江、柱江大队推广种植三麦良种，施足肥料，实行精耕细作。1965 年，三麦丰收，年单产达 199 千克。70 年代，推广沙州（现张家港）塘桥的高产栽培技术（又称"种麦学塘桥"）：精耕细作，减少深籽、丛籽、露籽，提高出苗率；先开排水沟，"一块麦田，二头出水，三沟配套，四面托起"，克服渍害；冬季普施苗肥，重施腊肥，促分蘖，保越冬。越冬进行人工拍麦或用水泥管穿棒系绳背着滚压，以防止麦苗旺长并防冻；另外防病治虫，巧施拔节孕穗肥。

80 年代初，东江、柱江村推广普及免耕麦，称"板田麦"。免耕麦有两种播种形式：一种是在水稻成熟、最后一次上水 2~3 天后用人工撒播或喷雾机喷播在稻田里，或在水稻收割后在稻板田上施足基肥、撒上麦种和除草剂。另一种播种方法是在稻

新江村麦地（2020 年，新江村摄制组摄）

板田上按量播种，施足基肥后，人工开上3~4条竖沟、2~3条横沟，将沟泥均匀地放在两边麦垅上，越冬前人工斩细拍碎压上一层麦泥。后来，有了开沟机、旋耕机，播种前开好沟，撒麦子旋耕，播种后进行补沟、补泥、补苗肥、补除草剂，后期管理重点是防治赤霉病。肥料按照"肥促两头"的方法，做到基肥、苗肥充足，占总肥量的60%左右，拔节孕穗肥和接力肥占40%左右。免耕种植三麦这种栽培方式省工、简单、高效，深受广大农户的欢迎，沿袭至2012年底。在使用免耕麦技术后，小麦亩产突破350千克，经济效益也明显提高。

（三）防病治虫

赤霉病 一种气候性流行病害，发病率极高，对小麦生产的威胁最大。中华人民共和国成立后，曾于1952年、1954年、1958年、1973年、1977年、1983年6次大流行，小麦减产严重。1984年推广使用多菌灵，增加机动弥雾机，确保了防治及时与防治质量，将危害程度降到了最低。

纹枯病 70年代，三麦纹枯病局部出现，其后逐步蔓延，80年代成为主要病害之一。1987年暴发的纹枯病导致小麦白穗，严重田块白穗率达20%~30%。

白粉病 1981年，白粉病大暴发，叶片发病率达100%。是年，柱江大队第3生产队扬麦3号上部叶被害，千粒重降至17.6克，减产在50%以上。以后改用粉锈宁药剂防治，不再形成危害。

其他病虫害还有锈病、黏虫、麦蚜虫等，危害较轻，易于防治，境域未受损失。

1957—1988年柱江、东江大队（村）三麦产量选年统计情况，如表5-2-4所示。

表5-2-4 1957—1988年柱江、东江大队（村）三麦产量选年统计表

年份	柱江大队（村）			东江大队（村）		
	面积/亩	平均亩产/斤	总产量/斤	面积/亩	平均亩产/斤	总产量/斤
1957	943.00	97.00	91 471.00	700.00	107.00	74 900.00
1958	943.00	180.00	169 740.00	700.00	180.00	126 000.00
1959	943.00	127.20	119 949.60	700.00	132.00	92 400.00
1960	943.00	132.00	124 476.00	700.00	132.00	92 400.00

续表

年份	柱江大队（村）			东江大队（村）		
	面积/亩	平均亩产/斤	总产量/斤	面积/亩	平均亩产/斤	总产量/斤
1961	943.00	107.60	101 466.80	700.00	88.90	62 230.00
1962	968.60	101.60	98 390.00	—	—	—
1966	676.00	235.00	158 860.00	520.00	250.00	130 000.00
1969	716.50	161.10	115 402.00	—	—	—
1972	731.00	281.60	205 870.00	677.00	247.80	167 740.00
1973	713.20	207.30	147 870.50	676.00	211.90	143 275.00
1976	809.00	272.40	220 389.00	704.00	297.70	209 613.00
1982	914.00	399.90	365 501.00	794.00	442.90	351 630.00
1984	1 529.40	485.70	742 759.00	1 227.40	522.40	641 148.00
1985	890.10	394.30	350 983.00	1 250.20	400.00	500 080.00
1987	1 013.20	455.20	461 234.00	830.20	387.30	321 520.00
1988	977.70	550.00	537 736.00	837.00	490.00	410 132.00

三、油菜

（一）品种

旧时，境域内油菜品种有白菜型、芥菜型、甘蓝型三类。白菜型油菜籽颜色有黄色、黄红相间两种，芥菜型呈暗红色，甘蓝型为黑色。

中华人民共和国成立前，境域内主要种植白菜型油菜，少量种植芥菜型油菜。油菜种植面积约占耕地总面积的5%；油菜产量很低，遇上好年景，亩产可达20公斤左右。

50年代，除了种植老品种外，开始种甘蓝型的朝鲜油菜（胜利52）。

60年代，甘蓝型油菜扩展较快，品种有胜利52、军农1号。1966年油菜亩产超过50公斤。

70年代，学习新华（太仓璜泾新华大队）经验时，引进新华1号、新华2号、宁油7号等品种。为补充单季稻秧田不足，保留了"三二二"白菜型品种。

80年代，品种以宁油7号为主，搭配新华2号，淘汰了甘蓝型迟熟品种和白菜型油菜。1985年，淘汰了新华油菜，引进村畸、华油8号，但仍以宁油7

号为主。1986年又引入"八二一"品种。

1990年，油菜品种主要为宁油7号，"八二一"次之，少量种植汇油5号。油菜种子实行县供种后，1992年汇油5号成为境域内东江、枉江村主要品种，占比在90%以上，少量种植"八二一"。后全部种植汇油5号。

（二）栽培

育秧 旧时，境域内农民习惯于选择通风向阳的旱地作为菜秧地，耕作较粗放。从60年代中期起，油菜育秧普遍得到重视，按1∶6备足油菜秧地。村民一般在9月中旬垦地、翻捣、追足有机肥料。视天气状况，一般在20~25日内播种，俗称"化菜秧"。下种后用锉刀齿或尖齿铁搭轻拍将泥块拍细，人工脚踩，之后，浇上一次人粪，谓之"盖籽粪"。待出苗后，即从10月1日起进行2~3次间苗，确保秧苗稀匀，防止长脚菜，其间看苗施肥，干旱年浇上几次清水粪，抗旱保苗。

移栽 旧时，农户在水稻成熟收割后移栽油菜。移栽时，先用"菜花柱"打潭，再将油菜秧苗一根根塞进穴眼里，一般都用"神仙菜"移栽方式种植。干旱年浇一次落棵水即完成。这种种植方法成活率低，而且每亩种植4 000~5 000棵，密度较低，产量也很低，故有"三亩一山笆"之说。

中华人民共和国成立后至60年代，油菜栽培方式稍有改变。1960年，境域内东江、枉江大队大面积种植胜利油菜，栽培方法是旱地育秧，移栽采取小阔仑深沟，套肋刀栽，合理密植，每亩5 000~6 000棵，土地利用率在80%以上。70年代后期试行油菜免耕栽培。80年代大面积推广免耕栽培方式，有着成活率高、活棵快、生长健壮、产量高的优势。90年代以后，不断引进新品良种，油菜栽培和移栽技术有了创新。随着产业结构不断调整、更新，经营体制发生大转变。油菜种植面积大幅度减少，大农户种植少量油菜仅为满足其家人和亲朋好友的食油用量。

施肥 旧时，油菜施肥全靠农家肥。60年代，农家肥与化肥结合使用，腊肥追施以人粪、禽畜粪为主，返青、薹肥、临花肥以氮、磷、钾化肥为主，看苗施肥，定量追肥。70—90年代，油菜施肥标准明显增加，基肥立足农家肥料，抽薹肥及临花肥均用氮、磷、钾化肥追施。

管理 旧时，农户在冬季进行人工"挨菜籽"，用阔齿铁搭在沟里挨泥放入油菜肋中，起到保暖和抵制杂草的作用。油菜进入抽薹期进行一次拔莎草，把油菜肋里的杂草清除干净，晒干作为牛饲料，管理工作粗糙、简单。中华人民共和国成立后至 60 年代，逐步重视管理，冬前结合清沟做好油菜松土、压泥、防冻等管理工作。春发期间用一些药物防治病虫害。在油菜抽薹期全面开展拔莎草活动，以消灭田间杂草。70—80 年代，油菜籽成为农业收入的一个组成部分，各生产队重视田间管理，包括三沟配套、合理使用肥药、除草松土等。

（三）植保

50 年代，境域内农民种的土油菜病虫害严重，病株率高达 35%，严重田块达 80% 以上。从 60 年代起，逐步以甘蓝型油菜取代土油菜，推广使用敌百虫药剂治蚜虫，用多菌灵、井冈霉素等药剂防治病害。后，油菜菌核病由局部蔓延开来，成为油菜种植的重点防治对象。此外，龙头

新江村油菜地（2020 年，新江村摄制组摄）

病也偶有流行。1973 年病株率达 5%～10%，大面积用药后基本得到控制。随着药剂、药械的发展，各种油菜病虫害得到有效控制。

70 年代前，生产队安排劳动力对油菜进行松土、拥根及拔草，以消灭油菜田中争光抢肥、传播病菌的杂草。70 年代后，使用化学除草剂去除油菜田的各种草害。

1962—1987 年枉江、东江大队（村）油菜产量选年统计情况，如表 5-2-5 所示。

表 5-2-5　1962—1987 年枉江、东江大队（村）油菜产量选年统计表

年份	枉江大队（村）			东江大队（村）		
	面积/亩	平均亩产/斤	总产量/斤	面积/亩	平均亩产/斤	总产量/斤
1962	125.50	19.10	2 397.50	—	—	—
1966	190.00	125.00	23 750.00	177.00	100.00	17 700.00

续表

年份	枉江大队（村）			东江大队（村）		
	面积/亩	平均亩产/斤	总产量/斤	面积/亩	平均亩产/斤	总产量/斤
1969	—	—	38 876.00	238.00	213.80	50 883.00
1973	—	—	—	280.00	166.10	46 508.00
1984	281.20	349.10	98 153.00	313.70	272.40	85 440.00
1985	772.60	188.00	145 248.80	1 175.00	97.00	207 625.00
1987	760.80	250.10	190 240.00	732.60	209.00	153 090.00

第三节 经济作物

境域内责任田一般主要种植水稻、三麦、油菜，少量种植薯类、蚕豆、玉米等，自留地则用来种一些花生、芝麻、胡萝卜、慈姑、西瓜、甜瓜、南瓜、玉米、高粱、红薯、大豆等。2000年后，随着村庄动迁，蔬菜种植面积日渐减少，至2020年，除邵家村未动迁农户零星种植蔬菜，以及在唐家自然村有3个蔬菜大棚外，土地均承包给外来户，主要种植生菜、莴苣、西红柿、黄瓜、小青菜等。

一、蔬菜瓜果

青菜 境域内种植青菜历史悠久。80年代前种植的青菜均以自食为主，近集镇的农民会将多余的青菜出售。品种有藏菜、塌菜、黑子菜、雪里蕻等。80年代又把青菜育成各个季节的"鸡毛菜"（青菜的幼苗期），保障了青菜的四季供应。

大白菜 大白菜又叫"黄芽菜"，对种植技术要求较高。1968年，东江大队第1生产队利用"陈孝坟"的地种大白菜，收菜万余斤，除分给社员春节食用的菜外，其余出卖收入200余元。70年代，种植大白菜收入可观。1984年后，除专业菜地种植外，大白菜种植面积很少。

其他菜类 包括卷心菜、花菜、菠菜、蚕豆、萝卜、韭菜、药芹、苋菜、竹叶菜、芋艿、番茄、辣椒、茄子、毛豆、豇豆、四季豆、刀豆、胡葱、大蒜、莲藕、茭白等，一般零星种植，基本用于自食。

60年代初，境域内村民用种的胡萝卜、大头菜充当"粮食"，称"瓜菜代粮"。

西瓜、甜瓜、香瓜 仅在旱地上零星种植，基本用于自食。

南瓜 也称"番瓜"。人食的瓜型有长颈型、马铃型（又称"马桶瓜"），猪食的有合盘型、牛头型。中华人民共和国成立前，农民种南瓜弥补粮食之不足。五六十年代，仍种南瓜代粮食用，但饱食易饿，故有"面黄昏、粥半夜、番瓜肚皮跑一大（次）"之说。70年代，各生产队都种3~5亩南瓜，做猪饲料，7月下旬收瓜后种一熟粳稻称"瓜翻稻"。

其他瓜类 黄瓜、草瓜、丝瓜为农家年年必种而种得不多的瓜类，少数农家曾种过金黄色的金冬瓜。80年代，种植专业户一般把冬瓜作为重要收入来源，种植面积较多，市场供应充裕。

二、菌类种植

中华人民共和国成立前，境域内不种植食用菌。1981年，大部分生产队均种植蘑菇。从1983年起，集体蘑菇房转给私人承包，之后蘑菇生产渐趋消失。

三、药材种植

1962年，境域内开始种植药材，柱江大队种泽泻1.5亩，减免征购任务173公斤。

1984年，东江公司自然村种4亩左右薏米。

随着增收渠道的增加和药材收购价的下降，药材种植面积渐趋减少，农民种药材仅取零星之地。

四、果树种植

中华人民共和国成立前，境域内无成片果园，少数农家种1~2棵桃树或枇杷树、柿树。

1978年后，农民的宅前屋后种有桃树、李树和柑橘树。1987年，东江村第7村民小组建有果园4.8亩。1988年，枉江村开辟果园25亩（隶属陆杨多种经营服务公司），植桃树15亩，橘树和石榴树各5亩，经营一年多后，转给私人承包。1992年，境域内有果园31亩，其中枉江村第7村民小组6亩，枉江村第10村民小组20亩，枉江村第11村民小组5亩。1998年，仍有2户果树种植户，分别来自枉江村和郭家港村，品种为桃树、李树、柿树和橘树，产量较少，价格较低，收益甚微。21世纪后，村民搬入杨林社区集中居住，不再种植果树。

第四节　畜禽养殖

境域内养猪是一项传统副业，一般以农户家庭养殖为主；牛主要为耕牛，一般以村集体养殖为主；少数农家养羊或养兔。农户素有养禽习惯，主要饲养鸡、鸭、鹅等。2000年之后，境域内自然村逐渐动迁，村民没有条件饲养畜禽，畜禽养殖在境域内逐渐消失。

一、家畜

猪　中华人民共和国成立前，多以青糠、麸皮和豆饼等为猪饲料，猪都是土种，成本高，生长慢，收益微。只有种田较多的农户，为了积肥或喜庆节日食用，才饲养1~2头猪。

中华人民共和国成立后，人民政府制定有关方针、政策，发放贷款，奖励饲料，鼓励农民养猪积肥。在品种上引进约克夏、长白等良种公猪，与本地土种母猪杂交，产出的第一代杂交猪，具有体型大、生长快、耐粗料等优势。

农业合作化时期，贯彻"社繁、私养、公助"的方针，提倡"公私并举"，高级社都办集体养猪场。东江高级社在大渔塘河西，利用村民朱介梅的房屋办养猪场，由副业主任邵伯生负责，成立副业队，配备畜技员，至1960年停办。

1958年人民公社化时期，社员私养的猪全部折价归公。1959—1961年三年困难时期，生猪的饲养量大幅度减少。1961年，恢复实行"公私并举、以私为主"的方针。是年3月，公社实行生猪下放政策。1962年，实行派养派购，划分饲料地，猪粪肥按质论价记工分，集体和国家分别付给饲料粮或奖售饲料、工业品，鼓励社员养猪。是年，柱江大队（169户）社员饲养生猪251头，东江大队（153户）社员饲养生猪144头，无集体饲养。1964年，逐渐恢复集体饲养。是年，柱江大队集体饲养生猪292头；东江大队集体饲养生猪5头。社员私人饲养228头。

"文化大革命"时期，坚持"猪多肥多，肥多粮多"的养猪积肥原则，加大生猪饲养量。1971年底，柱江大队生猪实有数1 105头，其中集体饲养473头，社员饲养632头，集体饲养数占总饲养数的42.8%。1973年，柱江大队饲养生猪647头，其中集体饲养220头，社员饲养427头；东江大队饲养生猪460头，其中集体饲养148头，社员饲养312头。1976年，柱江大队饲养生猪613头，其中集体饲养283头，社员饲养330头；东江大队饲养生猪312头，其中集体饲养160头，社员饲养152头。

1978年，提倡多种经营全面发展，国家调整农副产品收购价格，集体又规定每头母猪分配饲料50公斤，肉猪分配饲料20公斤加出售奖励15公斤（东江大队还奖励超重粮），养猪数又迅速增加。

1985年后，多种经营门路增多，生猪收购价格和饲料供应价格的变化，加上种田施肥以化肥为主等因素，养猪业衰落。1987年，镇政府对种田大户采取养肉猪每头补助15元、母猪每头补助30元的政策，鼓励种田大户养猪积肥。此后又产生了养猪专业户。

1992年，柱江村出栏生猪445头，其中国家收购76头，市场出售244头，自宰自食125头。年底实有生猪289头。

2003年，新江村第8村民小组郭家港自然村村民张文生在自家门前屋后开辟10间房用于养猪，一次性养猪200多头，一年产出300~400头，是当时新江村最大的养殖专业户，顺带每年养十几只羊，一直养到2008年。因为村庄动迁，不再养猪。

牛 中华人民共和国成立前，种田较多的农户都饲养耕牛。地主、富农等富户都养2头以上。

中华人民共和国成立后，耕牛一度被称作"农家宝"，政府号召农民养好耕牛、繁殖耕牛，保证农业生产有足够的畜力。具有劳役能力的耕牛，承担耕地、戽水、脱粒（拖碾滚）等农活。

农业合作化时期，耕牛都折价入社，一般生产队养3~4头耕牛。1962年，枉江大队（10个生产队）有耕牛36头，东江大队（8个生产队）有耕牛28头。1964年，枉江大队有耕牛25头，东江大队有耕牛27头。

从70年代起，耕牛逐渐被拖拉机代替。1971年，枉江大队有耕牛35头。1973年，枉江大队有耕牛28头，东江大队有耕牛17头。1976年，枉江大队有耕牛8头，东江大队有耕牛5头。到1992年，境域内无耕牛。

随着经济发展，境域内出现肉牛养殖场。1997年8月，东江村村民袁建华与村委会签订协议，租用第3村民小组耕地约8 000平方米和宅基地693.6平方米，投入10万元资金，造牛棚96平方米，浇制水泥场地185.2平方米，从灌南县购进小黄牛39头，办成菜牛养殖场；育成的菜牛销往上海。由于饲养不善，牛死3头。1998年出售菜牛27头。1999年春，养牛场停办。

羊 中华人民共和国成立前，少数农家饲养1~2头山羊，拴在河边以青草为食。中华人民共和国成立后，仍有少数农户养羊，一个自然村养羊人家一般只有2~3户，每户养羊2~3头。1962年，枉江大队养山羊159只，东江大队养山羊9只。从1963年开始，提倡圈养绵羊，采（剪）毛出售，有的农户自制羊毛绒线织衣。是年，枉江大队饲养山羊33头，绵羊2头；东江大队饲养山羊72头，绵羊1头。1964年，枉江大队养山羊23头，绵羊1头；东江大队养山羊3头。1973年，枉江大队养羊15头，其中山羊7头，绵羊8头；东江大队养羊27头，全部为绵羊。1973年之后，绵羊饲养量逐渐减少。随着生活水平的提高，人民视羊肉为冬令进补之佳肴，喜食羊肉的人渐增，养羊的数量有所增加。

1992年，枉江村出售山羊81头，自宰自食4头，年底实有山羊150头。进入21世纪后，仍有村民零星养殖，村庄动迁后，基本绝迹。

兔 中华人民共和国成立前，境域内农家很少养兔。50年代，有农家饲养菜兔，把兔毛剪下来做毛衣。60年代，农家将养兔当作家庭副业，一般饲养皮用兔"力克司"和皮肉兼用的"青紫兰"。1962年，枉江大队和东江大队各养兔37只。1964年，枉江大队养家兔12只，东江大队无人养殖家兔。70年代饲养"安哥拉"长毛兔。1973年，枉江大队养兔197只，东江大队无人养兔。随着兔毛价格上涨，80年代初掀起养兔热，村民纷纷饲养西德长毛兔。1984年，兔毛外销价高（每公斤200元左右），养兔多的人家达一二十只。1986年初，兔毛外贸滞销，每公斤价格降至40元左右，养兔业回落，村民至此少有人养兔。

二、家禽

中华人民共和国成立前，境域内农民饲养少量鸡、鸭、鹅等家禽，雄的食用，雌的产蛋，农民自己用土法繁育苗禽，低田区（如公司自然村）部分农户饲养群鸭产蛋出售。

50年代，境域在发展家庭养禽的同时，提倡集体养鸭。1962年，枉江大队饲养家禽685只，东江大队饲养家禽678只，平均每户饲养家禽4~5只。1964年，枉江大队饲养家禽1 287只，东江大队饲养家禽2 240只。三年困难时期，养禽数量大幅度减少；"文化大革命"期间，为防鸡鸭糟蹋粮食，禁止饲养群鸡群鸭，禽和蛋上市极少。

70年代，境域内养禽数量回升。1973年，枉江大队饲养家禽965只，东江大队饲养家禽570只。1978年，养禽业出现公私并举的现象。

实行家庭联产承包责任制后，集体养禽不复存在，私人养禽迅猛发展。1992年底，枉江村实有家禽2 360只，出售4 550只，自宰自食2 040只。

90年代末到2000年初，境域内有村民饲养鸽子，并专门辟出房子进行规模饲养。2001年，养鸽量在5 000只左右。至2020年，村民搬入社区集体居住后，受条件限制，已无人养鸽。

2000年之后，境域内自然村逐渐动迁，村民没有条件饲养家禽，养禽业逐渐消失。

第五节 水产养殖

境域内水产养殖以鱼、蟹、虾为主，少量养殖黄鳝、蛙等。养殖场多为开塘养殖，少量为天然河道。从80年代中期开始，境域内掀起开塘养殖水产热潮。其间，在陆杨镇繁荣的养蚌业的带动下，部分村民尝试养蚌育珠，但始终未成气候。至90年代，此副业绝迹。

新江村村民水产健康养殖示范场
（2020年，新江村摄制组摄）

一、养殖方式

（一）河道养殖

中华人民共和国成立前，境域内河道、溇、浜等水域无人养鱼，均为渔民捕捉野生鱼类、虾、蟹之场所。

中华人民共和国成立后，渔业生产不断发展。50年代始用河道养殖。

1983年，实行水面定权发证，规定圩内水面归农业村养殖使用，圩外河道归渔业村养殖、捕捞使用。1984年，内河被承包给专业户进行养殖。1998年，柱江村拥有河沟鱼塘90.60亩，东江村拥有河沟鱼塘133.20亩。1999年，柱江村拥有河沟鱼塘96.1亩，东江村拥有河沟鱼塘154.1亩。河道养殖平均每亩承包金额为145.54元。进入21世纪后，河道养殖停止。

（二）池塘养殖

中华人民共和国成立前，境域内除垦殖公司为置宅建屋开池塘养鱼外，无其他池塘养鱼。

1960年，周市鱼苗场为扩大鱼苗繁殖，在东江大队的荒滩里开鱼池7个，净水面达21亩，繁殖花鲢、白鲢、草鱼苗，供各大队养殖。1964年，枉江大队有鱼塘25亩，养鱼15担；东江大队有鱼塘27亩，养鱼28.5担。

80年代初，县水产公司以"鱼钱挂钩"的形式，支持农民发展养鱼。1984年，调整农业产业结构，引进"鱼钱挂钩"资金，支持农民开塘养鱼。至此，境域内开塘养鱼逐渐普及。

1997年，由于种植业效益下降，境域内再次调整农业生产结构，此后调整力度愈来愈大。1998年，枉江村稻田鱼塘面积为367.51亩，占枉江村耕地面积的30.3%；东江村稻田鱼塘面积为343.90亩，占东江村耕地面积的30.3%。1999年，枉江村稻田鱼塘面积为565.1亩，养殖户为41户；东江村稻田鱼塘面积为540.8亩，养殖户为44户。开塘养鱼呈旺盛之势，至2000年境域内仍在推土造塘，其中东江村仅保留口粮田，其余皆为水产养殖池塘。

2002年，新江村鱼塘养殖户为160户，共承包2 398.43亩鱼塘，人均面积14.99亩，收取承包金额59.96万元。2005年，鱼塘养殖户为39户，共承包674.59亩鱼塘，人均面积17.30亩，收取承包金额16.86万元。其中，方桃富承包亩数最多，有50亩；线祺贤承包亩数最少，有7亩。2010年，鱼塘养殖户为43户，共承包711.2亩鱼塘，人均面积16.54亩。其中，朱阿四承包亩数最多，有42亩，曹佰先承包亩数最少，有3亩。养殖青虾218吨，白对虾226.7吨，虾蟹混养66.5吨，成鱼200吨。2011年，鱼塘养殖户为22户，共承包225.4亩鱼塘，人均面积10.25亩，金妹娟承包亩数最多，有35.5亩，邵友根承包亩数最少，有2亩。租金每亩250元。至2020年，仅剩朱凤彪父子1户养殖户，共承包300亩鱼塘。

二、养殖品种

鱼 境域内水产养殖以鱼类居多，主要有青鱼、鲢鱼、草鱼、鲤鱼、鲫鱼、鳊鱼等。

蟹 境域内蟹的养殖始于90年代。1997年，陆杨镇水产服务站试验示范蟹虾混养成功，品种主要为大闸蟹。

水产养殖水面（2020年，新江村摄制组摄）

虾 境域内最早养虾的是枉江村。1993年，第4村民小组将10亩耕地开成围塘，养殖河虾（青虾），后因无饲养经验，亏本停养。1995年，陆杨镇多种经营服务公司试养河虾成功，后各养殖户纷纷养殖。2000年，村民朱凤彪前往海南、福建等地引进南美白对虾，成为昆山养殖南美白对虾的第一批人之一。此后，他又投资几十万元，建立了南美白对虾苗种场。2003年，村民倪雨海在水产养殖方面有一定的成就，特别是在推广特种水产南美白对虾的养殖方面，不仅自己发展较好，还带动了一批养殖户，为推广养殖新技术作出了贡献。

甲鱼（鳖） 1989年，枉江村唐永良从企业退休后养殖6分水面的甲鱼。90年代初，甲鱼价格不断上涨，最高时400~600克的甲鱼每只能卖到300元，在境域内引起轰动。鳗鲤河自然村1户村民、邵家自然村4户村民、东江自然村2户村民，分别开辟3~4分水面，尝试甲鱼养殖，后因经营不善而亏本，放弃养殖。2000年后，新江村养鱼户零星养殖甲鱼。至2006年，新江村无人再养殖甲鱼。

三、病虫防治

境域内村民在水产养殖上，从最初的没有经验到渐渐掌握科学养殖技术，在实践中积累了一定的病虫防治经验。

鱼的病虫防治 坚持"预防为主、治疗为辅"，采取"无病先防、有病早治"的措施。当气温回升时，极有可能形成鱼类发病高峰，要做好鱼塘的药物预防工作。

一是采取挂篓法：漂白粉每袋放药100~150克，每个食场挂3~6袋，每天换1次，连用5~7天；硫酸铜、硫酸亚铁合剂挂袋，每袋硫酸铜100克，硫酸亚铁40克，每个食场挂3~5袋，每天更换1次，连用3~5天。二是全池泼洒：全池泼洒漂白粉1ppm或强氯精0.3ppm，或硫酸铜、硫酸亚铁合剂0.7ppm。三是内服药物：主要有呋喃类、磺胺类药物，将其拌入饲料里投喂，每个疗程3~5天。

鱼的病虫害防治用药主要有以下几种。治虫药：晶体敌百虫、B型水剂灭虫精、杀虫双等。防病药：漂白粉、强氯精、水体消毒剂、高效杀菌灵、高效万消灵（片剂）、鱼虾宁等。

蟹的病虫防治 用药有蟹安、硫酸锌、蟹专用鱼血宁、抖抖灵、福尔马林（15~20ppm）、孔雀石绿等。

 ## 第六节　农用肥料

中华人民共和国成立前，境域内农民种田首选有机肥（河泥、草塘泥、厩肥、人粪尿、绿肥、饼肥等）。中华人民共和国成立后，境域内农民开始少量使用无机肥（常称"化肥"，有氮、磷、钾及微量元素）。从90年代开始，无机肥大量供应，境域内农民种田普遍使用无机肥。

一、有机肥

河泥 即河底淤泥，含有被雨水冲入的地面表土、杂物、动植物尸体及水草等，河泥肥效迟，肥力长。取河泥的主要方法是罱泥。罱泥工具称罱网，由两根钳形竹竿与网头、网胆组成。罱泥时，由男子在船头握住罱泥网杆夹泥，船艄由一人掌橹摇船，维持泥船的稳定。网中泥要倒入船舱；满舱后再用牵婆

（匙形木掀装上竹柄）将泥捞入泥塘。罱泥是传统的积肥方法，中华人民共和国成立后，境域内农民注重罱泥积肥，水稻基肥、麦田压泥都依靠河泥。从60年代起，积造草塘泥、浇麦田泥浆，也都依靠罱泥完成。中型木船和3～5吨位的水泥船均为罱泥适用农船。80年代，境域内推广机插秧，亦罱河泥做床土。90年代，境域内农民不再罱泥，罱网和网杆绝迹。

草塘泥 从60年代起，草塘泥是水稻的主要基肥。每年秋后，境域内农民将稻草用河泥搪好。春季组织劳动力开好田间塘，把柴泥运入田间塘内并加入青草，添水翻搅，这是翻第一次塘。至5月初，加入红花草再次翻搅，是第二次翻塘。经两次翻塘的草塘泥呈现"蟹沫绿泡黑色水"，"触触四角动，闻闻臭烘烘"的状态。单季稻基肥每亩施30～40担，双季早稻每亩施30担左右。有的生产队还去上海罱黑泥加入草塘泥中，以提高肥力。80年代中后期，不再积造草塘泥。

厩肥 即家畜粪肥，境域内有养猪积肥的传统，留下了"养猪不赚钱，回头看看田"的俗语。1959年，毛泽东主席发表《关于发展养猪业的一封信》，指出猪多、肥多、粮多的良性循环。养猪以垫圈形式积肥，每天将乱稻草或干草、青草垫入猪圈内，施用时将肥挑出圈。单季稻基肥每亩施20～30担，长粗肥每亩施15～20担；双季稻前每亩施15～20担作基肥；种麦推广塘桥经验后，境域内农民将猪窠与草皮泥堆置成堆肥，用作麦田随籽肥。猪粪肥按质论价计工分，参加分配。

人粪尿 传统的农家肥，俗称"大粪""黄粪"。50年代，用作秧田和油菜、麦田追肥。60年代，除自积自用外，境域内农民还到城市购买大粪肥田，供销社又组织大船装运大粪下乡出售。70年代，昆山县环境卫生管理所常发粪票供生产队装粪肥田。

绿肥 主要原料为红花草（紫云英），50年代，农民种部分蚕豆、豌豆作青绿肥。随着水沤田起旱，红花草面积增加，加上推广施用过磷酸钙，"以磷增氮"，红花草亩产达到3吨以上。红花草除了直接作秧田基肥外，还被大量翻入草塘泥潭，以提高草塘泥肥力；50年代开始增加红花草留种田。60年代中期，境域内曾用红花草籽调换化肥（1公斤草籽换2公斤化肥）。

50年代，为增辟肥源，境域内引进水花生、水葫芦、水浮莲和绿萍，称

"三水一绿"。先是用河泥搪成草塘泥肥田，后来使用打浆机把"三水"打烂成浆喂猪过腹肥田；绿萍经春繁翻至大田，耘稻时将绿萍埋入泥中肥田。

饼肥 境域内农民有垩饼（豆饼、菜饼）肥的习惯。70年代，村民都用菜饼作为水稻秧田肥料、晚粳长粗肥和油菜的基肥。1984年后，菜饼很少作为肥料，都作为鱼饲料。

秸秆还田 从80年代开始，由于大批青壮年劳动力进厂务工，境域内农民不再采用费工费时的割野草、罱河泥的积肥办法，有机肥料大幅度减少。农民开始使用秸秆还田的方法，弥补有机质的不足。各级领导十分重视菜箕粉碎后还田，层层做示范，召开现场会，并制订奖罚措施，村干部划片包干，严禁焚烧秸秆，确保秸秆还田。

二、无机肥

氮肥 50年代初，境域内农民使用氮肥（又称"洋垩娘"），因施后要"拔田脚"，使用者极少。农业合作社用贷款购买少量化肥作为追肥。60年代，化肥供应量较少，普遍以氨水（有的称"母液"，均为工业废水）肥田，稻田采用淌灌法施肥，用于麦田的都加入到河泥浆内泼浇。1965年，结合稻田灭螺曾施用石灰氮；种植双季稻时，碳酸氢铵用量增加，有的搞"一包头、一丢头、一轰头"。80年代，尿素供应量增加，不再供应硫酸铵、氯化铵。从90年代起，化肥大量供应，肥田以尿素为主，碳酸氢铵仅在插秧前施用。

磷肥 60年代初期，境域内农民使用过磷酸钙，首先在沤改旱田时施磷肥种绿肥，使红花草等绿肥产量成倍增长。1965年后，过磷酸钙被用作油菜基肥、抽薹肥，三麦苗期、水稻秧田也普施磷肥。从1969年起，双季早稻必施磷肥，每亩25公斤左右。80年代，稻麦生产提倡"增磷节氮"。90年代，提倡按比例搭配肥料三要素（氮、磷、钾），复混肥替代磷肥。

钾肥 1982年，土壤普查后，境域内明确了缺钾土壤的分布，以施用硫酸钾、氯化钾补之，消除了胡麻叶斑病，增产效果明显。90年代，普遍施用"三元"复（混）合肥，很少单独使用钾肥。

第七节 农具农机

改革开放前,境域内农民主要以务农为生,家里有很多农具,如用来挑粪的粪桶,用来除草的锄头,用来赶鸡、鸭、鹅的捻竿,用来装运谷物的山笆,用来装东西的箩筐和篾筐,用来铡草的铡刀,用来去除稻麦壳的扬谷风扇等,还有少量有特殊用途的农机具,如进行绿肥处理的粉碎机、打浆机,用于食品加工的轧米机、砻谷机、小钢磨、小石磨、舂米石臼、风车等。进入21世纪,随着村庄的社区化,传统的农机农具逐渐淡出人们的视野,现代农业生产以高度机械化为特征。

铡刀(2020年,新江村摄制组摄)　　风车(2020年,新江村摄制组摄)

谷筛（2020年，新江村摄制组摄）

扬谷风扇（2020年，新江村摄制组摄）

一、传统农具

耕翻农具 中华人民共和国成立前，农民以户为单位种田，耕翻农具多数是铁搭，少数养得起牛的农户，用犁耕田。1954年初级社成立后，土地耕翻以牛犁田为主。

铁搭以齿形分，有小齿、大齿、满封、扳齿、茭白齿和尖齿等类型，分别于水田、旱田里使用。

犁分旱犁、水犁，分别用于旱田、水田；平整田面有百秒、秒耙；碎土使用装有刀齿的弯耙、直耙，分别将坨形、平形田的块泥耙碎。

稻田除草称作"耘稻"，使用的农具有小搪耙和耥。小搪耙是铁制四齿，装在3.5米长的竹柄上使用；耥是50厘米×16厘米的船形镂孔木板钉23只脚状刀铁钉，装在带稍的长竹竿上使用。

开沟农具 中华人民共和国成立前，农家均无专用的开沟农具，麦和油菜以埨沟形式种植，沟为泄水道。冬季采取"挨麦泥""挨菜籽"的方法，将沟垄深，抄清泥块了事，导致湿害常存，作物产量很低。

中华人民共和国成立后，政府十分重视夏熟作物田开沟排水的工作，为防"一尺不通，万丈无用"，从种到收常抓不懈。开沟始有专门的方铁锹，锹身长20厘米，宽13厘米，装上木柄使用。60年代，重视排水沟的开挖，使用方铁锹将沟开至50厘米深，称"丰产沟"。70年代，种麦学塘桥，开沟使用塘桥卷筒锹，长50~60厘米，宽8厘米，装在木柄上使用。开田内深沟时，先用本地方铁锹开第一锹，深20厘米左右，再用塘桥卷筒锹开第二锹，使沟深达到60~70厘米。这种沟不仅能排地面水，还能排浅层水、地下水，有效地减少了渍害的发生。

收获农具 中华人民共和国成立前，镰刀是农作物唯一的收割农具。稻签子（由3根长3米的竹竿扎成1撮签子）是境域内农户必不可少的晾稻用具，家家备有数百、千余撮。

脱粒用稻床、稻桶。稻床是场头脱粒工具，由四方木框中串弯曲成脚的树干与多根细竹竿组成，呈龟背状，形似"甲"字，一端搁在长凳上，将稻（麦）把在稻床上拍打，这种脱粒方法称"掼稻（麦）"。稻桶由木板构成，四方形，上口大、底板小，是在水稻田里脱粒的工具。另有一种脱粒方法是将稻谷铺于场上，用牛拖石磙在稻铺上来回碾，使稻谷粒脱落。稻谷的清扬完全依靠风力，少数农户置有木制手摇风车扬谷。

运输农具 中华人民共和国成立前及成立后的一段时间，船是境域内唯一的运载农具。50年代主要使用木船，每年大伏时节，船都上岸维修，揩刷桐油，进行保养。

60年代后，境域内水泥船数量渐增。1962年，东江大队拥有农船8只，其中载重量0.5吨以下的1只，载重量0.5~1吨的3只，载重量1~2吨的3只，载重量2~3吨的1只。枉江大队拥有农船6只，其中载重量1~2吨的5只，载重量3~4吨的1只。

80—90年代，境域内陆路运输多用手扶拖拉机运输车，几乎家家户户都有。

二、农业机械

耕种机械 1971年，枉江大队买进"丰收牌"中型拖拉机（简称"'丰收'中拖"）3台（1973年出卖1台），开始用机耕代替牛耕。90年代后，农田的耕翻主要由中拖完成，中拖无法到达的零星田块才由手扶拖拉机耕翻。

开沟机械 从80年代中期开始，开沟专用的开沟机有昆山型、淮阴型等，经多年使用比较，淮阴前置式开沟机更适合境域使用。

收割机械 初级社成立后，境域内普遍使用人力脚踏的双人轧稻机对稻麦进行脱粒，比掼稻（麦）的效率提高了2倍。1966年后，脱粒由电动、机动代替人力脚踏。1973年，柱江大队有机动脱粒机15台（每个生产小组1～2台），总功率39.9千瓦；东江大队有万能脱粒机2台，总功率12马力。90年代后，种田大户多用联合收割机。

收割机（2020年，新江村摄制组摄）

播栽机械 80年代中期到90年代，境域从吉林省延吉引进水稻插秧机，和人工插秧相结合。东江村种田大户梁男男承包98.6亩田，到1999年，年年采用插秧机插秧。

1993年，柱江村引进嘉定水稻直播机一台，当年机播600亩，获得成功。

植保器械 中华人民共和国成立前，没有植保器械，病虫害肆虐。50年代开始有了手动喷雾器和喷粉器，但用药防治仍主要依靠人工泼浇。70年代，有了机动喷雾机，采用人工泼浇和机喷相结合的方法防病治虫。1973年，东江大队有机动喷雾器3部，总功率13马力；有人力喷雾器8部。柱江大队有人力喷粉器10部、人力喷雾器31部。

80年代后，植保器械发展迅速，以机械打药为主，开始出现弥雾机、高压喷雾机等。

运输机械 70年代，有些水泥船装上挂浆机就成了挂浆机船，同时水泥船和木船继续使用。1973年，东江大队有水泥船14条，载重量52吨；木船12条，载重量36吨；挂浆机船3条，载重量12吨，总功率16马力。柱江大队有水泥船19条，载重量74吨；木船15条，载重量31.5吨。

90年代，普遍利用公路运输，村民开始使用农用汽车。

第六章 工商服务业

中华人民共和国成立前,境域内商业落后,手工业者以木匠和泥瓦匠居多,裁缝、漆器工等手工业者偏少。中华人民共和国成立后,为了方便村民购买日常生活用品,境域内先后开设16家双代店或小卖部。从1976年起,境域内先后开办21家村办集体企业,涉及化工、冶炼、涂料、印刷、制衣等多个和老百姓生活密切相关的行业。虽然有些厂经营时间不长,但对于搞活经济、提高村民收入做出了有益的摸索和尝试。从1994年起,为进一步提高职工的工作积极性和增强企业的竞争力,村办集体企业陆续改制为民营企业,由私人承包。至2020年,村民先后开办28家企业,其中11家落户境域内,17家落户境域外。从2004年开始,自然村陆续动迁,境域被建成民营工业园区,大量外来企业入驻。至2020年,境域内共有381家入驻企业。

第一节 工业

中华人民共和国成立前后，境域内手工业以家庭轻纺及手工编织为主，也有串乡走户的木工、泥瓦工、漆器工、裁缝、竹匠等手工业者。60—80年代，境域内村办企业兴起。从90年代中期开始，境域内有能力的村民开始创业，私营经济蓬勃发展。2004年，新江村纳入昆山高新区玉山镇民营开发区建设整体规划，随后大量企业陆续落户境域内，涉及电子、服装、纸品印刷与制造、塑料制品、五金机械、高科技研发等多个行业。

一、手工业

境域内手工业以家庭轻纺及手工编织为主。村民利用隙地种苎麻，"黄梅"时节割。苎麻是麻类中纤维质地最好的一种，可供织造宽度为35厘米的夏布，多由妇女在家中作业，送到镇里的夏布庄，换取零钱补贴家用。60年代，一些手巧会编织的村民采蒲草编草鞋（俗称"蒲鞋"），摘麦秸秆编草辫、草帽卖给供销社采购站，或是利用稻草搓绳以供农用。60年代后，有少数农户利用脚踏摇绳机摇成包装用的草绳作为家庭副业以提升家庭收入。

纺织工 境域内从事家庭纺织业的多为家庭妇女、孩童，少至舞勺、豆蔻之年，老至耄耋之岁，都以双手织生活。织品除用于家庭服装裁剪换新外，还送到镇上布店或土布收购点，其收入用于补充家庭开销。手快者一天一夜织布2档，手慢者则两天两夜织布1档。

裁缝 属于传统手工业者。中华人民共和国成立前，村民以手工针线缝制衣物。服装款式都是本装，包括男女布衫、长衫、夹衫、长棉袄、短棉袄、棉背搭、长裤、中裤、短裤等，也有时新旗袍，手工制作考究。

中华人民共和国成立后，手工缝制转为缝纫机制，一些在制衣厂工作的村民学成后，自己开办整裁整剪作坊作为代加工坊。服装从面料到制作越来越新式考究。至2020年，新江村先后有3人从事过裁缝行业，目前仍从事此行业的有2人。

2020年新江村裁缝行业从业人员，如表6-1-1所示。

表6-1-1 2020年新江村裁缝行业从业人员一览表

姓名	组别	出生年月
高美珍	3	1967年12月
梁全英	19	1958年4月

木工 在江南农村，俗称"木匠"。中华人民共和国成立前，村里木匠师傅的手艺大多由祖辈亲传，手艺出众，生意热门，常为村里乡邻打造木船、水车、家具等。

中华人民共和国成立后，学木工的人比较多，出师后便成为新一代木匠师傅，为千家万户造房舍，做家具，修农具等，收入一般比务农同等劳动力高出十几倍，成为农村响应时代的手艺人。

进入集体经济时期，境域内手艺高的木匠师傅被公社招收进建筑站，赚固定工资，月均60~80元不等，节假日师傅带领学徒出门赚取额外收入。还有本队木匠按强劳动力打工分参加集体分配。木匠出工率高达330~340天，现金收入平均为2 500~3 000元。

随着改革开放不断深入，借助城乡一体化建设，农村居民住房变迁，这些木匠师傅组成装潢队，为农村新居赶制新式家具。另有一些木匠进入民企、外企务工，利用节假休息日做老本行。2020年前，新江村先后有7人从事过木匠行业。至2020年，仍从事此行业的仅1人（第3村民小组村民邵雪元）。

箍桶匠 又称"圆作木匠"。中华人民共和国成立前，陆再福是村里有名的箍桶匠，其长子陆文霞40年代末亦从事此行业，后陆文霞不再做箍桶匠；次子陆文楼从大队干部任上退下来后，子承父业，做过一段时间箍桶匠，后因该行业受到塑料制品的冲击，不再从事该行业。

泥瓦工 在江南农村，泥瓦工俗称"泥水匠"，一直是一支相对庞大的队伍。中华人民共和国成立前后，境域内有一批老泥瓦工为老百姓造房子、铺砖场、搭猪棚、砌灶头、开井、排河滩等。这些泥瓦工按照传统艺规，带出了一批又一批泥瓦工新人，确保手艺后继有人。

80年代，泥瓦工人均日赚30元左右，月收入700元以上，属于高收入人群。

进入21世纪后，大部分年轻手艺人转而从事第三产业，有一些脑子灵活的人后来成为民营企业家，年收入超10万元。也有一些人坚持从事该行业，办起装潢公司为动迁村民装修新房，人均年收入达7万~8万元。2020年前，新江村先后有21人从事过泥瓦工行业。至2020年，仍从事该行业的有7人。

2020年新江村泥瓦工行业从业人员，如表6-1-2所示。

表6-1-2 2020年新江村泥瓦工行业从业人员一览表

姓名	组别	出生年月	姓名	组别	出生年月
王建林	2	1958年8月	朱海民	14	1954年9月
邵雪龙	3	1962年10月	倪培元	20	1969年5月
邵雪华	3	1966年2月	梁金四	18	1959年6月
朱凤元	6	1966年7月			

漆器工 俗称"漆匠"，主要为老百姓漆家具，为农村嫁女儿人家漆嫁妆，为城里新房装潢刷涂料、漆门窗等。80—90年代，漆匠年收入六七千元，年成好时达上万元。进入21世纪后，房地产行业发展迅速，带动装潢市场繁荣，漆匠一般加入某个或某几个装潢队伍，月入三四千元到万元不等。2020年前，新江村先后有3人从事过漆匠行业。至2020年，仍从事此行业的仅1人（第6村民小组村民朱金弟）。

竹匠 旧时，境域内农家宅旁多种竹。村民们农闲时劈竹成篾，编成菜篮、草篮、鸡笼、鸡罩、簸箕、土畚等竹制品，自用或是出售。也有的投师学艺，用细竹编制篾席、摇篮、米筛等竹制工艺品。境域内手艺高的竹匠有东江村陈泰正和陈高福父子。陈高福1955年凭着自己的手艺调到陆桥手工业社制作工艺品。陈高福之子陈友明也在陆杨镇手工业社做竹匠。90年代，因为塑料制品的出现，竹匠行业逐渐衰落。至2020年，新江村已无人从事此行业。

二、工业企业

（一）队（村）办企业

1961年，村民梁小毛创办东江粮食加工厂。1975年3月，陆桥公社工业办公室成立，境域内5家队办厂纳入社队企业。从1976年起，柱江大队相继创办玻璃钢厂、制线厂、冶炼厂、袜厂、日用化工品厂等集体企业，安置劳动力150人左右。1983年前，东江大队开办玻璃钢厂、铝制品厂、小化工厂、粮食加工厂、塑料胶木厂等。1983年后，东江村又开办彩印厂、涂料厂、纸线管厂等，有效促进了村办集体经济的发展，促进了劳动人口的就业，减轻了生产队压力。

村办集体企业尽管设有厂长、车间和班组负责人、会计等职务，目标、任务、责任较为明确，但是在具体管理上存在"做好做错一个样，做快做慢一个样"的现象，工人凭出工得报酬，基本上是平均分配，挫伤了技术骨干、生产能手的积极性，致使企业经营受损。

1994年，柱江冶炼厂首先试点改制成功后，柱江村和东江村集体企业陆续转制改制，推出厂长承包、股份制、拍卖、租赁等形式，确保集体和个人资产的保值和增值。转制后的企业产权明晰，结构优化，个私化经营蒸蒸日上，产品质量、营销水平、业务及管理能力都有效提升。

东江化工厂 1976年下半年，东江大队安排5名下乡知青，租借3间破瓦房，凑了400多元资金，因陋就简办起小化工厂，当年销售收入5 700元，盈利1 200元，东江大队成为陆桥公社化工工业的发祥地。1979年，化工厂职工3人，固定资产1 500元，工业产值达6 400元，销售收入达6 300元，盈利2 000元。1980年，随着知青回城，东江化工厂关闭。

东江玻璃钢厂 1976年初，陆桥公社开办玻璃钢厂。由于产品价廉、耐腐、质硬、轻便、用途广，很受用户欢迎。受此鼓舞，1980年，东江大队也开办玻璃钢厂，当年职工人数13人，固定资产500元，工业产值达14.84万元，销售收入达15.80万元，盈利6 600元。1985年，职工人数增加到24人，全年销售收入达29.24万元。1996年，该厂转制给私人经营，2000年停产。

柱江冶炼厂 1982年，柱江冶炼厂开炉浇铸，有职工26人，总资产15万

元,年工业产值达34.30万元,销售收入达32.10万元,盈利2.30万元,成为陆杨公社第一家冶炼厂。1984年销售收入达78.48万元,盈利7.7万元;1985年销售收入达5.98万元,盈利0.96万元;1986年销售收入达24.51万元,盈利2.22万元;1988年销售收入达37.47万元,盈利4.27万元;1989年销售收入达54.20万元,盈利5.25万元;1990年销售收入达70.82万元,盈利2.19万元。1993—1994年,随着改革开放的深入,受市场冲击、资金调控、税制改革等因素影响,柱江冶炼厂处于半停半关的状态。1994年,该厂作为柱江村的试点企业,进行体制改革,以总资产的10%即2.76万元租赁、承包给厂长龚水泉。改制后,该厂打破吃大锅饭的做法,压缩人员(原30人,压缩到12人),落实责任制,实行计件工资制,节支降本,加强内部管理,开拓经营渠道,成效显著。从1994年9月1日—11月底接业务总额达150万元,销售收入达100.29万元,创利近万元。1995年,柱江冶炼厂停办,厂房租赁给他人。

东江纸印厂 1984年6月开始投产,有职工26人,产品包括印刷品和纸芯。1985年,全年销售收入达8.19万元,生产印刷品750万张,纸芯460万只。1987年,该厂拆分为东江纸线管厂和陆杨彩印厂,后东江纸线管厂在1996年转制给外来户,陆杨彩印厂于2001年转制给村民梁红峰。至2020年,陆杨彩印厂仍在正常经营。

1961—1991年新江村境域内队(村)办企业情况,如表6-1-3所示。

表6-1-3　1961—1991年新江村境域内队(村)办企业情况表

企业名称	法定代表人	业务范围	成立年份	停办或转制时间
东江粮食加工厂	梁小毛	加工粮食	1961	1989年停办
东江胶木厂	邵广山	生产轧刀盖	1975	1977年停产
东江化工厂	邵广山	生产蒸馏水	1976	1980年停产
东江铝制品厂	杨才喜	生产锅铲、铝勺等厨房用品	1976	1980年停产
东江玻璃钢厂	袁建华	生产玻璃钢波形瓦片	1980	1996年转制
东江制线厂	梁友龙	生产缝纫线	1981	1983年陆杨乡接管

续表

企业名称	法定代表人	业务范围	成立年份	停办或转制时间
东江涂料厂	梁建明	生产刷墙涂料	1984	1996年转制
东江纸印厂	金龙其	印刷、生产纸芯	1984	1987拆分为东江纸线管厂和陆杨彩印厂
东江纸线管厂	金龙其	生产制管、印刷	1987	1996年转制给外来户
陆杨彩印厂	梁红峰	包装装潢及其他印刷	1987	2001年转制
东江五金建材门市部	袁建华	生产玻璃钢制品、建筑材料	1988（东江玻璃钢厂开办）	1990年停办
陆杨兴隆制线厂	梁凤兴	生产制衣线	1991	1996年转制
柱江农修厂	龚水泉	拖拉机维修	1976	1984年停办
柱江制线厂	龚阿桃	生产纸线	1976	1979年停产
柱江袜厂	唐伯安	生产袜子	1976	1983年停产
申江玻璃钢厂	邵小弟	生产玻璃钢瓦、水管等	1982	1996年转制
柱江冶炼厂	龚水泉	生产铝钉、铸件	1982	1994年转制
宏达电线厂	邵云华	生产拉丝、电线	1991	1996年停产
柱江薄膜分切厂	龚文元	生产电缆线胶带	1987	1993年停产
陆杨第二羊毛衫厂	郭龙生	生产腈纶套衫	1985	1987年停产
柱江日用化工品厂	沈水林	无机酸制造	1985	1998年转制

（二）私营企业

从90年代中期开始，在社会主义市场经济条件下，非公有制经济脱颖而出，私营经济获得蓬勃发展，一些有能力、有胆识的村民，勇于创新，敢于创业，创办类型各异、规模不一的民营企业，既创造了个人财富，又解决了劳动力的就业问题。

至 2020 年，新江村村民创办私营企业 28 家，其中境域内 11 家，境域外 17 家，涉及化工、服装、金属、包装、印刷等多个领域。

1993—2020 年新江村境域内私营企业，如表 6-1-4 所示。

表 6-1-4　1993—2020 年新江村境域内私营企业一览表

企业名称	负责人（法人）	主营业务	成立年份	备注
昆山市光明电缆辅料厂	唐培元	电线、电缆制造	1993	正常经营
东江玻璃钢厂	袁建华	生产玻璃钢波形瓦片	1996（转制）	2000 年停产
昆山市陆杨兴隆制线厂	梁凤兴	化纤织物染整精加工	1996	2018 年停办
陆杨陆胜涂料厂	陆胜建	生产墙面涂料	1996（由东江涂料厂转制）	2000 年停办
申江玻璃钢厂	邵小弟	生产玻璃钢瓦、水管、水落等	1996（转制）	正常经营
昆山市陆杨镇明舟制管厂	陆　杰	纸和纸板容器制造	1996	2013 年停办
昆山市江华日用化工厂	沈水林	无机酸制造	1998	2019 年停办
昆山市陆杨彩印厂	梁红峰	包装装潢及其他印刷	2001	正常经营
龙胜建材经营部	邵雪龙	生产建筑用桩尖	2003	2010 年停办
昆山千钢精密模具有限公司	杨洁红	其他未列明金属制品制造	2004	正常经营
昆山哈特精密机械有限责任公司	龚庆华	生产金属磨具和零配件、非标件	2013	正常经营

1977—2020年新江村在外私营企业情况，如表6-1-5所示。

表6-1-5　1977—2020年新江村在外私营企业一览表

企业名称	负责人（法人）	主营业务	成立年份
跃进农技汽车修理厂	梁文明	汽车修理	1977
昆山市声江金属材料有限公司	龚雪琴	销售金属材料、加工金属材料	1998
昆山市日惠包装用品有限公司	戴志强	包装装潢印刷品印刷、其他印刷品印刷	1998
陆杨富明包装厂	王虎根	纸箱包装加工、普通货物运输服务	2001
昆山欣鑫异型铝业有限公司	邵丽勇	销售铝板、铝棒	2002
上海乐亭建筑装潢有限公司	张伏弟	建筑装潢	2006
昆山市巴城镇振新印刷厂	蔡菊花	装订及印刷相关服务	2007
大百科实验设备有限公司	许大翔	生产、加工、销售实验室用具及设备	2007
昆山威皇新世纪塑胶制品有限公司	高杨	生产塑料管	2007
昆山市振龙建筑门窗有限公司	龚仁龙	金属门窗工程专业承包，制造、加工、安装铝合金、塑钢门窗	2009
昆山威喻包装厂	邵玉林	生产纸箱包装	2010
昆山鑫中禄金属材料有限公司	沈建平	销售钢材	2012
昆山道普润滑科技有限公司	宗明东	生产工业用润滑油、金属加工用油、环保清洗剂	2012

续表

企业名称	负责人(法人)	主营业务	成立年份
昆山华金顺金属材料有限公司	邵莉娜	批发、零售金属材料、钢材、装饰材料等	2013
邵雪元钢管商行	邵雪元	钢管、扣件零售及租赁	2015
昆山阿乐迪制衣有限公司	金新宇	生产羊绒大衣等	2016
昆山梵尔特机械制造有限公司	龚文学	生产机械设备、金属磨具、五金制品	2017

注：跃进农技汽车修理厂，1977—1982年在境域内开办；1983—1992年迁到陆杨镇，改名为"昆山市沪昆汽车修理厂"；1992年之后迁到昆山城区，更名为"昆山新城汽车修理厂"。

（三）入驻企业

2004年之前，新江村有零星企业入驻。2004年之后，玉山镇政府把新江村规划为民营工业园区，大量企业陆续落户新江村。至2020年，共有381家企业在新江村落户，涉及电子、服装、纸品印刷与制造、塑料制品、五金机械、高科技研发等多个行业。

新江村境域内厂房
（2020年，新江村摄制组摄）

新江村境域内厂房
（2020年，新江村摄制组摄）

1992—2018年新江村境域入驻企业数量选年统计，如表6-1-6所示。

表 6-1-6　1992—2018 年新江村境域入驻企业数量选年统计表

入驻年份	入驻数量/家	入驻年份	入驻数量/家
1992	1	2011	16
2002	1	2012	18
2003	1	2013	27
2004	3	2014	43
2005	4	2015	58
2006	10	2016	56
2007	7	2017	63
2008	7	2018	37
2009	9	总计	381
2010	20		

2020 年新江村境域部分入驻企业情况，如表 6-1-7 所示。

表 6-1-7　2020 年新江村境域部分入驻企业情况一览表

企业名称	负责人（法人）	主营业务	成立年份
昆山市西南石灰厂	唐国宏	石灰石膏制造	1992
苏州河冶特钢有限公司	吴小飞	钢材批发	2002
昆山兆华纺织有限公司	钱永清	服装面料批发	2003
昆山大臣塑胶电子实业有限公司	徐天邻	塑胶制品生产	2004
江苏华英光宝科技股份有限公司	周有旺	模具制造	2005
昆山易时腾合金工具有限公司	张建新	合金钻咀生产	2006
昆山可意包装印刷有限公司	朱丽萍	纸制品印刷	2006
昆山新鹰塑胶制品有限公司	李云龙	五金制品制造	2007
爱恩邦德（无锡）技术有限公司昆山分公司	Van Der Kolk Gerrit Jan	有色金属制造	2007
昆山华风风电科技有限公司	树跃进	风力发电机叶片生产	2007

续表

企业名称	负责人（法人）	主营业务	成立年份
昆山强泰电子有限公司	夏文銮	屏蔽材料加工	2008
苏州达众流体控制有限公司	张晋棋	液压系统工程设计	2008
昆山市诚业基精密组件有限公司	彭辅秋	冶具零配件生产	2008
鹏驰五金制品（昆山）有限公司（本部）	周启胜	紧固件生产	2009
平谦国际（昆山）现代产业园有限公司	莫悦宁	厂房出租	2009
江苏大冶特殊钢有限公司	岳东梅	钢材零售	2010
昆山科瑞恩电子设备有限公司	杨锋	电子设备生产	2010
苏州科瑞恩投资管理咨询有限公司	段徽庆	社会经济咨询	2010
昆山市纬环四五金机械制品有限公司	陆林娟	金属制品制造	2011
昆山中鼎联盛工业设备科技有限公司	刘雪花	环保废气废水处理	2011
江苏成百康机械有限公司	黄奇桓	电脑数控机械零售	2011
江苏玖锋瑄电子科技有限公司	金崇兵	电子产品零售	2011
昆山群联电机有限公司	林家明	自动化设备生产	2011
昆山亿晟力精密模具有限公司	龚贵彰	金属模具零配件制造	2012
昆山市广丽达建筑装饰材料有限公司	古好基	室内外装饰工程设计	2012
神农西古自动化设备（昆山）有限公司	郭文峰	自动化设备生产	2013
昆山阿斯特新材料科技有限公司	于凤田	房屋建筑工程施工	2013
昆山尚锦得投资管理有限公司	孙琴	企业管理咨询	2014
苏州铭丰计量仪器有限公司	陈国超	计量仪器零售	2014

续表

企业名称	负责人（法人）	主营业务	成立年份
苏州智微纳米科技有限公司	汤伟	纳米材料研发	2014
昆山丹风锦食品有限公司	林杰弘	食品原料加工技术开发	2014
苏州弗伦斯机电有限公司	朱晓丹	机电一体化设备批发	2014
昆山海丽高分子材料有限公司	严欢	高分子材料批发	2014
苏州中电科启计量检测技术有限公司	王伟雄	产品检测	2014
昆山市康颖汽车服务有限公司	冯九英	汽车租赁	2015
苏州腾世优新能源有限公司	李华平	新能源技术研发	2015
江苏统一安装集团有限公司勇茂分公司	刘志付	建筑安装	2015
昆山盛唐通风设备有限公司	王汉友	风机、风扇制造	2015
江苏科伯瑞工业技术有限公司	杨锋	自动化设备生产	2015
中科金谷（昆山）股权投资管理有限公司	郑大华	投资与资产管理	2016
中科金谷（昆山）科技发展有限公司	郑大华	其他信息技术服务	2016
昆山瑞泰模型有限公司	罗停庆	其他体育用品制造	2016
苏州福拉谊智能装备有限公司	刘庭亮	智能装备技术开发	2017
昆山兴恒荣软件科技有限公司	吴爱萍	软件开发	2017
昆山东能光伏科技有限公司	杨卫东	太阳能组件批发	2017
永保科技（深圳）有限公司昆山分公司	黄佩良	工业炭净水技术推广	2017
昆山信捷冠自动化科技有限公司	毛绍生	自动化科技研发	2017
辐瑞森生物科技（昆山）有限公司	李敏	生物科技领域技术开发	2018
昆山泰尼韦尔精密模具有限公司	王春业	金属模具加工	2018
昆山科起源工业科技有限公司	孔艳竹	汽车工装制作	2018

第二节　商贸服务业

中华人民共和国成立前，境域内有零星豆腐坊、砻坊等小型作坊。中华人民共和国成立后，随着村民生活水平提高，加工类作坊生意兴隆。50年代以前，境域内商业落后，农民理发、照相、买日用品、出售农副产品等，一般都要到镇上。50年代后，境域内开设小卖部。70年代中期，境域内设有双代店。21纪世后，随着经济发展，境域内各类超市、商店蓬勃发展，美容美发等服务行业给村民的生活带来了便利。

一、零售商店

50年代中后期，境域内个别村民开小卖部，售卖烟、酒、油、盐等日用品。

1975年，为方便村民购买生活用品和出售农副产品，东江大队在鳗鲤河自然村设立一个双代店，卖烟、酒、油、盐、肉及杂货等。之后又陆续开办多家双代店，归陆家桥供销站管理。1995年，设在村里的双代店与供销社脱钩，改为自营个体户，俗称"小卖部"。

1983年，为适应家庭联产承包责任制，坚持"以农为本，富民兴社"的服务宗旨，柱江大队在郭家港村设肥药代销店，东江大队设在公司村，主要经营农药和化肥。

至2020年，新江村先后开过双代店或小卖部累计16家，为村民的生产生活带来了便利。

1957—2020年新江村境域内双代店（小卖部）情况，如表6-2-1所示。

表 6-2-1　1957—2020 年新江村境域内双代店（小卖部）情况一览表

双代店（小卖部）地址	经营时间	经营户
柱江 2 队（唐家村）	1987—2011 年	唐正良
柱江 3 队（邵家村）	1989—2016 年	邵秀樟
柱江 4 队（邵家村）	1989—2014 年	邵和尚
柱江 5 队（咸子泾村）	1988—2012 年	顾林生
柱江 6 队（咸子泾村）	1985—2006 年	朱炳根
柱江 8 队（郭家港村）	1990—2006 年	范林生
柱江 9 队（郭家港村）	1983—2006 年	龚阿桃
横溇 1 队（关皇村）	1957—2011 年	陈招大
东江 1 队（西江村）	2010—2014 年	梁凤元
东江 3 队（东江村）	1995—2003 年	梁福仁
东江 3 队（东江村）	2004—2012 年	方桃富
东江 4 队（公司村）	1983—2002 年	潘正友
东江 4 队（公司村）	2004—2013 年	王荣根
东江 6 队（鳗鲤河村）	1975—2013 年	戴文观
东江 6 队（鳗鲤河村）	2003—2013 年	倪雨海
东江 8 队（西江村）	2004—2009 年	梁阿法

二、服务业

理发　中华人民共和国成立前，境域内理发手艺少有人会，村民大多到镇上的理发店理发，偶有镇里的理发师入村服务，收费为 3~5 钿。

中华人民共和国成立后，境域内学理发的村民仍然不多。公社化初期，村民理发由大队发理发券。理发师凭理发券计工分参加大队年终分配。80—90 年代，境域内的理发师走村串户给人理发，理发款式有三七开、平顶、光头、娃娃头等，多是些简单的发型。村民中先后有 2 人从事过理发行业，至 2020 年，村民中无人从事此行业。

砻坊　旧时，东江村项志发家和梁水来家都有砻坊，为村里的农户打米牵砻，使稻谷变成糙米。每石谷不拿砻糠为8钿，拿砻糠为10钿。砻坊秋季可加工近千石米，2~3人可以收入2万~3万钿，加上"下脚"收入，可谓收益可观。60年代中期，境域内东江大队、枉江大队都建了加工厂，置磨面机、轧米机，生产队的小麦、水稻进加工厂加工。90年代，砻坊逐渐衰落，至2020年，新江村已无砻坊。

豆腐坊 中华人民共和国成立前，境域内关皇村有家庭豆腐坊，制作豆腐、干丝、豆腐干、百叶、油泡、油豆腐供应市场及村民食用。豆腐坊每天加工大豆15~20千克，产品供不应求，日均净收入300~400钿。

80年代，公司自然村李保根开豆腐坊，日均加工生产20~25千克豆制品，逢年过节加工量增倍，村里农户多以自家黄豆调换豆制品。至2020年，新江村已无豆腐坊。

第七章 文教体卫

中华人民共和国成立前,境域内的文化、教育、体育、卫生事业发展落后。教育方面,仅较大的自然村建有私塾;文化方面,仅有一些民俗文化活动;卫生方面,缺医少药,血吸虫病流行;体育方面,仅有简单的体育活动。中华人民共和国成立后,境域内教育事业不断发展,各村举办冬学、夜校,开展扫盲教学活动。1980年以后,村办幼儿园、小学、中学等按照现代化标准阔步前进。境域内的文化事业不断繁荣,村民的精神文化生活也日益精彩。境域内卫生事业得到重视,境域组织开展了群众性的爱国卫生运动,村办卫生所、医疗站纷纷建成。同时,村民体育锻炼活动也变得频繁。至2020年,新江村先后获评"全国亿万农民健康促进行动先进村"和"江苏省卫生村"。

第一节 教育

一、私塾教育

明清至民国时期，地方教育机构大多是私塾。办学形式主要有两种：一种是塾师在家开馆施教，招收附近儿童；一种是由家庭聘请塾师，以教子女为主，兼收亲戚和邻居家儿童。民国时期，境域内的关皇村、邵家村、咸子泾村、郭家港村、西江村、东江村、鳗鲤河村等自然村都开办了私塾，共有学生100人以上，塾师12人。私塾多为一塾一师，学生数量一塾为10~15人。入私塾学习的学生年龄相差较大，有的相差5~6岁，有的甚至相差15~17岁。学生多坐在自带的长凳上读书。

私塾教学多是混合编班，无学制，随来随学。教学内容从读字开始，字读熟后开始读《三字经》《百家姓》《千字文》等启蒙读本。到了一定年龄后，开始学习《大学》《中庸》《论语》《孟子》等。塾师还教学生写毛笔字和算术，但只让学生读书、背书、写字，不讲解，且无体育、美术等课。一本书读过并背熟后，换下一本继续读、背。学生入学需要交10石（约100~150斤）左右大米作为学俸，塾师在东家家里吃饭，有时也在学生家轮流吃饭。逢年过节时，学生会给塾师准备一些节礼，以示尊师。中华人民共和国成立后，各自然村的私塾陆续停办，转为民办小学，或并入公办小学。至1951年底，境域内私塾全部停办。

民国时期新江村境域内私塾，如表7-1-1所示。

表 7-1-1　民国时期新江村境域内私塾一览表

地点	学生人数/人	教师人数/人
关皇村	10	1
邵家村	10	1
咸子泾村	15	1
郭家港村	15	3
西江村	10	1
东江村	12	1
东江村	14	1
鳗鲤河村	15	3

二、幼儿教育

中华人民共和国成立前，境域内没有幼儿教育的记载。中华人民共和国成立后，各高级社一般以大的自然村为中心，办起幼儿班。学童年龄没有统一规定，1~7 岁均可入班。由于村幼儿教师文化程度不高，业务能力差，因此教学质量不高，大多只起到看管孩子的作用。60 年代初，各大队办的幼儿班陆续停办，孩子又回归到家庭，由家中老人看管。

1979 年，陆桥公社幼儿教育由镇妇联主管。1980 年秋，陆桥中心校开办幼儿班，招收未满 7 岁的学龄前儿童，编为一个混合班，抽调小学民办教师吴玉珍为幼儿教师。境域内无人看管孩子的家庭争相报名。跃进小学内附设幼儿班 2 个；东江小学内附设幼儿园单班，学生约 30 人。

1979 年以后，各大队规定幼儿班入班年龄为 3~4 周岁，学制 3 年，学至小学入学。从 1982 年开始，入班年龄改为 4~6 岁，学制为 3 年。1998 年，入班年龄又调整为 3 周岁。

1981 年前，幼教课程没有固定教材。1981 年以后，根据 1981 年 10 月教育部颁发的《幼儿园教育纲要（试行草案）》，幼儿园开设体育、语文、常识、算术、音乐、美术等课程。1989 年以后，根据国家教育委员会颁布的《幼儿园工作规程（试行）》，境域明确幼儿教育任务，实行保育和教育相结合的原则。境

域内幼儿班在教材的选择上与镇幼儿园保持一致,并将德、智、体、美等方面的教育有机结合,以促进幼儿身心和谐发展。村保育员利用假期参加镇开设的专题培训并外出听课学习;镇幼儿园骨干教师还会到境域内辅导,提高境域内幼师教学素养,帮助其改进教学方法,提高教学质量。

从1993年下半年起,由镇妇联主管的村幼儿班,全部划归中心校统一管理。1994年,镇妇联在学校支持下,开办"幼儿家长学校",向家长宣传科学教育的知识,并要求家长配合幼儿园,对幼儿进行思想、行为、生活习惯等方面的教育,促进幼儿健康成长。

1998年,境域内的柱江村有幼儿混合班1个,学生7人,教师1人。1999年,陆杨镇召开第十届人民代表大会第一次会议,通过异地建造镇中心幼儿园实事工程的决定,征地7.4亩,投资250万元,建8套幼儿园舍,2000年3月启用,境域内的适龄幼儿都到陆杨镇幼儿园上学。

2005年,境域内村庄陆续动迁,村民陆续迁入美陆佳园。至2020年,境域内适龄儿童就近入读昆山高新区美陆幼儿园。

1980—1998年新江村境域内部分自然村幼儿班情况,如表7-1-2所示。

表7-1-2　1980—1998年新江村境域内部分自然村幼儿班情况一览表

自然村名	办学年份	办学地址	幼儿人数/人	停办年份
关皇村	1980	跃进小学	50	2000
东江村	1984	东江小学	30	2000
横江村	1998	柱江完小	7	2000

三、小学教育

中华人民共和国成立前,境域内小学很少,孩童学习主要靠私塾。1922年,境域内唯一一所小学第四国民小学(后改为关皇小学)招收学生。至1929年,学校停办。

中华人民共和国成立后,境域内部分私塾转为民办小学。同时各村还陆续设立公办小学。1958年下半年,境域内学校实行"四集体"(集体住宿、集体用膳、集体劳动、集中学习)管理,不到半年时间,即行解散。1959年,中心校和各完全小学设立工农校长，其中关皇小学由潘乘鉴任校长。

1959—1961年，根据中央"调整、巩固、充实、提高"的方针，部分超龄学生回队参加生产劳动。

1953—1962年新江村境域内公办小学情况，如表7-1-3所示。

表7-1-3 1953—1962年新江村境域内公办小学情况一览表

校名	办学年份	性质	班级/个	教师人数/人	学生人数/人
关皇小学	1953—1962	公办	6	5	50
郭家港小学	1956	公办	2	1	20
东江小学	1956	公办	4	2	30

1912年，小学制为7年，分初小4年、高小3年。1922年，颁布新学制，学制为6年，分初小4年、高小2年，这个学制一直沿用至中华人民共和国成立前。1912年，初级小学的课程包括修身、国文、算术、手工、图画、唱歌、体操等7门。1923年后，初级小学开设的课程有国语、算术、社会（公民、卫生、历史、地理四科合一）、自然（自然园艺）、工作艺术、形象艺术、音乐、体育等8门。从四年级起，在算术学科中加珠算内容。中华人民共和国成立前，由于小学规模不大，教师少，上述课程多未开设，所学课程以国文、算术、体育为主。

1952年，小学学制为"四二分段"的6年制，小学课程包括语文、算术、体育、音乐、美工等5门。1958年，小学高年级增设劳动课。1966年，教学计划未能统一，一般开设政治、语文、数学、军体、唱歌、图画、劳动等课程。1968年，小学学制由四二制变为五年一贯制。1970年，小学改为春季始业，用省统一编制的五年制试用教材，小学高年级增设夏、秋季农忙假各两周。学生在农忙时可以回家干农活儿，农忙假结束后回校上课。1974年，恢复秋季始业。1977年，班队活动列入课表。1983年，学制改革，小学执行江苏省颁布的《全日制六年制小学暂行教学计划（试行）》。1993年秋，境域内小学一年级教材统一改用由江苏省中小学教研组编写的九年制义务教育六年制小学课本（简称"省编教材"）。至1998年秋，境域内小学生全部使用省编教材。

1966年"文化大革命"开始，教学工作基本停滞。1968年，公社成立教育革命领导小组（简称"教革组"），管理全公社教育工作，学校下放到大队办学，由贫下中农管理学校。是年，根据中央提出的"学制缩短，教育要革命"的指示，小学学制由四二制改为五年一贯制。1976年，教学秩序恢复正常。

60—80年代，境域内有3所小学，其中东江小学、枉江小学为复式教学，即一、四年级用一个教室，二、三年级用一个教室，教师前半节课给一个年级上课，后半节课给另一个年级上课。五年级单独一个教室。关皇小学（跃进小学）为单班教学。教师为县政府委派的1名公办教师及乡镇政府委派的2名民办教师。民办教师实行工分制，农闲时教书，农忙时下田劳动。

90年代后，枉江小学和东江小学学生人数减少，学生相继入跃进小学就读。枉江小学和东江小学教师调离或分流至跃进小学教学。

美陆小学（2020年，新江村摄制组摄）

2000年9月，境域内学生分流到陆杨中心校，学校教师也分流到相应的学校开展教学。2005年，境域内自然村陆续动迁。2008年，周市华城美地小学建成，境域内也有部分适龄儿童就近到周市华城美地小学就读。2013年，高新区美陆小学建成，境域内适龄儿童至美陆小学就读。

关皇小学（跃进小学）　1953年建，最初设6个年级，其中五、六年级为复式班。教室是土地改革时没收的地主周忠贤家的房子。最初1~4年级，学生20~30人；5~6年级，学生16~17人。1966年，大队改名为跃进大队，学校随之改名为跃进小学，校长为潘乘鉴。1980—1996年开设1~6个年级，学生约200人。1996—1999年，学生逐渐减少。2000年9月，学生分流至陆杨小学和周市华城美地小学就读，原学校教室改为村办公场所。

东江小学　1956年，东江大队利用村礼堂在第5生产队原地主房屋修建3间平房作为教室，设4个年级，每个班20~30个学生。课桌为拆下的门板，凳子多为孩子自带。60年代后期，异地新建东江小学（土木结构教室3间，办公室1间，4个年级，复式教学）。70年代初，东江大队向乡镇申请教师，县政府给各大队委派 1 名公办教师。1971 年 3 月—1982 年 7 月，部队转业青年张雪良（花桥人，公办教师）被委派到东江小学任学校管理人，同时赵丽萍（知青）和梁雪生（民办教师）被委任为民办教师，辅助学校教学工作。1987 年并入跃进小学。

枉江小学　1956 年建，设 4 个年级，每个班有 10~20 个学生。学校最初设在郭家港自然村富农家的 3 间瓦房里。1970 年前，由胡雪珍管理学生日常学习。1970—1979 年，由县政府委派公办教师沈明敏作为学校负责人，并配备知青和乡村教师各 1 人辅助教学。1980—1986 年开设 6 个年级，采取复式教学。1986 年并入跃进小学。

1978—2000 年新江村境域内小学情况，如表 7-1-4 所示。

表 7-1-4　1978—2000 年新江村境域内小学情况一览表

校名	办学阶段	教师	教学方式	年级
跃进小学	1980 年—1996 年 7 月	方瑞良（负责人）	单班教学	1~6
	1996 年 9 月—1997 年 7 月	唐全龙（负责人）	单班教学	1~6
	1997 年 9 月—1998 年 7 月	陆根兴（负责人）	单班教学	1~6
	1998 年 9 月—2000 年 7 月	顾介平（负责人）	单班教学	1~5
东江小学	1978 年前	张雪良（负责人）、赵丽萍、梁雪生	复式教学	1~4
	1979—1981 年	张雪良（负责人）、邵祝华、顾介平	复式教学	1~4
东江小学	1982 年 9 月—1983 年 7 月	邵祝华（负责人）、顾介平	复式教学	1~4
	1983 年 9 月—1984 年 7 月	凌友林（负责人）、顾介平	复式教学	1~4
	1984 年 9 月—1987 年 7 月	顾介平（负责人）	复式教学	1~3
枉江小学	1970 年前	胡雪珍	复式教学	1~4
	1970—1979 年	沈明敏（负责人）、刘根妹、张素娟、刘盛珍、何大明	复式教学	1~5
	1980—1986 年	吴建良（负责人）、唐全龙、龚雪英、朱卫民	复式教学	1~6

注：枉江小学 1986 年并入跃进小学，东江小学 1987 年并入跃进小学。

耕读小学 1964年,国家提倡学生就近入学,把学校办到家门口,各大队相继办起耕读小学。耕读小学实行半耕半读制,并允许学生带年幼的弟弟、妹妹一起到校。一般就近抽调境域内具有初中文化的青年担任教师,大队补贴误工工分。耕读小学校舍一般借用民房,也有的是借用生产队多余的仓库。至1964年12月,境域内先后开办4所耕读小学,招收学生93人。1968年,耕读小学陆续停办,学生转入本地公办和民办小学就读。原耕读小学教师有的分配到全日制民办小学继续当教师,也有回生产队参加农业劳动。

1964—1968年新江村境域内耕读小学情况,如表7-1-5所示。

表7-1-5　1964—1968年新江村境域内耕读小学情况一览表

校名	办学时间	教师/人	性质	班级/个	学生/人
鳗鲤河小学	1964年12月10日	2	民办	1	16
郭家港小学	1964年12月2日	2	民办	1	34
东江小学	1964年12月10日	3	民办	1	26
关皇小学	1964年12月25日	3	民办	1	17

四、中学教育

1958年,农村掀起大办农业中学的高潮,以培养"有社会主义觉悟,又有一定生产技能的劳动者"为目标。是年4月,境域所属的周墅农业中学成立,招收具有高小文化程度的农村青年150人,开设4个教学班,分别集中在周墅、更楼、关皇、胡介巷等4个教学点。其中,境域内的教学点设在关皇村村民胡梅珍家中,学生约30人,教师为蒋泉生。学生上午学文化,下午参加农业劳动,实行半耕半读制。课程包括语文、数学、政治、农业知识等。是年秋季,原4个教学点集中在种植村(翁村,现属周市镇)第1生产队,调整为3个教学班。借用公社副业地的房舍作为教室,师生借住民房。公社为学校配备大队正职党员干部开展教学工作。其中,东江村的陆文霞教大家认字。为进一步改善教学条件,1959年,公社出资建教室4间,学校有100多亩田。学校实行半公费制,教师工资和学生伙食"三自大给",学生需自己种田,从农中毕业的学生回大队后，不仅成为队里的生产能手，不少人还成为公社大小队干部或全日制公办、民办教师。1960年，根据中共江苏省委指示精神，农业中学动员超龄学生回家务农。1961年5月，周墅农中停办，停办后的学生回队参加劳动或转为公办、民办老师。1964年，根据中央"两种教育制度"指示，县文教局在抓办耕读小学的同时，要求各公社开办农业中学。根据需求，1965年5月，境域所属的跃进大队开办关皇农业中学，再次借用村民胡梅珍家客堂作为教室，收1个教学班，共36名学生。学校开设语文、数学、农业知识、体育、唱歌课程等，学制3年，学校有农田2.5亩，种植收入充作办公费。1967年停办，后复学。1968年7月，第一届毕业生共30名，其中12名学生考取昆山东方红中学高中部。8月，学校停办。教师张阿华、胡慕丹转入全日制民办小学，其他教师和学生回队务农。

1974年9月，时兴"戴帽"初中，境域内跃进小学附设初中部。孔永芳、赵良才先后担任跃进中学校长。初中部设1~2个班，共有学生70~130人。1986年9月，跃进小学初中部停办，学生并入陆杨中学。2009年，陆杨中学撤并入周市中学。至2020年，新江村学生到昆山市城北中学就读。

五、成人教育

夜校扫盲 中华人民共和国成立初期，政府开展以冬学为主要形式的农民业余教育，周墅区成立工农教育委员会，各乡都派社教工作人员，指导乡、村开展农民教育、扫盲工作，其中境域内的村民陆文霞做过扫盲老师。夜校学习时间为冬闲时的晚上，教材为简易的识字课本，教员都是本村村民。校舍是借用民房，课桌椅由村民自带。教学方法上，识字多的教识字少的，识字少的教不识字的。在施教过程中遇到不认识的字时，学生可去办公教师处请教，教师也在教学中不断提高自己，部分村公办小学教师也曾参与辅导。当时村民及村干部迫切需要文化知识，纷纷踊跃参加夜校学习，学习积极性很高。部分村民通过夜校提高了自己的文化知识水平，也摆脱了文盲状态。夜校以学文化为主，也进行时事政治教育，包括学唱革命歌曲、扭秧歌等，气氛十分活跃。

1952年后，夜校转为民校，民校教师都经过了定期培训，培训内容有时事政治、政策教育、教育方法及文娱活动。境域时属的周墅公社培训很出色，吸引了全国各地的参观团学习和取经，公社还被国务院评为全国扫盲先进单位。三年困难时期农民业余教育陷入低潮。"文化大革命"时期，各大队办起政治夜校，组织青壮年学习毛泽东语录、唱革命样板戏等。1976年以后，农民业余教育逐步恢复，夜校扫盲工作进入尾声。

水产养殖技术培训（2011年，新江村村委会提供）

社区教育 80年代，陆杨镇筹建成人教育班，设1个班，学生约50人。1986年，东江小学负责人张雪良调入陆杨镇成人教育班任管理员，为村办集体企业培养技术人员。1990年11月，陆杨镇成人教育中心校建成，首任校长为朱定坤，镇里的培训人员经常到境域内开展水产养殖和种、养殖类的培训，以提高村民种、养殖能力，增加村民第三产业收入。同时境域内也常常为村干部安排有关法制教育学习。2006年，境域内定期开展市民法制学习与培训，全年共开展学习培训12次，集中面授9次，以村民小组为单位发放资料4次，主要是学习农村居民应知应会三十条和"五五普法"，以及进行技术培训，参加人数达187人次。2007年，境域内开展以副业养殖为主的"三有工程"培训，请养殖专家到村授课，累计参加培训的有150人次。全年参加市级培训的有10人，镇级普训的有70人次；无业人员参加镇级招工洽谈会的有69人次，洽谈会上重点解决村民再就业问题。2010—2020年，村组织副业养殖类培训，培训总次数为12次，参加人数为168人次；法治类培训总次数为24次，参加人数为384人次；妇女技能培训总次数为32次，参加人数为480人次。

第二节 文化

境域内群众娱乐生活多彩多姿，村民闲时赏昆曲，忙时喊号子，且会在每年的春节、元宵节、端午节等节庆时赶庙会。庙会上有猜灯谜、打连厢、舞龙等民间活动。村民的文娱活动除春节和法定节假日的文艺汇演外，还在闲暇时到广场上自娱自乐。1992年，境域内建立图书室、棋牌室及老年活动室供老年人休闲娱乐。2001年，新江村老年活动室扩充到150平方米，在原有设施的基础上又增加了放映室、室内外健身场所。2006年，新江村成立群众文化工作领导小组，增设群众文化活动室、宣传画廊、文化排演场地等。是年，新江村第一支女子舞龙队成立。2019年，新江、新生、唐龙及杨林社区联合建成杨林社区综合文化服务中心，中心设有图书阅览室、大厅读书吧等，方便村民学习和阅读。进入21世纪以来，新江村舞蹈队经常参加上级文化部门开展的系列表演活动。

一、广播电视

有线广播 1957年，江苏省完成农村有线广播站初期建设。从60年代起，有线广播活跃了农村的气氛。每个村都配一只低音喇叭，借用电话线接入。有线广播每天约播音8小时，早上6：00—8：00，中午10：00—13：00，晚上5：30—8：30，主要转播县、市广播节目。六七十年代，农村大忙季节，早晨广播时间较早，大队通过广播召开广播会。尤其是在实行"联产到劳"后，村民说"千条线，万条线，种田人离不开一条广播线"。广播内容包括天气预报、生活常识、科技种植知识、田间管理知识等，还有一些文艺节目，丰富了村民业余生活。90年代后期，市广电局的节目增加，村民通过广播可以了解国家大事、周边新闻、致富信息、高产喜讯、市场状况、政策法规、安全隐患等内容。有线广播成为文化惠民的媒介，深受广大村民喜爱。

有线电视 1976年东江大队第1、2生产队合购第一台电视机后，境域内陆续有人购买有线电视机。1992年，村镇开通闭路电视，接入10多个电视台电视节目。从2000年起，境域内村民全部安装有线电视。有线电视成为广大人民精神生活的重要组成部分。村民除收看中央电视台的《新闻联播》，了解国内外大事，学习国家政策法规外，也收看江苏、苏州、昆山电视台的文艺、综艺节目，还可以收看一些外省市如浙江、安徽、山东、上海等电视台的教育、综艺、电影频道的节目，节目品类繁多，大大丰富了村民的业余生活。

二、群众文娱

猜谜语 村民在寒冬腊月不忙时，基本待在家中，妇女纺纱织布、纳鞋做衣，男人搓稻草绳。老人会用炒好的蚕豆或花生作为奖励，激励大家猜谜语。猜谜语，需提前设好谜面和谜底，由老人执谜面、谜底，家中成员参与。老人说出谜面后，由家人猜。猜谜语活动使家庭更加和睦，也增加了家庭愉悦的气氛。

躲猫猫 旧时，境域内就有躲猫猫游戏。一般大人充当"野猫"，以布蒙住双眼，看不到外面的状况，家里的孩童躲藏起来，等躲藏好后，"野猫"发问是否躲好，孩童回答："躲好了！"听到回答后，"野猫"依据声音的方向前去找寻。经过一番找寻，先被逮到的人，再寻找其他的人。孩童乐此不疲。

打橄榄核儿 中华人民共和国成立初期，境域内孩童间的游戏相对简单，多就地取材，比如把吃完的橄榄核儿留下来，一起玩打橄榄核儿的游戏。大家把自己收集的橄榄核儿拿出来一个，摆放在一块砖上或者石头上。摆好后用手中的橄榄核儿轮流去击打摆放在砖上或石头上的橄榄核儿。击中者可以拿走被击中的橄榄核儿当作奖品。大家在玩乐中增进感情。

打弹珠 又叫"弹玻璃球""打珠子""弹球儿"等。境域内的孩童把玻璃球拿出来放在地上，在地上画一条线，以线为界，一个孩子用手里的一个弹珠击打另一个孩子的弹珠，打出线为赢，也叫"出纲"。另一种玩法是在地上挖小圆洞，用手里的弹珠将线里的弹珠打进洞者算赢，也叫"吃掉"。男生大多喜爱这种游戏。

拍卡片 80后代后期，村民生活逐步改善，孩子们手里有了各种画报和彩色卡纸。大家把彩纸折叠成四方形的卡片，闲暇时聚在一起拍卡片，每人拍一下，卡片翻面就算赢。进入21世纪，乡村娱乐生活越来越丰富，出现了印有各种影视剧中人物形象的卡片，大家在一起研究卡片上的人物形象，有时也会相互调换卡片。

境域内的民众在劳作之余，大人也会和孩子一起跳绳、跳皮筋、打沙包、踢毽子、拍手掌，或玩老鹰抓小鸡的游戏等来增加亲子互动，寓教于乐。

号子 旧时，境域内村民在挑河泥、垒河沿、挑草泥、割稻、收麦时，无论男女劳动力，都会根据劳动强度和天气等的不同，喊着"啊依唷来，嗨唷！""嗨唷！""吭好！"等各种号子，以起到鼓劲和加油的作用，从而消除疲惫，调节精神状态。中华人民共和国成立后，在集体生产劳动中，号子更是响亮，喊得越响，干劲儿越足，步子迈得越大，劳动生产进度越快。

夯歌 旧时，村里人在筑圩、修路、建房时打夯，都要靠人工，人们打夯时习惯喊夯歌，打夯人喊："兄弟们呀！""吭唷！""提得高呀！""吭唷！""加油干呀！""吭唷！"在呼喊中提振精神，加油鼓劲。

除此之外，境域内还有驯牛歌、赶鸭歌、驱鹅歌，人们讲张唱曲，拉家常，在轻松愉快的氛围中完成劳动，展示了田园劳动的欢乐。

舞龙 祈求平安和丰收的一种民俗活动。每逢喜庆节日，境域内的村民都会舞龙庆祝。一般从春节开始，在农历正月十五和二月二"龙抬头"时或在庙会上表演庆祝。从2006年起，境域内一些退休老人自发组成舞龙队，指导老师为邹婉金，队员14人，村委会出资购买舞龙道具。舞龙队利用空闲时间练习舞龙技艺，并经常在村里举办的节日庆典活动上舞龙庆贺。

打连厢 中华人民共和国成立初期，境域内喜欢唱跳的村民在农闲时充当打连厢表演者。表演者手执50厘米长的竹竿，竹竿两边刻空，在空格中串上古钱币或中间有孔的金属片，在舞蹈中晃动，金属片相互撞击。表演者按其节拍，用道具敲击身体的各个部位，使之发出悦耳的响声，表演随意性强，可在场地上原地表演，也可列队在行进中表演，达到了自娱自乐和展演娱乐的效果。

扭秧歌 该活动发源于革命老区，由抗日战争宣传队带入江南，在境域内流传。因其较为大众化，适合群众，所以很快在百姓中流传开来。表演者头扎毛巾，腰系彩带，在队伍行进时边走、边唱、边扭。村民可以跟着节拍有规律地大步小步或进或退，与表演者一起扭动，载歌载舞，欢乐行进。秧歌表演无须复杂的灯光布景，场地不限，可随时表演，为村民们喜爱。昆山解放初期，村民们一度时兴学习扭秧歌，增加了对文艺表演的热情。

"一村一品"文艺汇演
（2011年，新江村村委会摄）

广场舞 广场舞在不同时代有着不同的形式。80—90年代，随着广播、电视的传入，摇滚舞蹈、交谊舞等盛行，年轻人在休闲时间学习跳舞。最初是在镇里的舞厅，后来年轻人夜晚聚在一起带着收录机，跟着摇滚歌曲的节奏在空地上跳舞。进入21世纪，中老年人基本上都会在村广场上跳扇子舞、健身舞等，大家一起跟着音乐锻炼身体，做健身运动，促进身体健康。

2013年，新江村群众间流行起广场舞。吃过晚饭后，一些有舞蹈爱好的村民聚在小区广场上，播放音乐，跟着节奏开始跳舞。2015年，村组建第一支舞蹈队——新江村广场舞队，队长为俞国娟，队员有15人。因为积极好学，表演精彩，服装统一，所以经常代表村里去乡镇表演，并多次获奖，其中在"一村一品"展演中获得优秀奖。

露天电影 70—80年代，露天电影是乡村文化娱乐生活中的亮点。由乡镇统一安排，一般电影队每年下乡进村放映4~6场。1976年，公社建立专门的放映队，有工作人员3名，放映队到各大队巡回放映，每个大队每月可轮到1~2次。放映的电影有《渡江侦察记》《小兵张嘎》《鸡毛信》《平原战火》《铁道游击队》《地雷战》《地道战》《红色娘子军》《白毛女》《天仙配》《沙家浜》《宝莲灯》《红楼梦》《霓虹灯下的哨兵》《红灯记》《智取威虎山》《小花》《卖花姑娘》等百余部。电影队到大队联系并贴上海报，届时大队干部也会在广播里通知放映地点，群众自带凳子、呼朋唤友前往观看。放映费由大队集体支付。大家在娱乐的同时也从影片中受到了启发和教育。1986年，电影队并入镇影剧院，完成下乡放映电影的使命。进入 21 世纪，政府出资放映露天电影，各个村轮流放映，看露天电影再次成为村民纳凉聚会的形式。

三、文娱场所

俱乐部 60 年代，境域内东江、柱江大队均办起农村俱乐部。俱乐部里有宣传队、青年篮球队、识字班等，成员们有的会唱山歌，有的善讲革命故事，有的能画黑板报等。其中跃进（横溇）大队文艺宣传队自编自演的文艺小节目非常受群众喜欢，曾代表公社到巴城会演，宣传队挖掘的山歌《搭凉棚》后来成为有名的昆山民歌。境域内的梁雪生擅长司笛，自习二胡、扬琴等乐器，经常随曲社到兄弟县交流，自导自演的节目获地方演说二等奖。

60—70 年代，一批批知识青年响应党和政府号召，奔赴农村插队落户。插队落户到东江、柱江大队的知识青年组建了"毛泽东思想宣传队"。其中跃进大队宣传队编排的锡剧《田头学习班》、快板《小车不倒只管推》等节目，受到广大群众的喜爱。插队青年中的一些老师组织境域内的学生文艺宣传队在大忙时到田间地头为村民表演唱歌、快板等，深受村民欢迎。这种群众自发组织的宣传队随着时代的发展转换成另一种方式继续存在，如舞龙队、舞蹈队等。

老年活动室 1992 年，境域内成立老龄工作委员会后，东江村、柱江村都设立了老年活动室。活动室设有棋牌室、电视放映室、图书室等，供老年人休闲娱乐。2001 年东江村、柱江村合并后，老年活动室搬到跃进小学内。活动室 150 平方米，配有 2 名服务人员，其中电视放映室 50 平方米，室内健身场地 50 平方米，还有图书阅览场地等供村民阅读、休闲。

老年活动中心健身室（2020 年，新江村摄制组摄）

老年活动中心棋牌室
（2020年，新江村摄制组摄）

老年活动中心放映室
（2020年，新江村摄制组摄）

农家书屋（2020年，新江村摄制组摄）

农家书屋　2019年，新江、新生、唐龙及杨林社区联合建成杨林社区综合文化服务中心。在办公区三楼设有农家书屋，有书柜3组，收集图书1 100余册，报刊22种，并设有电视机、电脑等现代化设施。农家书屋有助于村民静下心来读一本好书或上网查阅知识等。

公园广场　2015年，陆杨郊野公园建成，占地面积11.15万平方米，公园广场种植各种植被，景色宜人。村庄动迁后，境域内的村民经常会在早晨或傍晚到公园里散步、玩游戏、跳广场舞。2019年，郊野公园进行改造、扩建，增添健身器材。每天早上、傍晚，公园内广场空地上都有村民聚在一起健身娱乐，增进邻里互动。

陆杨郊野公园
（2020年，新江村摄制组摄）

春季的陆杨郊野公园步道
（2020年，新江村摄制组摄）

第三节 医疗卫生

新江村地处昆山市北部低洼地带，低滩、河网密集。中华人民共和国成立前，医疗卫生条件差，伤寒、肝炎、痢疾、麻疹、天花等流行性传染病时常发生，境域内缺医少药，且受交通、地域所限，村民看病，只能求神拜佛或寻找土郎中，采用土方法医治，常常有村民误了病情，失去生命。

中华人民共和国成立后，人民政府高度重视农村医疗卫生建设，狠抓传染病防治及各种疾病的诊治，境域内干部群众密切配合医疗卫生部门工作，参与卫生防控，积极配合治疗，有效控制了病情的流行、传播。至2020年，境域内医疗水平明显提高。

一、医疗机构

中华人民共和国成立前，境域内少有专门的医生，偶有江湖郎中走街串巷，民众生病首先想到的不是求医问药，而是求神保佑，或是找土郎中刮痧、推拿，喝点郎中开的土方子，因此常常误了病情。中华人民共和国成立后，政府重视人民健康。1955年，境域与相邻的陆家桥大队成立联合诊所，诊所采用中西医结合的办法治疗病人，境域内有条件的村民会去诊所看病。

保健站 1958年，农业合作社保健站成立。百姓感冒、头痛、咳嗽、发烧，到社里的保健站配一些简单的西药服用，社员配药记账，药费由大队报销。

卫生室 1964年，无锡第五人民医院到境域所属公社培养基层卫生人才，即卫生员，后称赤脚医生。1968年，境域内的2名赤脚医生（魏桂英、钱美玉）参加医疗卫生知识培训。境域内的卫生室大多设在大队礼堂，也有赤脚医生将家作为卫生室。医务人员负责村民的医疗保健工作，村民一般的头疼脑热可以直接找赤脚医生配药、打针。

医疗站 60年代，境域内没有固定的医疗站。防治血吸虫病时，大队借用民房作为临时合作医疗站，供生病村民集中治疗。

80年代，柱江大队在柱江中心路死人溇附近建起合作医疗站，面积约30平方米；东江大队在公司自然村建起合作医疗站，面积约40平方米。医疗站各配备1名赤脚医生。

卫生服务站 2002年，新江村在关皇自然村建立村卫生服务站，建筑面积50~60平方米，内设门诊、药房、资料室，有2名医务人员：魏桂英、钱美玉。卫生服务站是集村民基本医疗、保健预防、康复及健康教育和计划生育于一体的基层卫生组织，全村居民凭农村医疗保险或社会医疗保险刷卡配药和治疗。2016年，新江村村委会搬迁时，村卫生服务站并入杨林社区卫生服务站。

新江村卫生服务站（2020年，新江村摄制组摄）

2013年，昆山家庭医生制度建设推进计划实施，村卫生服务站与杨林社区共设4名家庭医生：吴沁洁（站长）、冯敏敏、陈舒安、许新月。2015年，卫生服务站搬迁到美陆佳园兰苑，面积约120平方米，配备2名医务人员。服务项目包括：医疗、预防、保健、康复、健康教育、计划生育指导。

至2020年，全村居民实现家庭医生网格化管理，社区建家庭医生工作站，基本实现"小病不出村"的目标。村民对家庭医生服务知晓率和满意率基本达到90%以上。同时，社区卫生服务站主动配合镇医院做好妇科病检查、宣传及老年人体检等工作，确保老年人100%参加每年度健康检查，90%以上的妇女参加每两年一次的妇科病筛查。

二、妇幼保健

生育保健 中华人民共和国成立前和成立之初，妇女分娩由接生婆在产妇家中接生，俗称"接老娘"，也有的是请村里有临盆经验的中老年妇女接生。由于接生婆一无卫生知识，二无消毒条件，三无医疗技术和相应措施，全凭经验，因此产妇很容易产后大出血、产后感染等，造成终身的痛苦。中华人民共和国成立后，人民政府重视妇女保健工作。50年代，接生婆接受新法接生培训，提高了产妇安全分娩率。1966年，境域所在的陆桥卫生院设有妇产科，新法接生进一步普及。1974年，东江、柱江两个大队各派一名接生员参加医院业务培训，学习新的接生技术，合格后返大队卫生室履行接生员职责，推行产妇分娩新技术、新方法，确保产妇、婴儿的安全和健康。至1975年，境域内全部实现新法接生，并在新法接生普及的基础上进行科学接生。

1980年以后，农村产妇由卫生院妇产科负责接生。从1981年起实施孕妇建卡制度，产前检查5次，分娩时住院，产后访视、检查。在严密监护孕产妇的同时，开展计划生育和优生优育的教育，在产后第六周对产妇进行一次检查，并落实避孕措施。进入21世纪，妇女保健意识增强，孕产妇大多到市级医院产检。

妇科病普查 1959年，境域内配合县妇保所对育龄妇女进行妇科病检查，对严重妇科病患者进行全面治疗。1960年，地方政府组织开展复查治疗活动，加强对妇女"四期"（月经期、孕期、产期、哺乳期）的保护，实行"三调三不调"（调干活，不调湿活；调轻活，不调重活；调近活，不调远活），减轻妇女劳动强度，并实行产后30天休息制度。1971—1975年，境域内育龄妇女又参与了地方政府组织的妇科病普查和治疗活动。从1976年起，境域内开展以防治宫颈癌为重点的妇科病检查，并规定此后每年进行1次妇科病普查普治，普查率达90%以上。从2006年开始，新江村落实"预防为主，防治结合"的医疗方针，对全村妇女进行健康检查。从2016年起，境域内对35~64周岁妇女开展两癌（乳腺癌和宫颈癌）筛查。

幼儿保健 中华人民共和国成立前，境域内婴幼儿卒于麻疹、疟疾等疾病者多，还有不少患儿患上脊髓灰质炎（又称"小儿麻痹症"），因治疗不及时而致残，造成终生遗憾。中华人民共和国成立后，政府重视幼儿保健，不断组织医生下乡为儿童发放各类预防药物。1958年秋，境内7周岁及以下儿童全部要求接种牛痘疫苗。1975年，对境域内7周岁以下儿童进行健康普查，并给予及时治疗。1979年6月1日，开展免费治疗蛔虫病工作，12周岁以下儿童服用治

疗蛔虫病的药。1982年,陆杨镇卫生院开设儿童保健门诊。1985年,陆杨镇卫生院设立儿童保健科,对辖区内7周岁及以下儿童建立健康卡,境域内儿童每年到镇卫生院进行健康检查,对体长、贫血、疾病进行监察,及时发现,及时治疗。对入托、入园幼儿进行全面体检,保证幼儿健康成长。1995年后,陆杨镇卫生院开展以促进母乳喂养、创建爱婴医院为重点的爱婴行动。

三、疾病防治

(一) 传染病防治

中华人民共和国成立前,境域内传染病种类繁多,如霍乱、伤寒、麻疹、结核病等疾病时有流行。由于当时缺医少药,迷信盛行,村民染疫多去求神拜佛,常贻误病情。

中华人民共和国成立后,人民政府重视防疫工作,贯彻"预防为主,防治结合"的医疗方针,重点开展群众性防疫工作,发现疫情即防治,疫区喷药水控制,且按不同病种及流行时间,实施疫前接种,使许多流行性疾病得到及时有效控制。如天花已基本被消灭。

霍乱 旧称"瘪螺痧""虎疫",是一种烈性传染病。民国年间,霍乱流行,境域内有人死亡。1963年,境域内全民注射防霍乱疫苗,并加强卫生管理,此病已无死亡病例。

结核病 旧称"痨病"。民国时期,此病肆虐,发病率和死亡率很高。1953年,境域内开始对儿童接种卡介苗,进行预防。1975年,县人民医院在境域内的柱江大队进行结核病普查,发现有少量活动性肺结核病人。1976年6月,对15周岁以下的儿童进行了1次卡介苗普种。1985年,卫生院确定兼职防结核病医生,村卫生室由乡村保健医生兼管。至2020年,境域内无新增活动性结核病病例。

骨髓灰质炎 1963年,境域内开展脊髓灰质炎预防工作,通过口服疫苗(糖丸),发病率逐年下降。至2020年,境域内无此病例出现。

病毒性肝炎 1959年,有村民患上病毒性肝炎。1979年,该病达到流行高峰。由于缺乏特异性预防疫苗,加上个体食品摊位卫生管理不严,此病未得能得到及时控制。进入21世纪后,由于境域内狠抓食品卫生工作,该病得到一定控制。

1973年，国家推行7周岁以下儿童预防接种一本账，乡镇（村）卫生院对7周岁以下儿童进行卡介苗、脊髓灰质炎疫苗、百白破三联混合制剂、麻疹疫苗、流脑和乙脑疫苗等生物制品接种，并做好接种记录。1984年，卫生院开设常年定期儿童计划免疫门诊，并制定一系列规章制度，境域内儿童凭接种证入托、入学。1991年计免保偿制得到推行，疫苗接种覆盖率近100%，传染病发病率下降。

传染性非典型肺炎 简称"非典""SARS"，是由新冠病毒引起的一种重型急性呼吸系统疾病。传播途径为接触病患呼吸道分泌物和飞沫，具有极强的传染性。2002年境域内始发，2004年结束。新江村广大干部群众全面贯彻执行上级抗"非典"指示，树立高度的责任心和警惕性，密切配合政府抗击"非典"，并取得一定成效。

小儿手足口病 发病表现为急性起病、发热等，伴有食欲不振、流涕、咽喉疼痛等症状。通常在感染后3~5日内出现上述症状。发病1~2天后，在手心、手指、足底、牙周、舌头、咽部、口部及肛门周围会出现不太大的水疱状疹子。病症一般持续7~10天，很少出现并发症。由于该病是一种病毒感染引起的疾病，具有较强的传染性，所以有明显的流行病学史。传染方式以接触传染为主，在儿童中每年都有发生。

新型冠状病毒感染 2020年伊始，新冠疫情突如其来。传播方式有直接接触传播、间接接触传播、气溶胶传播等。新江村广大干部群众依照政府指示，全面拉网，开展布防。新江村成立抗疫小组，组织干部群众进行严防、严控。制定防疫计划，挨家挨户对外来流动人口进行核查。村内每天消毒，对各家各户进行防疫宣传，村口、小区门口均设体温检查台及人员外出流动登记册，对外出和流入人员进行严格管理，区域内进行出入证登记发放，对疑似人员严查源流并集中隔离，杜绝病例流窜。至2020年，新江村无新冠病毒感染病例。

（二）**血吸虫病防治**

中华人民共和国成立前，由于境域地处低洼地带，河网密集，条条河浜都有钉螺，因此境域内是昆山血吸虫病流行严重的地区之一，出现了"千村薜荔人遗矢，万户萧疏鬼唱歌"的说法。

1952年夏，苏州血吸虫病防治研究所（简称"血防所"）在常熟、太仓、昆山三县毗邻地区开展血防工作（境域在血防范围内）。是年冬，县血防站在境域内发现3名血吸虫病感染者。1955年12月，根据毛泽东主席"农业十七条"指示，境域内开展查治血吸虫病、消灭钉螺的群众运动。血吸虫病感染率高，导致家庭劳动力不足，从1957年开始，国家连续7年对境域免征新兵。

新江村春季查螺行动（2020年，新江村村委会摄）

1955—1957年，昆山县发动开展以土埋为主的覆填螺沟池运动，并辅以喷洒药物等物理或化学消杀方法，以分组包工的方式在境域内开展全面灭螺行动。1958年4月，应上级要求，境域内掀起"干河灭螺"运动，在"一炮五响"的口号下，境域内每年春天开展查螺、灭螺行动，并把灭螺与积肥、修水利、捕鱼结合。境域内全民大行动，人力、畜力、电力齐上阵，筑坝平潭灭螺，使境域内钉螺密度大大降低。1964年，因多方施用五氯酚钠药进行稻田灭螺，效果显著。1965年，全公社大搞查螺、灭螺的人民战争，每个大队抽1~2名查螺员组成专业查螺队。历时两周，有针对性地查螺，然后进行全面性歼灭。1969年，各大队先后建立合作医疗站，卫生院对村里的赤脚医生进行血吸虫病治疗业务培训及现场辅导。1970年，查治血吸虫病运动步入高潮，各大队以赤脚医生为主，利用春、秋、冬季的农闲时节，对血吸虫病患者进行大规模治疗。柱江、东江大队进行血吸虫病人筛查与治疗。1972年，卫生部门推广用锑-273治疗血吸虫病，在东江、柱江大队内普遍推广，并对家畜耕牛进行普查与治疗。1983年，青年应征入伍可免检血吸虫病。1987年，柱江村和东江村宣告消灭血吸虫病。

进入21世纪，血吸虫病绝迹，但境域内每年4—5月，村委会防疫组织仍会安排5~6人参与春季查螺、灭螺行动。

四、爱国卫生运动

中华人民共和国成立前,境域内无专门的环卫机构,村民也多是"自扫门前雪"。中华人民共和国成立后,1952年,境域内开展以反细菌战、除四害为主的爱国卫生运动。境域内清垃圾、除杂草、扑蚊蝇、理粪便、护水源,家家户户大扫除,形成讲卫生、爱家乡的社会风气。1956年,开展以除"四害"(苍蝇、蚊子、老鼠、麻雀)为重点的综合性灭害工作,家庭、学校全面配合捉鼠扑蝇消除"四害"。1958年,村民在响应除"四害"的基础上又加除"钉螺"这一害,并把血防和爱国卫生运动结合起来。境域内广大干部群众积极响应,采取查螺灭螺、查病治病、粪水管理三管齐下的措施,开展专业化的防治工作。进入80年代,境域内开展"全民文明礼貌月"活动,以治理"脏、乱、差"为突破口,把爱国卫生运动与"五讲四美"(讲文明、讲礼貌、讲卫生、讲秩序、讲道德和心灵美、语言美、行为美、环境美)的活动相结合,境域内加强公共卫生的基础工作管理,制定乡规民约,全力推动境域内"两个文明"(社会主义物质文明和精神文明)建设。

1998年,境域内民众积极配合"卫生乡镇建设",村干部在境域内加强环境管理,开展"清洁村庄,清洁家园"的环境整治运动。2007年,新江村成立村保洁队伍,配有队员12人。随着村庄动迁,村民陆续搬迁至新的家园,至2020年,村内留有固定保洁人员1人。2007年,新江村被江苏省爱国卫生运动委员会评为"江苏省卫生村"。

 ## 第四节 体育

中华人民共和国成立前,境域内几乎没有体育设施,村民们利用一些简单

的生产和生活用具进行体育锻炼。有的村民将旧磨盘制作成石担练习举重；有的村民挑选粗直的竹子练习爬竿；有的村民利用草绳进行跳绳等。村民们最简单的体育锻炼就是跑步。中华人民共和国成立后，境域内开始重视村民的体育锻炼。60年代中期，境域内设立多个简易篮球场供村民打篮球。随着社会发展进步，境域内的体育设施逐步增多，村民们的体育活动也日益丰富多彩。

一、体育设施

1966年，境域内在一些集体的脱粒场地两端安装木头篮球架，在农忙结束后作为篮球场地，供村民打篮球。柱江大队有简易篮球场5个，东江大队有4个，关皇小学有1个铁制的标准篮球架。70年代初，木头篮球架大多荒废，只剩关皇小学有篮球场。

新江村健身器材（2020年，新江村摄制组摄）

1966年之后，知青下乡，柱江大队配置2张乒乓球台，放置在柱江大队第4生产队被没收的地主房子里（通常用作开会和治疗血吸虫病的场地），主要供知青运动。

70—90年代，境域内几乎没有体育设施。

2004年之后，村民陆续搬进杨林社区，分散住进桦苑、枫苑、桂苑、梅苑、兰苑、竹苑、菊苑7个小区。每个小区都有户外健身场地，有上肢牵引器、腰背按摩器、双位蹬力器、双人大转盘、划船器、跷跷板、腹肌板等，每个健身点一般有8~12件健身器材。

2005年，美陆佳园兰苑马路对面建有标准篮球场1个。2018年因高压线通过篮球场，场地拆除。

二、健身运动

打拳 中华人民共和国成立前，境域内梁家港的一些青年在傍晚时自发聚集，跟着拳师学打拳，玩刀、枪、戟、剑、石锁等。其中梁家港有一名梁姓青年能将一把石锁轻松上抛，跑过桥后还能轻松接住。逢年过节或是庙会时，境域内经常有表演活动，表演者在船头表演各种武艺。

打篮球 60—70年代初期，篮球运动非常受欢迎。各生产大队都建有篮球队，设有篮球场，一些大的自然村也建有篮球队。1961年，枉江大队的青年自发组织朝阳篮球队，队员有夏芝石、俞小根、周宝明、张水良、邵祖良、邵惠兴、姚雪明。他们利用农闲时组织打球并积极参加地区篮球赛百余场，获奖40余次。参赛地区有昆山陆家、张浦、城北、周市、石牌、巴城，以及常熟和太仓等地。1964年，这支村篮球队在陆杨公社选拔赛中获得第一名。

三、少儿体育

中华人民共和国成立前，境域内没有公立学校，少儿学习都是以家庭私塾为主，体育活动基本以踢毽子、跳皮筋为主。中华人民共和国成立后，少儿体育活动得到重视。1951年，推行少年和儿童广播体操。60—70年代，学校全面推行第一套广播体操。至2020年，学校广播体操已推行至第九套。

1956年，境域内的学校实施国家颁布的《中小学体育教学大纲》，确保学生每周2节课外活动课。1959—1961年，学校将体育课改为卫生保健课。1962年，体育课得以恢复。"文化大革命"期间，体育课被改为军训课，儿童广播体操被取消。1978年后，教育部贯彻《国家体育锻炼标准》，实行"两课（每周2节体育课）、两操（每天2次广播体操和眼保健操）、两活动（每周2次课外活动）"。

在体育课上，有跑步、跳绳、篮球、羽毛球、足球、乒乓球等各类体育活动；活动课时孩子们可以踢毽子、玩沙包、跳皮筋等。学校还开展各类竞技比赛，每年还会举办校园春季运动会。通过一系列的体育锻炼项目和体育竞技活动，学生体育达标率逐年提升。从2016年开始，体育被列入中考必考科目。

第八章　精神文明建设

中华人民共和国成立后，境域内村民在精神文明建设中始终保持着努力奋进、积极向上的精神面貌，在对待传统文化与现代文明方面，始终坚持传承与创新相结合。从60年代"学雷锋"到80年代"五讲四美三热爱"、争做"四有新人"等，村民们始终把精神文明建设贯穿于社会主义建设中。进入21世纪，通过以"党员带领，群众参与"的志愿引领形式，把"献爱心、争先锋"作为党风、民风建设任务，要求全村干部群众积极创新学习，并践行新的社会主义核心价值观。在新时代的党建引领下，新江村先后获昆山市精神文明建设先进村、昆山市民主法治示范村等荣誉称号。

 第一节 文明创建

中华人民共和国成立前，境域内以孔孟之道、儒家格言为戒条指引，并作为自身修养和行为操守来约束和提升自己。中华人民共和国成立后，思想道德建设进一步加强。60年代，境域内开展"学雷锋"活动。80年代，境域内开展"五讲四美三热爱"、"四有新人"评选活动，加强村民思想道德建设。90年代后，境域内鼓励争创文明单位、文明户，加强家庭文明新风尚建设。从学雷锋做好事、争创文明户到参加文明和谐家庭、最美家庭的评选，村民的思想道德水平和科学文化水平进一步提升。2006年，新江村被昆山市精神文明建设委员会评为精神文明先进村。至2020年，随着经济发展，村容村貌日益美观，村里村外呈现一片祥和、宁静之景。

一、学雷锋做好事

中华人民共和国成立后，境域内号召村民"听毛主席话，跟共产党走"。60年代掀起"学雷锋"和"为人民服务"的热潮。1963年3月5日，毛泽东主席提出"向雷锋同志学习"的号召，全县开展向雷锋同志学习做好事的活动，并将每年3月5日定为学雷锋活动日。境域内青少年学生、民兵、共青团员和儿童组织学雷锋小组，在课余、节假日积极打扫公共场所，并到孤寡老人家里帮忙扫地、擦窗、整理家务等。

进入21世纪，境域内学雷锋活动依旧十分活跃。尤其是以青少年为主体的团队，每年3月5日学雷锋日，都会组织境域内青少年开展垃圾分类、关爱老人、志愿服务等活动。

二、争创文明村

1982年3月，境域内开展以"五讲四美三热爱"为内容的文明礼仪活动。境域内团员组织"向雷锋同志学习，争创八十年代的活雷锋"活动，争取人人都做好事，并为村内植树120棵。其中，王国庆获评优秀团员。1983年，陆杨乡根据县精神文明建设意见制定"政治思想好、遵守政策法令好、劳动致富好、移风易俗好、团结和睦好、'四防'安全好、土地管理好、环境卫生好"等8条乡规民约，在农村开展争创文明村的评比活动。1989年，推进"六有十无"双文明村建设工作。80年代，境域内每年开展一次文明单位、文明村评比活动，翌年授奖，发奖牌、奖状。90年代，每两年开展一次市、镇文明单位评比活动。

三、文明家庭创建

80年代初，由公社妇联组织以"邻里团结好、家庭和睦好、婆媳关系好、计划生育好、教育子女好"为标准的"五好家庭"评选活动。90年代，"五好家庭"评选标准调整为：爱国守法热心公益好、学习进步爱岗敬业好、男女平等尊老爱幼好、移风易俗少生优育好、勤俭持家保护环境好。境域内"五好家庭"每年评选一次。

1988年，苏州市精神文明建设委员会在全市农村开展争创新风户活动。境域内各村对照新风户10条标准参评，95%的农户被评为新风户。镇精神文明建设领导小组为评上新风户的农户装上门牌。1997年后，农村开展文明户评比活动，评比有10条标准。对照标准，镇精神文明建设领导小组每年年终会评比出一定数量的文明户。

2007年3月，玉山镇政府发布《关于创建星级"文明新风户"活动通知》，新江村党支部利用村办公楼的走廊、黑板和主要道路口张贴画报，积极宣传，并通知每家每户发放星级"文明新风户"牌子的标准，做到家喻户晓。在境域内积极创建学习型家庭，倡导健康文明新生活。

"文明新风户"每年评选一次，要经家庭（个人）自评、群众互评、评议小组初评、村委会审定等步骤，最后在境域内出榜公示，同时也会对不符合要求的星级家庭进行摘牌。

2009年，在由玉山镇妇联举办的"三评三讲"星级文明新风户评选活动中，新江村有5户家庭被评为星级文明新风户。

2009年新江村"三评三讲"星级文明新风户，如表8-1-1所示。

表8-1-1　2009年新江村"三评三讲"星级文明新风户一览表

序号	户主姓名	获选理由
1	钱祖建	家庭团结，亲情呵护，钱祖建用心照顾瘫痪的妻子、年老的母亲和年幼的孙女
2	陆粉锁	吃苦耐劳、家庭和睦
3	邵建康	助人为乐、家庭团结、勤劳致富、邻里和睦
4	邵广山	家庭团结和睦，邻里友好互助
5	唐祥生	家庭团结和睦，邻里友好互助

2010年，玉山镇举办首届"文明和谐家庭"评选活动。其中，新江村梁红峰、邵建康、沈菊桂3户家庭获首届"文明和谐家庭"称号。从2010年起，玉山镇妇联每年开展一次"文明和谐家庭"评选活动。至2020年，新江村累计有32户家庭获昆山高新区（玉山镇）"文明和谐家庭"相关称号，其中沈水林和高金龙家庭被评选为"文明和谐家庭示范户"。

2012年，昆山市妇联举办"昆山市盆栽艺术家庭"评选活动，新江村胡寿梅家庭获得"昆山市盆栽艺术家庭"。

2010—2020年新江村"文明和谐家庭"、"健康家庭"及"最美家庭"，如表8-1-2所示。

表8-1-2　2010—2020年新江村"文明和谐家庭"、
"健康家庭"及"最美家庭"一览表

序号	家庭	获得荣誉	评选年份	颁奖机构
1	梁红峰	首届"文明和谐家庭"	2010	玉山镇
2	邵建康	首届"文明和谐家庭"	2010	玉山镇
3	沈菊桂	首届"文明和谐家庭"	2010	玉山镇
4	邵海明	第二届"文明和谐家庭"	2011	玉山镇

续表

序号	家庭	获得荣誉	评选年份	颁奖机构
5	倪雨海	第二届"文明和谐家庭"	2011	玉山镇
6	龚全明	第二届"文明和谐家庭"	2011	玉山镇
7	邵建康	第二届"文明和谐家庭"	2011	玉山镇
8	沈菊桂	第二届"文明和谐家庭"	2011	玉山镇
9	沈水林	第三届"文明和谐家庭示范户"	2013	昆山高新区
10	邵小弟	第三届"文明和谐家庭"	2013	昆山高新区
11	唐雪元	第三届"文明和谐家庭"	2013	昆山高新区
12	顾介平	第三届"文明和谐家庭"	2013	昆山高新区
13	沈阿三	第三届"文明和谐家庭"	2013	昆山高新区
14	龚根华	第三届"文明和谐家庭"	2013	昆山高新区
15	沈金龙	第三届"文明和谐家庭"	2013	昆山高新区
16	高金龙	第四届"文明和谐家庭示范户"	2014	昆山高新区
17	唐雪龙	第四届"文明和谐家庭"	2014	昆山高新区
18	周立贵	第四届"文明和谐家庭"	2014	昆山高新区
19	吴福康	第四届"文明和谐家庭"	2014	昆山高新区
20	陆惠勤	第四届"文明和谐家庭"	2014	昆山高新区
21	陆凤生	第四届"文明和谐家庭"	2014	昆山高新区
22	龚雪林	第四届"文明和谐家庭"	2014	昆山高新区
23	朱学平	"幸福之家"	2016	昆山高新区
24	梁文林	"廉洁之家"	2017	昆山高新区
25	陈友林	"友善之家"	2017	昆山高新区
26	赵友生	"绿色之家"	2017	昆山高新区
27	倪永明	"幸福之家"及"最美家庭"	2017	昆山高新区
28	陆雪琴	"礼仪之家"	2017	昆山高新区
29	顾金珍	"最美家庭"	2018	昆山高新区
30	顾雪珍	"健康之家"	2018	昆山高新区
31	朱玉珍	"幸福之家"及"最美家庭"	2018	昆山高新区

第八章 精神文明建设

续表

序号	家庭	获得荣誉	评选年份	颁奖机构
32	郭月勤	"平安之家"	2019	昆山高新区
33	龚建明	"友善之家"	2019	昆山高新区
34	吴福康	"礼仪之家"	2019	昆山高新区
35	王巧芬	"健康家庭"	2020	昆山高新区
36	龚伯龙	"平安家庭"	2020	昆山高新区
37	倪雨海	"礼仪之家"	2020	昆山高新区

第二节　新时代文明实践

中华人民共和国成立后，境域内在传统乡风文明的基础上，积极打造"礼仪文明"之家，设置善行义举榜，推出身边的凡人善举；开展"文明和谐家庭""礼仪之家""绿色之家""平安之家"等评选活动，用身边的典型事例教育群众；通过开展各项志愿服务活动，帮扶困难弱势群体，抓好未成年人思想道建设，深入开展美丽乡村建设。

进入21世纪，新江村通过党群服务中心、新时代文明实践站、道德讲堂、志愿服务等平台，积极推进乡风文明建设及新时代文明实践活动，进一步贯彻落实乡村振兴战略及农村人居环境整治工作部署，以庭院建设为抓手，广泛凝聚家庭力量，通过党员带头、村民参与的形式，党群共建、党民一心，积极创建家庭宜居环境，充分展现一个家庭和谐、人居文明的新时代新农村。

至2020年，新江村开展乡风文明建设活动48期，参与人数500人次以上；开展家长课堂30多期，参与人数600多人次；开展新时代文明志愿活动60多期，服务2 000多人次。

一、党群服务中心

2019年11月,新江村党群服务中心挂牌成立。党群服务中心设在村委会二楼。党群服务以各种志愿活动形式,在宣传群众、教育群众、关心群众、服务群众中,将党、群凝聚一心。

党群服务中心以集约化的形式整合基层所有资源,去除形式主义,面向群众,整合打造最贴近党员、群众的服务站点,让党群服务中心成为群众想来、爱来、盼来、还来的活动阵地;积极开展便民政务直通服务,受理、反映社情民意,推进城乡党群工作。

新江村党群服务中心(2020年,新江村摄制组摄)

2019年,新江村与昆山高新区党组织组成宣讲联盟,新江村组织"法制宣传队"队员3人,参与者达140人次。围绕"我们的节日"系列活动,开展未成年人新时代文明实践工作,助推文明实践,弘扬时代新风,参与者达80人次。党员先锋带领群众开展学雷锋广场志愿垃圾分类知识宣讲活动,助力文明城市创建工作有序推进。村党总支开展"不忘初心、牢记使命"主题教育,对境域内宗教活动场所进行安全排查和整治工作。2020年,村党总支部全面开展"幸福新江,美丽家园"书记项目。围绕"垃圾分类、党员先行"开展主题活动3次,开展困难党员走访1次,"331"行动夜查6次,党员大会3次,二十四节气之家风文化活动2次,参与者达500多人次。

二、新时代文明实践站

2019年,新江村成立新时代文明实践站,金龙任站长,张卫荣任副站长,专兼职工作人员有邹浩、龚寅、唐华、王小鹏、王宁。

新江村新时代文明实践站以习近平新时代中国特色社会主义思想和中共十九大精神为引领，贯彻落实《昆山市新时代文明实践中心建设实施方案》《昆山高新区新时代文明实践所（站）建设实施方案》文件精神，以志愿服务为基本形式，打通城乡公共文化服务体系的运行机制、文化科技卫生"三下乡"的工作机制、群众性精神文明创建活动的引导机制，整合资金、资源，因地制宜开展群众喜闻乐见的文明实践活动。

新江村新时代文明实践站围绕中华人民共和国成立70周年和昆山撤县建市30周年主题主线，结合新时代文明实践工作，组织开展"学习实践科学理论、宣传宣讲党的政策、培育践行主流价值、丰富精神文化生活、深入推进移风易俗、倡导文明生活方式"六大类活动项目，切实提高群众思想觉悟、道德水准、文明素养、法治观念。

新江村新时代文明实践站多次联合昆山高新区开展"文化、科技、卫生"三下乡活动和"文化体育助力乡村振兴"三下乡惠民活动。利用元旦、春节、端午节等节日，开展各类文体活动。多次组织、开展孝老爱老主题活动，重视乡土文化传承保护，积极培育地方特色文化品牌，针对群众需求推出适应本地实际的特色活动。同时，通过"好家风好家训"和"讲好一个故事，树立一个典型，帮助一个家庭，带动一个村子"活动，以点带面促进和谐乡风建设。

2020年，新江村牢固树立和贯彻落实新发展理念，坚持"两手抓、两手都要硬"的战略方针，自觉肩负起举旗帜、聚民心、育新人、兴文化、展形象的使命任务，以党群志愿服务为抓手调动各方力量，以群众需求为导向创新方式方法，整合各方资源，宣传中国特色文化、社会思想道德建设。

2019年新江村新时代文明实践站志愿服务项目，如表8-2-1所示。

表8-2-1　2019年新江村新时代文明实践站志愿服务项目一览表

开展时间	项目名称
1月	网格服务群众
	学习《中国共产党支部工作条例（试行）》
	观看视频"'新时代新接力'2018苏州先锋礼赞"

续表

开展时间	项目名称
2月	为空巢老人送关怀
	骨质疏松的预防及治疗
	快乐元宵节制作汤圆活动
3月	奋进新时代，巾帼展芳华
	学雷锋、讲文明、树新风
	"风起江南"
4月	我是手作小行家
	健康生活每一天——高血压病科普知识讲座
	自护知识宣传讲座
5月	入村宣传扫黑除恶
	深化扫黑除恶宣传，规范党员网络行为
	歌唱戏曲传经典，五四青年放光彩
	组织退休人员参加健康体检
	运动会
6月	我们的节日·端午节
	学习《中国共产党党员教育管理工作条例》
7月	困难党员慰问
	学先进、守初心、担使命
	中老年人电脑扫盲
8月	儿童成长计划
	垃圾分类
9月	女性增能活动

2020年新江村新时代文明实践站志愿服务项目，如表8-2-2所示。

表8-2-2　2020年新江村新时代文明实践站志愿服务项目一览表

开展时间	项目名称
1月	新春送福志愿服务
	疫情防控志愿服务
	学习贯彻苏州市委十二届九次全会、昆山市委十三届八次全会和苏州市开放再出发大会精神
	"大无大有——身边人眼中的周恩来"
2月	疫情防控志愿服务
3月	疫情防控志愿服务
4月	疫情防控志愿服务
6月	"331"行动夜查
	文明创建之垃圾分类活动
7月	"331"行动夜查
	困难党员走访
	文明创建之垃圾分类活动
9月	"331"行动夜查
	邵家村环境整治及垃圾分类
	党员大会
10月	"331"行动夜查
	党员大会
11月	"331"行动夜查
	二十四节气之家风文化
	党员大会
12月	"331"行动夜查
	二十四节气之家风文化

三、道德讲堂

2017年,新江村设立村道德讲堂。组长由村书记担任,小组成员为村副书记、村经济合作社社长、村会计、民兵营长、妇女主任及工作人员,参加者主要为村里的党员、老年理事会成员、村民小组长、村民代表等。

道德讲堂围绕"我身边发生的不道德的事"等主题让村民们积极发言,反映养老、村居环境等方面的问题,积极讨论并寻找对策。道德讲堂充分发挥志愿者及社区活动积极分子的作用,整合社区各类阵地,丰富思想道德建设内容,开展居民喜闻乐见的活动,使居民在主动参与中受到教育,提升自身素养。

2020年,新江村在抓好疫情防控工作的同时,通过道德讲堂,以"身边人讲身边事、身边人讲自己事、身边事教育身边人"的形式,大力倡导社会公德、职业道德、家庭美德、个人品德建设,使先进的道德理念入脑、入心,外化于行。

道德讲堂每季度开展以"孝老爱亲、乐于助人"为主题的善行义举家庭选拔活动,在境域内选出有品德、有孝心,乐于助人的家庭,并在境域内公示。

社会主义核心价值观宣传栏
(2020年,新江村村委会摄)

道德讲堂的开展,促使广大群众和村工作者在潜移默化中提升了自身道德修养以及乡村文明形象,促进了乡村和谐发展,推动了村精神文明建设工作再上新台阶。道德讲堂每季度开展1期,至2020年共开展16期。

四、志愿服务

新江村"12355服务零距离"志愿者服务队 2015年,新江村"12355服务零距离"志愿服务队成立,服务队有成员50人。志愿活动以家庭教育、环境整

治、安全排查、春季查螺等活动为主，同时还开展家教服务、水电服务、环保服务、弱势群体关怀等。服务队定期开展活动，至2020年，共开展活动30期，参与者达185人次。

2018年新江村"12355服务零距离"志愿者服务情况，如表8-2-3所示。

表8-2-3　2018年新江村"12355服务零距离"志愿者服务一览表

序号	服务项目	服务人员类型
1	家教服务	学生、团员青年
2	水电服务	村条线工作人员
3	公益服务	学生、团员青年
4	环保服务	学生、团员青年
5	重大活动服务	学生、团员青年
6	就业服务	村条线工作人员
7	关怀弱势群体	团员青年

新江村志愿团队　2017年4月28日，新江村志愿团队在昆山高新区"志愿昆山"平台注册成功。志愿团队在村内为特殊困难人群及需要帮助的社会成员提供力所能及的帮助，针对学习教育、就业创业、恋爱婚姻、身心健康、困难救助、社区矫正、犯罪预防等工作领域提供咨询服务和实际帮助，并为城镇发展、社区建设、抢险救灾及大型社会活动等公益事业提供志愿服务。志愿团队每月开展志愿活动1期。至2020年，累计开展活动40多期，参与者达1000人次以上。

新江村乡风文明志愿岗　2017年，新江村乡风文明志愿岗成立，主要从事社会公益活动、青少年关爱活动、绿色环保志愿活动、健康文明宣传活动、群众性文化志愿活动等。团队成立后，志愿者积极参与上级部门组织的各类志愿活动，如昆山高新区"暑期学生安全教育"活动。同时在境域内积极为老年人、弱势群体开展志愿服务，如开展老年人健康知识讲座、重阳敬老爱老活动、困难学生结对帮扶活动等，每月1期。

扶贫帮困捐赠仪式
（2020年，新江村村委会摄）

文化体育惠民，助力乡村振兴活动
（2019年，新江村村委会摄）

新江村家长学校志愿队 2018年，新江村成立家长学校志愿队。组长由村书记卞晓平担任，副组长由村委会主任张卫荣担任，组员分别是：村会计龚寅、村经济合作社社长邹浩、村妇女主任王宁、村民兵营长唐华、村工作人员王小鹏。志愿队有4个志愿小组，分别是：文化宣传志愿小组，组长为王宁，

家长课堂志愿活动（2020年，新江村村委会摄）

队员为俞国娟、唐华、龚寅、王小鹏；安全教育志愿小组，组长为唐华，组员为王小鹏、戴金华、郭凤生、周宝明；卫生保健志愿小组，组长为邹浩，组员为许红珍、季引、平波生；心理健康志愿小组，组长为龚寅，组员为俞国娟、查桂玉、李德玉、陈惠英。家长学校以家庭教育建设为中心，开展以绿色环保、助老扶贫为主的志愿活动；全面提高家庭教育质量，完善学校、家庭、社会三结合的教育新体制；全面推进境域内学生家长的素质教育工作，以更好地培养德才兼备的社会主义事业建设者和接班人。

附：

移风易俗倡议书

勤俭节约，艰苦奋斗，是中华民族的传统美德。然而，随着经济的快速发展和物质生活的逐渐富裕，婚丧嫁娶大操大办，讲排场、慕虚荣、比阔气的现象愈演愈烈，不仅致使人情消费持续攀升，广大干部群众不堪重负，而且影响了正常的人际关系，破坏了社会风气。

树立文明新风，推进移风易俗，培育健康文明的生活方式，我们倡议：

一要厚养薄葬，丧事简办。百善孝为先，要传承尊老、孝老、爱老的传统美德，自觉树立厚养薄葬观念。在生活中，给予老人足够的精神慰藉，满足老人的正常物质需求。在办理丧事时，自觉摒弃在公共场所搭建灵棚、高音播放音乐、撒纸钱烧纸扎冥币、大肆燃放烟花爆竹、大摆宴席等不良行为，倡导文明节俭的丧葬新风，做社会新风的建设者。

二是崇尚节俭，婚事新办。提倡适度办婚礼、节俭过日子，摒弃搞攀比、讲排场的不良风气，自觉抵制高额彩礼攀比风、婚车排场影响交通、鞭炮滥放污染环境、大办宴席铺张浪费，力戒恶俗闹婚，力求婚礼仪式简朴、氛围温馨，倡树婚事新办新风尚，做勤俭节约的倡导者。

三要破旧立新，倡树新风。提倡在办理生育、升学、入伍、生日、乔迁等事宜时，在亲朋好友间通过一束鲜花、一条短信、一杯清茶、一句问候等文明方式，表达贺意，增进感情，杜绝滥发通知、收受礼金、大摆筵席、铺张浪费，自觉抵制他有我有互攀比、奢华阔气显排场的不良习气，做净化风俗的推动者。

四要爱护公物，保护环境。爱护公共基础设施，保护公共环境卫生，坚决抵制在道路两旁的树木、灯杆、窨井盖上等处张贴红纸及大肆燃放鞭炮等不良习俗，倡导绿色、文明、生态殡葬，做生态城市的创建者。

第九章 村民生活

纵观历史，新江村村民生活发生了翻天覆地的变化。中华人民共和国成立前，境域内村民主要依靠子女或自身积蓄养老。中华人民共和国成立后，各项社会保障相继出台，村民能享受到各项公共福利，尤其是在年老、失业、患病、工伤、生育时均能享受到社会救济和社会福利保障。

中华人民共和国成立前和成立初期，村民生活困难，常常吃不饱、穿不暖，居住条件简陋。中共十一届三中全会后至90年代，村民住房条件大为改善。进入21世纪后，新江村陆续动迁，村民的住房条件进一步改善，住进了高层楼房。随着物质的极大丰富，村民不仅能吃饱穿暖，而且寻求吃得健康，穿得时髦。同时，村民收入来源从单一到多元。80年代后，村民或进工厂上班，或自主创业。21世纪后，村民又增加了政策福利性收入、投资性收入等。随着收入水平的提高，消费水平也跟着提升，村民生活越来越有品质。

第一节 收入支出

一、收入

50—70年代，集体计划经济时期，村民收入的主要来源是农业生产，每天干活计工分，按工分总数算钱，活重的，工分多；活轻的，工分少。一般干一天活儿，能挣0.6~0.7元，一个人一年挣的钱约为200元。村民为增加收入，发展副业，主要是养猪。由于粮食紧缺，社员养猪顶多养1~2头，养猪的周期为7~8个月，养到90多斤的时候卖掉，一头猪能挣40~50元。此外还养少许鸡、鸭，靠卖鸡蛋、鸭蛋略微改善生活。

1969年东江大队最高劳动力收入情况，如表9-1-1所示。

表9-1-1　1969年东江大队最高劳动力收入统计表

队别	姓名	工	单价/元	金额/元
1	梁宜元	544	0.47	255.68
2	戴吉林	590	0.45	265.5
3	梁文忠	468.8	0.63	295.35
4	朱阿三	533.1	0.51	271.88
5	魏西北	529.4	0.5	264.7
6	戴水荣	629.4	0.45	283
7	倪根生	548.4	0.485	265.97

注：1个工等于10工分。

80年代，经济政策逐渐宽松，村办集体企业兴起。1985年，境域内村办企业达到6家，包括纺织厂、化工厂、冶炼厂等，年轻人多进厂务工。那时厂里每人每月工资一般为9~36元。种田的人少了之后，便形成了一些大农户，种植面积在30亩以上，极少数超大农户种植面积达100亩以上，毛收入为一亩田300元左右。村干部每年工资为1 000~2 000元。

90年代，境域内东江、柱江村大量开挖鱼塘，村民副业收入增加，养得好的人家一亩鱼塘毛收入700~800元，一般村民鱼塘面积为15~23亩。1995年之后，集体企业转制给个人，一些村民自己开公司，成为先富起来的一批人。村民的就业选择更加多样化，可以进入民营企业或外资企业。一般村民家里只种一点口粮田。村民主要收入为工资收入、经营性收入。

2004年，境域内村庄陆续动迁之后，村民收入来源进一步丰富，包括工资收入、经营性收入、投资性收入（社区股份制）、资产性收入（房产租赁、利息收入）、政策性福利性收入（种养补贴、养老保障、土地补偿、低保补助等），以及其他收入（赡养抚养、报销医药费、家庭外出从业人员寄回或带回收入等）。村民普遍富裕，收入一年比一年高。2009年，村民人均纯收入为18 446元。2015年，人均纯收入达38 567元。2020年，人均纯收入为54 278元。各项收入均实现持续性增长。

2009—2020年新江村居民收入统计情况，如表9-1-2所示。

表9-1-2　2009—2020年新江村居民收入统计表

年份	工资收入/万元	经营性收入/万元	投资性收入/万元	资产性收入/万元	政策福利性收入/万元	其他收入/万元	农民纯收入总额/万元	人均纯收入/元
2009	1 178.50	817.60	0.00	105.40	462.20	0.00	2 563.70	18 446
2010	1 338.00	961.00	0.00	120.20	667.44	0.00	3 086.64	21 257
2011	1 706.00	882.42	0.00	198.00	684.14	0.00	3 470.56	23 935
2013	1 782.00	1 693.30	0.00	486.00	570.96	69.74	4 602.00	31 200
2014	2 083.00	1 744.20	0.00	710.00	622.25	79.85	5 239.30	35 569
2015	2 103.00	1 953.40	16.00	730.00	772.40	98.41	5 673.21	38 567

续表

年份	工资收入/万元	经营性收入/万元	投资性收入/万元	资产性收入/万元	政策福利性收入/万元	其他收入/万元	农民纯收入总额/万元	人均纯收入/元
2016	2 418.00	1 993.60	16.77	785.00	781.94	109.92	6 105.23	41 391
2017	2 715.00	1 998.60	33.60	796.20	873.37	175.30	6 592.07	44 692
2018	2 885.00	2 172.50	36.96	842.20	897.97	219.40	7 054.03	47 824
2019	2 905.00	2 337.00	107.76	886.00	953.43	324.70	7 513.89	50 942
2020	2 915.00	2 362.00	123.00	966.00	1 280.00	360.00	8 006.00	54 278

二、支出

50—70年代，村民普遍收入少，支出也少。村民生病，极少看医生，导致小病常常发展成大病，甚至被夺去生命。人情往来方面，一般人家生小孩，亲戚给一两元礼钱或者提一只自家的老母鸡。嫁女，一般舅父给的份子钱为20元左右。另外，村民要向国家交公粮。

80—90年代，婚嫁份子钱一般为30~50元。80年代，翻建楼房费用为1万~2万元，90年代达到5万~6万元。村民向国家缴纳农业税，以田亩数为标准，农业税一般在夏季麦子收割后和秋季稻谷收割后上缴。此外，村民每年还需上缴"两金一费"（公积金、公益金和管理费）给村里，用于村公益事业，包括更新农具费用，支付稻田水费，付管水员工资，付脱粒费、种子款等。以1992年柱江大队所缴农业税和"两金一费"为例，农业税平均每亩18.7元，"两金一费"中，除劳动积累按每个劳动力50元收取和农林特产税外，其他费用均以田亩数为标准。90年代中后期，境域不再作为产粮区，农田改鱼塘后，村民每亩鱼塘向村里上缴150~250元租金。

1992年柱江村农业税和"两金一费"项目统计情况，如表9-1-3所示。

表9-1-3　1992年枉江村农业税和"两金一费"项目统计表

组别	承包面积/亩	农业税/元	劳动力	劳动积累	建农基金	"两金一费"/元 稻田水费	管水员工资	脱粒费	种子款	农林特产税
1	126.23	2 344.00	56	2800	1 237.36	3 029.52	757.38	378.69	631.15	—
2	124.22	2 284.50	20	1000	437.52	2 909.86	733.32	362.27	611.10	—
3	221.87	4 092.50	44	2200	1 663.60	5 307.70	1 331.22	662.40	1 109.35	—
4	115.86	2 056.03	28	1400	894.24	2 88.14	695.16	349.00	579.30	—
5	100.85	1 873.00	24	1200	806.80	2 420.40	605.10	302.55	504.25	—
6	279.62	5 185.50	50	2500	1 593.76	6 706.56	1 677.72	838.05	1 398.10	—
7	160.97	3 093.00	44	2200	1 345.36	3 863.28	965.82	482.91	804.85	—
8	122.29	2 271.50	38	1900	1 106.30	2 934.96	733.74	366.87	611.45	—
9	134.00	2 555.00	44	2200	1 224.80	3 198.00	804.00	398.62	670.00	23
10	170.04	3 180.00	44	2200	1 153.28	4 006.24	1020.24	496.23	850.20	35
11	33.58	704.50	19	950	334.24	762.33	190.68	95.27	158.80	16
12	49.48	1 040.50	20	1000	870.96	1 204.99	296.88	151.71	247.40	23
13	92.35	1 738.00	23	1150	738.56	2 200.90	553.92	274.36	461.60	12

2000年之后,村民人情往来的费用日渐增多。一般家庭都买有汽车,费用从十几万元到几十万元不等。有些家庭买有商品房,费用从一百多万元到几百万元不等。教育支出的比重近年来明显上升,除了买学区房的支出,还有各种课外才艺培训和辅导班费用,每年支出从几千元到几万元不等。

第二节 衣食住行

一、服饰

中华人民共和国成立前,男性村民大多穿长袍、土布斜襟棉袄、对襟短衫、大裆裤、作裙,脚穿布鞋、布袜、纱袜;农忙时头戴草帽,脚穿蒲鞋、草鞋。女性大多穿斜襟短衣、大裆裤、短作裙,脚穿圆口鞋或搭襻鞋。

织毛衣的老奶奶
(2020年,新江村摄制组摄)

中华人民共和国成立后,村民的穿衣打扮没有变化。60—70年代,村民一般用布票买来粗布或棉布,到镇上找裁缝做衣服。布票由村里统一发放,一般每人每年6张布票,一年难得做一件新衣服。村民衣服被磨破后,打完补丁继续穿,大的孩子穿过后,小的孩子接着穿。那时有"新三年,旧三年,缝缝补补又三年"的说法。妇女几乎不穿裙子。衣服颜色相对单调,以灰、蓝、黑、绿为主。款式单一,基本就是长袖衬衫、短袖衬衫、长裤,以及有2个或4个大口袋的外套（如中山装）。冬天，村民穿棉衣和棉裤，为了增加保暖度，棉衣和棉裤大多臃肿。极少数人穿毛线或棉线衣。成人的棉、毛线衣穿脱线后，妇女就把线衣拆掉重织，改小后给小孩子穿。

村民干活时一般戴用麦秸编成的宽檐草帽，既能遮阳又能扇风。村干部或教师惯常戴帽檐小的解放帽。下雨时村民一般穿蓑衣。

村民的鞋子主要为布鞋、草鞋和棉鞋。布鞋和棉鞋一般由妇女们自己纳鞋底、剪鞋样，草鞋则用稻草编织。雨天出门，村民将用木板和皮革缝制的木屐套在鞋子上。

80年代初期，布票取消，纺织品实行敞开供应。80年代中后期，村民的物质生活逐渐丰富起来，男女盛行穿的确良衬衣，衣服色彩由单调统一向绚丽多彩转变；款式也丰富起来，年轻人中流行喇叭裤、花衬衫、蝙蝠衫、健美裤。衣服破了就淘汰，极少有人穿打了补丁的衣服。村民更多的是直接在市场上买成衣，少数人找裁缝定做。草鞋基本消失，除了布鞋，村民们还买胶鞋、塑料拖鞋和凉鞋；下雨天道路泥泞，村民出门多穿橡胶雨鞋。

90年代，村民的物质生活进一步丰富，服饰变得更加多样化：牛仔裤、针织套衫、T恤衫、西装、裙子等。皮鞋、运动鞋普及，自做布鞋基本消失。1998年境域内铺上水泥路后，雨鞋逐渐淘汰。

进入21世纪，衣服款式和面料更加丰富。面料包括棉、麻、莫代尔、莱卡、涤纶、腈纶、蚕丝、羊毛、羊绒等。冬季，人们为了保暖大多穿棉毛衫、毛衣或羊毛衫、轻便羽绒服，脚上穿雪地靴、皮靴。春秋季，人们一般穿风衣、卫衣、夹克，脚穿皮鞋或运动鞋。夏季，女性一般穿各式各样的裙子，男性穿短袖或衬衫，脚穿凉鞋或凉拖。村民在企业上班时多穿工作服，中小学生则穿校服。村民的服饰变化紧跟城市流行趋势，城乡已经基本无差别。

二、饮食

（一）日常饮食

中华人民共和国成立前后，村民家庭大多贫困，物质贫乏，最苦的时候没有粮食吃，只能吃糠饼、野草，勉强活命。

60—70年代，计划经济时期，村民吃的粮食来自生产队夏秋收割的小麦和稻谷。小麦加工成面粉，稻谷加工成大米后，按人定额分配到户。村民劳动强度大，米饭吃得多，一般男性劳动力每顿饭吃2~3大碗，女性劳动力至少一大碗。

计划经济时期各类票据
（2020年，新江村摄制组摄）

村民食用菜籽油。每年收油菜籽后，大队到轧油的作坊，将油菜籽轧成油，按人定额向各家分发，每年分一次，吃到次年收割油菜籽时。

村民主要吃自留地里种的蔬菜。除了吃新鲜蔬菜，还会做一些腌菜，如腌萝卜、青菜、雪菜，或用黄豆或蚕豆制作甜豆瓣酱。

村民几乎不吃牛、羊肉，猪肉也很少吃。一般人家会在每年大忙前，到镇上去买几块钱猪肉回家，为劳动力增加营养。过年时，有的生产队会分猪肉。

80年代之后，计划经济转变为市场经济，村民食物逐渐变得丰富，不再限量供应。村民想吃什么就买什么，吃肉不再是一件奢侈的事情，水果、点心等食物，日益多样化。进入21世纪，村民大多已脱离农业劳动，饮食结构也发生了一定的变化，米饭大多只吃一小碗，炒菜注意荤素搭配，吃得少而精。村民基本上不再自己制作腌菜，偶尔买一点吃。牛奶、面包这些之前比较少见的食物，基本上成为家庭必备食物。

（二）传统小吃

新江村的村民主食以米饭为主，一般早上吃米粥，中午吃米饭，晚上有的吃米饭，有的吃面食。村民们还会在节庆日、时令季节或者农忙时节制作定胜糕、粽子、粢饭团、糯米糕等传统点心，一来增添节日喜庆气氛，二来在劳动间隙垫垫肚子。

定胜糕　新江村的传统小吃。以前，村里每逢老人做寿、小孩搭纪（周岁礼）、造屋、抛梁等喜庆日子，亲朋好友都会送几十档寓意吉祥的定胜糕。定胜糕用粳米粉调食，用红粉调色，豆沙做馅，上蒸格里蒸煮而成。因造型颇像金元宝，颜色又红彤彤的，寓意红红火火、蒸蒸日上，所以定胜糕成为喜庆送礼的佳品。

粽子　在端午节食用的时令美食。新江村老一辈的人都会做粽子。一般在端午节前，各家各户开始做粽子。做时，先浸好十几斤糯米，准备好赤豆、红枣、咸肉、咸蛋黄等，洗刷好新芦叶，等糯米浸满2个小时后，开始展叶包粽子。粽子有三角粽和枕头粽，一般家庭会包三四十只，多的则包50~100只送给亲友。以前农忙时村民会带到田头当点心，携带轻便，食用也方便。随着生活条件好转，粽子作为一种传统小吃，仍深受大家喜爱，人们已不再局限于在端午节吃粽子。

粢饭团　新江村历史悠久的小吃。以前农忙时，村民烧一锅糯米饭，再将新蚕豆煮烂搅成糊状加入红糖或白糖做成馅。待饭熟出锅冷却后捏成一个个饭团，包上豆沙馅即可食用，与米粥同食可调节胃口。有时做的多了，可在出远门或田间劳作时，带上几个，配上茶水就可以当作一顿饭或是田间点心。粢饭团因为口味香甜、携带方便、耐饥，成为外出和田间劳作的一种特色美食，颇受村民喜爱。

糯米糕　农家人常食用的时令糕点，有二月二的撑腰糕、重阳糕、年糕、喜糕、孝糕等。糯米糕可分为白糖糕和红糖糕两种。白糖糕一般用白糖拌糯米粉，蒸熟后嵌上红枣、红绿丝等，也有加印"福""寿"等红印章的。红糖糕也是人们经常食用的米糕之一，用红糖糕粉制作，蒸熟后出笼嵌上红枣、葡萄干等，再用红糖浆光面，盖上红印即可。

三、住房

中华人民共和国成立前，境域内大多数人家住的是用毛竹当梁的草房，墙体为泥和稻草混合打成的土墙，屋顶用稻草铺就，房内是泥地。少数人家住瓦房，但房屋大部分低矮，光线不明亮，空间不宽敞。中华人民共和国成立后至六七十年代，除东江大队第4和第5生产队外，柱江大队和东江大队其他生产队村民大多翻建瓦房。草房相对分散，瓦房相对集中。有些人家一户一个宅基，有的两三户一个宅基。

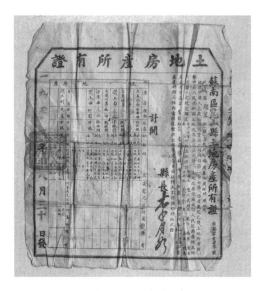

50年代土地房产证
（2020年，周宝明提供）

草房比较简陋，大多数只有一间，里面南北分隔，南半间砌个灶台烧饭，摆张桌子吃饭；北半间为卧室，一家老小全挤在一起。少数草房与瓦房一样，有东西两间或东中西三间。

一般人家的瓦房都是三间，中间是客厅、餐厅，东为卧室，西有灶间，亦兼次卧。少数只有两间，一间为卧室，一间为厨房兼餐厅。宅基地大的人家会有单独的厨房，卧室、客厅比较宽敞。无论草房还是瓦房，家家都有饲养猪和鸡、鸭等家畜、家禽的圈或舍。

在农村，子女长大结婚后一般都另盖房子单住，老人和其中一个儿子合住。50年代，东江大队第4生产队朱坤一家比较富裕，有五儿一女，女儿出嫁，儿子们居家与父母同住。这家住的房子是东江大队第4生产队唯一的瓦房而且是单独的宅基，有好几间房，还有单独的厨房，砌了三眼大灶，还有不小的猪圈和场地。

60年代中期至70年代末，正值知青插队，政府为知青建造的房子为一人一间，一门一窗，红瓦房，由大队提供宅基地，并出劳动力负责建造，材料由政府提供。房子一般为十多平方米，砌一眼灶台，吃喝拉撒全在一屋。有些知青两人合住两间，一间当客厅，一间作卧室，再在瓦房边搭个草房作为厨房。

70年代末到80年代，东江大队和柱江大队掀起建造楼房的热潮。一般人家建有两上三下、三上三下或四上四下楼房，住房比之前宽敞不少，不再有几户人家共用一块宅基地的情况,而是一户一块宅基地。

80年代村民楼房(2012年,新江村村民摄)

楼房为砖瓦结构,层与层之间为预制板,屋顶铺瓦片。房子方位一般坐北朝南,有一个前院,用围墙围住,前院设猪圈和鸡舍。1983年分田到户后,猪圈逐渐消失。楼下一般为客厅、老年人卧室、储物间,厨房以靠近河道为原则,建于楼房东侧或西侧。楼上为卧室。

2004年之后,新江村陆续动迁,村民住进政府建造的商品房小区。每户根据动迁前房屋面积,一般能分到2~3套房子,极少数能分到5套,分配的房子一般为一套大户型配1~2套小户型。楼层有的为6层,有的为12层或18层(12层和18层为电梯房),框架结构,屋内有卧室、客厅、洗手间、厨房,有的还有书房。小户型一般为两室一厅一厨一卫,面积为87~89平方米。大户型为三室两厅一厨两卫,面积为117~132平方米。2020年,新江村村民住房面积达90 689.53平方米,人均住房面积达40.35平方米。

2020年新江村村民住房情况统计,如表9-2-1所示。

表9-2-1　2020年新江村村民住房情况统计表

组别	户数/户	人数/人	住房总面积/米^2	人均住房面积/米^2
1	20	114	4 799.00	42.10
2	15	87	3 228.70	37.11
3	17	114	4 094.95	35.92
4	17	103	5 048.00	49.01
5	19	99	3 467.00	35.02
6	20	119	4 182.00	35.14
7	17	104	3 957.43	38.05
8	18	94	4 277.00	45.50

续表

组别	户数/户	人数/人	住房总面积/米²	人均住房面积/米²
9	18	107	3 998.41	37.37
10	19	94	4 089.87	43.51
11	20	103	4 252.57	41.29
12	24	130	5 880.29	45.23
13	27	148	6 081.85	41.09
14	43	223	8 035.00	36.03
15	18	98	3 092.00	31.55
16	20	117	4 056.60	34.67
17	20	114	5 584.00	48.98
18	21	125	5 224.86	41.80
19	15	81	3 302.00	40.77
20	19	86	4 038.00	46.95

四、家具

中华人民共和国成立后到六七十年代，村民家中家具变化不大，基本上还是原来的木质家具，一般有八仙桌、长条凳、镜台、床。条件好点的家庭有衣橱，条件一般的用大一点的木陶桶堆放衣服。大多数村民随着子女长大，会砍掉宅前屋后的楝树、榆树、杨树等树木，请木匠做新家具。男方娶媳妇，会

灶台（2020年，新江村摄制组摄）

添置八仙桌、长条凳、靠背椅、镜台、床等家具。女方嫁妆除了木桶、木盆、木箱等必需之物外，还有衣橱、柜子、梳妆台、装饰橱之类的大型家具。村民

家灶台为一眼灶、二眼灶或三眼灶，柴火以稻秆、麦秸、菜萁、豆萁、树枝、硬柴为主。

70年代末至80年代，特别是村民搬进楼房之后，家具更新，有了沙发和茶几、盆架、立式碗橱之类。村民逐步使用液化气灶、手把式铁锅、钢精锅等，烧水用煤球炉。

2004年后，村民陆续搬迁进商品房小区，旧家具被淘汰，新房内全部配备现代化家具，包括席梦思床、衣橱、电视柜、沙发、茶几、餐桌、餐椅、鞋柜、不锈钢灶具、吊橱等，装潢别致，设施齐全。

五、家电

中华人民共和国成立后至五六十年代，村民家中只有脚炉、汤婆子以供取暖，用洋油灯照明，没有什么电器设备。60年代后，半导体收音机进入村民家庭。70—80年代，手电筒、黑白电视机、立式电扇、吊扇、电子管收音机、收录机进村入户。90年代，家用电器增多，一般村民家庭都拥有彩电、影碟机、冰箱、空调、洗衣机、热水器、净水器，烧饭用电饭锅、电饭煲。2000年之后，全自动洗衣机、液晶电视机、电脑、微波炉、烤箱等高档设备进入村民家庭，并不断更新换代。

六、交通出行

中华人民共和国成立前后，一般村民出门靠步行或者撑船，由于交通不够便利，村民一般除了赶集和走亲戚之外，很少出门。70年代中后期，境域内自行车逐渐普及，几乎每个村民家里都配有1~2辆自行车。90年代，少数家庭购买摩托车。进入21世纪后，摩托车、电动车成为一般村民家庭最主要的交通工具，少数村民购买汽车。2010年之后，汽车逐渐得到普及。随着城市交通配套设施的完善，村民出行越来越方便，可骑电瓶车，开汽车，坐公共汽车，还能骑政府投资设置在各个居民点的公共自行车。

2020年新江村村民家庭部分财产统计情况，如表9-2-2所示。

表 9-2-2　2020年新江村村民家庭部分财产统计表

组别	户数/户	别墅/套	商品房/套	汽车/辆	电脑/台	手机/部	电动车/辆
1	20	1	50	15	7	92	29
2	15	1	31	15	10	67	14
3	17	1	43	13	17	97	31
4	17	1	48	26	19	81	23
5	19	3	39	11	16	72	28
6	20	2	43	15	17	87	29
7	17	2	42	13	16	81	26
8	18	0	44	12	18	71	24
9	18	1	41	20	12	78	27
10	19	0	43	17	12	72	18
11	20	0	45	7	8	84	37
12	24	0	53	23	21	102	42
13	27	0	54	21	22	113	43
14	43	0	76	32	36	178	65
15	18	0	30	14	14	72	29
16	20	1	42	13	18	90	32
17	20	3	43	19	17	90	23
18	21	0	45	15	17	91	32
19	15	0	38	11	11	62	12
20	19	0	42	13	9	65	18

 第三节 "万元户"家庭

20世纪80年代，年收入在1万元以上的农户被称为"万元户"。境域内东江、柱江村有5户家庭从事个体工商业或者开办公司，成为境域内公认的"万元户"。随着社会的进步和经济的发展，村民的收入逐步提高，至90年代，境域内大部分村民家庭收入远远超过万元。此后，"万元户"这个特殊的词语成为历史。

一、梁文明家庭

梁文明，1947年生，东江自然村人，初中学历。1964年，17岁的梁文明在生产队里当会计。1977年，时年30岁的梁文明投资6万多元，在关皇庙跃进汽车站附近开办昆山县跃进农技汽车修理厂并担任厂长，开展汽车维修、拖拉机维修等业务，当时属于昆山县第二家私营企业。1983年，经陆杨乡提议，该厂转为乡镇企业，原厂的设备作价并入新厂，由乡里投资，请梁文明先后担任书记和厂长，厂名改为昆山县沪昆进口汽车修理厂，客户大多来自昆山、上海、江西等，是全县5家汽车修理厂之一。1983年，梁文明家庭年收入近3万元。1992年，梁文明在昆山市区开办昆山市新城汽车修理厂。至2020年，有2家分厂，分别交给其两个儿子经营。

二、龚水泉家庭

龚水泉，1949年生，郭家港自然村人，小学文化。1976年以前，龚水泉在家务农。1976年，柱江大队作为昆山县四个试点之一，成立农机管理队，龚水泉任机务员，负责大队集体的运输船、拖拉机等农机的维修和管理。1981年，

枉江大队兴办企业，龚水泉被任命为大队袜厂副厂长，1982年担任综合厂（包括羊毛衫厂、农修厂等）副厂长。1983年，陆杨乡农机站招工，龚水泉有农机方面的经验，便去做了农机配件门市部的一名销售员，月工资42元左右。1984年，枉江冶炼厂厂长看中龚水泉懂管理，有技能，把他调回村里，负责冶炼厂生产（铝钉、铸件等）。1986年初，龚水泉接手冶炼厂，任厂长，亲自带头到上海等地跑业务，年收入9 000元左右，加上家里一直种有十几亩地，达到"万元户"标准。1994年，冶炼厂以租赁的形式转给龚水泉个人经营。1998年，龚水泉开办昆山市声江金属材料有限公司，主营金属材料的加工和销售，注册资本为250万元人民币。至2020年，该公司主要由其女儿打理。

三、唐伯元家庭

唐伯元，1950年生，唐家自然村人，初中文化。1966年农业中学毕业后在村里开拖拉机。1978年，时年28岁的唐伯元在陆杨五金厂做厂长。1984年，34岁的唐伯元因工作突出，被聘为陆杨电缆厂厂长，年收入3 000多元。加之家庭养殖（以养兔子和猪为主）收入3 000多元，种田（8亩）收入3 000元左右，唐伯元家庭年收入达到"万元户"标准。1995年，陆杨集体企业转制。1996年，唐伯元接手陆杨集体企业——陆杨塑料厂，这是陆杨第一家集体转私企业，年收入达十几万元。塑料厂主要生产塑料水管，水管销往苏南和苏北等地的自来水管厂。塑料厂于2006年关停。

四、唐培元家庭

唐培元，1955年生，唐家自然村人，小学文化。18岁当兵，1980年退役后回到村里，在村里做了副业办主任和电灌站站长。当时的副业主要是蘑菇大棚，一个大棚年收入2 000~3 000元，除了管理村集体蘑菇大棚和电灌站，唐培元自己还种蘑菇，兼职做运输（船）。通过努力，家庭收入渐涨。改革开放后，头脑灵活的唐培元又开始跑业务，做服装销售，收入更是日增月涨。1984年，唐培元家庭达到了村"万元户"的标准。

五、邵云华家庭

邵云华,1955年生,邵家自然村人,小学文化。1971年,16岁的邵云华在村里开拖拉机。1975年,邵云华参加村里的农机队,负责开运输船。1980年,邵云华进村办袜厂,负责修理机器。1983年,袜厂停办,邵云华到村办羊毛衫厂工作。1985年,邵云华到柱江冶炼厂上班,负责外勤业务,加上妻子种田收入,成为"万元户"。1988年,邵云华翻建全村第一幢楼房,造价2万~3万元。1991年,邵云华担任村办宏达电线厂厂长,该厂生产拉丝和电线。90年代中期,该厂转给邵云华个人,1996年关停。之后邵云华仍然跑业务。2013年,邵云华创办昆山华金顺金属材料有限公司,主营铝材零售业务。2020年以后,公司交由其子女打理。

 ## 第四节 养老保险

养老保险分农村养老保险(简称"农保")和社会养老保险(简称"社保")。1989年,境域内村民开始参加农村养老保险。2015年之后村民全部农保转社保。

一、农村养老保险

1989年,境域内东江、柱江村村民开始参加农村养老保险,由人民保险公司昆山支公司经办,这是一种商业性的、以储蓄积累为主要形式的养老保险模式。1992年6月,昆山市农村社会养老保险公司成立。是年10月,昆山市政府出台《昆山市农村社会养老保险暂行办法》,农村养老保险费由个人出资和集体补助构成,设9个档次,每月每人基本缴费4元,每增加2元升一个档次;男性

参保年龄为 16~60 周岁，女性为 16~55 周岁。

2003 年，新江村开始全面推行基本养老保险，设置两条通道：原储蓄积累式农民养老保险同现行农村基本养老保险政策相衔接，农村养老保险同城镇职工养老保险有机结合。16 周岁以上未领取基本养老金的村民均可参加。农村基本养老保险金按 3∶3∶4 的比例，分别由市、镇财政和个人负担。起始年每人缴纳 420 元，以后每年按城镇职工养老保险缴费标准的 50% 缴纳。领取养老金的年龄为男性 60 周岁、女性 55 周岁，起初每月领取 100 元，70 周岁以上领取 130 元，以后每年递增。2006 年，每月领取 120 元，70 周岁以上领取 150 元。从 2008 年 1 月起，调整农保女性养老年龄，从原来的 55 周岁提前到 50 周岁。2015 年，新江村未达到缴纳年限的村民共 239 人，均折算后由农保转社保。之后，新江村不再有人参加农保，领取农保的人数逐年递减。2020 年，领取农保养老金人数为 61 人，发放养老金 51.68 万元。

2013—2020 年新江村农保养老金发放情况统计，如表 9-4-1 所示。

表 9-4-1　2013—2020 年新江村农保养老金发放情况统计表

年份	人数/人	养老金/万元	年份	人数/人	养老金/万元
2013	122	64.80	2017	78	56.40
2014	109	68.40	2018	67	57.00
2015	97	67.20	2019	64	51.36
2016	88	64.80	2020	61	51.68

二、社会养老保险

2005 年，新江村有工作单位的村民，多以灵活就业形式参加城镇职工社会养老保险。

2009 年，新江村推行农保转社保，退休后享受职工社会养老保险待遇。2020 年，新江村参与社保的人数达到 1 145 人。

2009—2020 年新江村参加社会养老保险人数统计，如表 9-4-2 所示。

表 9-4-2　2009—2020 年新江村参与社会养老保险人数统计表

年份	人数/人	年份	人数/人
2009	240	2015	551
2010	496	2016	399
2011	214	2017	1 050
2012	466	2018	1 078
2013	310	2019	1 133
2014	468	2020	1 145

第五节　医疗保险

境域内村民的医疗保险，从 60 年代的农村合作医疗保险过渡到 2004 年的居民医疗保险。90 年代，境域内全面推行职工医疗保险。进入 21 世纪后，农村合作医疗、城镇居民医疗保险、职工医疗保险这三大医疗保险成为新江村村民主要的医疗保险。

一、农村合作医疗

1969 年，陆桥公社枉江、东江两大队兴办合作医疗，合作医疗基金每人每年收取 3 元（个人缴纳 1 元，集体从公益金中抽取 2 元），村内看病免费，外出看病报销部分医药费。

1976 年，合作医疗由"队办队管"转为"队办社管"，公社成立合作医疗管理委员会（简称"医管会"），配备专职人员，加强管理。医疗基金提高到每人每年 5 元（个人缴纳 2 元，生产队从公益金中抽取 3 元）。

1983年9月后,合作医疗基金由集体筹集转变为个人筹集。基金几度增加,1986年为6元,1987年为8元,1988年为10元,1990年增至15元。除挂号、出诊、注射费自理外,在村卫生室就诊全额报销。合作医疗基金,个人负担30%,集体负担70%。转市以上就诊限额报药费50%(限额300元)。服中药者每贴中药报销1元。

90年代初,在合作医疗传统福利型制度的基础上,新江村根据昆山市政府下发的《昆山市农村合作医疗大病住院统筹章程》,实施大病风险统筹型制度,增加每人每年10元大病风险基金,一次性住院医疗总费用1 000~2 000元报销20%;2 000~5 000元,超过2 000元部分报销25%;超过5 000元报销30%,报销医药费全年总额2 000元封顶。车祸、工伤、自杀等意外事故不予报销。村民凭发票到镇合作医疗管理所(简称"镇合管所",1997年成立)报销。

2000年,东江、杜江村推行城镇职工的做法,实行"家庭储户+住院风险+大病救助+预防保健基金"的"四合一"模式。

二、城镇居民医疗保险

2004年,新江村实施城镇居民医疗保险制度。城镇居民医疗保险基本上采取市、镇、村三级补贴和个人缴纳相结合的方式来实施。城镇居民基本医疗保险筹资标准为每人每年200元,其中居民个人每年缴纳50元,市、镇每年各补贴每人65元,村每年补贴每人20元。此后筹资标准不断上调,2018年,调整为每人每年1 020元,其中市、镇财政共补贴770元,村补贴30元,居民个人承担220元(60周岁以上居民免缴个人缴费部分)。2019年再次上调到1 070元,市、镇补贴和村级补贴不变,个人承担270元(60周岁以上居民免缴个人缴费部分)。至2020年,新江村共有259人参与城镇居民医疗保险。

2010—2020年新江村城镇居民医疗保险情况统计,如表9-5-1所示。

表9-5-1 2010—2020年新江村城镇居民医疗保险情况统计表

年份	人数/人	村补贴金额/元	年份	人数/人	村补贴金额/元
2010	608	12 160	2013	419	8 380
2012	458	9 160	2014	401	12 030

续表

年份	人数/人	村补贴金额/元	年份	人数/人	村补贴金额/元
2015	374	11 220	2018	305	9 150
2016	334	10 020	2019	272	8 160
2017	318	9 540	2020	259	7 770

三、职工医疗保险

90年代初，昆山市始行城镇职工医疗保险业务，主要对象是乡镇机关干部、事业单位编制干部和聘用干部、地方国营企业干部和职工及大集体企业单位干部和职工（含城镇居民）。村少量在企事业单位上班的人员参加职工医疗保险。

1997年3月，境域内全面推行职工医疗保险制度，符合条件参加职工医疗保险的，均可以投保。一些参加城镇居民医疗保险的村民后来也改为参加职工医疗保险。职工医疗保险保费按每年平均工资的9%缴纳，其中单位集体支付8%，个人负担1%。

2005年，无工作单位的村民采用灵活就业人员方式参加城镇职工基本医疗保险。

至2020年，新江村共有1 145人参加职工医疗保险。

2009—2020年新江村职工医疗保险参保人数统计情况，如表9-5-2所示。

表9-5-2　2009—2020年新江村职工医疗保险参保人数统计表

年份	人数/人	年份	人数/人
2009	240	2015	551
2010	445	2016	409
2011	214	2017	1 050
2012	466	2018	1 075
2013	310	2019	1 133
2014	468	2020	1 145

第六节 民生保障

新江村针对老年人、贫穷户、致病致残困难户以及低保边缘人群均有相应的保障措施，且保障越来越精准。2020年，新江村享受最低生活保障补助的有1人，享受最低生活保障边缘补助的有3人，享受五保供养的有2人，享受残疾人两项补贴的达23人次，普惠、精准帮扶106人次。新江村失地农民生活保障包括土地补偿和房屋安置补偿。2020年，新江村除邵家自然村4户未动迁外，其余动迁户全部结清土地补偿款，住进政府提供的安置房。

一、最低生活保障

1998年，东江村和枉江村贯彻执行《昆山市农村最低生活保障暂行办法》，村委会组织专门力量对各村民小组特困家庭一一进行调查登记，并报陆杨镇民政办公室核准。经镇民政办复查考证后确定最低生活保障线为每年1 200元，不足标准的实行补差，补差金额由市、镇、村按4∶4∶2的比例负担。1998年之后，视各年人均收入的不同，保障线也做出相应调整。因此，每年确定的最低生活保障户享受的金额也不一样，一般规律是逐渐增加。

2007年，村低保标准为每人每月240元，突破每人日均消费1美元的国际贫困线标准。2008年1月1日，村低保标准为每人每月350元，从是年起，与城镇标准统一。同时，低保补差金额调整为市、镇两级财政按5∶5的比例负担。

2009年1月1日，低保标准提高到每人每月410元。2010年，提高到每人每月450元。2011年7月1日，调整为每人每月515元。2012年7月1日，调整为每人每月590元。2016年7月1日，调整为每人每月810元。2017年7月1日，调整为每人每月875元。2018年7月1日，调整为每人每月945元。2019

年7月1日，调整为每人每月995元。2020年7月1日，调整为每人每月1 045元，首次突破每月千元。

2020年4月，新江村最后一个低保户退出低保。

2016—2020年新江村最低生活保障情况统计，如表9-6-1所示。

表9-6-1　2016—2020年新江村最低生活保障情况统计表

年份	人数/人	补差金额/元	年份	人数/人	补差金额/元
2016	7	90 200	2019	1	22 040
2017	4	50 840	2020	1	1 856
2018	3	39 288			

二、最低生活保障边缘

最低生活保障边缘制度与最低生活保障制度同步实施，帮扶对象为境域内困难家庭，但还不到最低生活保障标准。2020年，新江村有3人享受最低生活保障边缘补助。

2016—2020年新江村最低生活保障边缘补助情况统计，如表9-6-2所示。

表9-6-2　2016—2020年新江村最低生活保障边缘补助情况统计表

年份	人数/人	补差金额/元	年份	人数/人	补差金额/元
2016	20	90 404	2019	4	35 220
2017	14	58 172	2020	3	11 030
2018	7	42 556			

三、临时救助

日常生活中，境域内一些居民家庭出现突发性人员伤亡事故，或突发疾病需动手术抢救等，造成家庭经济特别困难的，居民家庭可提出申请，由村委会或镇民政办审核批准给予临时救助，解决特殊家庭的燃眉之急。临时救助的金额一般为一次300~2 000元。2020年，新江村无临时救助情况。

2016—2019年新江村开展临时救助情况统计，如表9-6-3所示。

表9-6-3　2016—2019年新江村开展临时救助情况统计表

年份	救助人次	累计支出金额/万元	年份	救助人次	累计支出金额/万元
2016	53	3.20	2018	1	0.15
2017	83	3.78	2019	3	0.60

四、五保供养

村委会对村里丧失劳动能力、无依无靠的孤寡老人实行五保供养。五保供养分为敬老院集中供养和院外分散供养两种形式。新江村现有五保供养老人1人，即倪海元，在2009年申请并通过。倪海元住在村委会为其安排的住处，为院外分散供养。供养标准参照《昆山市居民最低生活保障实施细则》，差额补齐。住院期间护理费以120元/天的标准给予补贴。2020年，新江村五保供养支出金额为1.59万元。

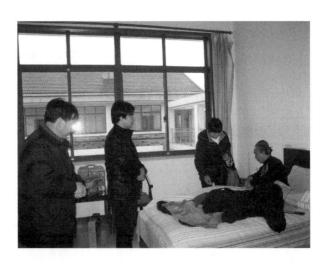

春节走访敬老院慰问村五保供养老人（2018年，新江村村委会摄）

2009—2020年新江村五保供养支出统计，如表9-6-4所示。

表 9-6-4　2009—2020 年新江村五保供养支出统计表

年份	支出金额/万元	年份	支出金额/万元
2009	0.41	2015	0.33
2010	0.79	2016	0.03
2011	0.1	2017	0.37
2012	1.66	2018	0.37
2013	1.01	2019	0.80
2014	0.72	2020	1.59

五、残疾人两项补贴

2016 年 1 月 1 日，新江村实施困难残疾人生活补贴和重度残疾人护理补贴制度。补贴对象为境域内患有一级、二级残疾且需要长期照护的重度残疾人、精神智力残疾人或其他残疾人。补贴标准为：护理补贴 120 元/月。生活补贴，2016 年和 2017 年为 845 元/月；2018 年为 945 元/月；2019 年为 995 元/月；2020 年，有 5 人按 627 元/月标准发放，有 3 人按 1 020 元/月标准发放。补贴采取现金形式按月发放。2020 年，共补贴 23 人次，合计补贴金额 95 940 元。

2016—2020 年新江村残疾人两项补贴发放情况统计，如表 9-6-5 所示。

表 9-6-5　2016—2020 年新江村残疾人两项补贴发放情况统计表

年份	护理补贴人数/人	护理补贴金额/元	生活补贴人数/人	生活补贴金额/元	合计/元
2016	12	17 280	4	40 560	57 840
2017	16	23 040	4	40 560	63 600
2018	15	21 600	4	45 360	66 960
2019	14	20 160	3	35 820	55 980
2020	15	21 600	8	74 340	95 940

六、普惠、精准帮扶救助

从2017年起，新江村按照昆山市实施精准帮扶因病因残困难人员的政策，将境域内因病因残致贫以及因突发重病致困的家庭及人员列为帮扶对象，开展精准帮扶。2017—2020年，新江村涉及病症包括但不限于：癌症、妇科病、心肌梗死、支气管炎、高血压、糖尿病、胃炎、脑卒中（中风）、阑尾炎、慢性肾病、肺部感染、骨折、关节炎、肝硬化、肾结石、脊髓损伤等。2017年，境域内发放最高单笔补助金额35 051元，最高单笔护工补贴1 480元。2018年，境域内发放最高单笔补助金额40 171元，最高单笔护工补贴1 800元。2019年，境域内发放最高单笔补助金额50 000元，最高单笔护工补贴4 500元。2020年，境域内发放最高单笔补助金额32 207元，最高单笔护工补贴1 760元。每年从本村村级经济收益中提取10%作为本村村民医疗普惠补助和住院护工补贴经费。2020年，新江村全年精准帮扶106人次，帮扶总金额达396 733元。

2020年，看病补助、购买药品补助、住院护工补贴标准如下。

（一）看病补助

在医疗方面，根据定点医疗机构医疗发票原件上医疗费用"个人现金支付"金额或个人实际支付医疗费金额给予相应的补助。补助标准以发票上金额加医疗费总支出金额为准，具体为：

（1）支出2 000元至3 000元（含3 000元），给予自负费用20%的补助。

（2）支出3 000元至5 000元（含5 000元），给予自负费用25%的补助。

（3）支出5 000元以上，给予自负费用30%的补助。单个村民当年度累计最高补助额度不超过5万元。

（4）当年度为低保户、低保边缘户、一户多残的家庭全体成员补助标准在前三条标准的基础上再增加10%的补助金额。

（5）持有残疾人证的村民、80周岁以上老人、重点优抚对象、困难党员、劳模、失独父母本人患病看病，补助标准在前三条标准的基础上再增加5%的补助金额。

（二）购买药品补助

针对患有最低生活保障边缘中规定病种的村民，确因疾病需要而购买自费药品的，可凭公立医疗机构医生开具的病历、对应处方和药品发票原件，根据当年度具体购买药品的个人支出额度给予相应标准的医疗补助，具体为：

（1）支出2 000元至5 000（含5 000元），给予自负费用20%的补助。

（2）支出5 000元以上，给予自负费用25%的补助。单个村民当年度累计最高补助额度不超过5万元。

（3）当年度为低保户、低保边缘户、一户多残的家庭全体成员补助标准在前两条标准的基础上再增加10%的补助金额。

（4）持有残疾人证的村民、80周岁以上老人、重点优抚对象、困难党员、劳模、失独父母本人患病买药的，补助标准在前两条标准的基础上再增加5%的补助金额。

（三）住院护工补贴

（1）患有最低生活保障边缘中规定的重病病种的普通村民住院，凭出院小结可享受住院期间每天40元的护工补贴。个人当年度可以享受护工补贴的天数最多为45天。

（2）当年度为低保户、低保边缘户、一户多残的家庭全体成员护工补贴为每天100元。

（3）持有残疾人证的村民、80周岁以上老人、重点优抚对象、困难党员、劳模、失独父母本人，护工补贴为每天70元。

2017—2020年新江村普惠、精准帮扶救助情况统计，如表9-6-6所示。

表9-6-6　2017—2020年新江村普惠、精准帮扶救助情况统计表

年份	人次	护工补贴/元	补助金额/元
2017	64	6 040	229 088
2018	81	5 080	270 834
2019	103	13 980	394 041
2020	106	12 920	383 813

七、老年人福利

从80年代中期开始，东江、柱江村村委会按照镇政府规定，春节给60周岁

以上老人发放过节费,每人每年60元。之后给老人的过节费有所上涨且分等级发放。2020年,新江村向60~79周岁老人每人发放过节费200元,80~89周岁老人每人发放过节费300元,90周岁及以上老人每人发放过节费500元。重阳节,向60~79周岁老人每人发放100元,80周岁及以上老人每人发放150元。老人生日,向60~79周岁老人每人发放100元,80周岁及以上老人每人发放150元。境域内老人过世,村委会发放慰问费800元,另外祭奠物品补贴180元丧葬用品费。

 ## 第七节　失地农民生活保障

2004年,政府规划在新江村建民营工业园区,境域内各自然村陆续开始动迁。同时,政府对新江村失地村民进行土地补偿和房屋安置补偿。

一、土地补偿

(一) 补偿、安置面积的界定

计算被征地村民小组安置补助费的面积基数,参照1983年第一轮土地承包时的计税面积,扣除1998年第二轮土地承包前按政策安置、补偿到位的面积和1998年前镇、村公益事业用地未纳入原"3、6、9"(责任田按每亩300元补偿,自留地按每亩600元补偿,口粮田按每亩900元补偿)补偿的面积后确认。

1983年,境域内补偿面积基数4 378.50亩,其中集体土地4 102.50亩、自留地276亩。1998年之前无安置、补偿面积,1998年前镇、村公益事业用地未纳入原"3、6、9"补偿面积的有195.20亩,至2004年底补偿面积4 183.30亩。

(二) 享受补偿、安置村民的界定

1998年7月31日第二轮土地承包确权发证时,户籍在册并有确权(承包)土地的村民以及1998年7月31日之前征用土地未安置的村民。以下人员不享受补偿和安置:

(1) 行政、事业单位的编内(含退休、退养)人员。

(2) 条线垂直管理单位的固定(含退休、退养)人员。

特殊情况:

(1) 1998年7月31日以后出生的村民,只享受土地补偿费,不享受安置补助费。

(2) 1998年7月31日以后婚入的村民,只享受土地补偿费,不享受安置补助费;婚入人员户口原籍地涉及征地安置的,在户口原籍地确认资格后,按照同组人员同等标准享受安置补助费。

(3) 1998年7月31日以后死亡的人员、现役军人转为干部人员、志愿兵人员、录用为行政单位和事业单位编内人员,以及条线垂直管理单位固定人员的土地补偿费自户口注销、迁出或被正式录用之日起停止发放;安置补助费自户口注销、迁出或被正式录用之日止,对已建立的安置补助费个人账户的余额可一次性支付给本人或法定继承人。

(三) 补偿标准

(1) 一次性土地补偿费,实行按实结算、一次结清、补偿到组、兑付到人的办法。以组为单位的土地补偿费计算公式为:

土地补偿费=耕地前三年平均年产值/亩×10×应补偿面积(亩)×70%

根据上述办法计算出的土地补偿费,按应享受补偿人数分配。

(2) 每年土地补偿费,按调整后责任田400元/亩/年、自留田800元/亩/年、口粮田1 200元/亩/年的标准(简称"4812"),以组为单位延续发放到2015年终止。其中2015年之前达到征地保养年龄(女性满55周岁、男性满60周岁)而享受征地保养金的人员,停止发放。

(3) 地上附着物补偿费、青苗补偿费一次性补偿给承受损失的农户。

(4) 安置补助费,按被征地村民小组享受安置对象人数,每人20 000元为基数,依据征地比例计算,并计入个人账户用于征地保养。

2004—2015年新江村土地补偿情况统计，如表9-7-1所示。

表9-7-1 2004—2015年新江村土地补偿情况统计表

年份	按"4812"结算		当年一次性结算		当年补偿兑付总额/万元
	人数/人	金额/万元	人数/人	金额/万元	
2004	1 579	222.56	0	0.00	222.56
2005	1 650	234.97	94	1.55	236.52
2006	1 691	228.08	97	1.55	229.63
2007	1 674	225.81	97	1.55	227.36
2008	1 684	221.58	418	57.01	278.59
2009	1 697	231.59	714	179.49	411.08
2010	1 529	198.33	0	0.00	198.33
2011	1 526	198.54	0	0.00	198.54
2012	1 527	195.70	0	0.00	195.70
2013	1 506	194.37	0	0.00	194.37
2014	1 494	192.47	0	0.00	192.47
2015	1 487	191.34	0	0.00	191.34

二、房屋安置、补偿

（一）面积确认

（1）安置、补偿面积以主房的建筑面积为依据。

（2）其他附房一律按评估价作价收购。

（3）动迁房屋主房建筑面积小于宅基使用面积，区位补偿按照土地使用面积计算。

（二）安置方式

货币结算 房屋补偿费由房屋补偿金和区位补偿金组成，以现金方式直接支付给动迁户。

房屋补偿金=［基本重置单价×成新率］×主房建筑面积+附房评估作价值+房屋装修评估值+部分附着物残余价值

区位补偿金=区位价（700元/米^2）×主房建筑面积

住房安置　动迁房屋按货币结算后，动迁村民在安置小区（美陆佳园）中购买住房时，价格按主房建筑面积内1 160元/米^{2}加减层次费结算；超过主房建筑面积20平方米以内按1 560元/米^{2}加减层次费结算；超过主房面积20平方米以上按1 760元/米^{2}加减层次费结算；超面积购房最高不得突破30平方米。阁楼按280元/米^{2}结算，购买商品房少于原主房面积，少购部分每平方米奖励360元（面积控制在50平方米以内）。层次差价为：二层-60元/米^2；三层+90元/米^2；四层+120元/米^2；五层0元/米^2；六层-150元/米^2。

车库安置　购买商品房每户原则上可购买一个小车库（小于20平方米）。面积小于6平方米的按每平方米500元结算；超过6平方米、小于8平方米的，超过部分按每平方米600元计算；超过8平方米的，超过部分按每平方米800元结算；每户购买两套以上商品房可选择购买一个大车库（不小于20平方米），其中8平方米按小车库价格计算，其余部分的价格按每平方米1 200元结算。

私人领取营业执照进行经营的农户（如经营小卖部），以户为单位一次性补偿2 400元，无营业执照的一次性补偿500元。

（三）搬迁补贴

（1）空调移机费：每台100元，对已安装有线电视的动迁户可在购买的商品房中转移一套。

（2）搬家费：住宅面积40平方米以内每户补贴300元，每增加20平方米增加补贴100元，最高不超过1 000元/户。

（3）临时安置补助费：动迁户在购买政府建造的安置房后的中转补偿费，以主房的面积为基数，按每平方米6元发放，最短补偿时限不少于12个月，中转期限超过12个月，按实际月份计算。实行货币补偿结算后，不需要住房安置的一次性发放6个月临时安置补助费。

（4）大件农具一律实行作价收购。

（四）动迁奖励

为加快动迁进度，在规定期内签订协议且搬迁完毕交出旧房钥匙的农户，每户奖励6 000元。新江村居民对动迁工作都比较配合，几乎每户都能领到6 000元奖励金。

2009—2020 年新江村动迁进度，如表 9-7-2 所示。

表 9-7-2 2009—2020 年新江村动迁进度表

年份	全村农户数/户	累计动迁户数/户	占比/%	未动迁户数/户	当年动迁户数/户
2009	360	124	34.4	236	32
2010	360	172	47.8	188	48
2011	360	210	58.3	150	38
2012	360	246	68.3	114	36
2013	360	290	80.6	70	44
2014	360	322	89.4	38	32
2015	360	322	89.4	38	0
2016	360	322	89.4	38	18
2017	360	340	94.4	20	0
2018	360	346	96.1	14	6
2019	360	351	97.5	9	5
2020	360	356	98.9	4	5

第十章 村风民俗

　　新江村地处昆山市北部，自古以来浸染江南文化神韵，乡风文明润泽千年，在历史发展的长河中，形成具有时代特色和地域风貌的民俗风情和方言俗语，通过岁时、生活、生产习俗等，可以看到社会发展给村民生活带来的改变，一些旧的、不合理的习俗逐渐被废弃，一些新的习俗出现，还有一些习俗从古至今得到保留。从习俗的沿袭与改变中可以看到，村民的物质生活水平不断提高，生活质量有了很大的提升，一些优秀的传统习俗也得到很好的继承和发扬。与此同时，村民在农事生产和世俗生活中积累了大量的方言俗语等，这些活泼生动的语言体现了村民的朴素智慧和乐观天性。

 ## 第一节 习俗

一、岁时习俗

春节 岁朝,俗称"大年初一"。从除夕夜12点开始,全村家家燃放"开门炮仗",以求吉利。传统说法,哪家先放,哪家财气先到。当家人开门放好炮仗,就开始烧煮"年早饭"。开饭前第一铲刀米饭喂家禽家畜,以示丰年,祈盼来年五谷丰登。早晨,全家人穿着一新,晚辈依次向长辈叩拜贺岁,长辈给晚辈"压岁钱"。家长率晚辈向左右邻里贺岁,互道"新年快乐""恭喜发财"等吉利话。客厅悬挂财神、寿星等轴画,家堂案桌上供奉香烛、年糕、糖果,称为"祭家堂",一家人长幼瞻拜,也有些家庭供祖先遗像,晚辈依次叩拜,怀念祖先。途遇亲朋好友都互相拱手祝贺,并邀请来家做客。书香门第、大户人家都请人将拜帖送至亲朋好友家,俗称"飞帖"贺年,近代远亲都寄"贺年卡"贺岁。邻里、亲友登门习惯用青橄榄泡茶招待,称为"元宝茶"敬客。旧时有很多传统习俗如忌动剪刀、菜刀、杀猪刀,否则会招致血光之灾;动扫帚则扫掉新一年的财气;垃圾习惯堆在屋角,意示"年年有余,堆积如山"。

中华人民共和国成立后相当长的一段时间里,村民大多数依照传统习俗过春节。21世纪,随着智能手机的普及以及微信的诞生,人们开始通过手机短信或微信拜年。2020年,因为新冠疫情,国家提倡就地宅家过年,新江村村民过了一个特殊的春节,取消出门拜年、走亲访友等。

正月十五 农历正月十五为元宵节,又称"上元节"。元宵节不属于国家法定节假日,但村民仍把元宵节作为一个传统节日进行庆祝。旧时到了这天,村里锣鼓喧天,舞龙调狮、猜灯谜、踩高跷、打连厢、摇荡湖船等民间活动热闹非凡，称为"闹元宵"。晚上，全村有着家家放鞭炮接灶君、户户吃元宵的风俗习惯。孩童在家人扎好的灯笼里点上蜡烛，成群结队开展"走马灯"活动，各式各样的灯笼千姿百态，五彩缤纷，成为闹元宵活动的一个亮点。元宵节还有"走三桥"的习俗，每人手持三支香和三包用红纸包着的小石子，每过一座桥就在桥栏杆上插一支香，桥墩上压一红纸包，意可解祸。

农村有"扛田姑娘"的习俗，妇女聚在一起，年长的选用竹篾畚箕，在畚箕的上口插一根银针，畚箕底面用头巾布封住，操作者用中指抬着，无论从田角落里告田角姑娘，还是从坑缸棚里告坑缸姑娘，都有一位口碑好的姑娘跪拜邀请，待畚箕点头三次，意味着告到了。之后将畚箕抬到屋后蹲在铺平的米糠旁，等候人群依次向三姑娘提问，发问内容包括年龄、生日、婚姻、生育、爱好等，气氛热烈。结束后把三姑娘送回原地告谢。

猜灯谜是元宵节娱乐活动的一绝，这一习俗被村民沿袭下来。进入21世纪后，每逢元宵节，政府文化宣传部门或群众都会举办或自发组织猜灯谜活动。

二月二 农历二月初二，俗称"二月二""龙抬头"。此时，村民有吃"撑腰糕"的风俗习惯。据说吃了"撑腰糕"，腰直腿健，干活有劲儿。同时，家家小孩儿剃头消灾，健康成长。此风俗沿袭至今。

清明节 公历4月5日或4日为清明节。旧时境域内百姓习惯于晚过清明，有着清明过后祭祀的说法。对于新亡人则过"正清明"。近年来，祭祀日期已不再严格，从3月30日到4月20日，均能祭祀。

祭祀祖宗，一般上午开祭，烧香点烛，供上"四荤二素"（忌用牛肉、咸肉和咸鱼）、青绿团子、水果、香烟和酒水，当家人先后敬酒3次，然后家人相继跪拜，待香焚尽，化锡箔收祭。过节后上坟挂忏，意示怀念、孝顺。出嫁女儿上坟挂忏，送来甜心青绿团子和竹笋肉心团子。21世纪后，村民们开始送八宝粥、大米（或方便面）、水果等挂忏物品。新亡人断七后，清明节当日家人要在灵台上燃香点烛，烧煮"四荤二素"祭拜，亲戚、主亲前来跪拜哭泣，焚烧银箱衣衫，意示悼念。

旧时，境域内儿童习惯在村头、田头、塘岸边用砖瓦搭灶或掘泥潭灶做饭，叫作"烧野火米饭"，俗称"烧泥羹饭"。

2020年清明节，正值新冠疫情期间，市政府规定暂停群众现场祭扫活动，改为工作人员代为祭扫（2015 年左右，境域内的坟墓统一迁到附近公墓），为每个墓敬献鲜花。苏州市开通"苏城云祭扫"公益信息平台，新江村村民扫二维码或登录"苏州民政""苏州公安微警务""苏州联通小燕"微信公众号，可免费在线祭扫。

立夏 公历 5 月 6 日前后，称"立夏"。是日，村民吃酒酿、咸鸭蛋、蚕豆、金花菜饼、馒头等，大人饮黄酒，孩童吃煮熟的鸡蛋、鸭蛋，寓意吃蛋后夏天不生病。也有的将煮熟的蛋套上网袋，挂在孩童脖子上。孩童之间玩斗蛋，拿各自的蛋与对方的蛋相互碰撞。这一日，大人小孩都要称重，传说称体重可防"疰夏"（苦夏）。

村民制作粽子（2020 年，新江村摄制组摄）

端午节 农历五月初五称为"端午节"或"端阳节"，境域内家家户户门上挂大蒜、艾蓬、菖蒲，意在去瘟逐疫。室内烧苍术、大黄、白芷、芸香等中草药避疫驱毒。村民用芦苇叶或竹筒裹米粽，米里包着鲜肉、赤豆、红枣、豆沙、咸蛋黄等，煮熟后在亲朋好友、邻里之间相互馈赠。旧时习惯用雄黄研末，加菖蒲根梢，泡制成"雄黄酒"，在小孩子的额头、耳朵、手足心涂抹，以避虫叮。小孩身上还要穿印有"五毒"（蝎子、蛇、蛤蟆、蜈蚣、壁虎）的"五毒衣"，还有的头戴虎头帽，脚穿虎头鞋，并在胸前挂上用五彩丝线结成的小网袋，装上蒜头，用来辟邪。

由于村民居家环境的改善和生活的日益城镇化，为居室避疫驱毒和为小孩避虫辟邪的习俗已失去了生存的土壤，基本不复存在，但不少村民仍保留门上挂大蒜、艾蓬、菖蒲的习俗。

七月半 农历七月十五日，古称"中元节""鬼节"。村民在这一天祭祀祖先，以示怀念。这天，要为新亡者举行祭祀悼念仪式，烧香点烛，供奉瓜果菜肴，亲朋好友送银箱焚烧。旧时也有在庙里烧香祝福，夜间放河灯等习俗。现在民间仍有不少居民在家烧制一桌菜肴祭祀祖先。

七月三十日　民间传说农历七月三十日是地藏王菩萨生辰。是日晚，各家在门两侧沿墙角插棒香，有的还把棒香插在瓜果上面，俗称此为"狗屎香"。中华人民共和国成立后，倡导移风易俗，此习俗逐渐消失。

中秋节　农历八月十五日谓"中秋节"，当日要吃馄饨、糖烧芋艿，晚上吃月饼、赏月。旧时，乡间富户大多要烧夜香，用香斗祭月宫，还放上月饼、水果等物品。中华人民共和国成立后，中秋节这一天，小辈们提着月饼、水果看望长辈，以示全家团圆。

重阳节　农历九月初九为重阳节，"九"为阳数，这一天有两个"九"，故名重阳。民间食重阳糕以庆贺，"糕"与"高"谐音，取个口彩，意示万事攀高，生活水平步步升高。重阳节有登高避灾、插戴茱萸、赏菊、饮菊花酒或菊花茶等习俗，以求长寿。民间食重阳糕风俗延续至今。进入21世纪后，重阳节慰问老人成为一种新风俗。

重阳节活动（2020年，新江村村委会摄）

冬至　公历12月21日前后为冬至，这天是一年中夜最长的一天。民间有"连冬起九"的说法，意为这一天是数九寒天的起始日。旧时，民间重视吃冬至夜饭，吃夜饭时有喝米酒的习俗。旧时有"有么吃一夜，呒么冻一夜"悬殊，说明贫富之别。"干净冬至邋遢年"，这是民间预测天气的一种说法，意为如果冬至日天晴，春节期间则要下雨。

腊八　农历十二月为腊月，农历十二月八日称为"腊八"。旧时，每到腊八日，寺院煮粥，内置枣、栗果仁等同煮，称作"腊八粥"，僧人将煮好的粥施散结缘。后来人们逐步把腊八粥作为冬令滋补食膳，并形成了在这一天煮食腊八粥的习惯。腊八粥以花生、莲心、红枣、白果、栗子、冰糖等食品煮成，冬令季节经常食用有延年益寿、祛病保健的作用。现在每逢腊八节前后，境域内有些公益单位会在一定区域施粥，发扬传统，传承中华美德。

廿四夜　农历十二月廿四日,俗称"廿四夜"。旧时,廿三、廿四,民间称之为"年关"或"年尾",有"手不动廿四"的传统说法,意为忙碌辛苦的一年结束了。到了这天,农家田里活计暂告段落,家家开始打扫卫生,整顿清理客堂、衣橱、仓库、柴房、伙房灶间、猪舍牛棚等,称作"掸檐尘",掸檐尘的习俗已流传千百年。此外,在外工作的学徒、长工大多在这天吃过年夜饭,拿了工钱回家过年。

大年夜　农历十二月三十日(小月为二十九日),称"大年夜"或"除夕"。村民们一般在这天贴春联、挂年画、祭祀祖宗、吃年夜饭。吃过年夜饭,长辈给小辈发"红包",名为"压岁钱"(也有的在大年初一发)。大户如有兄弟几人,长兄大年夜过年,其余兄弟则提前过小年,并互相请吃年夜饭。夜间有"守岁"和"炒杂脚"的习俗。炒杂脚即把家中陈放的花生、瓜子炒熟(谓之"炒发禄"),放在桌上,一家人边吃边守岁。至半夜十二点,放过鞭炮后关上墙门、大门,称为"关门炮仗"。

现在,人们大多是在超市选购花生、瓜子、糖果代替炒杂脚,一家人边吃果品,边看央视春晚节目,然后守岁至零时,燃放关门炮仗辞旧迎新。

写春联(2020年,新江村村委会摄)

二、生活习俗

(一)婚嫁习俗

中华人民共和国成立前,男女婚嫁沿袭封建婚姻包办制度。1950年,国家颁布《中华人民共和国婚姻法》，提倡男女婚姻自由，规定男女结婚法定年龄。只要符合年龄的男女双方进行婚前体检，办理结婚登记手续，领取结婚证书，即为合法婚姻，受到国家法律保护。

此外，旧时民间还有两换亲、童养媳、纳妾、叔接嫂、填房等婚姻习俗，现在除了入赘、叔接嫂婚俗还在外，其他习俗在中华人民共和国成立后被人民政府废除。

定亲 旧时，男女在16岁左右时，就有媒人为其说亲，女方父母认为合意的，就将女儿的生辰八字写在红帖子上，叫作"年庚八字"，或称"庚帖"，交由媒人送给男方。男方请算命先生"合八字"，如八字不合，则将庚帖退回女方；如合，男方择吉日，备礼品送至女方家，称"行小盘"，又称"候通"，作为正式定亲。是日，男方要宴请媒人和亲友。

担帖子 定亲之后，男方再郑重选定结婚的"黄道吉日"，写好大红帖子，并附上彩礼送至女方家，称"担帖子"。

结婚 男方娶新娘之日，俗称"好日"。一般用3天时间，第一天"开厨"，第二天"正日"，第三天"荡厨"。正日那天大摆筵席。男方备有新娘坐的花轿、各式盘礼、喜钱等，由媒人、亲友伴随新郎到女方家迎娶。女方备有嫁妆，旧时嫁妆有棉被、"子孙桶"及其他房内用品，富裕人家还有田契。中华人民共和国成立后，嫁妆除了棉被、"子孙桶"，60年代讲"多少只脚"（大橱、五斗橱、凳子的脚），"脚"越多，说明嫁妆越丰盛；70年代讲"三大件"（手表、自行车、缝纫机）；80年代嫁妆包括黑白电视机、收录机、洗衣机等；90年代嫁妆包括大彩电（配影碟机）、摩托车、空调等。旧时迎亲用两只船，一只船供新郎、新娘及迎亲人员坐，另一只船上载女方嫁妆；70年代迎亲用挂浆机船；80年代迎亲用轿车、面包车；进入90年代，迎亲轿车成对，还配有摄像机，把迎亲、结婚场面全程拍摄下来。新娘到男方家，由新郎的舅父抱过门，傍晚前后拜堂成亲，一拜天地和合，二拜高堂父母，三为夫妻对拜。礼毕送入洞房。旧时新郎、新娘入洞房由火烛引入，称为"移花烛"。吃过喜酒，众亲友还要"闹新房"，至夜深方散。进入21世纪后，男女青年确定恋爱关系后，定亲仪式可以省去，双方父母、亲友可以自己设宴商量婚期、礼俗之事。

回门 结婚仪式结束的第二天，新郎随新娘回娘家省亲，俗称"双回门"。

是日，是女方的"正日"，女方要宴请亲友。新婚夫妇必须当天回家，旧时有"一月不空房"之说，此俗沿至今日。

两换亲 中华人民共和国成立前，少数贫苦人家双方都有兄弟姐妹未嫁娶，便商定互换姐妹成亲，谓"两换亲"，又称"姑娘换嫂嫂"。由于双方互知家境清寒，故嫁妆微薄，酒席从简，互不计较。

童养媳 俗称"养媳妇"。中华人民共和国成立前，有的人家子女众多，家境贫困，无力把子女养大，便把女孩儿送给人家当童养媳。有的贫困人家怕以后无力为儿子成婚，便从孤儿院、育婴堂领养小女孩儿作童养媳。多数童养媳处于婢女地位，从小要操持家务，挨打受骂。中华人民共和国成立后，此习俗已消失。

入赘 俗称"做女婿"或称"招女婿"。一般是男方家贫困多子，无力娶亲，男方就婚嫁于女方家，为女方"传宗接代"。旧时，入赘的女婿要改姓女方之姓，所生儿女也姓女方的姓。现今此俗依旧存在，但男方无须改姓女方之姓，子女随男方、女方姓都可以。入赘女婿有继承岳父母遗产的权利，也要承担赡养岳父母的义务。

叔接嫂 兄长死后，弟娶兄长之妻为"叔接嫂"，同样也有兄长接弟媳妇的。中华人民共和国成立后，此现象少有，但必须双方自愿，并办理结婚登记手续，方为合法夫妻。

婴儿站立的木桶
（2020年，新江村摄制组摄）

（二）生育习俗

催生 孕妇怀孕七八月时，娘家将面条、婴儿衣服、尿布、抱被、草纸等送到女婿家，谓之"催生"。女婿家将面条下好后，加上鱼肉浇头，分送给亲友和近邻。

过三朝 婴儿出生后第三天，亲友齐来道贺，本家要设宴请客，办"三朝酒"。届时要请助产的喜娘（又称"老娘"）吃"三朝酒"。产妇要下一次床，婴儿舅家送来的糯米饼、红鸡蛋等要分送亲友和邻居，称"过三朝"。进入21世纪后,"过三朝"习俗逐渐减少,只在至亲间请客送礼。

做满月 婴儿出生满1个月,娘家担"满月饭"给产妇吃,给婴儿剃胎发、修指甲。本家要办"满月酒",称"做满月"。进入21世纪后,"做满月""做百日"的日渐增多。

搭纪 孩子出生满周岁,本家要办酒席,亲友赠送各种首饰、玩具、糖果、蛋糕等,称"搭纪"。

婴儿坐车(2020年,新江村摄制组摄)　　婴儿床(2020年,新江村摄制组摄)

(三)庆寿习俗

旧时,境域内富裕人家的老人年满半百以后,岁数逢十的生日,子女为其祝寿。是日,张灯结彩,堂居正厅壁上悬挂寿星图,两旁挂对联,点寿烛、寿香,供寿桃、寿面等。老寿星坐在太师椅上,子女晚辈叩拜祝贺,亲友也来道贺共庆。中华人民共和国成立后,此俗从简,近年又盛行,且庆寿不拘年龄,如小孩有"做10岁",青年有"做30岁"的。做寿一般提前一年,以图吉利,如庆祝60岁大寿,一般在寿星59岁时举办,名曰"做九勿做十"。

(四)建房习俗

旧时,境域内村民建房破土前,先请阴阳先生看"风水"定吉日。动工前,主人要宴请匠人,邻里、亲友一般都会主动来帮忙。上梁那天,正梁上贴有"三星高照""福""禄""寿"等吉祥词,上正梁时要举行抛梁仪式,作头师傅

(匠人负责人)骑在正梁上,将女主人娘家送来的红、绿被面挂于正梁中段,鞭炮齐鸣,抛下糕、馒头、糖果,下面男女老少竞相争抢。是日,主人要办"竖屋酒",亲友前来送礼贺喜,有的是待建屋结束后办"圆屋酒"。此俗沿至今日,村民买了商品房后也办"圆屋酒"。

(五)丧葬习俗

旧时,境域内丧葬用棺木土葬。临终时,亲人都等候一旁,在外子女须赶回家中,与临终之人见最后一面。气绝,家属讣告亲友(称"报丧"),左邻右舍为丧家点燃地灯,相帮的邻人将亡者从房中移到客堂板门上,让死者头朝南,脚朝北。家属需给逝者换衣洗身,亡者衣服一般为单数,5件或7件,给亡者穿衣须经过"同衣"(男性亡者由儿子负责,女性亡者由女儿负责)。穿衣结束后,理发师给亡者理发修面。之后用新被单盖上,面覆白布,遗体前挂白幔,幔前设供桌,点上一盏油灯,昼夜不熄。老年人死亡当天,其子女要剃头剪发,在"断七"前不再理发。亲友吊唁在供桌前行礼,家属昼夜守灵,有的还请人唱宣卷、念佛。一般停灵2天后入殓。出殡时子女披麻戴孝,亲友也随同送葬。落葬后,送葬者要吃"会丧晚饭"。为纪念死者,在正屋西北角设灵台,立牌位。从死者死亡当天算起,每7天为一个"七",逢七必祭,到第七个七为"断七","五七"最隆重,有的人家还要请道士做道场,焚烧纸扎的房屋(称为"窠"),亲友都要到场。中华人民共和国成立后,丧事从简,一些迷信习俗日渐消失,子女披麻戴孝改为系白束腰或戴黑纱,亲友一般为亡者送花圈、绸被面。1967年后,昆山地区推行殡葬改革,实行遗体火化,骨灰可寄存火葬场,也有的葬于陵园内。80年代后,一些丧葬迷信习俗抬头,丧事排场渐大。2000年以后,政府提倡移风易俗,厚养薄葬,民间丧葬形式渐趋从简。

(六)攀亲习俗

民间的一种认亲方式,有认干爹、干妈求庇护的,更多的是因双方关系密切而认"娘姨亲"。攀过房亲时,由父母领着孩子带上礼品(烟、酒、鱼、肉、水果等)跪认"好爹""好娘",双方父母也攀上了"娘姨亲"(俗称"老娘姨")。每逢过春节,孩子要向寄父母送礼品,寄父母要送"压岁钱"给孩子。待孩子长大结婚时,寄父母要送上"人情"(礼金)。

三、生产习俗

放田财　旧时，农历正月十五日傍晚，境域内农家盛行"放田财"，持稻草火把在自己的田头焚烧，边烧边喊："汰汰田角落，一亩要收三石六……"祈求来年丰收，并视火色测天灾，红则为旱，白则为涝。根据测定的旱涝灾情，农家早做准备，减少来年损失。这种习俗至人民公社化时期渐少出现，至"联产到劳"时已基本消失。

斋田头　农历七月十五日为中元节，境域内农民有祭祀田神的习惯，带上团子、菜肴、瓜果，放在田岸交叉口，跪拜祈祷，祈求丰收。

抬猛将　传说猛将姓刘，出身穷苦，是治蝗虫的能手。后来上了天，被称为"上天皇"。农民为祈求驱虫害、获丰收，每年举行四次"抬猛将"。一般10户左右结成一社，轮流负责供祭。四次"抬猛将"的时间分别为：正月十三日，猛将的生日，称"新年"；三、四月间，称"秧田青"；七、八月间，称"做青苗"；十月，称"砻头"。

 ## 第二节　方言俗语

一、方言

（一）天文气象类

星搬场：流星。

开烊：地面冰融化。

雷响：打雷。

日头：太阳。

敞阳：阳光充足。

阴湿天：阴雨天。

麻花雨：毛毛雨。

秋拉撒：秋雨阵阵不停。

天打：雷击。 霍显：闪电。

阵头雨：阵雨。 作冷：寒潮来临。

（二）地理类

村窠：自然村。 渠道沟：渠道。

田岸：田埂。 坟墩头：坟。

河滩头：河滩。 抄石角：走近路。

啥场化：什么地方。 阴山背后：晒不到太阳的地方。

高墩墩：土丘。

（三）时间类

旧年：去年。 上昼：上午。

格年子：前年。 日中心里：中午。

着格年子：大前年。 下昼：下午。

开年：明年。 夜快：傍晚。

三春郎：阳春三月。 黄昏头：上半夜。

水黄梅：夏收、夏种的季节。 半夜巴：午夜。

热天式：夏天。 昨热：昨天。

冷天式：冬天。 今朝：今天。

该枪史里：这段时间。 明朝：明天。

该歇：现在。 后呢：后天。

老底子：以前。 格热子：那天。

一歇歇：一会儿。 啥辰光：什么时候。

有常时：有时候。 月半：农历十五。

浩烧：快点。

（四）房屋用具类

宅基：住宅用地。 门堂子：门框。

开间：左右墙间距离。 桁条：梁。

进深：前后墙间距离。 窗盘：窗户。

五路头：前后五根梁的房子。 阶沿石：台阶。

七路头：前后七根梁的房子。 房里：卧室。

扶梯：楼梯。

白席：草席。

灶郎刀：切菜刀。

镬子：锅子。

弦线：缝衣针。

油盏头：油灯。

汰衣裳板：洗衣板。

（五）人体类

枯郎头：头。

头皮：头。

光郎头：秃顶。

天门盖：头顶骨。

眼见毛：睫毛。

鼻头管：鼻子。

嘴唇皮：嘴唇。

牙须：胡子。

脚子斑：雀斑。

肩架：肩膀。

肋朋骨：肋骨。

手节头：手指。

节客：指甲。

脚馒头：膝盖。

脚节头：脚趾。

（六）称呼类

好公：祖父。

阿婆：祖母。

外公：外祖父。

外婆：外祖母。

爷、阿爸、爹爹：父亲。

姆妈：母亲。

老伯伯：伯父。

妈妈：伯母。

爷叔：叔叔。

婶娘：叔母。

娘舅：舅父。

舅妈：舅母。

夫夫：姑父、姨父。

姆娘：姑母、姨母。

慢爷、慢娘：后父、后母。

好爹、好娘：寄父、寄母。

小官人：丈夫。

家主婆：妻子。

伲子：儿子。

囡姆：女儿。

图西：子女。

老末拖：最小的儿女。

拜姆道里：妯娌。

亲家公、亲家姆：亲家。

亲眷：亲戚。

小囡家：小孩儿。

小娘头、小姑娘：小女孩儿。

小伙子：青年。

伊：他。

吾伲：我们。

伊特：他们。

老娘：接生婆。

告花子：乞丐。

（七）疾病类

勿受用：不舒服。

发寒热：发烧。

肚里拆：腹泻。

疯症块：皮肤过敏。

黑痧：中暑。

羊头疯：癫痫。

疰车：晕车。

小肠气：疝气。

作脓：化脓。

眯睫眼：弱视。

抓巴眼：斜视。

泛滚：发炎。

死血：冻疮。

猪狗臭：狐臭。

（八）生活类

落起来：起身。

揩面：洗脸。

阁阁嘴：漱口。

汰浴：洗澡。

汰脚：洗脚。

拆施：小便。

吃烟：抽烟。

孛相：玩。

荡荡：散步。

打瞌充：打瞌睡。

困告：睡觉。

打昏度：打呼噜。

吹风凉：纳凉。

温吞水：不冷不热的水。

火着：失火。

（九）婚丧喜事类

讨娘子：娶媳妇。

做新妇：出嫁。

做女婿：入赘。

担盘：送定亲礼。

重身、拖身体：怀孕。

白束腰：白布束腰带（丧事用）。

（十）植物类

娄麦：元麦。

番麦：玉米。

寒豆：蚕豆。

老卜：萝卜。

长生果：花生。

番瓜：南瓜。

谢菜：荠菜。

辣茄：辣椒。

灵眼树：银杏树。

地栗：荸荠。

朝日头：向日葵。

奶奶头草：蒲公英。

（十一）动物类

众牲：牲畜。

羊咩咩：羊。

湖羊：绵羊。

白乌九：鹅。

鸭连连：鸭。

老婆鸡：老母鸡。

老虫：老鼠。

麻将、吊：麻雀、鸟。

菊珠：蜘蛛。

暂节：蟋蟀。

药师他：夏天树上会鸣叫的虫。

游火虫：萤火虫。

癞团：癞蛤蟆。

曲蟮：蚯蚓。

鲸带鱼：带鱼。

柴虾：虾。

田鸡：青蛙。

（十二）饮食类

吃粥：吃早饭。

吃饭：午餐。

吃夜饭：晚餐。

饭磁：锅巴。

化面：下面。

娄青菜：炒青菜。

面老鼠：面疙瘩。

下作、肚里老造：猪的内脏。

下脚：倒掉的剩饭菜。

米山：饭粒。

（十三）日常用语类

打相打：打架。

看面子：讲私情。

看人头：对不同人不同对待。

勿搭界：没有关系。

夹嘴舌：搬弄是非。

叉嘴：插嘴。

犟头别脑：不讲道理。

老面皮：厚着脸皮。

勒杀吊死：吝啬。

板雀丝：挑刺。

轧闹猛：凑热闹。

寻事：有意找人麻烦。

照牌头：倚仗权势达到目的。

骂山门：骂人。

洋盘、捐木稍：吃亏上当的人。

轧道：结伴。

触心、惹气：讨厌。

杨树头：形容两面倒的人。

穿帮：败露。

触壁角：说人坏话。

眼热：羡慕。

收作：收拾。

吃排头：挨训斥。
败行败状：丢人现眼。
乱腔：不讲信用、不讲道德。
烂料：不勤俭节约。
勿说头：倒霉。
勿来事：不可以。
勿晓得：不知道。
呒八：没有。
呒青头：不懂事。
壳张：准备。
勒郎：在。
图死日：不负责任。
蛮来三：能干。
噢佬：后悔。
叨模样：差不多。

摊台：丢面子。
结棍：厉害。
寻开心：开玩笑。
作兴：有可能。
搭将：马虎。
几化：多少。
小辰光：小时候。
勃相干：玩具。
拆空老寿星：一场空。
现世：丢脸。
牵丝爬藤：不爽气。
出客：漂亮。
一塌刮子：全部。
七歪八牵：摆不整齐。

二、谚语

（一）农事谚语

白露白迷迷，秋分稻秀齐。
寒露呒青稻，霜降一齐倒。
人在岸上跳（热），稻在田里笑。
只有懒人，没有懒地。
稻老要养，麦老要抢。
瑞雪兆丰年。
种田人勿识天，哪能种好田。
冬雪是宝，春雪是刀。
立冬勿见叶，蚕豆勿会结。
娘好囡好，秧好稻好。

六月不热，五谷不结。
麦熟过条桥，稻熟过三朝。
寸麦不怕尺水，尺麦就怕寸水。
腊肥一滴，春肥一勺。
三分种，七分管。
热得昏懂懂，六月初三浸稻种。
庄稼一枝花，全靠肥当家。
处暑一声雷，瘪谷绕场堆。
麦秀风来掼，稻秀雨来淋。

(二) 气象谚语

东北风，雨太公。

西南风，热煞忠。

正月廿五下雨——天漏。

二月廿五下雨——地漏。

三月廿五下雨——海漏。

西风响，蟹脚痒。

东虹日头，西虹雨。

一落一个泡，明朝大天好。

一落一只钉，落生落死落不停。

西风刹雨脚。

四九腊中心，冻煞腊虫菌。

冬前勿见冰，冬后冻煞人。

日没胭脂红，勿是雨来便是风。

日环风，夜环雨。

热，热格是七月。

冷，冷格是正月。

乌头风，白头雨。

夏雨隔田生。

春风不着肉，好比刀在割。

清明断雪，谷雨断霜。

三朝迷露发西风。

干净冬至邋遢年。

白露身勿露，赤膊是猪猡。

上初四，下十六，若要天好过廿六。

(三) 其他谚语

金窠银窠，勿及自家狗窠。

新三年，旧三年，缝缝补补又三年。

上梁不正下梁歪。

聪明一世，糊涂一时。

越吃越馋，越困越懒。

养儿防老，积谷防荒。

一只碗不响，两只碗叮当。

三个臭皮匠，合个诸葛亮。

死了杀猪人，勿吃带毛猪。

千金难买老来瘦。

兔子不吃窠边草。

只许州官放火，不许百姓点灯。

敬酒不吃吃罚酒。

冷粥冷饭好吃，冷言冷语难听。

不见棺材不落泪。

死马当活马医。

三百六十行，行行出状元。

爷有娘有，勿及自有。

一年之计在于春，一日之计在于晨。

善有善报，恶有恶报，不是不报，时辰勿到。

好马不吃回头草。

比上不足，比下有余。

世上无难事，只怕有心人。

画龙画虎难画骨，知人知面不知心。

亲兄弟，明算账。

只有千年做贼，没有千年防贼。

有借有还，再借勿难。

日里不做亏心事，半夜敲门不吃惊。

嘴上呒毛，办事勿牢。

不听老人言，一世苦黄连。

大人不计小人过，宰相肚里好撑船。

棒头上出孝子，筷头上出逆子。

小洞不补，大洞吃苦。

若要人不知，除非己莫为。

在家靠父母，出门靠朋友。

年轻吃苦风吹过，老来吃苦真正苦。

一朝天子，一朝臣。

铜钿眼里翻筋斗。

人比人，气煞人。

村上有个好嫂嫂，全村姑娘都带好。

满碗饭好吃，满口话难讲。

清官难断家务事。

癞痢头儿子自家好。

斧头吃凿子，凿子吃木头。

万宝全书缺只角。

不怕不识货，就怕货比货。

好汉只怕病来磨。

一个和尚挑水吃，二个和尚扛水吃，三个和尚呒水吃。

酒逢知己千杯少，话不投机半句多。

冰冻三尺，非一日之寒。

牛吃稻柴鸭吃谷，各人头上一爿福。

三、歇后语

哑子吃黄连——有苦说勿出。

狗捉老虫——多管闲事。

泥菩萨过江——自身难保。

小癞子撑伞——无法无天。

乌九碰石头——硬碰硬。

蛇吃黄鳝——死屏。

墙头上刷白水——白刷（说）。

蜻蜓吃尾巴——自吃自。

棺材里伸出手——死要。

老母鸡生疮——毛里有病。

兔子尾巴——长不了。

背心上拉胡琴——拉勿（不）着。

慢娘的拳头——早晚一顿。

缺嘴拖鼻涕——顺路。

三只指头捉田螺——稳笃笃。

十五只吊桶打水——七上八下。

外甥提灯笼——照舅（旧）。

月亮里点灯——空挂明。

飞机上吊蟹——悬空八只脚。

脱底棺材——呒收作。

卫生口罩——嘴上一套。

顶石臼做戏——吃力勿讨好。

驼子跌跤——两头勿着实。

老鼠钻在风箱里——两头受气。

叫花子吃死蟹——只只好。

王小二过年——一年不如一年。

城头上出棺材——远兜转。

猫哭老鼠——假慈悲。

肉包子打狗——有去无回。

脚踏西瓜皮——滑到哪里是哪里。

八仙过海——各显神通。

脚炉盖当镜子——看穿。

肉骨头敲鼓——昏（荤）冬冬。

第十一章　人物　荣誉

　　新江村地处昆山北部，得天独厚。在这块充满灵气的宝地上，孕育了不少英才志士和能工巧匠。中华人民共和国成立前，明代戏曲作家梁辰鱼的《浣纱记》唱响大江南北。中华人民共和国成立后，新江村更是人才辈出，有多人考入重点大学，更有多名学子出国深造。在社会主义现代化建设进程中，新江村村民在党和国家的领导下，为国家和家乡的建设添砖加瓦，赢得了许多荣誉。新江村先后获评"江苏省卫生村"、"全国亿万农民健康促进行动先进村"、"苏州市民主法治村"、"苏州市公共文化服务优秀村"及"昆山市精神文明建设先进村"等荣誉称号。

第一节 人物

新江村历史悠久，人文荟萃，每个时代都涌现出一批优秀人物。古有戏曲作家梁辰鱼，今有奋斗在各行各业的优秀人才。至2020年，新江村有大专及以上学历者517人，其中有硕士研究生学历者18人，本科毕业228人，他们为新农村建设注入了新能量。

一、人物传略

梁辰鱼（1519—1591），明代戏曲作家。字伯龙，号少白，自署仇池外史。昆山人，祖籍河南省开封，先祖梁元德任昆山知州，遂定居昆山，居巴城澜漕里（境域内）。梁辰鱼生性豪放，喜游历，足迹遍吴楚间，尤善度曲。魏良辅（1489—1566）精通南北曲，对昆山一带戏曲腔调进行整理、加工，形成一种新调，即"水磨调"，也就是人们常说的昆山腔。伯龙起而效之，独得其传，与郑思笠、唐小虞、陈梅泉等进一步改进。张大复《梅花草堂笔谈》卷十二记载："金石铿然，谱传藩邸戚畹，金紫熠爚之家，而取声必宗伯龙氏，谓之'昆腔'。"他创作的传奇剧本《浣纱记》（原名《吴越春秋》）首先采用新腔并用乐器为之伴奏，后搬上舞台，大获成功。北京建造中华世纪坛青铜甬道时，将梁辰鱼和《浣纱记》记录进了代表中华民族5 000多年文明史的青铜铭文中。

龚小山（1930—1974），郭家港自然村第9生产队人，为家中独子。1950年抗美援朝战争爆发，龚小山积极报名加入中国人民志愿军队伍，成为一名工程兵。战争期间，龚小山在"一切为了前线，一切为了胜利"的思想指导下，修筑坑道，排雷扫雷，构筑指挥所，在敌军的炮火下，搜集敌军的军机火炮以助我军需。1953年，龚小山退役回家，发现父母已于前一年去世。退役后的龚小山回家种田，土改时分到地主家的三间房。1954 年，龚小山在乡邻的帮助下娶妻生子，做过贫下中农的代表、生产队代表，平素积极学习厨艺帮助村邻，谁家有红白喜事需要烧菜，过年过节时需要蒸糕，龚小山都会出手相助。1974 年，龚小山因病去世，留下妻子和 3 个子女。

戴修士（1932—1995），昆山城镇居民。1950 年参军，同年参加抗美援朝战争，在部队立四等功一次。戴修士从部队复员后随父去了兰州，在兰州结婚。1962 年，戴修士回昆山，下放到农村（原陆杨横溇 11 组，现玉山镇新江村关皇自然村）安家落户。戴修士做过赤脚医生，育有一女两子。1993 年，戴修士全家恢复城镇居民户口，迁入陆杨镇。

梁铸元（1917—2013），西澜漕村梁家港人，明代戏曲作家梁辰鱼后人。梁铸元由前辈传艺，自小就善唱昆曲，以堂名为业，平时务农为主。杨守松在《昆虫小语》中写道："他的家住在西澜漕村，如今习惯都叫'梁家宅'了。梁家宅大多姓梁。九十多岁的梁铸元，是昆山仅剩的三位堂名老艺人之一，可惜再无继承者。"

二、人物简介

曹维锡 1930 年 9 月生，西江自然村人。中华人民共和国成立前，曹维锡以给地主家放牛为生，常常吃不饱饭。中华人民共和国成立后，曹维锡报名加入中国人民解放军，在部队表现积极，立二等功 1 次、三等功 2 次。1973 年，曹维锡退役，在昆山晶体管厂工作，任工会主任。1979 年任晶体管厂党支部委员，1982 年任人保科科长，1983 年任工科科长。1955 年，曹维锡结婚，并育有二子一女。曹维锡热爱祖国、热爱党，生活朴素，为人乐观。

曹维锡军功照
（2020 年，新江村摄制组摄）

陆文霞 1932 年 1 月生，东江自然村人。从 1938 年起，断断续续读了几年

陆文霞（2020年，方姣摄）

私塾。1945年，学种田和园作（桶匠）手艺。中华人民共和国成立初期，陆文霞担任村行政组组长，并在关皇乡土改中勇挑重担。1951年2月，陆文霞加入共青团，任关皇乡团支部书记。1952年9月，加入中国共产党，积极宣传贯彻党在过渡时期的总路线。1954年，任关皇乡乡长。1955年，任陆桥乡党总支部书记。1957—1964年，调至周市公社，先后担任生产委员、组织委员、社长、党委委员等职。1964—1967年，在江苏省干部文化学校学习。1968—1970年，陆文霞到周市公社任公社干部，带领渔业大队开荒种田，帮助36户渔民过上亦渔亦农的生活。1970年，调入石牌公社，任党委副书记，帮助村民开垦荒田，扩大水稻种植，实现粮食产量提升。1977年，调至蓬朗公社，任党委书记、革命委员会主任，在蓬朗公社抓种植、促生产，实现水稻亩产998.8斤，夺得全县第一的好成绩。1980年，陆文霞被选为农业先进代表，参加江苏省农业先进代表会议，受到时任省长惠浴宇嘉奖。1981年，调到县委农村工作部任副部长。1984年1月，调任县粮食局局长至退休。陆文霞在工作中认真学习，多次深入一线调查研究，做到科学决策和实事求是。退休后的陆文霞坚持老有所为，先后任昆山老年体育协会副主任、老区建设促进会常务理事等职务，退休不退志。

范林生 1933年8月生，郭家港自然村人。8岁时从无锡逃难来到境域内居住。中华人民共和国成立前，在咸子泾渡口做摆渡人。1950年，加入抗美援朝后备军编制，编入昆山部队，归属步兵连，给连长做过通讯员，帮着送信、发放文书等。1952年转为工兵，曾参与修建无锡军用机场，结束后在监护大队做通讯员。1953年，抗美援朝结束后复员回家。1964—1983年，任枉江大队民兵营长兼治保主任，管理民兵和负责当地治安，曾作为营长到昆山参加训练。1975年，任郭家港机灌站站长至退休。

梁雪生 1946年8月生，西澜漕村梁家港人。明代戏曲作家梁辰鱼后人，司笛艺人，中专毕业，梁铸元的子侄辈。1969年，在东江小学做语文教师。1978年，调入跃进小学做语文教师。1985年，调入陆杨中心校做教师直到退休。因喜好吹奏，跟随周市人夏湘如学习吹笛，退休后加入昆山玉山曲社。梁雪生擅长司笛，自习二胡和扬琴，多次参加文艺演出，并随曲社到兄弟县进行交流，自导自演的说唱节目获得过地方演说比赛二等奖。2000年，接受中央电视台《海峡两岸》栏目组"寻访梁辰鱼后人"节目的采访，并接受过《昆山之路》作者杨守松的采访。

朱凤彪 又名朱阿三，1951年7月生，公司自然村人。水产养殖专家。80年代初，朱凤彪租邻村农户40多亩低洼地挖鱼塘，尝试池塘养鱼，通过学习和辛勤付出获取丰厚回报。1983年，朱凤彪接管集体水产养殖场。1992年4月，任养殖场场长，用3年时间扭亏增盈，后承包经营陆杨集体水产养殖场，10年间，扩大养殖规模至300亩。朱凤彪在养殖传统"四大家鱼"的基础上，引进南美白对虾、青虾、黄颡鱼、花骨鱼、白丝鱼、斑点叉尾鮰、细鳞斜颌鲷等名特优新品种，年产优质水产220余吨，养殖效益逐年攀升，养殖场也成为农业部水产健康养殖示范场、昆山市农业龙头企业和江苏省十佳科普养殖基地、江苏省科普惠农优秀服务站。作为水产养殖界的翘楚，朱凤彪通过基地的科技示范效应带动周边200多个水产养殖户一起发家致富。朱凤彪也因此获得"全国科普惠农带头人""省渔业科技优秀示范户""昆山市优秀共产党员"等荣誉。

朱凤彪（2020年，新江村摄制组摄）

沈水林 1958年8月生，横江自然村人。昆山江华日用化工厂总经理。1995年，租用新江村厂房，创办江华日用化工厂，后由于市场经济的冲击，业务减少。2000年，购置企业用地，重办江华日用化工厂，经过一年的努力，企业业绩不断提升。同时沈水林还帮助安置农村剩余劳动人员及大龄失业人员。沈水林不仅是村里的致富带头人，其创办的企业还成为村办企业的典范。

赵虎生 1963年2月生，鳗鲤河自然村人。江苏省昆山市第一中学高级教

师。1981年，考入苏州大学。本科毕业后，在苏州大学工学院计算机应用专业研究生班学习，取得研究生结业证书。1985年7月毕业后，分别在陆杨中学、昆山市第一中学工作。在学习和工作中勤勤恳恳，参加过苏州市中小学骨干教师研究班，获评苏州优秀工作者。工作期间，赵虎生有多篇文章发表于省级刊物上，另有论文分别在昆山市、苏州市各级比赛中获奖。教学工作优异，多次荣获苏州教学和昆山教学等奖项。

朱全福 1963年6月生，咸子泾自然村人。1980年考入大学，现为苏州科技大学文学院教授。出版学术专著3部，发表学术论文40余篇，在学校主要为本科生上基础写作、应用写作、明清小说研究、汉语速记、古代小说研读等课程。曾获省市级优秀科研成果奖多次，被评为苏州科技大学优秀教师。

梁慧玲 1975年11月生，东江自然村梁家港人。中国作家协会会员，从事儿童文学写作，曾获冰心儿童文学新作奖、首届《儿童文学》金近奖及第八届《儿童文学》擂台赛铜奖等。作品多次入选中国年度儿童文学精选、漓江版年度童话选及多种儿童文学丛书，发表、出版作品百万余字。著有长篇幻想文学《青龙奇谭》《双生火焰》，童话短篇集《织云鹤》。

吴涛 1986年8月生，公司自然村人。毕业于无锡工艺职业技术学院，中共党员。2018年12月，成立昆山市玉山镇咪噇食品商行，有4家门店，产品种类丰富，达6 000余种，涵盖全球30多个国家，全年销售额达1 500万元左右。他立志打造具有昆山特色的零食品牌。吴涛热心公益事业，以己之力资助4名贫困儿童。2020年新冠疫情期间，向武汉黄冈老年公寓、华中科技大学同济医院附属协和医院、湖北省十堰市太和医院、武汉市公安局江岸区分局警务站、昆山市周市人民医院、昆山市锦发富民合作社邻里中心捐赠口罩等物资，同时向周边小区物业人员和邻居捐赠口罩。重阳节为昆山市玉山镇养老院捐赠食物和牛奶。作为一名党员，吴涛充分发挥党员的带头作用，响应政府号召，奉献爱心，温暖众人。

朱德胜 朱凤彪之子，1987年7月生，大专学历，中共党员。2009年，朱德胜子承父业从事特种水产养殖工作，利用所学专业知识，在昆山市周市镇建立陆杨特种水产养殖示范基地；设立农业广播电视学校学习点，带动村民学习新的养殖技术，发展养殖业；同时开发乡村旅游业，学习网络销售新模式，带

朱德胜（2020年，新江村摄制组摄）

动农民脱贫致富。2011—2013年，朱德胜的养殖场荣获"三星级农民专业合作社""江苏省优秀科普惠农服务站""昆山市级农业产业化龙头企业""农业部水产健康养殖示范场"等称号。朱德胜组建水产专业合作社，带领大家抱团发展。2017年，朱德胜被评为江苏省乡土人才"三带"（带领技艺传承、带强产业发展、带动群众致富）新秀；2018年，获评昆山市首届"新型职业农民标兵"；2019年，获得"苏州市农村青年致富带头人"称号；2020年，养殖基地被评为"苏州市农业产业化龙头企业""江苏省示范家庭农场"，以及"苏州市十佳家庭农场"。

三、人物名录

（一）退伍军人

1949年10月，西江自然村青年曹维锡报名参加中国人民解放军。1950年，关皇自然村青年戴修士加入中国人民解放军，郭家港自然村青年龚小山、范林生报名加入中国人民志愿军。

1955年，国家颁布《中华人民共和国兵役法》，开始实行义务兵役制。境域内年满18周岁的村民自觉报名，以大队（村）为单位，择优选送。1957—1963年，境域内因血吸虫病而免征义务兵，1964年恢复征兵。至2020年，新江村共有46人应征入伍，其中获二等功1人次、三等功9人次、四等功1人次，获部队嘉奖28人次，获优秀士兵称号3人，获学雷锋奖1人次。

2020年新江村退伍军人，如表11-1-1所示。

表11-1-1　2020年新江村退伍军人一览表

序号	组别	姓名	出生年份	政治面貌	入伍年份	退伍年份	备注
1	1	唐培元	1955	党员	1976	1980	
2	1	陶伯华	1981	党员	2001	2004	

续表

序号	组别	姓名	出生年份	政治面貌	入伍年份	退伍年份	备注
3	2	唐 华	1987	党员	2008	2010	优秀士兵
4	3	邵海林	1960	群众	1978	1983	
5	5	陆伯良	1963	群众	1982	1986	
6	5	季小刚	1979	群众	1998	2001	
7	7	龚建林	1958	群众	1978	1981	连嘉奖1次
8	7	龚保兴	1963	群众	1980	1984	嘉奖1次
9	8	范林生	1933	群众	1950	1953	
10	8	范凤其	1954	党员	1974	1978	嘉奖1次
11	8	冯阿三	1976	党员	1994	1997	
12	8	王金伟	1984	党员	2002	2004	营嘉奖1次
13	9	龚小山	1930	群众	1950	1953	已逝
14	9	龚全林	1956	党员	1975	1978	
15	10	郭龙生	1955	党员	1977	1980	团营嘉奖1次、三等功1次、连嘉奖5次
16	10	龚永琪	1958	党员	1977	2020	
17	10	龚永平	1965	党员	1983	1987	
18	10	龚学明	1965	党员	1986	1991	
19	10	龚建明	1972	党员	1990	1993	
20	10	杨启贵	1988	党员	2009		三等功1次
21	11	梁 峰	1973	党员	1993	1997	三等功1次
22	12	陈友根	1957	党员	1976	1980	三等功1次，获学雷锋奖
23	12	梁建青	1963	党员	1982	1986	
24	12	陆阳阳	1992	群众	2011	2013	
25	12	项 杰	1992	党员	2012	2014	优秀士兵

续表

序号	组别	姓名	出生年份	政治面貌	入伍年份	退伍年份	备注
26	14	王小鹏	1969	党员	1987	1991	
27	14	王国华	1976	群众	1994	1997	
28	14	孙学勇	1980	群众	1999	2001	
29	15	魏家宽	1957	党员	1976	1981	连嘉奖4次
30	15	周立成	1956	党员	1974	1981	连嘉奖5次
31	15	周 军	1983	党员	2001	2003	
32	16	戴亚刚	1976	群众	1994	1997	
33	16	戴国华	1976	群众	1994	1997	优秀士兵
34	16	倪戴丹	1982	群众	2000	2002	
35	17	张惠林	1948	群众	1968	1973	五好3次、营嘉奖2次、连嘉奖4次
36	17	李茂友	1957	群众	1970	1973	
37	17	倪永清	1977	党员	1995	1998	三等功1次
38	18	曹维锡	1930	党员	1949	1973	二等功1次、三等功2次
39	18	梁兴元	1953	党员	1975	1977	
40	18	陆宝宝	1961	群众	1979	1983	嘉奖3次
41	18	唐文根	1962	党员	1980	1986	
42	18	李 刚	1983	群众	2001	2003	
43	20	戴修士	1932	群众	1950	1953	四等功1次
44	20	袁小弟	1958	党员	1976	1981	
45	20	陆根沙	1965	党员	1983	2013	三等功1次
46	20	潘惠清	1977	群众	1995	1998	三等功1次

（二）入党50年以上党员

2020年，新江村入党50年以上党员有顾三男、梁文忠、黄德纪、袁根福4人。如表11-1-2所示。

表 11-1-2　2020 年新江村入党 50 年以上党员一览表

姓名	性别	民族	出生年月	入党年月	家庭住址
顾三男	男	汉族	1935 年 12 月	1965 年 12 月	美陆佳园梅苑
梁文忠	男	汉族	1940 年 10 月	1965 年 1 月	美陆佳园梅苑
黄德纪	男	汉族	1943 年 8 月	1965 年 4 月	美陆佳园竹苑
袁根福	男	汉族	1944 年 12 月	1965 年 1 月	美陆佳园桂苑

（三）企业家

70 年代，境域内的东江大队、枉江大队各自开办许多集体企业，在提高村民收入、解决就业的同时，境域内涌现大批优秀的创业者及管理者。大队（村）集体企业改制后，他们又成为大队（村）办企业的领航人。

1975—2020 年新江村境域内企业负责人，如表 11-1-3 所示。

表 11-1-3　1975—2020 年新江村境域内企业负责人一览表

序号	姓名	出生年月	企业名称
1	梁文明	1947 年 2 月	陆杨汽车修配厂
2	梁红峰	1948 年 7 月	陆杨彩印厂
3	朱凤彪	1951 年 7 月	陆杨养殖场
4	邵云龙	1952 年 7 月	昆山欣鑫铝业有限公司
5	唐培元	1955 年 6 月	昆山市光明电缆辅料厂
6	邵云华	1955 年 9 月	枉江拉丝厂
7	梁义勇	1956 年 9 月	东江印刷厂
8	邵雪元	1957 年 1 月	邵雪元钢管商行
9	张伏弟	1962 年 6 月	上海乐亭建筑装潢有限公司
10	徐宝琪	1962 年 6 月	昆山市蓬加精密五金有限公司
11	王夫根	1962 年 4 月	陆杨富明包装厂
12	龚凤兴	1963 年 9 月	大百科实验室设备工程（江苏）有限公司
13	龚仁龙	1965 年 9 月	昆山市振龙建筑门窗有限公司

续表

序号	姓名	出生年月	企业名称
14	唐建平	1965年5月	昆山市平安驾校
15	沈建平	1966年4月	昆山鑫中禄金属材料有限公司
16	陆建华	1966年11月	昆山市张浦富威电子有限公司
17	龚水泉	1967年12月	昆山市声江金属材料有限公司
18	唐六连	1968年10月	陆杨六连修理部
19	张志民	1968年12月	昆山市周市鼎新交通事故理赔咨询服务中心
20	龚文学	1969年9月	昆山梵尔特机械制造有限公司
21	金新宇	1969年2月	昆山阿乐迪制衣有限公司
22	梁志清	1969年8月	陆杨汽修厂
23	戴志强	1971年7月	昆山市日惠包装用品有限公司
24	邵玉林	1973年1月	昆山威喻包装用品有限公司
25	宗明东	1978年12月	昆山道普润滑科技有限公司
26	龚庆华	1978年9月	昆山哈特精密机械有限公司
27	沈水林	1958年8月	昆山市江华日用化工厂
28	高　杨	1981年12月	昆山威皇新世纪塑胶制品有限公司

（四）境域外任职人员

新江村纳入昆山高新区玉山镇民营开发区建设整体规划，吸引了大量的有志之士加入，同时也有境域内的优秀人才在外就职，他们在各行各业中发挥着带头作用，其中有记录的在境域外任职的人员有24人。

2020年新江村境域外任职人员，如表11-1-4所示。

表11-1-4　2020年新江村境域外任职人员一览表

序号	组别	姓名	性别	出生年月	工作单位	职称职务	备注
1	1	唐加林	男	1954年3月	昆山市卫生局	卫生局副主任、财务科长	退休
2	1	唐加明	男	1958年5月	昆山市档案局	主任科员、档案局副局长	

续表

序号	组别	姓名	性别	出生年月	工作单位	职称职务	备注
3	1	唐玉其	男	1967年7月	昆山市周市镇政府	周市镇团委书记、工会主席	
4	1	唐唯一	女	1992年12月	昆山市总工会组织部	副部长	
5	2	唐全龙	男	1960年7月	陆杨中心小学	校长	
6	3	邵雪明	男	1964年9月	苏州邵雪明律师事务所	律师	
7	4	汪漪霞	女	1949年11月	陆杨镇经济服务中心	主任	
8	4	邵明岗	男	1974年6月	周市镇农村工作局	副局长	
9	6	陆凤鸣	男	1962年6月	南京邮电大学	副教授	
10	6	顾东明	男	1964年10月	周市镇春晖小学	高级教师、校长	
11	6	陆根元	男	1962年5月	周市镇党委	镇党委副书记	
12	6	朱全福	男	1963年6月	苏州科技大学	教授	
13	6	朱全明	男	1964年10月	周市镇春晖小学	高级教师	
14	9	龚永琪	男	1958年3月	中国人民解放军南京政治学院	正团职处长	
15	10	董云开	男	1947年2月	周市镇经济服务中心	主任	退休
16	12	陈友根	男	1957年8月	周市镇劳动服务所	所长	
17	12	梁建新	男	1963年8月	周市镇劳动服务所	所长	
18	13	梁文林	男	1937年9月	陆杨农机服务站	站长	
19	13	梁金花	女	1981年1月	江苏大学外国语学院	教师	
20	14	邵庆华	女	1959年10月	昆山市计划生育委员会	副主任科员	
21	17	赵虎生	男	1963年2月	昆山市第一中学	教师	
22	17	赵志英	女	1965年10月	南京科技职业学院	副教授	
23	19	陆根沙	男	1965年8月	浙江省体育局	处长	
24	19	梁冬林	男	1967年12月	周市镇社区工作领导小组办公室	支部书记	

（五）插队知青

1964—1968 年，境域先后接收并安置知识青年 117 人，其中女性有 55 人。这些知青分别被安置在东江大队（59 人）、柱江大队（48 人）、跃进大队（10 人）。知青被分配在落户的生产队，住在知青生活楼，平时与社员一起参与劳动，劳动记工分，年收入（含粮食和现金）大多为 220~300 元。

插队知青照片（2020 年，知青赵丽萍提供）　　插队知青照片（2020 年，知青赵丽萍提供）

1976—1979 年，知青们陆续迁回苏州、江阴和昆山本籍，少数知青因死亡或婚嫁而没有迁回原籍，也有个别知青被安排在昆山工作，户籍留在昆山。

1964—1968 年新江村境域内插队知青，如表 11-1-5 所示。

表 11-1-5　1964—1968 年新江村境域内插队知青一览表

大队组别	姓名	性别	迁入年份	原居住地	安置地	备注
东江1组	张荣洲	男	1964	江阴	江阴养路公区	
	孙宗德	男	1964	江阴	江阴养路公区	
	韩小平	女	1964	江阴	江阴	
	夏燕华	女	1964	江阴	江阴	
	吴　琇	女	1964	江阴	陆杨线厂	
	陈世凤	男	1968	苏州附中	苏州五交化公司	
	吴福康	男	1968	苏州附中	苏州碳黑厂	
	杨子初	男	1968	苏州附中	苏州水利局	

续表

大队组别	姓名	性别	迁入年份	原居住地	安置地	备注
东江1组	许康廉	男	1968	苏州附中	昆山检验检疫局	
	徐崇谦	男	1968	苏州附中	苏州	
	华尔铿	男	1968	苏州附中	苏州	1971年逝世
	施佩珍	女	1968	苏州七中	苏州	
	陈秀珍	女	1968	苏州七中	苏州	
	吴云妹	女	1968	苏州七中	苏州	
	王金妹	女	1968	苏州七中	苏州	
	杨连媛	女	1968	苏州七中	昆山	
	赵学诊	女	1968	昆山	昆山	
	杨才喜	男	1968	昆山	昆山	
东江2组	马国良	男	1968	苏州七中	苏州	
	陈秀珍	女	1968	苏州七中	苏州	
	王洪宝	男	1968	苏州七中	苏州	
	陈冬娣	女	1968	苏州七中	苏州	
	沈菁菁	女	1968	苏州附中	苏州	
	王维依	女	1968	苏州附中	苏州	
	吴祥凤	女	1968	江阴	东江村	
东江3组	邓铭秋	男	1968	江阴	江阴	
	张胜明	男	1968	江阴	江阴	
	邢福忠	男	1968	江阴	东江村	
	陈丽文	女	1968	苏州附中	苏州	
	鞠铭智	女	1968	苏州附中	苏州	
	金光瑜	女	1968	苏州附中	苏州	
	王大星	男	1968	苏州	苏州	
	乐加明	男	1968	苏州	苏州	1971年逝世
	俞雪元	男	1968	昆山	昆山	昆山下放户

续表

大队组别	姓名	性别	迁入年份	原居住地	安置地	备注
东江4组	陈伟军	女	1968	苏州七中	苏州	
	赵丽萍	女	1968	苏州附中	陆杨中心校	
	张蔷华	女	1968	苏州附中	苏州	1989年逝世
	许明华	女	1968	苏州七中	苏州	
	刘春风	男	1967	昆山	东江村	昆山下放户
东江5组	金建华	男	1968	苏州附中	苏州	
	仰友明	男	1968	苏州附中	苏州	
	季淑芳	女	1964	江阴	江阴	1970年之前教书，婚迁
	陈加珍	女	1964	江阴	东江村	江阴船厂厂医，婚迁，曾在无锡卫校进修后担任东江村赤脚医生
	吴竹选	男	1968	昆山	东江村	东江村下放户
东江6组	刘桂香	男	1968	苏州七中	苏州	
	徐维新	男	1968	苏州七中	苏州	
	徐定坤	男	1968	苏州七中	苏州	
	余仕华	男	1968	苏州七中	苏州	
东江6组	董惠芝	女	1968	苏州附中	苏州（工农兵大学南京理工学院，南京读书—石家庄工作—苏州工作）	
	刘红	女	1968	苏州附中	苏州	
	邱希良	男	1968	苏州七中	苏州	
	陈庆元	男	1968	昆山	昆山	昆山下放户
	陈富	男	1968	昆山	昆山	昆山下放户
	陈真	男	1968	昆山	昆山	昆山下放户
	陈英	女	1968	昆山	昆山	昆山下放户

续表

大队组别	姓名	性别	迁入年份	原居住地	安置地	备注
东江 7组	蒋大立	男	1968	苏州	苏州	
	刘直明	男	1968	苏州	苏州第三药厂	
	邵培善	女	1968	苏州	苏州	
	赵南珍	女	1968	苏州	苏州	
跃进 (关皇)	张金男	男	1969	昆山	昆山	
	汪森泉	男	1968	苏州附中	昆山	
	葛企强	男	1968	苏州	苏州	
	吕秋珍	女	1968	苏州	苏州	
	徐文芳	女	1968	苏州	苏州	
	谢爱先	女	1968	苏州附中	苏州	
	潘小秋	女	1968	苏州附中	苏州	
	金胜卫	男	1968	苏州七中	苏州	
	钱振超	男	1968	苏州七中	苏州	
	沈基鹏	男	1968	苏州七中	苏州	
枉江 1组	徐凤秋	女	1965	昆山	昆山	
	张雪萍	女	1965	昆山	昆山	
	宋志强	男	1968	苏州附中	苏州	
	葛伟旭	男	1968	苏州附中	苏州	
	徐永杰	男	1968	苏州七中	苏州	
	张美华	女	1966	昆山	昆山	
枉江 2组	王泉洪	男	1965	昆山航运公司	昆山	
	张怀忠	男	1965	昆山航运公司	昆山	
	朱元祥	男	1965	昆山航运公司	昆山	
	周金霞	女	1965	昆山航运公司	昆山	

续表

大队组别	姓名	性别	迁入年份	原居住地	安置地	备注
柱江3组	张金根	男	1968	苏州	苏州	
	史根才	男	1968	苏州	苏州	
	张玲玲	女	1968	苏州	苏州	
	薛　健	男	1968	苏州	苏州	
	刘慎珍	女	1968	苏州附中	苏州	
	汪漪霞	女	1968	苏州附中	苏州	
柱江4组	张定娟	女	1968	苏州	苏州	
	周王珍	女	1968	苏州	苏州	
	黄永祖	男	1968	苏州附中	苏州	
	顾卫东	男	1968	苏州附中	苏州	
	周　军	男	1968	苏州附中	苏州	
柱江5组	陈国榉	男	1968	苏州	苏州	
	徐成虎	男	1968	苏州	苏州	
	刘克立	男	1968	苏州	苏州	
	陈寿兰	男	1966	昆山	昆山	
	王梅珍	男	1966	昆山	昆山	
柱江6组	徐芷康	男	1968	苏州	苏州	
	李培贤	女	1968	苏州	苏州	
	王杏玉	女	1968	苏州	苏州	
	沈惠宁	女	1968	苏州	苏州	
柱江7组	姚宏仁	男	1968	苏州	苏州	
	刘根妹	女	1968	苏州七中	苏州	
	张素娟	女	1968	苏州	苏州	
	姚敏珠	女	1968	苏州	苏州	
	陈学琪	女	1966	昆山	昆山	
柱江8组	朱正华	男	1966	昆山	昆山	
	张胜明	男	1968	江阴	昆山	

续表

大队组别	姓名	性别	迁入年份	原居住地	安置地	备注
柱江9组	何大明	男	1968	苏州	苏州	
	姚宏生	男	1968	苏州	苏州	
	吴媛媛	女	1968	苏州	苏州	
	胡珍珠	女	1968	苏州	苏州	
	吴玉珍	女	1968	苏州	苏州	
柱江10组	陈爱明	男	1966	昆山	昆山	
	王梅珍	女	1966	昆山	昆山	
	王美琴	女	1966	昆山	昆山	
	顾英	女	1966	昆山	昆山	
	吴菊英	女	1968	昆山	昆山	
	沈智维	男	1968	苏州	苏州	

注：季淑芳和陈加珍1971年前后迁出境域；杨连媛因家庭情况，于1974年迁出。大部分知青于1976—1979年陆续迁出。

（六）能工巧匠

能工巧匠指泥水匠、木匠、漆匠、竹匠、裁缝、理发师及水电工等手艺人，他们或家传或拜师学艺，在乡村生活中为大家提供造屋、砌灶、制作家具、缝制衣服、美容美发等服务，发挥一技之长。他们农忙时务农，闲时做工。进入21世纪，房屋动迁、装修装潢成为受欢迎的行当。至2020年，新江村内有泥瓦工36人、木匠17人、漆匠5人、装修工3人，以及箍桶匠、竹匠、水电工、理发师和裁缝各1人。

2020年新江村能工巧匠，如表11-1-6所示。

表11-1-6　2020年新江村能工巧匠一览表

序号	组别	姓名	出生年月	职业类型	序号	组别	姓名	出生年月	职业类型
1	1	唐凤全	1958年7月	泥瓦工	4	3	邵建明	1959年8月	泥瓦工
2	1	唐全林	1966年2月	泥瓦工	5	3	邵雪龙	1962年10月	泥瓦工
3	2	王建林	1958年8月	泥瓦工	6	3	邵雪华	1966年2月	泥瓦工

续表

序号	组别	姓名	出生年月	职业类型	序号	组别	姓名	出生年月	职业类型
7	3	邵金龙	1965年5月	木匠	34	16	项桂华	1966年1月	泥瓦工
8	3	邵雪元	1971年1月	木匠	35	16	梁志强	1969年8月	泥瓦工
9	4	邵宝林	1957年11月	泥瓦工	36	16	徐林生	1963年2月	木匠
10	4	邵全元	1963年4月	泥瓦工	37	16	项道清	1962年8月	装修工
11	4	邵建国	1962年7月	泥瓦工	38	16	倪凤兰	1958年4月	漆匠
12	5	陆耀明	1967年9月	木匠	39	17	汪海龙	1965年7月	泥瓦工
13	5	陆菊生	1971年10月	泥瓦工	40	17	王德鹏	1967年2月	泥瓦工
14	6	朱金弟	1964年1月	泥瓦工	41	17	梁雪明	1972年12月	泥瓦工
15	6	朱凤元	1966年7月	泥瓦工	42	17	朱阿四	1956年12月	木匠
16	7	沈建平	1966年4月	木匠	43	17	梁伯兴	1955年6月	漆匠
17	7	龚建明	1956年6月	木匠	44	17	陆 洪	1963年3月	漆匠
18	7	凌宝元	1963年7月	泥瓦工	45	17	张志强	1965年8月	水电工
19	8	龚建林	1952年2月	泥瓦工	46	18	梁男男	1952年3月	泥瓦工
20	8	龚建刚	1956年2月	泥瓦工	47	18	高金彪	1958年6月	木匠
21	9	张友明	1963年4月	泥瓦工	48	18	梁阿明	1958年11月	理发师
22	9	龚仁龙	1965年9月	泥瓦工	49	18	梁金四	1959年6月	泥瓦工
23	9	吴志明	1968年11月	木匠	50	18	梁建芬	1969年3月	裁缝
24	14	梁建林	1957年10月	漆匠	51	18	魏晓翔	1965年1月	装修工
25	14	朱海明	1954年9月	泥瓦工	52	18	魏晓强	1969年10月	装修工
26	14	陆建新	1969年4月	木匠	53	19	戴金龙	1967年11月	泥瓦工
27	15	陆文楼	1936年3月	箍桶匠	54	19	倪玉林	1969年6月	泥瓦工
28	15	陈友明	1954年5月	竹匠	55	19	倪雨忠	1970年6月	木匠
29	15	季正元	1965年11月	泥瓦工	56	19	乔文龙	1956年8月	漆匠
30	15	梁建平	1968年11月	泥瓦工	57	20	戴宝明	1963年4月	泥瓦工
31	15	陆建强	1969年10月	泥瓦工	58	20	倪培元	1969年5月	泥瓦工
32	15	戴金华	1971年3月	泥瓦工	59	20	邵建坤	1955年12月	木匠
33	15	项玉林	1963年7月	木匠	60	20	邵雪元	1957年1月	木匠

续表

序号	组别	姓名	出生年月	职业类型	序号	组别	姓名	出生年月	职业类型
61	20	倪凤兴	1963年4月	木匠	64	20	梁全兴	1961年8月	泥瓦工
62	20	赵志荣	1963年6月	木匠	65	20	梁全龙	1964年1月	泥瓦工
63	20	俞永全	1966年7月	木匠	66	20	凌雨兴	1958年3月	泥瓦工

（七）教师

中华人民共和国成立前，境域内有富户请塾师上课，塾师大多是境域内有文化的人。中华人民共和国成立后，境域内的教师队伍不断扩大，至2020年新江村有教师31人，其中境域内教师27人，境域外教师4人。

2020年新江村教师，如表11-1-7所示。

表11-1-7　2020年新江村教师一览表

序号	组别	姓名	性别	出生年月	工作单位	备注
1	2	任佳雯	女	1996年2月	昆山市柏庐高级中学	
2	2	陆　婷	女	1990年10月	昆山培本小学	
3	2	唐全龙	男	1960年7月	昆山市周市华城美地小学	退休
4	3	邵　佳	女	1993年11月	昆山高新区汉浦中学	
5	3	邵思雯	女	1994年12月	昆山市花桥徐公桥小学	
6	3	邵　莹	女	1994年6月	昆山高新区西塘小学	
7	3	邵　燕	女	1977年10月	昆山市周市华城美地小学	
8	5	陆卫萍	女	1981年8月	昆山第一中心小学	
9	6	朱全福	男	1963年10月	苏州科技大学	
10	6	顾雨静	女	1995年10月	昆山市陆杨中心小学	
11	6	朱全明	男	1968年6月	昆山市城北中心小学	
12	10	蒋　婷	女	1987年3月	昆山康桥国际学校	
13	10	杨奕璟	女	1992年12月	昆山市张浦镇中心小学	
14	14	梁　欣	女	1994年5月	昆山市巴城镇凤栖园幼儿园	

续表

序号	组别	姓名	性别	出生年月	工作单位	备注
15	14	梁成刚	男	1994年2月	昆山市张浦中学	
16	14	潘文泰	男	1996年7月	昆山市西塘实验小学	
17	15	梁雪强	男	1970年4月	昆山市周市中学	
18	15	陆素娟	女	1972年6月	昆山市周市中学	外镇
19	15	梁雪生	男	1946年8月	昆山市陆杨小学	退休
20	16	梁金花	女	1981年12月	江苏大学	
21	16	徐剑平	男	1972年2月	江苏大学	外镇
22	16	梁 英	女	1986年1月	昆山市高科园小学	
23	17	赵丽萍	女	1949年5月	昆山市陆杨中心小学	退休
24	18	俞 瑛	女	1986年1月	昆山市石牌中心幼儿园	外镇
25	18	高艳晴	女	1996年1月	昆山市张浦中心幼儿园	外镇
26	20	顾介平	男	1962年1月	昆山市周市华城美地小学	
27	20	沈哲强	男	1998年3月	昆山开发区世茂幼儿园	
28	20	吴芳雨	女	1995年4月	昆山市城北中心小学	
29	20	潘 虹	女	1996年1月	昆山市周市春晖小学	
30	20	曹 雪	女	1991年8月	昆山昆城外国语学校	
31	20	潘乘鉴	男	1927年4月	关皇小学	退休

（八）本科及以上学历人员

1977年恢复高考制度以后，境域内有志青年积极参加高考，至2020年，新江村有本科及以上学历人员246人，其中硕士研究生18人，有海外留学经历者9人。

2020年新江村硕士研究生学历人员，如表11-1-8所示。

表11-1-8　2020年新江村硕士研究生学历人员一览表

序号	组别	姓名	性别	出生年月	毕业高校
1	2	任佳雯	女	1996年2月	香港大学
2	2	邵佳威	男	1996年6月	上海理工大学

续表

序号	组别	姓名	性别	出生年月	毕业高校
3	2	唐 敏	男	1983年7月	苏州大学
4	3	方 吉	女	1983年6月	澳大利亚南澳大学
5	3	金 玲	女	1988年1月	南京医科大学
6	7	龚永青	男	1991年10月	上海对外经贸大学
7	9	唐唯一	女	1992年12月	英国约克圣约翰大学
8	10	蒋 婷	女	1987年3月	南京师范大学
9	11	刘德强	男	1989年10月	华中科技大学
10	13	梁金花	女	1981年12月	江苏大学
11	13	徐剑平	男	1972年1月	江苏大学
12	13	梁诗怡	女	1993年9月	日本城西国际大学
13	14	陆永伟	男	1989年2月	南京大学
14	16	戴慧倩	女	1994年12月	英国利物浦大学
15	16	刘 馨	女	1992年6月	英国谢菲尔德大学
16	16	倪 倩	女	1993年9月	东南大学
17	18	武宇杰	男	1986年8月	英国诺丁汉特伦特大学
18	19	沈莉莉	女	1984年7月	苏州大学

2020年新江村本科学历人员，如表11-1-9所示。

表11-1-9 2020年新江村本科学历人员一览表

序号	组别	姓名	性别	出生年月	毕业高校
1	1	陈建刚	男	1974年2月	苏州大学
2	1	唐文翔	男	1975年5月	苏州大学
3	1	唐丽莉	女	1975年6月	南京农业大学
4	1	唐文芝	女	1978年4月	苏州大学
5	1	许 超	男	1981年4月	苏州科技大学
6	1	唐敏霞	女	1981年7月	苏州大学
7	1	陈 亮	男	1983年2月	山东科技大学

续表

序号	组别	姓名	性别	出生年月	毕业高校
8	1	唐叶敏	男	1990年12月	江苏大学
9	1	唐璎英	女	1993年3月	中国医科大学
10	1	周成杰	男	1993年9月	苏州大学
11	1	袁　磊	男	1994年7月	江南大学
12	2	孙勇强	男	1982年12月	南京师范大学
13	2	王斌斌	男	1985年1月	北京大学
14	2	季宏耀	男	1985年2月	南京大学
15	2	王韵芝	女	1985年3月	常州大学
16	2	潘尧锦	男	1985年6月	南京大学
17	2	陆婷婷	女	1985年9月	江苏师范大学
18	2	唐　静	女	1985年12月	江南大学太湖医学院
19	2	唐秋玲	女	1989年9月	河海大学
20	2	陆俊伟	男	1990年6月	河海大学
21	2	陆　婷	女	1990年10月	苏州教育学院
22	2	徐雯馨	女	1999年7月	苏州大学
23	3	邵　燕	女	1977年10月	苏州教育学院
24	3	关楚薇	女	1979年9月	西北政法大学
25	3	朱　毅	男	1984年10月	苏州大学
26	3	邵　磊	男	1985年9月	苏州大学
27	3	邵　琳	女	1985年12月	哈尔滨师范大学恒星学院
28	3	曹蕾燕	女	1987年7月	南京财经大学
29	3	邵　佳	女	1993年11月	苏州科技大学
30	3	高福慧	女	1994年4月	苏州大学
31	3	邵　莹	女	1994年6月	扬州大学
32	3	周卓一	女	1994年10月	南京林业大学
33	3	邵　奕	女	1995年12月	中国药科大学
34	3	邵紫薇	女	1996年4月	江苏师范大学

续表

序号	组别	姓名	性别	出生年月	毕业高校
35	3	邵诗琦	女	1997年1月	苏州科技大学
36	3	陆韶鹏	男	1997年10月	江苏科技大学
37	3	邵阳一	女	1998年7月	苏州科技大学
38	4	赵 慧	女	1981年12月	北京外国语学院
39	4	杨建峰	男	1982年7月	中国矿业大学
40	4	邵莉娜	女	1983年3月	中国矿业大学
41	4	邵 静	女	1985年5月	淮阴师范学院
42	4	邵 星	男	1986年1月	中国人民解放军南京陆军指挥学院
43	4	陈瑜雁	女	1986年9月	南京财经大学
44	4	施孙慧	女	1987年4月	苏州大学
45	4	董 芸	女	1987年11月	江苏科技大学
46	4	吴 虹	女	1989年11月	江苏大学
47	4	邵 红	女	1990年2月	淮阴工学院
48	4	冀 炜	男	1990年6月	长沙医学院
49	4	徐 颖	女	1990年7月	南京大学
50	4	赵 洁	女	1990年8月	南通医学院
51	4	邵俊超	男	1993年10月	南京师范大学
52	4	徐 良	男	1986年9月	苏州大学
53	5	顾雪明	男	1967年11月	南京理工大学
54	5	薛纫文	女	1969年1月	南京理工大学
55	5	罗 伟	男	1982年4月	中共中央党校
56	5	庄 萍	女	1987年3月	国家开放大学
57	5	沈沛雯	女	1987年9月	南京师范大学
58	5	陆 益	男	1988年8月	常熟理工学院
59	5	顾 浩	男	1988年9月	江苏大学
60	5	陆 燕	女	1990年5月	江苏教育学院

续表

序号	组别	姓名	性别	出生年月	毕业高校
61	5	左养飞	男	1990年11月	苏州大学
62	5	陆紫芸	女	1995年11月	安阳师范学院
63	6	朱全福	男	1963年6月	南京大学
64	6	朱全明	男	1968年6月	中共中央党校函授学院
65	6	顾庆峰	男	1974年1月	南京海军电子工程学院
66	6	朱年华	男	1974年10月	中南政法大学
67	6	顾李霞	女	1977年1月	南京医科大学
68	6	袁莉	女	1986年6月	江苏大学
69	6	陶静怡	女	1987年8月	南京财经大学
70	6	侯晓雯	女	1988年7月	徐州师范大学
71	6	朱明	男	1988年11月	江苏大学
72	6	朱毅	男	1989年1月	徐州师范大学
73	6	龚星	女	1990年5月	南京工程学院
74	6	朱家卫	男	1994年10月	徐州工程学院
75	6	顾雨静	女	1995年10月	南京师范大学泰州学院
76	7	龚叶敏	男	1972年11月	郑州大学
77	7	龚建峰	男	1978年7月	中共江苏省委党校
78	7	龚亚明	男	1979年10月	苏州大学
79	7	周星	女	1980年2月	吉林大学
80	7	龚雪芳	女	1981年11月	浙江大学远程教育学院
81	7	王舒婷	女	1988年2月	南京中医药大学
82	8	徐保军	男	1975年6月	扬州大学
83	8	樊锦	男	1975年11月	南京农业大学
84	8	龚丽华	男	1979年10月	常州大学
85	8	龚群芳	女	1982年6月	长春理工大学
86	8	朱维情	男	1986年9月	长春理工大学
87	8	龚黎婷	女	1986年10月	南京审计大学

续表

序号	组别	姓名	性别	出生年月	毕业高校
88	8	高 俊	男	1987年10月	南京航空航天大学
89	9	毛 煜	男	1982年12月	沈阳理工大学
90	9	徐 旭	男	1983年1月	蚌埠医学院
91	9	汪 律	男	1984年11月	华东理工大学
92	9	龚 烨	女	1986年1月	苏州大学
93	9	龚 寅	女	1986年3月	苏州大学
94	9	张睿超	男	1986年3月	中国人民公安大学
95	9	龚伟慧	女	1987年7月	南京农业大学
96	9	龚 静	女	1988年3月	南京师范大学
97	9	龚 俊	男	1988年10月	中国人民解放军外国语学院昆山校区
98	9	蔡雨潇	男	1989年9月	江苏大学
99	9	陈佳毅	男	1993年3月	国家开放大学
100	9	龚家欢	女	1994年4月	中国地质大学
101	10	赵勇刚	男	1978年11月	上海师范大学
102	10	龚 华	男	1986年9月	南通大学
103	10	龚卫栋	男	1986年10月	南京大学
104	10	龚丽娜	女	1988年4月	中国人民解放军南京政治学院
105	10	杨启贵	女	1988年6月	中国人民解放军南京政治学院
106	10	董 翔	男	1991年9月	南京财经大学
107	10	龚 莹	女	1992年9月	常州大学
108	10	李 静	男	1992年12月	常州大学
109	10	杨奕璟	女	1992年12月	南京师范大学泰州学院
110	11	梁丽娟	女	1971年11月	中共中央党校函授学院
111	11	费志明	男	1981年1月	苏州大学

续表

序号	组别	姓名	性别	出生年月	毕业高校
112	11	梁 琴	女	1981年12月	苏州大学
113	11	俞 瑛	女	1981年12月	徐州师范大学
114	11	朱建华	男	1983年7月	中国矿业大学
115	11	杨紫娟	女	1993年5月	南京财经大学
116	11	梁 超	男	1993年7月	南通大学
117	11	梁玲洁	女	1994年1月	南通大学
118	11	梁 欣	女	1994年5月	江南大学
119	11	王晓雯	女	1995年1月	南京中医药大学
120	11	潘文泰	男	1996年7月	重庆师范大学
121	12	梁雪强	男	1970年4月	苏州大学
122	12	陆素娟	女	1972年6月	苏州大学
123	12	郑 兵	男	1979年9月	苏州大学
124	12	梁 洁	女	1986年10月	金陵科技学院
125	12	刁永健	男	1986年11月	徐州工程学院
126	12	刘志刚	男	1988年5月	扬州大学
127	12	季梁芳	女	1990年2月	南京理工大学
128	12	李凯丽	女	1991年10月	苏州科技大学
129	12	梁 玲	女	1991年11月	南京工业大学
130	12	史晓辉	男	1992年4月	南京工业大学
131	12	陶 怡	女	1992年6月	苏州大学
132	12	黄馨鎏	女	1993年5月	江南大学
133	12	梁心怡	女	1996年11月	南京财经大学
134	12	陈 成	男	1997年2月	苏州大学
135	13	肖晨烨	男	1985年3月	南昌大学
136	13	薛 琪	男	1986年9月	南通大学
137	13	沈红勤	女	1987年1月	南京工业大学
138	13	梁 斌	男	1987年4月	南京航空航天大学

续表

序号	组别	姓名	性别	出生年月	毕业高校
139	13	王 璐	女	1987年8月	吉林大学珠海学院
140	13	张 婷	女	1988年5月	中国传媒大学
141	13	刘利平	女	1988年8月	南京大学
142	14	陈明刚	男	1981年1月	苏州大学
143	14	唐 磊	男	1983年10月	安徽财经大学
144	14	陆雪芹	女	1984年8月	中南大学
145	14	顾丹菲	男	1987年5月	苏州大学
146	14	陆 静	女	1987年9月	徐州工程学院
147	14	邵靖然	女	1989年3月	意大利米兰大学
148	14	徐 红	女	1989年5月	南京财经大学
149	14	胡华婷	女	1989年11月	东南大学
150	14	王 珏	女	1991年2月	江苏师范大学
151	14	张 杰	男	1991年12月	常州大学怀德学院
152	14	张林霞	女	1992年10月	泰州师范学院
153	14	朱俊杰	男	1993年3月	江南大学
154	14	王 倩	女	1993年10月	扬州大学
155	14	王婷婷	女	1994年4月	汉江大学
156	14	李连杰	男	1994年6月	苏州大学
157	14	李翊君	女	1999年10月	南京理工大学
158	15	朱洁洁	女	1982年3月	西安电子科技大学
159	15	陈 良	男	1982年4月	吉林农业大学
160	15	俞 瑛	女	1986年10月	江苏第二师范学院
161	15	孙林玉	女	1988年8月	淮海工学院
162	15	周 尧	男	1989年11月	江苏技术师范学院
163	15	邵佳玉	女	1990年10月	常州工学院
164	15	魏 晨	男	1992年7月	苏州大学
165	15	吴燕萍	女	1992年8月	商洛学院

续表

序号	组别	姓名	性别	出生年月	毕业高校
166	15	夏 立	男	1993年8月	江苏师范大学
167	15	高艳晴	女	1993年10月	南京师范大学
168	16	李 青	女	1982年9月	北京大学
169	16	倪文俊	男	1985年7月	嘉兴学院
170	15	戴仲坤	男	1987年3月	南京理工大学
171	16	陈 函	男	1987年8月	中国地质大学
172	16	戴雪亚	女	1988年3月	南京航空航天大学
173	16	周 超	女	1988年6月	南京财经大学
174	16	王 金	男	1989年12月	江苏科技大学
175	15	戴 婷	女	1989年12月	江苏科技大学
176	16	朱 婷	女	1990年10月	苏州大学
177	16	戴城城	男	1992年6月	南京理工大学
178	15	谢建聪	女	1992年9月	长江大学
179	16	倪 伟	男	1993年3月	徐州工程学院
180	16	倪超华	男	1993年9月	江苏大学
181	16	王怡文	女	1994年6月	江苏大学
182	16	刘依雯	女	1998年11月	江苏第二师范学院
183	17	倪益明	男	1964年10月	中国共产党昆山市委员会党校
184	17	倪一青	女	1968年11月	江苏大学
185	17	宁建昆	男	1973年11月	南京中医药大学
186	17	郭海峰	男	1974年9月	中央广播电视大学
187	17	冯起华	男	1979年5月	青岛科技大学
188	17	莫颖群	女	1979年12月	中央广播电视大学
189	17	赵玲玲	女	1983年8月	中南财经政法大学
190	17	高 磊	男	1985年1月	苏州大学
191	17	顾蓓蕾	女	1985年6月	徐州工程学院
192	17	李 彬	男	1987年2月	扬州大学

续表

序号	组别	姓名	性别	出生年月	毕业高校
193	17	倪 舟	男	1987年2月	苏州科技大学
194	17	倪慧琴	女	1987年2月	南京医科大学
195	17	赵 逸	男	1987年2月	江苏大学
196	17	程 莉	女	1988年8月	南京师范大学
197	17	赵燕亚	女	1990年2月	南京人口干部管理学院
198	17	倪佳君	女	1990年11月	南京信息工程大学
199	17	邹宇婷	女	1991年8月	徐州医学院
200	17	倪敏华	男	1992年3月	中南大学
201	17	周申一	男	1992年4月	江苏科技大学
202	17	倪文华	男	1996年7月	苏州大学
203	17	潘 虹	女	1996年11月	江苏师范大学
204	18	陈诗慧	女	1979年7月	新加坡国立大学
205	18	高 梁	男	1981年4月	中国矿业大学
206	18	顾 俊	男	1986年11月	徐州工程学院
207	18	陆春燕	女	1988年11月	南京大学
208	18	唐月苹	女	1989年1月	南京晓庄学院
209	18	曹亚英	女	1990年8月	江苏大学
210	18	李 俊	男	1993年4月	长春大学
211	18	朱京翔	男	1993年12月	日本神户大学
212	18	韩志杰	男	1998年1月	南京师范大学
213	19	梁 玉	女	1981年11月	苏州科技大学
214	19	刘远庆	男	1983年2月	南京金陵大学
215	19	姚 婷	女	1988年4月	江南大学
216	19	周佳俊	男	1990年7月	山东大学
217	19	梁 超	男	1991年12月	南京财经大学
218	19	曹 雪	女	1991年8月	南京财经大学
219	20	张雪珍	女	1965年10月	中共中央党校函授学院

续表

序号	组别	姓名	性别	出生年月	毕业高校
220	20	冯志荣	男	1982年12月	南京师范大学
221	20	陆敏娟	女	1987年2月	江南大学
222	20	曹 益	女	1987年10月	徐州师范大学
223	20	梁 婷	女	1990年5月	盐城师范学院
224	20	徐泽元	男	1990年8月	中国地质大学
225	20	郭 娟	女	1990年11月	江西科技学院
226	20	潘 倩	女	1991年10月	苏州大学
227	20	仇思佳	女	1998年11月	南京师范大学泰州学院
228	20	陆 怡	女	1999年3月	厦门大学

第二节 荣誉

一、集体荣誉

中华人民共和国成立前，新江村是一个以农业为主的贫穷村庄。中华人民共和国成立后，村民们在党的带领下，把新江村逐步建设成为政治稳定、经济繁荣、文化昌盛、安居乐业的社会主义现代化新农村。新江村先后获评"江苏省卫生村""全国亿万农民健康促进行动先进村""苏州市民主法治村""苏州市公共文化优秀服务村""昆山市精神文明建设先进村"等。

2020年新江村获得省级集体荣誉情况，如表11-2-1所示。

表 11-2-1　2020 年新江村获省级荣誉一览表

授予年份	荣誉称号	授予单位
2007	江苏省卫生村	江苏省卫生爱国运动委员会
2011	《江苏省机关团体企业事业单位档案工作规范》二星级标准	江苏省档案局

2020 年新江村获苏州市级荣誉情况，如表 11-2-2 所示。

表 11-2-2　2020 年新江村获苏州市级荣誉一览表

授予年份	荣誉称号	授予单位
2007	全国亿万农民健康促进行动先进村	苏州市行动领导小组
2011	民主法治村	苏州市依法治市领导小组、苏州市司法局、苏州市民政局
2011	苏州市公共文化服务优秀村	苏州市文化广电新闻出版局
2013	苏州市规范化村（社区）人民调解委员会	苏州市司法局

2020 年新江村获昆山市级荣誉情况，如表 11-2-3 所示。

表 11-2-3　2020 年新江村获昆山市级荣誉一览表

授予年份	荣誉称号	授予单位
1998	计划生育示范村	昆山市人民政府
1998	计划生育先进集体	昆山市人民政府
2006	昆山市精神文明建设先进村	昆山市精神文明建设委员会
2007	昆山市民主法治示范村	昆山市依法治市领导小组
2013	昆山市级学习型社区	昆山市社区教育办公室
2020	第四次全国经济普查优秀集体	昆山市第四次全国经济普查领导小组
2020	"无黑"（村）社区	昆山市扫黑除恶专项斗争领导小组办公室

2020年新江村获区（镇）级荣誉情况，如表11-2-4所示。

表11-2-4　2020年新江村获区（镇）级荣誉一览表

授予年份	荣誉称号	授予单位
2005	"文明福万家"知识竞赛优秀组织奖	中共玉山镇委员会
2007	"奉献爱心　慈善永恒"	玉山镇人民政府
2008	昆山市外来人口计划生育先进集体	玉山镇人民政府
2011	"和美村庄　和谐社会"昆山高新区2011年新农村特色文艺汇演表演奖	玉山镇人民政府
2018	高新区（村）、社区优秀节目展演三等奖	昆山高新区文化体育站
2019	高新区民俗文化节最佳风采奖	昆山高新区文化体育站
2019	昆山高新区优秀文体团队展示暨村（社区）趣味运动会优秀奖	昆山高新区文化体育站

二、个人荣誉

中华人民共和国成立后，境域内的村民在党员干部的带领下，积极投入到现代化建设中，涌现出了一批先进个人，成为人们学习的楷模和榜样。其中，获得江苏省级荣誉者1人，获得苏州市级荣誉者7人，获得昆山市级荣誉者17人，获得区、镇级荣誉者13人。

新江村村民获得江苏省级个人荣誉情况，如表11-2-5所示。

表11-2-5　2020年新江村村民获江苏省级荣誉一览表

姓名	性别	授予年份	荣誉称号	荣誉授予单位
朱德胜	男	2017	乡土人才"三带"新秀	江苏省委组织部

2020年新江村村民获苏州市级荣誉情况，如表11-2-6所示。

表 11-2-6　2020 年新江村村民获苏州市级荣誉一览表

姓名	性别	授予年份	荣誉称号	荣誉授予单位
赵丽萍	女	1978	先进教育工作者	苏州市教育局
潘志坚	男	1988	优秀总务工作者	苏州市教育局
袁根龙	男	1993	苏州市劳动模范	苏州市人民政府
汪漪霞	女	1996	先进个人	苏州市委农工部
		1998	苏州市先进工作者	苏州市农工部
		2002	苏州市先进工作者	苏州市总工会
朱全福	男	2008、2010、2014、2016	社科奖	苏州市人民政府
		2013	金圣叹文艺评论一等奖	苏州市文学艺术界联合会
唐全龙	男	2012	苏州海外联谊会周氏德育奖	苏州海外联谊会周氏德育会
朱德胜	男	2019	苏州农村青年致富带头人	苏州市人民政府
		2020	苏州市十佳新型职业农民	苏州市农业农村局

2020 年新江村村民获昆山市级荣誉情况，如表 11-2-7 所示。

表 11-2-7　2020 年新江村村民获昆山市级荣誉一览表

姓名	性别	授予年份	荣誉称号	荣誉授予单位
梁文林	男	1980	农业劳动模范	昆山县人民政府
邵小弟	男	1985	昆山县先进工作者	昆山县人民政府
陈根喜	男	1985	昆山县先进工作者	昆山县人民政府
邵建康	男	1986	农业先进农人	昆山县人民政府
咸阿四	男	1990	第四次全国人口普查先进个人	中共昆山市委员会
		1991	昆山市二五普法先进个人	中共昆山市委员会
		1995	昆山市植树造林先进个人	中共昆山市委员会
		1996	先进党员	中共昆山市委员会

续表

姓名	性别	授予年份	荣誉称号	荣誉授予单位
梁雪生	男	1994	安居乐业奖	昆山市教委
夏先石	男	1994	安居乐业奖	昆山市教委
凌友林	男	1994	安居乐业奖	昆山市教委
赵丽萍	女	1994	安居乐业奖	昆山市教委
汪漪霞	女	1998	先进工作者	昆山市总工会
顾雪琴	女	2000—2002	计划生育工作先进个人	中共昆山市委员会
董云开	男	2000	昆山市政府三等功	昆山市人民政府
		2002	昆山市劳动模范	昆山市人民政府
朱凤彪	男	2007	农村"双带"能人	昆山市农工会
		2008	全国科普惠农带头人、省渔业科技优秀示范户	昆山市农工会
		2008	优秀共产党员	中共昆山市委员会
唐全龙	男	2002	昆山市优秀教育工作者	昆山市教育局
		2008	昆山市三等功	昆山市人民政府
		2008	昆山市优秀教育工作者	昆山市教育局
		2014	昆山市优秀德育工作者	昆山市教育局
		2014	新疆高校毕业生在校英才优秀指导导师	昆山市人力资源和社会保障局
梁建明	男	2007	先进工作者	昆山市爱国卫生工作组
王斌斌	男	2018、2019	先进工作者	昆山市检察院
朱德胜	男	2018	首届"新型职业农民标兵"、农业技术型"乡土人才"	昆山市委组织部、昆山市委农村工作委员会
		2020	昆山市首届"优秀"新型职业农民	昆山市农业农村局

2020年新江村村民获镇级荣誉情况，如表11-2-8所示。

表11-2-8　2020年新江村村民获区、镇级荣誉一览表

姓名	性别	授予年份	荣誉称号	荣誉授予单位
陆粉锁	男	1987	先进工作者	陆杨镇印染厂
		1988	先进工作者	陆杨镇印染厂
邵建康	男	1991	先进生产者	陆杨镇人民政府
高金龙	男	1991	抗洪救灾先进个人	陆杨镇人民政府
梁小毛	男	1996	优秀共产党员	中共陆杨镇委员会
唐伯元	男	1998	优秀共产党员	陆杨镇人民政府
张卫荣	男	2003	优秀共产党员	中共玉山镇委员会
龚金林	男	2005	先进个人	中共玉山镇委员会
		2006	先进个人	中共玉山镇委员会
李跃林	男	2006	先进个人	中共玉山镇委员会
		2007	先进个人	中共玉山镇委员会
		2008	先进个人	中共玉山镇委员会
陆巧生	男	2007	先进个人	中共玉山镇委员会
		2008	先进个人	中共玉山镇委员会
顾雪琴	女	1994	先进个人	中共陆杨镇委员会
		2008	优秀共产党员	中共玉山镇委员会
		2008	先进个人	中共玉山镇委员会
邹　浩	男	2013	先进个人	昆山高新区
梁建明	男	1989	十佳青年	陆杨镇团委
		2007	优秀共产党员	中共玉山镇委员会
		2008	先进个人	中共玉山镇委员会
		2012	优秀共产党员	中共昆山高新区委员会
俞国娟	女	2010	先进个人	中共玉山镇委员会

第十二章　村落文化

　　新江村历史遗迹虽然不多,但是在这片充满神奇魅力的土地上,民间故事激荡人心,代代传承。在村民记忆里,私塾中背诵的《三字经》《百家姓》《千字文》《中庸》《论语》等让人记忆犹新。那些家族荣辱及让人刻骨铭心的经历,那个饱受饥饿、灾害的年代,那些知青的故事,一桩桩、一件件都写满了时代的记忆。那些峥嵘岁月里的革命故事,那些改革开放涌现出来的精彩事迹,激励着新江村人砥砺前行,奋力迸发。那一件件文物遗存、一部部文存辑录载满了新江村人的民俗与乡情。

第一节 传统文化

新江村地处江南鱼米之乡,人文历史悠久,文化底蕴深厚。数百年来,人们在劳动、生活、休闲中创造了许多精神财富。昆曲、堂名、宣卷、江南丝竹等江南传统文化深受境域内村民欢迎。

一、昆曲

明代戏曲音乐家魏良辅精通南北曲,整理、加工昆山戏曲腔调,形成昆山腔。梁辰鱼独得其传,与郑思笠、唐小虞、陈梅泉等进一步改进。梁辰鱼首先采用新腔创作的《浣纱记》搬上舞台后,大获成功。梁辰鱼除了戏曲创作,还教人度曲,因此境域内出了不少演唱昆曲的民间艺人和爱好者。

昆曲表演(2020年,新江村村委会摄)

二、堂名

亦称清音班。旧时江南一带显贵、富裕之家遇红白喜事设宴待客,往往邀请艺人清唱戏曲，以昆曲为主，佐酒助兴。其专门从事应酬唱曲之艺人，能根据剧中生、旦、净、丑角色清唱昆剧折子戏，演出时不穿戏服，无须舞台，常被请去演唱或者参加庙会、斋醮等活动。因为昆曲堂名成本低，收费低廉，且能为乡村生活增添喜庆气氛，所以深受民众欢迎。梁家港的梁铸元，由前辈传艺，自小善唱昆曲，以堂名鼓手为业，平时务农为主，耄耋之年尚能吹笛、唱曲，显示出其深厚的曲艺功力。

昆曲堂名表演（2020年，新江村村委会摄）

三、江南丝竹

江南丝竹在境域内比较流行，但如堂名鼓手一样的专业班子很少，大多与堂名同台参加演出。江南丝竹以二胡、笛子为主，还有琵琶、三弦、笙、铃、板等，曲目大多是流行于苏沪一带的传统乐曲，如《梅花三弄》《快乐板》《行街》等。境域内一些民族乐器爱好者自发一起演奏，自娱自乐。

四、宣卷

宣卷是由艺人依照民间故事和传说，拉着一定的腔调，敲着木鱼照本念唱。唱宣卷1~8人不等，1人领唱，其余和佛，领唱者称为"佛头"。境域内有人做寿或者办丧事，一般都会请宣卷艺人到场演出。

第二节 历史遗迹

在数千年的历史进程中，境域内具有江南特色的民宅、楼台、寺庙、桥梁等，曾出现在不同时期。后因战乱和时代更替，新江村的历史遗迹几近消失，只留存在村民代代相传的记述中。

一、古宅

走马楼　明末清初，戚继光有一个得力部下，姓梁（梁辰鱼族亲，姓名不详），在昆山县北广阔地带练兵，并建房居住，此地成为梁姓家族资产。据传，其建有48间房，房与房之间相互串联，形成"回"字结构，士兵们常到房顶操练兵马，由此得名"走马楼"。太平天国时期，太平军入侵并烧毁走马楼，未发现尸体，后来才得知走马楼中的人都逃到了薛家浦附近的芦苇荡。此楼现已不存。

二、古庙

关皇庙　据1941年第八区寺庙概况调查，该庙位于"西澜漕列区四十七图"，现横溇关皇自然村。旧名永福庵，启建年代已不可考，仅有清雍正时期所修之碑，咸丰十年（1860）殿毁，光绪年间重建。庙屋为前后两隔厢，7路头8间，后面为观音殿，进门左手是城隍殿，右手为关帝殿，主要供奉关公像，另供奉观音、刘猛将和城隍。每年农历三月二十八日和农历五月十三日，村里都会举办庙会。庙前曾有一座石桥，1958年，因建澜漕电灌站被拆除。

府台庙　位于邵家自然村。1958年，破"四旧"时拆除。

土地堂　位于西江自然村。西江自然村的村民梁杏元为延续香火领养了一个孩子,并自建土地堂,而后子孙满堂,家族兴旺。1958年,破"四旧"时拆除。

天德宫　位于028村道与恒盛路交叉路口西南侧,于2019年从城北迁此地,宫内设有斗老殿、太岁殿等,供奉观音、如来、北极玄天上帝、三清道祖、王母娘娘等。(注:府台庙和土地堂都代表地域信仰和家族传承,2019年后,于天德宫内重建。)

三、古桥

关皇庙桥　位于关皇庙南部河道上,石板桥,三块石板并列拼成,宽1米有余,长2~3米。1958年拆除。

天禄桥　又名薛家浦桥。石桥,由三块石板并列拼成,宽1.5米左右,长3米左右,2000年之后拆除。

郭家港桥　石桥,由三块石板并列拼成,宽1米有余,长2~3米。2002年翻建,2012年拆除。

 # 第三节　村民记忆

新江村历史悠久,人杰地灵。村民们在这片土地上繁衍生息,创造了物质文明和精神文明。在数千年的发展中,代代流传着不少民间传说和奇人轶事。中华人民共和国成立后,村民们的生活发生了翻天覆地的变化,留存在村民中的记忆依然是那样的鲜活、生动。

一、邵家村三义士

清道光年间,乡人潘道根《隐求堂日记》卷十三载:"胜朝之季,抗忠殉节

者不下千人——余于邵村（现邵家村一带）午三人焉，作三义士传。徐良志，居大虞塘，大兵陷城，徐守城死；孙某，业冶铜，大兵南下，孙守西门，战驷马桥下，杀数百人，以无援死；邵百步以善射得名，邵家村人，大兵至，邵守北门，城破，力护百姓出，已竟不去，死与难。"

明朝末年，清兵南下时，邵家村有三名义士为守护县城、保护老百姓而与清兵英勇作战，最后不幸流血牺牲。在境域内，至今流传着三义士的事迹。

讲述人：梁文林

二、火烧走马楼

清咸丰十年（1860）四月，洪秀全听说昆山县城北有一杨姓（实为梁姓）大户，家族兴旺，门户多，便起了杀心。他率部分太平军闯入梁家巷，发现杨家（梁家）的走马楼庭院深深，玄机四伏。洪秀全的太平军一头扎入走马楼，却并没有发现院里有人走动，已闯入院中的太平军不敢贸然深入，便点燃火把，纵火烧了走马楼。这一过程中始终未见有人出入，更不见院中有死尸。原来走马楼中的人早得到消息，从后门的芦苇荡潜水逃离了。

讲述人：梁文林

三、苦佃农年年吃租米官司

中华人民共和国成立前，村民都是靠种田为生，但是农民手里没有自己的土地。那时候的土地都在地主手里。地主家里田多，就把田租给穷人。租地主家田种的农民就叫佃农，地主要向佃农收取高于田赋十倍以上的地租。地租分为两种，一种是实物地租，一种是货币地租，村里大多数是实物地租。

听村里老人讲，地租形式多样，有板租、定租、活租、小租和分租等。板租是指佃户租种地主的土地，无论丰歉，必须交纳固定租额，如黄太守观音堂庙田，板租额为每亩糙米 7 斗（1 斗≈7.5 公斤）。定租，也叫"死租"，地主以土地粮食产量高低规定年租，定租额为每亩 5 斗到 8 斗糙米，也有 1 石（1 石≈75 公斤）糙米的，占亩产的 50%~60%，亦无论丰歉，如数交纳。佃农若两年交不清租米，就有被地主抽回租田的危险。若佃农与地主议定交付"顶首钱"，就能获得永租权，但租额仍要如数交纳。有一种活租，是按租契规定，租额随物价上涨而增加；或一年一租，一年一定租额，暂时出租，定期收回，收回后再租给别人，租额1石至1石2斗糙米，占亩产的60%以上。还有一种小租，是地主家的催子、账房（土改时称"二地主"）从地主处低额租借土地，转以高额租给佃农。这类佃农所交租额高出地主租额2~3斗。最后一种是分租，即佃农租种地主土地，由地主提供部分生产资料，秋收时双方按约定比例分成，有三七、四六、对开等分成方式。横溇村有个农民租种地主柏裕松家的土地，由地主提供耕牛、船、农具，佃农负担种子、肥料并负责耕种，收获的粮食六成归地主，四成给佃农。

每年不管收成丰歉，地主都会按时去收地租，一般地主都派催子或账房催收地租，也有的动用租赋并征处的政府机构代收地租，甚至请警察下乡武装逼租。催收地租分头限、二限、三限，每限10天左右，到期不交纳的加罚10%以上的地租，或用威胁抽田的方式逼租。催子、账房趁机敲诈勒索。逢年过节，佃户必须请客送礼，否则地主将百般刁难，甚至加租、抽田。催征吏亦巧立名目，如过户费、过岸费、加征费、手续费等，明征暗夺。遇上灾年歉收，佃农交不出地租，就会遭到毒打，甚至牵牛、摇船、强取财物抵租的情形也时有发生。

村里有的贫困佃农为保租田，举债还租。有的富户每借出1石米，年内要借债者归还1石6斗，大多数是还1石8斗，甚至有的借1石要还2石。到期还不清债的则利上滚利。借债无门的佃农，无米还租，被迫上县衙门"吃租米官司"。村里解放以前吃租米官司的佃农有很多。据说，东江自然村（新塘河）的"小阿金"（项志高）是一个岁岁（年年）吃租米官司的苦佃农，在田里辛辛苦苦干了一年，种出来的粮食都被地主收走了，全家老小只能饿肚子。一直到中华人民共和国成立后，经过土地改革，村里的农民分到了自己的土地，这样的苦日子才结束。

讲述人：梁文林

四、船工义务送部队

1945年10月下旬，浙东和淞沪地区的党政军人员奉命北撤。一天下午，北撤部队的一部分人抵达陆家桥境域内宿营，他们分别散居在镇上及附近村民的

家里,所到之处,纪律严明,待人和蔼可亲,并着力做好对群众的安抚和宣传工作,使得老百姓深信这是一支老百姓自己的队伍。

由于长途跋涉,部队大部分人员非常疲劳,加之昆北地区属典型的江南水乡,湖泊众多,在此行军非常不便。为此部队首长决定就地招募一批船只和船工,乘船继续北撤。

部队首长连夜走访村民家庭,掌握了这一带船只的分布情况。第二天一早,10余名士兵在周学连、王金良、刘梅春、沈国其等村民的带领下,分头到船户家中宣传动员。当地群众闻讯纷纷报名出船、出人。中午时分,28条木船和56名青壮年船工全部组织到位,集结待命,当天下午3时许,部队分乘28条木船继续北撤。

船工们克服各种困难,不怕辛苦,日夜行船,顺利将部队送到常熟县唐市、梅李等地,受到部队领导的表扬。这56名船工中就有横溇、横江自然村的村民。

讲述人:梁文林

五、血吸虫病害苦人

我们村因为地势低洼,河浜较多,适宜钉螺生长,因此是血吸虫病流行的重灾区。中华人民共和国成立前,灾情严重时,几乎条条河浜有钉螺,家家户户有病人。我小时候曾听到这样的歌谣:"千村薜荔人遗失,万户萧疏鬼唱歌。"我们这里,只要是80岁以上的老人,70%都得过血吸虫病。听说有一个叫梁伯林的村民,得了血吸虫病后肚子鼓得很大,据传在他肚子上开个洞,光肚子里的水就放了一盆,行动很是不便。因为没钱治病,他被血吸虫病夺去了生命。当时村里流传用杨树叶熬水来治疗,但是治疗效果并不好。

中华人民共和国成立后,政府非常重视血吸虫病的防治,经常派专家医疗队到村里指导查螺、灭螺,查病、治病。村里的干部、群众积极响应,大力开展血吸虫病防疫检查工作,村民们一起查螺、灭螺,村里的粪水管理也很严格。到了1976年,村里基本上消灭了血吸虫病。

讲述人:梁文林

六、土匪误伤良家子

20世纪40年代，社会动荡、家国不宁，外有日军烧杀抢掠，内有恶霸、土匪强取豪夺，民众生活在水深火热中。境域内的邵家自然村有个地主恶霸，经常在村里作恶，强占强夺，村民对他是敢怒不敢言，吃亏受气只能往肚子里咽。有一年春天，青黄不接时，周边的土匪又出来活动，他们打听到唐家村邵姓地主家有些钱财，商量后准备趁着夜黑风高动手抢些银钱。那天晚上，村民们家家紧闭门户，没人敢出来，看家的黄狗也躲在窝棚里一声不吭。

打头的土匪在白天打探时，一时匆忙，只记了个大概，晚上带着其他土匪前来打劫，从村外向村里，一边走一边摸索，只记得邵姓地主家是几进的大门户，门前有条河，但没有记得门朝南还是朝北，也没记住地主家门前的河是什么河，流向是朝哪的。其实这邵姓地主家住在澜漕河的北边，家门口的河不是东西流向的澜漕河，而是南北流向的大渔塘河，土匪进村，悄声走，悄声找，来到了一户宅院前，看着门高户阔，院大屋多，二话不说翻墙进院，一阵烧杀抢掠。女眷们听到土匪抢劫声早吓破了胆，藏起来不敢应声，院里的男主人和四五个男长工无一活口，匪徒边抢边骂："什么地主大户，空架子！半个值钱的子儿都没有，白忙活了。"抢完，骂完，一溜烟儿地走了。狗吠声起时，土匪们已出了村子，邻里们刚刚虽听到了动静，但也是不敢出声，都怕引火烧身。在一阵鸡鸣声中，被抢的周家院里才传来女眷们的哭喊声。

土匪们带着不多的东西回到匪窝，直到第二天看见打劫来的器物上标着"周"，才发现劫错了人家，原本想劫的那个有钱地主邵家却安然无恙。这次打劫误伤了周家五六条人命，由于是动荡之年，村民报官无门，但闹得动静有些大，想那有钱的邵姓地主恶霸也定是有了防备之心。其实，邵家恶霸第二天看到周家惨状，确是受了惊吓，从此强取强夺百姓的事就少干了很多。土匪们从此也不再打邵家地主的主意。得此横祸的周家从此家道败落，一蹶不振。

讲述人：周宝明

七、1954年洪涝灾害

东江村曾被称为"三多三少"（低产地多，高产地少；贫下中农多，富户

少；文盲多，识字的少）、"小雨白茫茫，大雨一片荒，十年九涝穷地方"。

　　1954年，发生洪涝灾害。由于东江村属于低洼地区，既没有排涝设备，又没有电灌站，仅凭人力排涝，村内受灾严重，1700亩地，三分之一颗粒无收，三分之一稍微好点。1958年东江村才建了电灌站。

　　受灾的这一年，国家以工代赈，发救济粮，向困难户发土豆、籼米或胡萝卜，农户每家每月给10斤籼米或20斤土豆。青壮年凭劳动挣工分粮，参加重体力劳动，每天的粮食标准超过3两；老人、小孩则平均每天3两。

　　50年代，干部作风很好，干部下乡和农民同吃、同住、同劳动。国家给干部的粮食标准原来是每月29斤，后来困难时期改成每月26斤。那时候在食堂吃饭要付粮票，为了节省，我就不吃早饭。因为家属在农村，我就把每月省下来4斤粮票寄到家里。

讲述人：陆文霞

编后记

《新江村志》历时三载，在昆山高新区党工委、管委会的正确领导下，在昆山市地方志办公室及昆山高新区村志办的悉心指导下，经修志编纂人员的辛勤笔耕，数易其稿，终于审定付梓。

2020年5月，根据昆山高新区第三批村志编纂工作的要求，新江村成立村志编纂组，设立主编、副主编及编委会成员，建立资料收集组和志稿撰写组，确定资料收集组组长、组员及志稿撰写组主笔、副主笔等人选。

新江村原属陆杨镇，曾经过两次行政区划调整，因此有些资料在《陆杨镇志》上找不到，在《玉山镇志》上也找不到，这给村志的资料收集工作带来了一定困难。另外，有些宝贵的村史资料没有文字记录存档，只存在于一些村里老人的记忆和村民的世代口传之中。随着时间推移，知情的老人越来越少，村民的记忆也越来越淡，很多珍贵的历史在渐渐地失传，有些老照片、老物件、老票证没有得到很好的保存，现在难以征集到，这给村志编纂工作带来相当大的难度。

面对村志编纂资料征集中遇到的困难，新江村全体村志编纂人员变压力为动力，在昆山高新区村志办的领导下，在新江村村"两委"领导的大力支持下，资料收集组与志稿撰写组齐心协力，互相协作，首先拟定新江村村志篇目，再根据村志篇目确定村志编纂资料征集的范围，紧紧抓住档案资料、报刊资料、口述历史资料、地方文献资料、个人资料、实物资料、网络信息等七个收集重点。在编纂过程中，通过查阅昆山市档案馆资料，以及周市镇、巴城镇、昆山高新区等区、镇相关部门档案资料及新江村内部归档资料，摘录和复印村志编纂所需要的资料；通过翻阅《昆山日报》，周市镇、巴城镇、昆山高新区等地内

刊及相关系统行业内部资料，整理复印涉及新江村的内容；通过召开"五老"人员座谈会、上门采访高龄老人等多种形式，收集新江村的村名、地名等的由来与变化，以及历史事件、乡风习俗及民间传说等资料；通过到市图书馆、党史研究室、文化文史委员会等部门查阅各类志书、史书和地情书籍资料获取相关信息；通过村内个人撰写的文章、书籍获取资料；通过网络搜索、新媒体平台等多种渠道，查找有关新江村的新闻报道及相关信息；在村里征集各类老照片、老票证、老物件、个人回忆录、家谱、宗谱、族谱等资料和物品；等等。2020年12月，《新江村志》的纲目编制及大事记撰写工作得以完成。

在新江村村民家庭记载资料的收集过程中，共召开五次村小组长会议，通过发放新江村家庭信息采集表、上门登记家庭信息、家庭信息收集整理入档、上门核实家庭信息、户主签字确认等环节，确保新江村每户家庭记录信息准确无误。

在资料收集整理过程中，村志图照摄影工作也及时跟进。志稿撰写组主动与摄影团队沟通交流，制作了新江村志图照拍摄清单，其中包含相机拍摄（含老照片翻拍）和航拍内容。摄影团队根据季节和气候变化，按时完成了新江村四季实景拍摄任务及村中老物件、证书、奖牌以及老照片的翻拍工作。

《新江村志》编纂工作分组织准备阶段、收集资料阶段、撰写初稿阶段、定稿审稿和出版印刷阶段等几个阶段。2021年10月，《新江村志》初稿完成，共有十五个章节。初稿完成后，先后召开六次村"五老"人员通稿会，其间昆山高新区村志办还安排了多次培训，邀请专家为志稿把关。在志稿撰写和修改过程中，离不开新江村村委会、资料收集组、村"五老"人员的帮助，离不开昆山高新区村志办及各位专家老师的指导，也离不开其他村志编纂单位同人们的经验分享。在定稿审稿阶段，得到了各级领导及专家的指导和帮助，编纂组认真抓好征求意见、对应修改、查漏补缺、完善后定稿送审等几个重要环节，确保最终书稿被认可，并顺利出版发行。

本志在编纂过程中，得到政府各部门、企事业单位，各行政村、社区居委会领导及社会各界人士的关心和支持，尤其是得到了新江村广大群众的热烈响应和积极配合，他们为本志提供了大量的基础资料和信息。在此，一并致以衷心的感谢，并向关心支持本志编纂工作的领导和同志们深表谢意。

本部志书是新江村的第一部村志，由于境域历经行政区划的变更、行政村的合并与改名，以及村庄的社区化，人口统计存在一定的难度，人口资料难以收集精准，再加上年代久远，部分史料匮乏，致使部分章节记述不丰。同时，限于编者水平，志书中可能有谬误、缺漏之处，敬请读者多加包涵和批评指正。

《新江村志》编纂组

2023 年 10 月

昆山高新区（玉山镇）村志系列丛书

新江村志

村民家庭记载

XINJIANG CUNZHI CUNMIN JIATING JIZAI

昆山高新区（玉山镇）村志系列丛书编纂委员会 编

苏州大学出版社
Soochow University Press

图书在版编目（CIP）数据

新江村志. 村民家庭记载 / 金龙主编；昆山高新区（玉山镇）村志系列丛书编纂委员会编. -- 苏州：苏州大学出版社，2023.12

（昆山高新区（玉山镇）村志系列丛书）

ISBN 978-7-5672-4670-6

Ⅰ.①新… Ⅱ.①金… ②昆… Ⅲ.①村史–昆山 Ⅳ.①K295.35

中国国家版本馆 CIP 数据核字（2023）第 240650 号

新江村志　村民家庭记载

编　　者	昆山高新区(玉山镇)村志系列丛书编纂委员会
主　　编	金　龙
责任编辑	刘荣珍
助理编辑	汝硕硕
装帧设计	刘　俊
出版发行	苏州大学出版社
地　　址	苏州市十梓街 1 号
邮　　编	215006
电　　话	0512-67481020
网　　址	http：//www.sudapress.com
邮　　箱	sdcbs@suda.edu.cn
印　　刷	苏州市越洋印刷有限公司
开　　本	787 mm×1 092 mm　1/16　插页 16　印张 33(共两册)　字数 539 千
版　　次	2023 年 12 月第 1 版
印　　次	2023 年 12 月第 1 次印刷
书　　号	ISBN 978-7-5672-4670-6
定　　价	120.00 元(共两册)

版权所有　侵权必究

目　录

村民家庭记载

002／　一、新江村村民小组、
　　　　户数、人数一览表
002／　二、新江村村民家庭记载
002／　新江村第 1 村民小组
011／　新江村第 2 村民小组
018／　新江村第 3 村民小组
027／　新江村第 4 村民小组
035／　新江村第 5 村民小组
043／　新江村第 6 村民小组
052／　新江村第 7 村民小组
060／　新江村第 8 村民小组
067／　新江村第 9 村民小组

076／　新江村第 10 村民小组
084／　新江村第 11 村民小组
092／　新江村第 12 村民小组
104／　新江村第 13 村民小组
116／　新江村第 14 村民小组
133／　新江村第 15 村民小组
142／　新江村第 16 村民小组
152／　新江村第 17 村民小组
160／　新江村第 18 村民小组
170／　新江村第 19 村民小组
176／　新江村第 20 村民小组

 # 新江村志·村民家庭记载

新江村是一个新的建制村，其前身原属陆杨镇，由杠江、东江两村合并组建而成。2003年8月，行政区划调整，新江村并入玉山镇。现村域地处昆山高新区（玉山镇）北部，东与玉山镇新生村相接，南隔新塘河与玉山镇五联村相望，西与玉山镇唐龙村交界，北与周市镇横娄村为邻，总面积约3.71平方千米。

2020年，村辖20个村民小组，村域内10个自然村全部完成动迁。至2020年12月，《新江村志·村民家庭记载》录入20个村民小组407户，涉及2 250位村民，其中男性1 099人，女性1 151人。

本书将407户家庭悉数载入其中，仅对每户家庭的现状和历史片段做介绍，以期追忆先人，惠泽子孙。所载"家庭成员"以常住户籍登记为准，不包括部分迁出户籍家庭，"家庭大事"部分显示了中华人民共和国成立以来每户家庭所发生的变化，个别家庭因各种缘由留白。

一、新江村村民小组、户数、人数一览表

新江村村民小组、户数、人数一览表

组别	户数/户	人数/人	男/人	女/人	组别	户数/户	人数/人	男/人	女/人
1组	20	114	59	55	11组	20	103	51	52
2组	15	83	37	46	12组	24	130	63	67
3组	17	114	53	61	13组	27	148	72	76
4组	17	103	50	53	14组	43	216	107	109
5组	19	99	45	54	15组	18	98	55	43
6组	20	119	62	57	16组	20	118	55	63
7组	17	104	49	55	17组	20	114	59	55
8组	18	94	44	50	18组	21	125	69	56
9组	18	107	47	60	19组	15	81	38	43
10组	19	94	44	50	20组	19	86	40	46

二、新江村村民家庭记载

新江村第1村民小组

	姓名	与户主关系	性别	出生年月	民族
家庭成员	唐云凤	户主	男	1955年1月	汉
	唐丽敏	女儿	女	1979年11月	汉
	胡　剑	女婿	男	1977年6月	汉
	胡唐杰	孙子	男	2001年8月	汉
家庭大事	1989年，翻建房屋 2011年，动迁安置				

	姓名	与户主关系	性别	出生年月	民族
家庭成员	唐培元	户主	男	1955年6月	汉
	倪叙珍	妻子	女	1957年4月	汉
	唐敏霞	女儿	女	1981年7月	汉
	许　超	女婿	男	1981年4月	汉
	许伊诺	孙女	女	2007年9月	汉
	唐易宸	孙子	男	2011年9月	汉
家庭大事	1976年，唐培元参军入伍，1980年退伍，中共党员 1985年，翻建楼房 2003年，唐敏霞本科毕业于苏州大学，许超本科毕业于苏州科技大学 2010年，动迁安置 购汽车2辆				

	姓名	与户主关系	性别	出生年月	民族
家庭成员	周水明	户主	男	1948年9月	汉
	唐二媛	妻子	女	1949年8月	汉
	周　健	儿子	男	1969年4月	汉
	王建芬	儿媳	女	1971年10月	汉
	周成杰	孙子	男	1993年9月	汉
	袁　磊	孙媳	女	1994年7月	汉
	周语桐	曾孙女	女	2018年6月	汉
家庭大事	1987年，翻建楼房 2011年，动迁安置 2013年，周成杰本科毕业于苏州大学 2017年，袁磊本科毕业于江南大学 购汽车2辆				

	姓名	与户主关系	性别	出生年月	民族
家庭成员	唐其林	户主	男	1969年4月	汉
	朱凤金	母亲	女	1942年2月	汉
	凌 珍	妻子	女	1970年9月	汉
	唐璎英	女儿	女	1993年3月	汉
	王明达	女婿	男	1992年12月	汉
家庭大事	1986年，重建房屋 2011年，动迁安置 2016年，唐璎英本科毕业于中国医科大学 购汽车1辆				

	姓名	与户主关系	性别	出生年月	民族
家庭成员	唐加林	户主	男	1954年3月	汉
	唐凤和	妻子	女	1952年2月	汉
	唐文翔	儿子	男	1975年5月	汉
	盛新勤	儿媳	女	1976年3月	汉
	唐文芝	女儿	女	1978年4月	汉
家庭大事	1973年，唐加林大专毕业于中国共产党昆山市委员会党校 1995年，唐文翔本科毕业于苏州大学 2001年，唐文芝本科毕业于苏州大学				

	姓名	与户主关系	性别	出生年月	民族
家庭成员	唐全林	户主	男	1966年2月	汉
	朱中英	妻子	女	1966年12月	汉
	唐世博	儿子	男	2010年9月	汉
家庭大事	1984年，翻建房屋 2013年，动迁安置				

	姓名	与户主关系	性别	出生年月	民族
家庭成员	唐伯元	户主	男	1950年7月	汉
	莫雪英	妻子	女	1949年9月	汉
	唐丽芳	长女	女	1972年12月	汉
	陆建军	长女婿	男	1972年7月	汉
	唐心艺	孙女	女	2002年1月	汉
	唐丽莉	次女	女	1975年6月	汉
	陈建刚	次女婿	男	1974年2月	汉
	陈　溶	外孙女	女	2000年6月	汉
	陈　言	外孙	男	2012年2月	汉
家庭大事	1984年，翻建楼房 1996年，唐丽莉本科毕业于南京农业大学 1998年，唐伯元获"陆杨镇优秀党员"称号；陈建刚本科毕业于苏州大学 2011年，动迁安置 购汽车1辆				

	姓名	与户主关系	性别	出生年月	民族
家庭成员	周建良	户主	男	1963年8月	汉
	唐金花	妻子	女	1963年11月	汉
	唐　静	女儿	女	1986年1月	汉
	陈　亮	女婿	男	1983年2月	汉
	陈莫凡	长孙	男	2009年7月	汉
	周唐圻	次孙	男	2012年3月	汉
家庭大事	1990年，翻建楼房 2005年，唐静大专毕业于苏州农业职业技术学院，陈亮本科毕业于山东科技大学 2011年，动迁安置 购汽车1辆				

	姓名	与户主关系	性别	出生年月	民族
家庭成员	唐文芳	户主	女	1975年11月	汉
	唐敖元	父亲	男	1949年12月	汉
	许小妹	母亲	女	1954年1月	汉
	杨冬生	丈夫	男	1973年12月	汉
	杨 阳	女儿	女	1997年9月	汉
家庭大事	1989年，翻建楼房 2011年，动迁安置 2018年，杨阳大专毕业于无锡卫生高等职业技术学院 购汽车1辆				

	姓名	与户主关系	性别	出生年月	民族
家庭成员	王小明	户主	男	1956年8月	汉
	袁业蓉	妻子	女	1957年9月	汉
	王丽英	女儿	女	1981年10月	汉
	陶振华	女婿	男	1981年11月	汉
	陶昊天	外孙	男	2005年11月	汉
	王辰惜	外孙女	女	2011年4月	汉
家庭大事	1995年，翻建房屋 2013年，动迁安置 购汽车1辆				

	姓名	与户主关系	性别	出生年月	民族
家庭成员	周惠英	户主	男	1952 年 6 月	汉
	唐庆亚	女儿	女	1975 年 10 月	汉
	许金林	女婿	男	1972 年 5 月	汉
	许佳杰	外孙	男	1999 年 3 月	汉
	唐庆华	儿子	男	1977 年 5 月	汉
	唐佳轩	孙女	女	2003 年 12 月	汉
家庭大事	2001 年，唐庆华大专毕业于昆山广播电视大学 购汽车 1 辆				

	姓名	与户主关系	性别	出生年月	民族
家庭成员	周宝明	户主	男	1945 年 8 月	汉
	叶凤英	妻子	女	1944 年 4 月	汉
	周建华	长子	男	1964 年 7 月	汉
	俞阿芳	次媳	女	1965 年 12 月	汉
	周 琳	孙女	女	1989 年 10 月	汉
	周建亚	女儿	女	1969 年 7 月	汉
	唐雪龙	女婿	男	1966 年 9 月	汉
	唐叶敏	外孙	男	1990 年 12 月	汉
	张 云	外孙媳	女	1989 年 7 月	汉
	唐诗语	长曾孙女	女	2015 年 4 月	汉
	唐涵语	次曾孙女	女	2019 年 5 月	汉
家庭大事	1988 年，翻建楼房 2010 年，张云大专毕业于常州工业职业技术学院 2011 年，动迁安置 2012 年，唐叶敏本科毕业于江苏大学 2014 年，获评昆山高新区"文明和谐家庭" 购汽车 1 辆				

家庭成员	姓名	与户主关系	性别	出生年月	民族
	周惠明	户主	男	1955年10月	汉
	王卫英	妻子	女	1957年8月	汉
	周建锋	儿子	男	1980年8月	汉
	沈雪芳	儿媳	女	1982年12月	汉
	周　洲	孙子	男	2006年12月	汉
家庭大事	1988年，翻建房屋 2011年，动迁安置 购汽车1辆				

家庭成员	姓名	与户主关系	性别	出生年月	民族
	唐云龙	户主	男	1952年2月	汉
	朱爱珍	妻子	女	1954年3月	汉
	唐介锋	儿子	男	1977年2月	汉
	金　珍	儿媳	女	1976年2月	汉
	唐宇成	孙子	男	2001年7月	汉
家庭大事	1983年，翻建房屋 1999年，金珍大专毕业于湖北财经大学 2011年，动迁安置 购汽车1辆				

家庭成员	姓名	与户主关系	性别	出生年月	民族
	周惠林	户主	男	1958年10月	汉
	邹凤仙	妻子	女	1961年12月	汉
	周　斌	儿子	男	1985年6月	汉
	夏南南	儿媳	女	1989年12月	汉
	周智轩	孙子	男	2010年8月	汉
家庭大事	1994年，翻建楼房 2011年，动迁安置 购汽车1辆				

	姓名	与户主关系	性别	出生年月	民族
家庭成员	袁益有	户主	男	1962年8月	汉
	刘　敏	妻子	女	1959年8月	汉
	袁萍萍	女儿	女	1986年9月	汉
	汤志新	女婿	男	1982年12月	汉
	汤俊飞	外孙	男	2007年3月	汉
	袁海波	儿子	男	1988年6月	汉
	李　佩	儿媳	女	1994年6月	汉
家庭大事	1994年，买房 2010年，袁海波大专毕业于安徽万博生物科技学院 2011年，动迁安置				

	姓名	与户主关系	性别	出生年月	民族
家庭成员	唐玉平	户主	男	1967年12月	汉
	唐雪生	父亲	男	1939年5月	汉
	顾荣宝	母亲	女	1940年2月	汉
	张学琴	妻子	女	1969年1月	汉
	唐庭轩	儿子	男	1990年4月	汉
	莫雨虹	儿媳	女	1991年4月	汉
	唐梦潞	孙女	女	2015年2月	汉
	唐莫师	孙子	男	2018年10月	汉
家庭大事	1982年，建房 2010年，动迁安置 购汽车1辆				

家庭成员	姓名	与户主关系	性别	出生年月	民族
	唐凤全	户主	男	1958年7月	汉
	唐正元	父亲	男	1932年2月	汉
	唐红妹	母亲	女	1933年1月	汉
	谈秋芳	妻子	女	1969年9月	汉
	唐志文	儿子	男	2001年3月	汉
家庭大事	1990年，翻建楼房 2011年，动迁安置				

家庭成员	姓名	与户主关系	性别	出生年月	民族
	黄德纪	户主	男	1943年8月	汉
	唐妹英	妻子	女	1945年5月	汉
	唐雪林	儿子	男	1968年2月	汉
	田华英	儿媳	女	1980年4月	汉
	黄田蕾	孙子	男	2006年3月	汉
家庭大事	2008年，翻建平房 2013年，动迁安置				

家庭成员	姓名	与户主关系	性别	出生年月	民族
	朱梅芝	户主	女	1966年6月	汉
家庭大事					

新江村第 2 村民小组

	姓名	与户主关系	性别	出生年月	民族
家庭成员	王建林	户主	男	1958 年 8 月	汉
	戴建芬	妻子	女	1959 年 6 月	汉
	王斌斌	儿子	男	1985 年 1 月	汉
	王韵芝	儿媳	女	1985 年 3 月	汉
	王昱涵	孙女	女	2012 年 2 月	汉

家庭大事	1987 年，翻建楼房 2008 年，王斌斌本科毕业于北京大学，王韵芝本科毕业于常州大学 2011 年，动迁安置 2018 年，王斌斌荣获"昆山市检察院先进工作者""周市镇先进工作者"称号 2019 年，王斌斌荣获"昆山市检察院先进工作者"称号 购汽车 1 辆

	姓名	与户主关系	性别	出生年月	民族
家庭成员	孙秀珍	户主	女	1951 年 9 月	汉
	唐美勤	女儿	女	1971 年 2 月	汉
	任宝山	女婿	男	1970 年 3 月	汉
	任佳雯	外孙女	女	1996 年 2 月	汉
	唐志强	儿子	男	1973 年 2 月	汉
	唐嘉佑	长孙	男	1995 年 9 月	汉
	唐浩喻	次孙	男	2009 年 2 月	汉

家庭大事	1987 年，翻建楼房 2011 年，动迁安置 2019 年，任佳雯硕士研究生毕业于香港大学

	姓名	与户主关系	性别	出生年月	民族
家庭成员	唐金龙	户主	男	1963年6月	汉
	陆玉珍	妻子	女	1965年1月	汉
	唐 萍	长女	女	1986年5月	汉
	唐荣泽	孙子	男	2009年11月	汉
	唐 琴	次女	女	1986年5月	汉
	潘尧锦	次女婿	男	1985年6月	汉
	潘哲浩	长外孙女	女	2009年6月	汉
	潘哲妍	次外孙女	女	2019年4月	汉
家庭大事	1989年，翻建楼房 2005年，潘尧锦本科毕业于南京大学 2011年，动迁安置 购汽车3辆				

	姓名	与户主关系	性别	出生年月	民族
家庭成员	唐雪龙	户主	男	1962年10月	汉
	唐水生	父亲	男	1930年7月	汉
	姚雪芬	妻子	女	1963年3月	汉
	唐 静	女儿	女	1985年12月	汉
	季宏耀	女婿	男	1985年2月	汉
	季唐乐	外孙女	女	2009年12月	汉
家庭大事	1990年，翻建楼房 2007年，唐静本科毕业于江南大学太湖医学院，季宏耀本科毕业于南京大学 2011年，动迁安置 购汽车1辆				

家庭成员	姓名	与户主关系	性别	出生年月	民族
	唐雪刚	户主	男	1969年9月	汉
	廖秀源	妻子	女	1970年12月	壮
	唐　亮	儿子	男	1993年12月	汉

家庭大事	2005年，动迁安置

家庭成员	姓名	与户主关系	性别	出生年月	民族
	唐金龙	户主	男	1960年3月	汉
	唐正良	父亲	男	1939年12月	汉
	唐妹妹	母亲	女	1941年12月	汉
	龚妹芳	妻子	女	1963年11月	汉
	唐　燕	女儿	女	1985年8月	汉
	孙勇强	女婿	男	1982年12月	汉
	唐　欣	孙女	女	2013年6月	汉

家庭大事	1987年，翻建楼房 2005年，孙勇强本科毕业于南京师范大学 2006年，唐燕大专毕业于常州工学院 2011年，动迁安置

	姓名	与户主关系	性别	出生年月	民族
家庭成员	邵凤明	户主	男	1951年2月	汉
	吴凤金	妻子	女	1953年6月	汉
	邵玉林	长子	男	1973年1月	汉
	顾仁花	长媳	女	1973年8月	汉
	邵佳威	孙子	男	1996年6月	汉
	邵叶林	次子	男	1976年12月	汉
	周雪芬	次媳	女	1978年5月	汉
	周邵锋	外孙	男	1999年11月	汉
家庭大事	1986年，翻建楼房 2011年，动迁安置 2019年，邵佳威考入上海理工大学（硕士研究生） 购汽车1辆				

	姓名	与户主关系	性别	出生年月	民族
家庭成员	顾海林	户主	男	1964年8月	汉
	顾三男	父亲	男	1935年12月	汉
	顾素珍	母亲	女	1942年1月	汉
	任利群	妻子	女	1975年2月	汉
	顾中奇	儿子	男	1988年4月	汉
	陆　婷	儿媳	女	1990年10月	汉
	顾歆妍	长孙女	女	2011年8月	汉
	顾舒然	次孙女	女	2019年1月	汉
家庭大事	1981年，翻建楼房 2010年，陆婷本科毕业于苏州教育学院 2011年，动迁安置 购汽车2辆				

家庭成员	姓名	与户主关系	性别	出生年月	民族
	顾怀余	户主	男	1949 年 4 月	汉
	夏翠保	妻子	女	1949 年 9 月	汉

家庭大事	

家庭成员	姓名	与户主关系	性别	出生年月	民族
	朱杏花	户主	女	1964 年 10 月	汉
	王建清	儿子	男	1985 年 5 月	汉
	朱林颖	儿媳	女	1983 年 6 月	汉
	王萧然	长孙女	女	2010 年 8 月	汉
	王雨婷	次孙女	女	2018 年 2 月	汉

家庭大事	1984 年，翻建平房 2010 年，动迁安置

家庭成员	姓名	与户主关系	性别	出生年月	民族
	唐妙英	户主	女	1940 年 3 月	汉
	唐友龙	儿子	男	1966 年 11 月	汉
	朱学平	儿媳	女	1966 年 3 月	汉
	唐秋玲	孙女	女	1989 年 9 月	汉
	陆俊伟	孙女婿	男	1990 年 6 月	汉
	陆静婷	曾孙女	女	2014 年 4 月	汉
	唐禹辰	曾孙	男	2016 年 3 月	汉

家庭大事	1995 年，翻建楼房 2011 年，动迁安置 2014 年，陆俊伟本科毕业于河海大学 2016 年，获评昆山高新区"幸福之家" 2019 年，唐秋玲本科毕业于河海大学 购汽车 1 辆

	姓名	与户主关系	性别	出生年月	民族
家庭成员	徐建明	户主	男	1952年10月	汉
	顾凤金	妻子	女	1954年12月	汉
	徐菊芳	长女	女	1976年11月	汉
	徐 斌	长女婿	男	1976年7月	汉
	徐雯馨	孙女	女	1999年7月	汉
	徐敏芳	次女	女	1978年8月	汉
	王炳华	次女婿	男	1977年4月	汉
	王晨宇	外孙女	女	2000年5月	汉
家庭大事	1991年，翻建楼房 2012年，动迁安置 2017年，徐雯馨考入苏州大学文正学院（本科） 2018年，王晨宇留学新加坡 购汽车2辆				

	姓名	与户主关系	性别	出生年月	民族
家庭成员	唐雪元	户主	男	1964年5月	汉
	郭凤珍	妻子	女	1966年2月	汉
家庭大事	1986年，建房 2011年，动迁安置 2013年，获评昆山高新区第三届"文明和谐家庭" 购汽车1辆				

家庭成员	姓名	与户主关系	性别	出生年月	民族
	唐全龙	户主	男	1960年7月	汉
	邵月英	妻子	女	1962年8月	汉
	唐　敏	儿子	男	1983年7月	汉
	陆婷婷	儿媳	女	1985年9月	汉
	唐一涵	孙子	男	2011年7月	汉
	陆一歆	孙女	女	2014年6月	汉
家庭大事	2008年，唐全龙获昆山市"优秀教育工作者"称号；陆婷婷本科毕业于江苏师范大学 2009年，唐敏硕士研究生毕业于苏州大学 2014年，唐全龙获昆山市"优秀教育工作者"、新疆高校毕业生在昆实习优秀指导教师称号 购汽车3辆				

家庭成员	姓名	与户主关系	性别	出生年月	民族
	顾建玉	户主	女	1963年3月	汉
家庭大事					

新江村第3村民小组

	姓名	与户主关系	性别	出生年月	民族
家庭成员	邵卫文	户主	男	1948年11月	汉
	汪漪霞	妻子	女	1949年11月	汉
	邵文雅	女儿	女	1971年1月	汉
	陆建华	女婿	男	1971年10月	汉
	陆韶鹏	外孙	男	1997年10月	汉
	邵文斌	儿子	男	1972年10月	汉
	章建芬	儿媳	女	1973年7月	汉
	邵紫薇	孙女	女	1996年4月	汉
家庭大事	1989年，汪漪霞大专毕业于江苏电视大学 1992年，陆建华大专毕业于华东师范大学 1993年，邵文雅大专毕业于北京邮电大学 2018年，邵紫薇本科毕业于江苏师范大学 2020年，陆韶鹏本科毕业于江苏科技大学				

	姓名	与户主关系	性别	出生年月	民族
家庭成员	邵志良	户主	男	1943年9月	汉
	邵婉珍	妻子	女	1948年6月	汉
	邵秋芬	女儿	女	1969年8月	汉
	俞　峰	女婿	男	1968年6月	汉
	俞雯洁	外孙女	女	1991年7月	汉
	徐　俊	外孙女婿	男	1987年11月	汉
	徐瑾瑜	曾外孙	男	2017年9月	汉
	周小伦	儿媳	女	1972年1月	汉
	邵思雯	孙女	女	1994年12月	汉
家庭大事	1986年，翻建楼房 2012年，俞雯洁大专毕业于江南影视艺术学院 2014年，动迁安置 2017年，邵思雯大专毕业于南京师范大学				

	姓名	与户主关系	性别	出生年月	民族
家庭成员	邵雪龙	户主	男	1962年10月	汉
	邹永芬	妻子	女	1962年6月	汉
	邵　琳	女儿	女	1985年12月	汉
	朱国昌	女婿	男	1981年9月	汉
	邵怡澄	孙女	女	2010年9月	汉
家庭大事	1987年，翻建楼房 2008年，邵琳本科毕业于哈尔滨师范大学恒星学院 2015年，动迁安置 购汽车2辆				

	姓名	与户主关系	性别	出生年月	民族
家庭成员	邵雪华	户主	男	1966年2月	汉
	邵秀樟	父亲	男	1942年5月	汉
	姚惠芬	妻子	女	1966年8月	汉
	邵雪凤	妹妹	女	1972年1月	汉
	邵　斌	儿子	男	1988年12月	汉
	曹蕾燕	儿媳	女	1987年7月	汉
	邵嘉好	孙女	女	2013年4月	汉
	邵嘉羿	孙子	男	2016年1月	汉
家庭大事	1987年，翻建楼房 2010年，曹蕾燕本科毕业于南京财经大学 2015年，动迁安置 购汽车1辆				

姓名	与户主关系	性别	出生年月	民族
邵金龙	户主	男	1965年5月	汉
刘振兴	父亲	男	1944年10月	汉
邵卫珍	母亲	女	1946年4月	汉
高美珍	妻子	女	1967年12月	汉
邵　颖	长女	女	1988年6月	汉
李兴华	长女婿	男	1981年11月	汉
邵李鑫	孙子	男	2009年5月	汉
高福慧	次女	女	1994年4月	汉

家庭大事：
1984年，翻建楼房
2017年，高福慧本科毕业于苏州大学
购汽车1辆

姓名	与户主关系	性别	出生年月	民族
邵建龙	户主	男	1966年9月	汉
莫惠芬	妻子	女	1967年12月	汉
邵志栋	儿子	男	1989年4月	汉
陈琦珏	儿媳	女	1989年10月	汉
邵成泽	孙子	男	2018年3月	汉

家庭大事：
1984年，翻建楼房
2012年，邵志栋大专毕业于苏州工业职业技术学院，陈琦珏大专毕业于苏州工业职业技术学院
购汽车1辆

家庭成员	姓名	与户主关系	性别	出生年月	民族
	邵宝华	户主	男	1952年12月	汉
	徐小英	妻子	女	1956年1月	汉
	邵　刚	儿子	男	1978年10月	汉
	胡爱玲	儿媳	女	1983年3月	汉
	邵寅飞	孙子	男	2004年6月	汉
	邵嘉玥	孙女	女	2016年8月	汉
家庭大事	1987年，翻建楼房				

家庭成员	姓名	与户主关系	性别	出生年月	民族
	邵海明	户主	男	1954年5月	汉
	俞国娟	妻子	女	1957年3月	汉
	邵文荣	儿子	男	1980年7月	汉
	李细英	儿媳	女	1979年4月	汉
	邵正阳	孙子	男	2003年2月	汉
家庭大事	1986年，翻建楼房 2011年，获评玉山镇第二届"文明和谐家庭" 2016年，动迁安置 购汽车1辆				

家庭成员	姓名	与户主关系	性别	出生年月	民族
	邵海林	户主	男	1960 年 4 月	汉
	陆雪琴	妻子	女	1958 年 2 月	汉
	邵文军	儿子	男	1983 年 9 月	汉
	徐　红	儿媳	女	1981 年 11 月	汉
	邵梓徐	孙子	男	2006 年 1 月	汉
	徐清茹	孙女	女	2010 年 2 月	汉
家庭大事	1978 年，邵海林参军入伍，1983 年退伍 1986 年，翻建楼房 2017 年，获评昆山高新区"礼仪之家"；动迁安置 购汽车 1 辆					

家庭成员	姓名	与户主关系	性别	出生年月	民族
	邵雪元	户主	男	1971 年 1 月	汉
	朱雪珍	母亲	女	1946 年 9 月	汉
	戴彩琴	妻子	女	1971 年 1 月	汉
	邵　俊	儿子	男	1994 年 3 月	汉
	周卓一	儿媳	女	1994 年 10 月	汉
	邵芯玥	孙女	女	2019 年 3 月	汉
家庭大事	1987 年，翻建楼房 2016 年，邵俊大专毕业于南京理工大学，周卓一本科毕业于南京林业大学；动迁安置 购汽车 1 辆					

姓名	与户主关系	性别	出生年月	民族
邵建民	户主	男	1959年8月	汉
支玉珍	妻子	女	1959年7月	汉
邵建珍	姐姐	女	1956年9月	汉
邵 琴	女儿	女	1982年6月	汉
窦道剑	女婿	男	1980年2月	汉
邵晨宇	长孙	男	2004年12月	汉
窦晨娄	次孙	男	2012年6月	汉

家庭成员（以上为家庭成员表）

家庭大事
1982年，翻建楼房
2018年，动迁安置

	姓名	与户主关系	性别	出生年月	民族
家庭成员	邵建康	户主	男	1943年9月	汉
	顾根宝	妻子	女	1946年8月	汉
	邵伟红	长子	男	1966年8月	汉
	丁雪花	长媳	女	1967年4月	汉
	邵鸿庭	孙子	男	1989年6月	汉
	关楚薇	孙媳	女	1979年9月	满
	邵雪红	次子	男	1969年2月	汉
	龚凤娟	次媳	女	1977年2月	汉
	邵 佳	孙女	女	1993年11月	汉
家庭大事	1965—1976年，邵建康任柱江大队农技员 1976—1995年，邵建康任柱江大队（村）大队长、经济合作社社长、村委会主任 1981年，邵建康加入中国共产党 1984年，翻建房屋 1986年，邵建康被昆山县人民政府评为"农业先进农人" 1991年，邵建康被陆杨镇政府评为"先进生产者" 1995—2001年，邵建康任柱江农灌站主任 2006—2011年，邵建康任新江村老年协会会长 2009年，关楚薇本科毕业于西北政法大学，邵鸿庭大专毕业于南京钟山职业技术学院 2010年，获评玉山镇首届"文明和谐家庭" 2011年，获评玉山镇第二届"文明和谐家庭" 2016年，邵佳本科毕业于苏州科技大学；动迁安置 购汽车1辆				

	姓名	与户主关系	性别	出生年月	民族
家庭成员	邵大弟	户主	男	1940年8月	汉
	徐美兰	妻子	女	1942年11月	汉
	邵雪强	儿子	男	1971年7月	汉
	谢月静	儿媳	女	1971年2月	汉
	邵 莹	孙女	女	1994年6月	汉
家庭大事	1985年，翻建楼房，未动迁安置 2016年，邵莹本科毕业于扬州大学 购汽车2辆				

	姓名	与户主关系	性别	出生年月	民族
家庭成员	邵建青	户主	男	1948年3月	汉
	李梅花	妻子	女	1948年6月	汉
	邵 萍	女儿	女	1975年5月	汉
	王 益	女婿	男	1975年1月	汉
	邵诗琦	孙女	女	1997年10月	汉
家庭大事	1984年，翻建房屋 2016年，动迁安置 2020年，邵诗琦本科毕业于苏州科技大学				

	姓名	与户主关系	性别	出生年月	民族
家庭成员	唐玉珍	户主	女	1953年8月	汉
	邵 燕	女儿	女	1977年10月	汉
	朱仕杰	女婿	男	1970年7月	汉
	邵阳一	孙女	女	1998年7月	汉
家庭大事	1984年，翻建房屋 2012年，邵燕本科毕业于苏州教育学院 2014年，动迁安置 2020年，邵阳一本科毕业于苏州科技大学 购汽车1辆				

姓名	与户主关系	性别	出生年月	民族
邵建林	户主	男	1971年10月	汉
邵弟良	父亲	男	1946年12月	汉
邵水珍	母亲	女	1951年2月	汉
盛明芳	妻子	女	1970年11月	汉
邵奕	女儿	女	1995年12月	汉
陈耀	女婿	男	1991年2月	汉
邵崎峻	孙子	男	2019年12月	汉

家庭大事
1985年，翻建楼房
2011年，动迁安置
2017年，邵奕本科毕业于中国药科大学
购汽车2辆

姓名	与户主关系	性别	出生年月	民族
邵小弟	户主	男	1940年8月	汉
邵秀珍	妻子	女	1942年5月	汉
邵凤花	长女	女	1958年9月	汉
朱毅	外孙	男	1984年10月	汉
方吉	外孙媳	女	1983年6月	汉
朱袾	曾外孙女	女	2020年2月	汉
邵雪花	次女	女	1962年8月	汉
张伏弟	次女婿	男	1962年6月	汉
邵磊	孙子	男	1985年9月	汉
金玲	孙媳	女	1988年1月	汉
邵梓涵	曾孙女	女	2013年11月	汉

家庭大事
2007年，朱毅本科毕业于苏州大学
2008年，方吉硕士研究生毕业于澳大利亚南澳大学，邵磊本科毕业于苏州大学
2012年，金玲硕士研究生毕业于南京医科大学
2013年，获评昆山高新区第三届"文明和谐家庭"
购汽车1辆

新江村第4村民小组

	姓名	与户主关系	性别	出生年月	民族
家庭成员	吴 庆	户主	男	1965年5月	汉
	吴孝吉	父亲	男	1942年2月	汉
	邵妙英	母亲	女	1948年6月	汉
	项玉芬	妻子	女	1968年4月	汉
	吴 虹	女儿	女	1989年11月	汉
	吴嘉伟	女婿	男	1987年6月	汉
	吴星瑶	孙女	女	2014年7月	汉
家庭大事	1980年，翻建楼房 2010年，吴嘉伟大专毕业于西安科技大学 2012年，吴虹本科毕业于江苏大学 2017年，动迁安置 购汽车1辆				

	姓名	与户主关系	性别	出生年月	民族
家庭成员	邵云龙	户主	男	1952年7月	汉
	丁发萍	妻子	女	1954年4月	汉
	邵丽勇	儿子	男	1979年9月	汉
	李 威	儿媳	女	1979年10月	汉
	邵文瑾	孙女	女	2003年10月	汉
	邵祈皓	孙子	男	2018年12月	汉
家庭大事	1986年，翻建楼房 1995年，李威大专毕业于中央广播电视大学 2016年，动迁安置 购汽车1辆				

	姓名	与户主关系	性别	出生年月	民族
家庭成员	纪德祥	户主	男	1938年2月	汉
	杨建万	妻子	女	1928年8月	汉
	纪荣林	儿子	男	1966年10月	汉
	陈凤娟	儿媳	女	1967年6月	汉
	冀　炜	孙子	男	1990年6月	汉
	赵　洁	孙媳	女	1990年8月	汉
	冀佑芊	曾孙女	女	2019年8月	汉
家庭大事	1986年，翻建楼房 2014年，冀炜本科毕业于长沙医学院，赵洁本科毕业于南通医学院 2016年，动迁安置 购汽车3辆				

	姓名	与户主关系	性别	出生年月	民族
家庭成员	邵宝兴	户主	男	1961年11月	汉
	莫小菊	妻子	女	1962年4月	汉
	邵　静	女儿	女	1985年5月	汉
	陈静峰	女婿	男	1982年10月	汉
家庭大事	1980年，翻建楼房 2005年，陈静峰大专毕业于南京财经大学 2007年，邵静本科毕业于淮阴师范学院 2019年，动迁安置 购汽车1辆				

	姓名	与户主关系	性别	出生年月	民族
家庭成员	徐保龙	户主	男	1968年2月	汉
	王金凤	母亲	女	1948年11月	汉
	杨洁红	妻子	女	1975年12月	汉
	徐　颖	女儿	女	1990年7月	汉
	张国桢	女婿	男	1988年9月	汉
	张懿兮	孙女	女	2013年6月	汉
	徐智轩	儿子	男	2000年11月	汉
家庭大事	1987年，翻建楼房 2009年，张国桢大专毕业于南京晓庄学院 2011年，徐颖本科毕业于南京大学 购汽车2辆				

	姓名	与户主关系	性别	出生年月	民族
家庭成员	徐宝琪	户主	男	1962年6月	汉
	徐伯林	父亲	男	1937年11月	汉
	俞雪娟	妻子	女	1962年3月	汉
	徐　良	儿子	男	1986年9月	汉
	陈瑜雁	儿媳	女	1986年9月	汉
	徐　晔	孙女	女	2013年10月	汉
家庭大事	1984年，翻建楼房 2008年，徐良本科毕业于江苏大学，陈瑜雁大专毕业于南京财经大学 2018年，动迁安置 购汽车3辆				

姓名	与户主关系	性别	出生年月	民族
家庭成员				
邵友明	户主	男	1954年8月	汉
朱耀珍	妻子	女	1953年8月	汉
邵晓峰	儿子	男	1974年9月	汉
吕 琴	儿媳	女	1975年4月	汉
邵李栋	孙子	男	1998年1月	汉
邵晓芸	女儿	女	1977年1月	汉
沈雪松	女婿	男	1976年3月	汉
沈诗萌	外孙女	女	2000年2月	汉

家庭大事	1983年，翻建楼房 2004年，动迁安置 购汽车1辆

姓名	与户主关系	性别	出生年月	民族
家庭成员				
邵宝林	户主	男	1957年11月	汉
孙相琴	妻子	女	1957年8月	汉
邵银华	儿子	男	1979年9月	汉
盛雪花	儿媳	女	1980年12月	汉
邵均杰	孙子	男	2002年11月	汉

家庭大事	1984年，翻建楼房 2019年，动迁安置 购汽车1辆

	姓名	与户主关系	性别	出生年月	民族
家庭成员	邵友龙	户主	男	1955年2月	汉
	龚宝珍	妻子	女	1953年8月	汉
	邵　强	长子	男	1977年10月	汉
	赵　慧	长媳	女	1981年12月	汉
	邵　薇	孙女	女	2003年7月	汉
	邵禹文	孙子	男	2009年7月	汉
	邵　青	次子	男	1981年9月	汉
	马丽萍	次媳	女	1979年8月	汉
	邵　潼	孙子	男	2005年3月	汉
家庭大事	1982年，翻建楼房 2018年，动迁安置 2019年，赵慧本科毕业于北京外国语学院 购汽车2辆				

	姓名	与户主关系	性别	出生年月	民族
家庭成员	邵全元	户主	男	1963年4月	汉
	邵惠芬	母亲	女	1932年11月	汉
	龚凤珍	妻子	女	1962年3月	汉
	邵　星	儿子	男	1986年1月	汉
	董　芸	儿媳	女	1987年11月	汉
	邵诗语	孙女	女	2008年12月	汉
家庭大事	1991年，翻建楼房 2014年，邵星本科毕业于中国人民解放军南京陆军指挥学院 2019年，动迁安置 购汽车1辆				

	姓名	与户主关系	性别	出生年月	民族
家庭成员	张水良	户主	男	1946年12月	汉
	邵美芬	妻子	女	1949年5月	汉
	邵金莲	女儿	女	1968年4月	汉
	刘根成	女婿	男	1961年3月	汉
	刘思忆	外孙女	女	1989年10月	汉
	方毛毛	外孙女婿	男	1990年1月	汉
	方乐忆	曾外孙	男	2013年7月	汉
	张金华	儿子	男	1969年9月	汉
	张邵晨	孙子	男	1992年2月	汉
家庭大事	2014年，翻建平房 2019年，动迁安置				

	姓名	与户主关系	性别	出生年月	民族
家庭成员	龚青龙	户主	男	1968年2月	汉
	朱巧妹	岳母	女	1948年9月	汉
	邵祖林	叔父	男	1956年5月	汉
	邵雅芳	妻子	女	1967年8月	汉
家庭大事	2016年，动迁安置 购汽车2辆				

	姓名	与户主关系	性别	出生年月	民族
家庭成员	邵红生	户主	男	1970年12月	汉
	邵伟兴	父亲	男	1943年12月	汉
	邵菊英	母亲	女	1943年12月	汉
	陆静亚	妻子	女	1971年10月	汉
	邵俊超	儿子	男	1993年10月	汉
家庭大事	1991年,翻建楼房 2016年,邵俊超本科毕业于南京师范大学 购汽车2辆				

	姓名	与户主关系	性别	出生年月	民族
家庭成员	季如生	户主	男	1955年7月	汉
	邵阿毛	岳母	女	1939年7月	汉
	邵凤珍	妻子	女	1962年4月	汉
	邵 红	女儿	女	1990年2月	汉
	黄 海	女婿	男	1992年6月	汉
	邵亭熹	孙子	男	2016年5月	汉
家庭大事	1996年,翻建楼房 2012年,邵红本科毕业于淮阴工学院 2020年,动迁安置 购汽车2辆				

家庭成员	姓名	与户主关系	性别	出生年月	民族
	邵云华	户主	男	1955年9月	汉
	邵巧英	妻子	女	1959年6月	汉
	邵莉娜	女儿	女	1983年3月	汉
	杨建峰	女婿	男	1982年7月	汉
	杨邵丹	孙女	女	2009年10月	汉

家庭大事	1988年，翻建楼房 2005年，邵莉娜本科毕业于中国矿业大学，杨建峰本科毕业于中国矿业大学 2016年，动迁安置 购汽车2辆

家庭成员	姓名	与户主关系	性别	出生年月	民族
	邵建国	户主	男	1962年7月	汉
	张康珍	妻子	女	1963年7月	汉
	邵雪华	儿子	男	1986年1月	汉
	施孙慧	儿媳	女	1987年4月	汉
	邵艺涵	长孙女	女	2010年1月	汉
	施玥如	次孙女	女	2019年8月	汉

家庭大事	1989年，翻建楼房 2008年，邵雪华大专毕业于苏州农业职业技术学院 2009年，动迁安置 2010年，施孙慧本科毕业于苏州大学 购汽车1辆

家庭成员	姓名	与户主关系	性别	出生年月	民族
	邵建光	户主	男	1973年12月	汉
	胡兴群	妻子	女	1982年8月	汉
	邵星雨	女儿	女	2005年3月	汉

家庭大事	

新江村第 5 村民小组

	姓名	与户主关系	性别	出生年月	民族
家庭成员	陆巧生	户主	男	1956 年 12 月	汉
	陆阿玉	父亲	男	1933 年 6 月	汉
	龚招娣	母亲	女	1931 年 7 月	汉
	顾建珍	妻子	女	1956 年 8 月	汉
	陆卫萍	女儿	女	1981 年 8 月	汉
	沈斌斌	女婿	男	1982 年 12 月	汉
	陆念熙	长孙女	女	2010 年 2 月	汉
	沈念辰	次孙女	女	2012 年 10 月	汉
家庭大事	1992 年，翻建楼房 1999 年，陆卫萍中专毕业于苏州幼儿师范学校 2007 年，动迁安置 购汽车 1 辆				

	姓名	与户主关系	性别	出生年月	民族
家庭成员	陆妙英	户主	女	1948 年 8 月	汉
	陆永华	儿子	男	1973 年 10 月	汉
	王金妹	儿媳	女	1979 年 6 月	汉
	陆静佳	孙女	女	1997 年 3 月	汉
	陆柏辰	孙子	男	2013 年 1 月	汉
	庄　萍	女儿	女	1987 年 3 月	汉
	罗　伟	女婿	男	1982 年 4 月	汉
	罗鑫懿	外孙女	女	2018 年 12 月	汉
家庭大事	1987 年，翻建楼房 2006 年，动迁安置 2008 年，罗伟本科毕业于中共中央党校 2020 年，庄萍本科毕业于国家开放大学 购汽车 1 辆				

	姓名	与户主关系	性别	出生年月	民族
家庭成员	陆月芳	户主	女	1973年6月	汉
	荣金大	母亲	女	1948年5月	汉
	支伟清	丈夫	男	1972年9月	汉
	陆紫芸	女儿	女	1995年11月	汉
家庭大事	1994年，翻建楼房 2005年，动迁安置 2018年，陆紫芸本科毕业于安阳师范学院 购汽车1辆				

	姓名	与户主关系	性别	出生年月	民族
家庭成员	陆凤生	户主	男	1956年7月	汉
	王秀英	母亲	女	1930年11月	汉
	陆惠珍	妻子	女	1957年11月	汉
	陆雅萍	女儿	女	1981年6月	汉
	季小明	女婿	男	1979年2月	汉
	金陆豪	长孙	男	2005年6月	汉
	陆季杰	次孙	男	2013年10月	汉
家庭大事	1990年，翻建楼房 2006年，动迁安置				

	姓名	与户主关系	性别	出生年月	民族
家庭成员	陆建华	户主	男	1966年11月	汉
	陆伯平	父亲	男	1941年11月	汉
	翁雪英	母亲	女	1943年9月	汉
	邵友花	妻子	女	1967年3月	汉
	陆　燕	女儿	女	1990年5月	汉
	左养飞	女婿	男	1990年11月	汉
	左佳玲	外孙女	女	2015年12月	汉
	陆昱竹	孙女	女	2019年12月	汉
家庭大事	1980年，翻建楼房 2005年，动迁安置 2013年，陆燕本科毕业于江苏教育学院，左养飞本科毕业于苏州大学 购汽车1辆				

	姓名	与户主关系	性别	出生年月	民族
家庭成员	陆根明	户主	男	1964年12月	汉
	朱雪花	妻子	女	1963年8月	汉
	陆　益	儿子	男	1988年8月	汉
	沈沛雯	儿媳	女	1987年9月	汉
	陆嘉瑞	孙子	男	2012年6月	汉
	沈嘉瑶	孙女	女	2015年2月	汉
家庭大事	1988年，翻建楼房 2005年，动迁安置 2010年，陆益本科毕业于常熟理工学院，沈沛雯本科毕业于南京师范大学 购汽车2辆				

	姓名	与户主关系	性别	出生年月	民族
家庭成员	陆耀明	户主	男	1967年9月	汉
	陆阿水	父亲	男	1940年7月	汉
	徐月琴	妻子	女	1967年12月	汉
	陆 峰	儿子	男	1991年2月	汉
	王梦瑶	儿媳	女	1990年10月	汉
	陆垣嫒	孙女	女	2016年8月	汉
家庭大事	1987年，翻建楼房 2006年，动迁安置 购汽车1辆				

	姓名	与户主关系	性别	出生年月	民族
家庭成员	陆和生	户主	男	1962年6月	汉
	朱凤花	妻子	女	1963年9月	汉
	陆卫芳	女儿	女	1985年5月	汉
	孙应战	女婿	男	1984年12月	汉
	陆孙宇	长外孙	男	2009年12月	汉
	孙俊采	次外孙	男	2015年11月	汉
家庭大事	1994年，翻建楼房 2005年，动迁安置 购汽车1辆				

家庭成员	姓名	与户主关系	性别	出生年月	民族
	陆建龙	户主	男	1966 年 6 月	汉
	邵妹琴	妻子	女	1968 年 12 月	汉
	陆志华	儿子	男	1989 年 12 月	汉
	蔡颜芳	儿媳	女	1991 年 7 月	汉
	陆欣怡	孙女	女	2015 年 2 月	汉
	蔡鑫贺	外孙	男	2019 年 2 月	汉
家庭大事	1987 年，翻建楼房 2005 年，动迁安置				

家庭成员	姓名	与户主关系	性别	出生年月	民族
	陆爱生	户主	男	1956 年 2 月	汉
	俞惠秋	妻子	女	1957 年 10 月	汉
	陆雪冬	儿子	男	1981 年 12 月	汉
	王凤梅	儿媳	女	1982 年 5 月	汉
	陆羽丹	长孙女	女	2007 年 12 月	汉
	陆思语	次孙女	女	2019 年 1 月	汉
家庭大事					

家庭成员	姓名	与户主关系	性别	出生年月	民族
	陆沪妹	户主	女	1978 年 9 月	汉
	陆小毛	父亲	男	1952 年 11 月	汉
	吕志刚	丈夫	男	1979 年 4 月	汉
	陆子彦	儿子	男	2003 年 7 月	汉
家庭大事					

家庭成员	姓名	与户主关系	性别	出生年月	民族
	陆菊生	户主	男	1971年10月	汉
	梁其平	妻子	女	1967年7月	汉

家庭大事	2005年，动迁安置

家庭成员	姓名	与户主关系	性别	出生年月	民族
	陆伯良	户主	男	1963年1月	汉
	陆惠英	母亲	女	1932年10月	汉
	李菊花	妻子	女	1966年7月	汉
	陆锦华	儿子	男	1986年12月	汉

家庭大事	1982年，陆伯良参军入伍，1986年退伍

家庭成员	姓名	与户主关系	性别	出生年月	民族
	陆伯兴	户主	男	1957年9月	汉
	夏白娥	妻子	女	1958年1月	汉
	陆雪亚	女儿	女	2003年11月	汉

家庭大事	1990年，翻建楼房 2005年，动迁安置

家庭成员	姓名	与户主关系	性别	出生年月	民族
	陆凤岐	户主	男	1954年12月	汉
	李小香	妻子	女	1970年5月	汉

家庭大事	

	姓名	与户主关系	性别	出生年月	民族
家庭成员	顾爱珍	户主	女	1947年12月	汉
	顾雪明	儿子	男	1967年11月	汉
	薛纫文	儿媳	女	1969年1月	汉
	顾凡祺	孙女	女	1993年6月	汉
家庭大事	1991年，薛纫文本科毕业于南京理工大学 1992年，顾雪明本科毕业于南京理工大学				

	姓名	与户主关系	性别	出生年月	民族
家庭成员	顾凤兰	户主	女	1962年3月	汉
	钱美玉	母亲	女	1940年12月	汉
	陆根元	丈夫	男	1962年5月	汉
	顾　浩	儿子	男	1988年9月	汉
	袁麒儿	儿媳	女	1988年7月	汉
	顾家诺	孙子	男	2014年8月	汉
	袁家瑜	孙女	女	2016年9月	汉
家庭大事	2011年，顾浩本科毕业于江苏大学 购汽车2辆				

家庭成员	姓名	与户主关系	性别	出生年月	民族
	杜学雷	户主	男	1965 年 5 月	汉
	顾水生	岳父	男	1938 年 5 月	汉
	陶秀英	岳母	女	1941 年 1 月	汉
	顾金珍	妻子	女	1963 年 4 月	汉
	顾文华	儿子	男	1987 年 11 月	汉
	杨森娟	儿媳	女	1987 年 7 月	汉
	顾梓皓	孙子	男	2014 年 12 月	汉
家庭大事	2018 年，获评昆山高新区"最美家庭" 购汽车 1 辆				

家庭成员	姓名	与户主关系	性别	出生年月	民族
	彭代菊	户主	女	1974 年 10 月	汉
家庭大事					

新江村第6村民小组

	姓名	与户主关系	性别	出生年月	民族
家庭成员	朱金弟	户主	男	1964年1月	汉
	张小妹	母亲	女	1936年4月	汉
	戴彩珍	妻子	女	1963年5月	汉
	朱　峰	儿子	男	1986年5月	汉
	袁　莉	儿媳	女	1986年6月	汉
	朱梓瞳	长孙	男	2011年9月	汉
	袁沐辰	次孙	男	2014年12月	汉

家庭大事	1984年，翻建平房 2005年，动迁安置 2009年，袁莉本科毕业于江苏大学 购汽车1辆

	姓名	与户主关系	性别	出生年月	民族
家庭成员	朱雪林	户主	男	1968年6月	汉
	龚凤英	母亲	女	1941年2月	汉
	王妹珍	妻子	女	1968年1月	汉
	朱家卫	儿子	男	1994年10月	汉

家庭大事	1990年，翻建楼房 2006年，动迁安置 2017年，朱家卫本科毕业于徐州工程学院 购汽车1辆

家庭成员	姓名	与户主关系	性别	出生年月	民族
	朱建青	户主	男	1967年4月	汉
	朱梅花	母亲	女	1947年1月	汉
	莫秀英	妻子	女	1968年3月	汉
	朱　超	儿子	男	1990年9月	汉
	凡婉婉	儿媳	女	1990年9月	汉
	朱梓熙	孙女	女	2014年5月	汉

家庭大事	1990年，翻建楼房 2005年，动迁安置

家庭成员	姓名	与户主关系	性别	出生年月	民族
	顾凤明	户主	男	1950年11月	汉
	顾菊宝	母亲	女	1930年10月	汉
	朱金芬	妻子	女	1951年2月	汉
	顾建平	儿子	男	1972年12月	汉
	钱永芳	儿媳	女	1973年12月	汉
	顾雨静	孙女	女	1995年10月	汉

家庭大事	1985年，翻建楼房 2006年，动迁安置 2018年，顾雨静本科毕业于南京师范大学泰州学院 购汽车1辆

	姓名	与户主关系	性别	出生年月	民族
家庭成员	顾喜生	户主	男	1949年10月	汉
	龚小妹	妻子	女	1951年6月	汉
	顾庆峰	儿子	男	1974年1月	汉
	顾李霞	女儿	女	1977年1月	汉
家庭大事	1985年，翻建房屋 1998年，顾庆峰本科毕业于南京海军电子工程学院 2006年，动迁安置 2013年，顾李霞本科毕业于南京医科大学				

	姓名	与户主关系	性别	出生年月	民族
家庭成员	龚根毛	户主	男	1963年11月	汉
	龚叶英	妻子	女	1964年10月	汉
	龚 婷	女儿	女	1986年9月	汉
	张勇焱	女婿	男	1986年10月	汉
	龚彦华	孙子	男	2011年3月	汉
	张淑彤	孙女	女	2019年4月	汉
家庭大事	1987年，翻建楼房 2005年，动迁安置 购汽车1辆				

姓名	与户主关系	性别	出生年月	民族
龚根华	户主	男	1966年3月	汉
顾月芬	妻子	女	1967年4月	汉
龚 星	女儿	女	1990年5月	汉
焦兴东	女婿	男	1990年5月	汉
焦安卓	长外孙	男	2016年4月	汉
龚安雅	次外孙	男	2018年1月	汉

家庭成员（以上）

家庭大事：
1987年，翻建楼房
2005年，动迁安置
2012年，龚星本科毕业于南京工程学院
2013年，获评昆山高新区第三届"文明和谐家庭"

姓名	与户主关系	性别	出生年月	民族
龚保兴	户主	男	1963年4月	汉
朱炳根	岳父	男	1944年1月	汉
徐凤宝	岳母	女	1947年11月	汉
朱雪勤	妻子	女	1965年10月	汉
朱 虹	女儿	女	1986年7月	汉
谈敏明	女婿	男	1986年3月	汉
谈珈宁	长外孙女	女	2011年1月	汉
谈珈琪	次外孙女	女	2014年12月	汉

家庭大事：
1980年，龚保兴参军入伍，1984年退伍
购汽车1辆

家庭成员	姓名	与户主关系	性别	出生年月	民族
	朱凤元	户主	男	1966年7月	汉
	荣玉珍	妻子	女	1966年8月	汉
	朱 冰	儿子	男	1989年7月	汉
	孙 婷	儿媳	女	1991年5月	汉
	朱嘉诚	孙子	男	2013年7月	汉
	孙嘉涵	孙女	女	2017年6月	汉

家庭大事	1998年,翻建楼房 2006年,动迁安置 购汽车1辆

家庭成员	姓名	与户主关系	性别	出生年月	民族
	徐白妹	户主	女	1933年4月	汉
	朱全福	长子	男	1963年6月	汉
	朱全明	次子	男	1968年6月	汉

家庭大事	1984年,朱全福本科毕业于南京大学 1998年,朱全明本科毕业于中共中央党校函授学院 2005年,动迁,原房屋未翻建 2008年、2010年、2014年、2016年,朱全福获苏州市哲学社会科学优秀成果奖

家庭成员	姓名	与户主关系	性别	出生年月	民族
	朱和全	户主	男	1941年7月	汉
	徐凤英	妻子	女	1944年11月	汉
	朱友明	儿子	男	1967年3月	汉
	朱 军	孙子	男	1990年1月	汉
	王思思	孙媳	女	1990年7月	汉

家庭大事	

	姓名	与户主关系	性别	出生年月	民族
家庭成员	朱雪明	户主	男	1951年1月	汉
	李婉英	妻子	女	1949年3月	汉
	朱美华	女儿	女	1972年11月	汉
	朱年华	儿子	男	1974年10月	汉
	沈燕萍	儿媳	女	1978年9月	汉
	沈艺恒	长孙	男	2001年6月	汉
	朱梓源	次孙	男	2009年4月	汉
家庭大事	1985年，翻建楼房 1997年，朱年华本科毕业于中南政法大学 2005年，沈燕萍大专毕业于中央广播电视大学 2006年，动迁安置 购汽车2辆				

	姓名	与户主关系	性别	出生年月	民族
家庭成员	朱凤兴	户主	男	1962年5月	汉
	姚永珍	妻子	女	1961年9月	汉
	朱 杰	儿子	男	1985年4月	汉
	陶静怡	儿媳	女	1987年8月	汉
	朱辰轩	长孙	男	2009年10月	汉
	陶辰宇	次孙	男	2012年11月	汉
家庭大事	1997年，翻建楼房 2003年，朱凤兴大专毕业于苏州大学 2006年，动迁安置 2018年，陶静怡本科毕业于南京财经大学 购汽车1辆				

	姓名	与户主关系	性别	出生年月	民族
家庭成员	陈桂华	户主	男	1965年4月	汉
	朱雪珍	妻子	女	1967年12月	汉
	朱 明	长子	男	1988年11月	汉
	姚婷婷	长媳	女	1989年12月	汉
	朱梓琪	长孙女	女	2016年5月	汉
	姚梓琳	四孙女	女	2019年5月	汉
	朱 亮	次子	男	1993年6月	汉
	李云华	次媳	女	1993年10月	汉
	李星妍	次孙女	女	2016年7月	汉
	朱夕妍	三孙女	女	2018年2月	汉
家庭大事	1990年，翻建楼房 2006年，动迁安置 2011年，朱明本科毕业于江苏大学 购汽车2辆				

	姓名	与户主关系	性别	出生年月	民族
家庭成员	顾文忠	户主	男	1972年3月	汉
	顾志明	父亲	男	1947年3月	汉
	陈丽勤	妻子	女	1973年9月	汉
	顾文雯	女儿	女	1995年5月	汉
	张志浩	女婿	男	1992年8月	汉
	张睿天	外孙	男	2016年10月	汉
	顾睿宸	孙子	男	2018年8月	汉
家庭大事	1985年，翻建楼房 2006年，动迁安置 购汽车1辆				

	姓名	与户主关系	性别	出生年月	民族
家庭成员	朱弟明	户主	男	1953年4月	汉
	陈同珍	妻子	女	1954年9月	汉
	朱雪花	长女	女	1978年5月	汉
	陈 锋	长女婿	男	1976年5月	汉
	陈 优	孙女	女	2006年6月	汉
	陈 瑞	外孙	男	2013年7月	汉
	朱菊花	次女	女	1980年6月	汉
	张 龙	次女婿	男	1976年6月	汉
	张文杰	外孙	男	2002年12月	汉
家庭大事	1990年，翻建房屋 2000年，陈锋大专毕业于淮阴工业学院 2006年，动迁安置 购汽车1辆				

	姓名	与户主关系	性别	出生年月	民族
家庭成员	朱建华	户主	男	1965年9月	汉
	顾雪琴	妻子	女	1966年1月	汉
	朱 毅	儿子	男	1989年1月	汉
	侯晓雯	儿媳	女	1988年7月	汉
	朱宇轩	孙子	男	2013年3月	汉
	侯予汐	孙女	女	2019年9月	汉
家庭大事	1992年，翻建楼房 2006年，动迁安置 2011年，朱毅本科毕业于徐州师范大学 2013年，侯晓雯本科毕业于徐州师范大学 购汽车1辆				

	姓名	与户主关系	性别	出生年月	民族
家庭成员	朱雪元	户主	男	1963年4月	汉
	顾金英	妻子	女	1964年12月	汉
	朱丽	女儿	女	1986年4月	汉
	姚沈斌	女婿	男	1986年8月	汉
	姚治栋	长孙	男	2010年8月	汉
	朱翊铭	次孙	男	2014年5月	汉
家庭大事	1992年，翻建楼房 2005年，动迁安置 购汽车1辆				

	姓名	与户主关系	性别	出生年月	民族
家庭成员	朱永明	户主	男	1956年12月	汉
	朱春华	儿子	男	1982年11月	汉
	张启	儿媳	女	1986年11月	汉
	朱欣宇	孙子	男	2012年2月	汉
家庭大事	1992年，翻建楼房 2005年，动迁安置				

	姓名	与户主关系	性别	出生年月	民族
家庭成员	张扣兰	户主	女	1968年2月	汉
	赵臣	丈夫	男	1972年1月	汉
	赵文静	女儿	女	2005年2月	汉
家庭大事					

新江村第 7 村民小组

家庭成员	姓名	与户主关系	性别	出生年月	民族
	龚文龙	户主	男	1971 年 4 月	汉

家庭大事	1992 年，房屋翻建 2005 年，动迁安置

家庭成员	姓名	与户主关系	性别	出生年月	民族
	龚妹芳	户主	女	1945 年 4 月	汉
	沈建平	儿子	男	1966 年 4 月	汉
	顾建兰	儿媳	女	1965 年 11 月	汉
	沈 静	孙女	女	1989 年 3 月	汉
	徐 峰	孙女婿	男	1988 年 12 月	汉
	徐沈翼	曾孙	男	2014 年 12 月	汉

家庭大事	1986 年，翻建楼房 2010 年，动迁安置 购汽车 1 辆

家庭成员	姓名	与户主关系	性别	出生年月	民族
	龚建明	户主	男	1956 年 6 月	汉
	朱四宝	妻子	女	1958 年 9 月	汉
	龚井花	女儿	女	1981 年 10 月	汉
	龚芷欣	孙女	女	2010 年 6 月	汉
	熊予皓	孙子	男	2012 年 12 月	汉

家庭大事	1988 年，翻建楼房 2010 年，动迁安置

家庭成员	姓名	与户主关系	性别	出生年月	民族
	龚喜明	户主	男	1969年1月	汉
	龚弟弟	父亲	男	1941年11月	汉
	钱妙英	母亲	女	1948年12月	汉
	平丽珍	妻子	女	1967年4月	汉
	龚永青	儿子	男	1991年10月	汉

家庭大事	1985年，翻建楼房 2010年，动迁安置 2017年，龚永青硕士研究生毕业于上海对外经贸大学 购汽车1辆

家庭成员	姓名	与户主关系	性别	出生年月	民族
	龚凤强	户主	男	1951年9月	汉
	沈雪珍	妻子	女	1952年4月	汉
	龚叶敏	儿子	男	1972年11月	汉
	梁如琰	儿媳	女	1969年12月	汉
	龚佰豪	孙子	男	2002年8月	汉
	龚英英	女儿	女	1977年12月	汉
	陈 益	女婿	男	1976年1月	汉
	陈思思	外孙女	女	2001年4月	汉

家庭大事	1984年，建房 1994年，梁如琰大专毕业于上海交通大学 1997年，陈益大专毕业于上海大学 2002年，龚叶敏本科毕业于北京大学 2014年，动迁安置 购汽车2辆

	姓名	与户主关系	性别	出生年月	民族
家庭成员	龚妹子	户主	女	1959 年 11 月	汉
	龚建林	丈夫	男	1958 年 10 月	汉
	龚雪芳	女儿	女	1981 年 10 月	汉
	王清涛	女婿	男	1978 年 10 月	汉
	王君豪	长外孙	男	2006 年 12 月	汉
	王为豪	次外孙	男	2013 年 10 月	汉
家庭大事	1978 年，龚建林参军入伍，1981 年退伍 1989 年，翻建楼房 2003 年，龚雪芳本科毕业于浙江大学远程教育学院 2005 年，王清涛大专毕业于苏州大学 2010 年，动迁安置				

	姓名	与户主关系	性别	出生年月	民族
家庭成员	金云华	户主	男	1971 年 2 月	汉
	金仁龙	父亲	男	1951 年 2 月	汉
	凌全珍	母亲	女	1951 年 7 月	汉
	刘凤娟	妻子	女	1972 年 3 月	汉
	金志伟	儿子	男	1993 年 8 月	汉
	王 颖	儿媳	女	1995 年 10 月	汉
	金煦茹	孙女	女	2019 年 4 月	汉
家庭大事	1990 年，翻建楼房 2010 年，动迁安置 购汽车 1 辆				

	姓名	与户主关系	性别	出生年月	民族
家庭成员	龚友龙	户主	男	1954 年 4 月	汉
	邵金珍	妻子	女	1957 年 1 月	汉
	龚丽敏	女儿	女	1980 年 12 月	汉
	龚颜澜	孙女	女	2005 年 2 月	汉
	王敏宇	孙子	男	2011 年 10 月	汉
家庭大事	1990 年，翻建楼房 2012 年，动迁安置				

	姓名	与户主关系	性别	出生年月	民族
家庭成员	龚伯龙	户主	男	1952 年 12 月	汉
	龚杏娣	母亲	女	1934 年 7 月	汉
	朱阿凤	妻子	女	1954 年 8 月	汉
	龚建峰	儿子	男	1978 年 7 月	汉
	张 慧	儿媳	女	1980 年 4 月	汉
	龚 桉	孙子	男	2002 年 2 月	汉
家庭大事	1990 年，翻建楼房 2003 年，龚建峰本科毕业于中共江苏省委党校 2010 年，动迁安置 2020 年，获评昆山高新区"平安家庭" 购汽车 1 辆				

新江村志·村民家庭记载

	姓名	与户主关系	性别	出生年月	民族
家庭成员	金泉龙	户主	男	1945 年 9 月	汉
	张秀芬	妻子	女	1947 年 11 月	汉
	金新宇	儿子	男	1969 年 2 月	汉
	朱勤芳	儿媳	女	1967 年 4 月	汉
	金 娟	孙女	女	1991 年 11 月	汉
	高晨斌	孙女婿	男	1990 年 10 月	汉
	高嘉泽	曾孙	男	2017 年 7 月	汉
	金小萍	女儿	女	1966 年 8 月	汉
	王建林	女婿	男	1964 年 12 月	汉
	王舒婷	外孙女	女	1988 年 2 月	汉
家庭大事	1989 年，翻建楼房 2010 年，动迁安置；王舒婷本科毕业于南京中医药大学 购汽车 1 辆				

	姓名	与户主关系	性别	出生年月	民族
家庭成员	凌宝元	户主	男	1963 年 7 月	汉
	顾雪琴	妻子	女	1962 年 2 月	汉
	凌 蔚	女儿	女	1986 年 7 月	汉
	王鉴鸿	女婿	男	1987 年 4 月	汉
	王彦心	长孙女	女	2010 年 10 月	汉
	凌萌谦	次孙女	女	2018 年 11 月	汉
家庭大事	1992 年，翻建楼房 2010 年，动迁安置 购汽车 2 辆				

	姓名	与户主关系	性别	出生年月	民族
家庭成员	龚凤兴	户主	男	1954年12月	汉
	龚白妹	母亲	女	1928年8月	汉
	龚阿珍	妻子	女	1952年11月	汉
	龚亚芳	女儿	女	1976年4月	汉
	汪海	女婿	男	1975年1月	汉
	汪心宇	外孙女	女	2001年12月	汉
	龚亚明	儿子	男	1979年10月	汉
	周星	儿媳	女	1980年2月	汉
	龚溢佳	孙女	女	2010年6月	汉
家庭大事	1987年，翻建楼房 2001年，龚亚明本科毕业于苏州大学 2004年，周星本科毕业于吉林大学 2010年，动迁安置 购汽车1辆				

	姓名	与户主关系	性别	出生年月	民族
家庭成员	凌宝兴	户主	男	1965年11月	汉
	钮红云	妻子	女	1965年10月	汉
	凌强	儿子	男	1989年4月	汉
	陆培娜	儿媳	女	1988年9月	汉
	凌熙辰	长孙女	女	2011年4月	汉
	陆锶辰	次孙女	女	2014年2月	汉
家庭大事	1980年，翻建平房 2010年，动迁安置 购汽车1辆				

家庭成员	姓名	与户主关系	性别	出生年月	民族
	曹妹珍	户主	女	1946年8月	汉
	凌凤明	儿子	男	1970年2月	汉

家庭大事	1988年，翻建楼房 2009年，动迁安置

家庭成员	姓名	与户主关系	性别	出生年月	民族
	罗永菊	户主	女	1960年8月	汉
	凌 瑛	女儿	女	1982年10月	汉
	凌 伟	儿子	男	1986年2月	汉
	何颖婕	儿媳	女	1987年5月	汉
	凌宸涵	孙子	男	2015年4月	汉

家庭大事	1995年，翻建楼房 2005年，动迁安置

家庭成员	姓名	与户主关系	性别	出生年月	民族
	凌叙元	户主	男	1956年2月	汉
	凌祖兴	父亲	男	1934年7月	汉
	凌 芳	女儿	女	1981年6月	汉
	高 伟	女婿	男	1980年12月	汉
	高 健	外孙	男	2004年3月	汉
	凌梦婷	孙女	女	2012年1月	汉

家庭大事	1975年，建平房 2008年，动迁安置

	姓名	与户主关系	性别	出生年月	民族
家庭成员	陆惠勤	户主	女	1948年9月	汉
	龚云龙	丈夫	男	1944年8月	汉
	龚文明	长子	男	1967年2月	汉
	张丽琴	长媳	女	1968年6月	汉
	龚超	孙子	男	1991年8月	汉
	沈婷	孙媳	女	1993年9月	汉
	龚彦岚	曾孙女	女	2017年9月	汉
	龚文学	次子	男	1969年9月	汉
	王建珍	次媳	女	1968年10月	汉
	龚心瀚	孙子	男	1993年8月	汉
	朱于蓝	孙媳	女	1993年10月	汉
家庭大事	1989年，翻建楼房 2010年，动迁安置 购汽车2辆				

新江村第8村民小组

	姓名	与户主关系	性别	出生年月	民族
家庭成员	龚凤明	户主	男	1968年1月	汉
	龚阿芬	母亲	女	1941年12月	汉
	陆雪珍	妻子	女	1968年2月	汉
	龚丽萍	女儿	女	1990年12月	汉
	朱维情	女婿	男	1986年9月	汉
	龚亦凡	孙子	男	2013年11月	汉
	朱梓梦	孙女	女	2020年4月	汉
家庭大事	1994年,建房 2008年,朱维情本科毕业于长春理工大学 2010年,动迁安置 购汽车1辆				

	姓名	与户主关系	性别	出生年月	民族
家庭成员	龚建刚	户主	男	1956年2月	汉
	陆梅珍	妻子	女	1957年9月	汉
	龚丽青	长子	男	1981年10月	汉
	花玉梅	长媳	女	1981年8月	回
	龚静雯	孙女	女	2005年12月	回
	龚理宏	次子	男	1989年1月	汉
	苏　敏	次媳	女	1988年9月	汉
	苏昱诺	外孙女	女	2013年1月	汉
家庭大事	1990年,建房 2010年,动迁安置 购汽车1辆				

家庭成员	姓名	与户主关系	性别	出生年月	民族
	顾卫珍	户主	女	1954年9月	汉
	黄 前	丈夫	男	1954年8月	汉

家庭大事	1990年，建房 2010年，动迁安置

家庭成员	姓名	与户主关系	性别	出生年月	民族
	龚建明	户主	男	1957年2月	汉
	吴有兰	妻子	女	1960年11月	汉
	王金伟	儿子	男	1984年9月	汉
	王金霞	女儿	女	1980年11月	汉
	龚天乐	孙子	男	2008年4月	汉

家庭大事	1989年，建房 2002年，王金伟参军入伍，2004年退伍，中共党员 2010年，动迁安置

家庭成员	姓名	与户主关系	性别	出生年月	民族
	龚小弟	户主	男	1963年9月	汉
	龚雪英	妻子	女	1964年4月	汉
	龚 洁	女儿	女	1986年6月	汉
	孙柏山	女婿	男	1982年4月	汉
	龚妍妍	孙女	女	2009年9月	汉

家庭大事	1992年，建房 2001年，孙柏山参军入伍，2003年退伍 2010年，动迁安置 购汽车1辆

	姓名	与户主关系	性别	出生年月	民族
家庭成员	项阿宝	户主	女	1953年6月	汉
	龚建林	丈夫	男	1952年2月	汉
	龚丽敏	女儿	女	1977年11月	汉
	龚丽华	儿子	男	1979年10月	汉
	樊 锦	女婿	男	1975年11月	汉
	樊敏峰	外孙	男	2003年2月	汉
	龚智诚	孙子	男	2007年2月	汉
家庭大事	1991年，建房 1998年，樊锦本科毕业于南京农业大学 2000年，龚丽敏中专毕业于南京农业大学 2002年，龚丽华本科毕业于常州大学 2010年，动迁安置 购汽车1辆				

	姓名	与户主关系	性别	出生年月	民族
家庭成员	龚凤兴	户主	男	1963年9月	汉
	李金珍	妻子	女	1964年12月	汉
	龚黎婷	女儿	女	1986年10月	汉
	高 俊	女婿	男	1987年10月	汉
	龚诗贻	孙女	女	2014年6月	汉
	高铭泽	孙子	男	2019年1月	汉
家庭大事	1992年，建房 2010年，动迁安置 2011年，龚黎婷本科毕业于南京审计大学 2013年，高俊本科毕业于南京航空航天大学 购汽车2辆				

家庭成员	姓名	与户主关系	性别	出生年月	民族
	龚建芳	户主	女	1979 年 10 月	汉
	赵丽华	丈夫	男	1978 年 1 月	汉
	赵梓馨	女儿	女	2004 年 3 月	汉

家庭大事	户在人不在，无房

家庭成员	姓名	与户主关系	性别	出生年月	民族
	龚青芳	户主	女	1978 年 4 月	汉
	龚阿毛	父亲	男	1951 年 9 月	汉
	俞惠英	母亲	女	1955 年 7 月	汉
	冯阿三	丈夫	男	1976 年 4 月	汉
	龚铭霞	女儿	女	1999 年 12 月	汉

家庭大事	1992 年，建房 1994 年，冯阿三参军入伍，1997 年退伍 2010 年，动迁安置 购汽车 1 辆

家庭成员	姓名	与户主关系	性别	出生年月	民族
	张文生	户主	男	1966 年 10 月	汉
	王先菊	妻子	女	1966 年 11 月	汉
	张明含	儿子	男	1992 年 10 月	汉
	邹　霞	儿媳	女	1993 年 4 月	汉
	张梓桐	孙女	女	2016 年 8 月	汉

家庭大事	1996 年，买房 2010 年，动迁安置 2014 年，张明含大专毕业于常州工程职业技术学院 2015 年，邹霞大专毕业于苏州研究院 购汽车 2 辆

	姓名	与户主关系	性别	出生年月	民族
家庭成员	朱金芬	户主	女	1959年2月	汉
	凌 燕	女儿	女	1982年5月	汉
	徐保军	女婿	男	1975年6月	汉
	凌志轩	孙子	男	2005年10月	汉
家庭大事	1996年，卖房 1999年，徐保军本科毕业于扬州大学 购汽车1辆				

	姓名	与户主关系	性别	出生年月	民族
家庭成员	龚弟明	户主	男	1954年5月	汉
	龚千金	妻子	女	1955年10月	汉
	龚建华	儿子	男	1979年5月	汉
	顾 萍	儿媳	女	1979年12月	汉
	龚嘉宁	孙女	女	2002年12月	汉
家庭大事	1991年，建房 2005年，动迁安置 购汽车1辆				

	姓名	与户主关系	性别	出生年月	民族
家庭成员	范凤其	户主	男	1954年8月	汉
	顾建珍	妻子	女	1957年6月	汉
	范 艳	女儿	女	1981年2月	汉
	宗明东	女婿	男	1978年12月	汉
	范宗遥	孙子	男	2008年3月	汉
	宗欣颐	外孙女	女	2011年4月	汉
家庭大事	1974年，范凤其参军入伍，1978年退伍，中共党员 1988年，建房 1999年，宗明东大专毕业于华中科技大学外语学院 2005年，动迁安置				

家庭成员	姓名	与户主关系	性别	出生年月	民族
	龚全明	户主	男	1959年5月	汉
	全玉妹	妻子	女	1958年11月	汉
	龚群芳	女儿	女	1982年6月	汉
	王　超	女婿	男	1982年11月	汉
	龚王熙	孙女	女	2009年11月	汉

家庭大事	1990年，建房 2005年，动迁安置；龚群芳本科毕业于长春理工大学，王超大专毕业于山东师范大学 2011年，获评玉山镇第二届"文明和谐家庭" 购汽车1辆

家庭成员	姓名	与户主关系	性别	出生年月	民族
	龚金凤	户主	女	1960年3月	汉
	龚卫秋	儿子	男	1982年9月	汉
	陈小华	儿媳	女	1982年12月	汉
	龚逸峰	孙子	男	2005年12月	汉

家庭大事	1993年，建房 2005年，动迁安置

家庭成员	姓名	与户主关系	性别	出生年月	民族
	凌金毛	户主	男	1962年11月	汉
	龚金娥	妻子	女	1964年7月	汉
	龚凌平	儿子	男	1985年8月	汉
	费晓娟	儿媳	女	1986年8月	汉
	龚睿欣	孙女	女	2010年7月	汉

家庭大事	购汽车1辆

	姓名	与户主关系	性别	出生年月	民族
家庭成员	范惠琴	户主	女	1961年7月	汉
	范林生	父亲	男	1933年8月	汉
	朱如旭	丈夫	男	1957年1月	汉
	龚智伟	儿子	男	1983年2月	汉
	葛世利	儿媳	女	1983年6月	汉
	龚希媛	孙女	女	2006年9月	汉
	朱希铭	孙子	男	2012年10月	汉
家庭大事	1950年，范林生参军参军入伍，1953年退伍 1994年，建房 2009年，动迁安置 购汽车1辆				

	姓名	与户主关系	性别	出生年月	民族
家庭成员	龚玉明	户主	男	1968年6月	汉
	龚菊英	母亲	女	1933年7月	汉
	张先玉	妻子	女	1972年8月	汉
	龚海龙	儿子	男	1994年4月	汉
	胡俊红	儿媳	女	1994年11月	汉
家庭大事	1994年，建房 2005年，动迁安置				

新江村第9村民小组

	姓名	与户主关系	性别	出生年月	民族
家庭成员	龚小林	户主	男	1967年2月	汉
	董金妹	妻子	女	1966年10月	汉
	龚 芳	女儿	女	1990年10月	汉
	梁 飞	女婿	男	1985年9月	汉
	龚睿杰	孙子	男	2010年8月	汉
家庭大事	1992年，建房 2008年，梁飞大专毕业于四川行政学院 2010年，动迁安置				

	姓名	与户主关系	性别	出生年月	民族
家庭成员	龚友林	户主	男	1952年11月	汉
	钱桃英	妻子	女	1954年3月	汉
	龚敏娟	女儿	女	1976年10月	汉
	龚建忠	儿子	男	1980年6月	汉
	席庆霞	儿媳	女	1981年11月	汉
	龚欣雨	长孙女	女	2007年6月	汉
	龚欣妍	次孙女	女	2014年9月	汉
家庭大事	1993年，建房 2010年，动迁安置 购汽车1辆				

家庭成员	姓名	与户主关系	性别	出生年月	民族
	龚金龙	户主	男	1963年3月	汉
	郁金妹	妻子	女	1963年10月	汉
	龚　寅	女儿	女	1986年3月	汉
	毛　煜	女婿	男	1982年12月	汉
	毛浚丞	孙子	男	2012年7月	汉
	龚奕辰	孙女	女	2016年10月	汉

家庭大事	1983年，翻建楼房 2004年，毛煜本科毕业于沈阳理工大学 2008年，龚寅本科毕业于苏州大学 2010年，动迁安置 购汽车2辆

家庭成员	姓名	与户主关系	性别	出生年月	民族
	龚雪华	户主	男	1963年10月	汉
	龚妹兰	母亲	女	1932年12月	汉
	王小凤	妻子	女	1967年9月	汉
	宋　杰	儿子	男	1988年6月	汉
	夏　洁	儿媳	女	1989年9月	汉
	夏　奕	孙女	女	2014年9月	汉

家庭大事	1993年，改造房屋 2010年，动迁安置

	姓名	与户主关系	性别	出生年月	民族
家庭成员	龚荣林	户主	男	1961年10月	汉
	龚香宝	母亲	女	1932年3月	汉
	邵妹星	妻子	女	1961年4月	汉
	龚燕华	女儿	女	1985年3月	汉
	徐　旭	女婿	男	1983年1月	汉
	龚钇霏	长孙女	女	2010年6月	汉
	徐铱璟	次孙女	女	2012年11月	汉
家庭大事	1987年，翻建楼房 2006年，徐旭本科毕业于蚌埠医学院 2010年，动迁安置 购汽车1辆				

	姓名	与户主关系	性别	出生年月	民族
家庭成员	龚吉林	户主	男	1956年12月	汉
	龚阿珍	妻子	女	1957年5月	汉
	龚庆芳	女儿	女	1981年12月	汉
	张　明	女婿	男	1977年11月	汉
	张鸿飞	孙子	男	2002年12月	汉
	龚馨菲	孙女	女	2009年7月	汉
家庭大事	1990年，翻建楼房 2010年，动迁安置				

家庭成员	姓名	与户主关系	性别	出生年月	民族
	龚文元	户主	男	1953年8月	汉
	顾喜珍	妻子	女	1952年11月	汉
	龚庆华	儿子	男	1978年9月	汉
	朱黎霞	儿媳	女	1981年9月	汉
	龚亦弘	孙子	男	2005年11月	汉
	朱奕瑄	孙女	女	2009年12月	汉
家庭大事	1989年，建房 2001年，龚庆华大专毕业于西安理工大学高等技术学院 2010年，动迁安置 购汽车2辆				

家庭成员	姓名	与户主关系	性别	出生年月	民族
	龚雪龙	户主	男	1949年10月	汉
	朱月香	妻子	女	1958年8月	汉
	龚丽娟	女儿	女	1977年5月	汉
	孙建刚	女婿	男	1974年12月	汉
	龚静依	孙女	女	2000年1月	汉
家庭大事	1990年，建房 2010年，动迁安置 购汽车1辆				

	姓名	与户主关系	性别	出生年月	民族
家庭成员	龚水泉	户主	男	1949年9月	汉
	龚小妹	妻子	女	1948年6月	汉
	龚雪琴	女儿	女	1967年12月	汉
	王粉良	女婿	男	1966年8月	汉
	龚岱越	孙女	女	1990年1月	汉
	蔡雨潇	孙女婿	男	1989年9月	汉
	蔡姮亦	曾孙女	女	2017年12月	汉
	龚衡越	孙子	男	2002年2月	汉
家庭大事	1988年，翻建楼房 2003年，动迁安置 2015年，蔡雨潇本科毕业于江苏大学 购汽车1辆				

	姓名	与户主关系	性别	出生年月	民族
家庭成员	龚阿桃	户主	男	1937年10月	汉
	陆凤英	妻子	女	1933年6月	汉
	龚仁龙	儿子	男	1965年9月	汉
	邵金花	儿媳	女	1965年5月	汉
	龚 俊	孙子	男	1988年10月	汉
	唐唯一	孙媳	女	1992年12月	汉
	龚芊晔	曾孙女	女	2019年9月	汉
家庭大事	1992年，翻建楼房 2005年，动迁安置 2011年，龚俊本科毕业于中国人民解放军外国语学院昆山校区 2015年，唐唯一硕士研究生毕业于英国约克圣约翰大学 购汽车2辆				

	姓名	与户主关系	性别	出生年月	民族
家庭成员	龚雪林	户主	男	1963年6月	汉
	唐玉勤	妻子	女	1962年3月	汉
	龚烨	女儿	女	1986年1月	汉
	汪律	女婿	男	1984年11月	汉
	汪龚好	孙女	女	2012年5月	汉
家庭大事	1991年，翻建楼房 2005年，动迁安置 2008年，龚烨本科毕业于苏州大学，汪律本科毕业于华东理工大学 购汽车2辆				

	姓名	与户主关系	性别	出生年月	民族
家庭成员	龚雪明	户主	男	1965年5月	汉
	龚金梅	父亲	男	1926年10月	汉
	谭彩萍	妻子	女	1966年12月	汉
	龚静	女儿	女	1988年3月	汉
家庭大事	1987年，翻建楼房 2008年，动迁安置 2010年，龚静本科毕业于南京师范大学 购汽车1辆				

	姓名	与户主关系	性别	出生年月	民族
家庭成员	龚学明	户主	男	1965年2月	汉
	顾菊兰	妻子	女	1964年10月	汉
	龚伟慧	女儿	女	1987年6月	汉
	张睿超	女婿	男	1986年3月	汉
	张嘉朔	长孙	男	2014年4月	汉
	张嘉楠	次孙	男	2017年8月	汉
家庭大事	1986年，龚学明参军入伍，1991年退伍，中共党员 1991年，建房 2005年，动迁安置 2008年，张睿超本科毕业于中国人民公安大学 2009年，龚伟慧本科毕业于南京农业大学 购汽车2辆				

	姓名	与户主关系	性别	出生年月	民族
家庭成员	龚全林	户主	男	1956年9月	汉
	陈菊芬	妻子	女	1956年8月	汉
	龚雪娟	女儿	女	1981年8月	汉
	李　斌	女婿	男	1977年5月	汉
	龚文涛	孙子	男	2003年5月	汉
家庭大事	1975年，龚全林参军入伍，1978年退伍，中共党员 1990年，建房 2005年，动迁安置 购汽车1辆				

	姓名	与户主关系	性别	出生年月	民族
家庭成员	龚凤明	户主	男	1968年12月	汉
	龚银妹	母亲	女	1940年9月	汉
	俞雪珍	妻子	女	1967年3月	汉
	龚云飞	儿子	男	1993年1月	汉
	熊雪琪	儿媳	女	1991年11月	汉
	龚宸睿	孙子	男	2017年3月	汉
家庭大事	1991年，建房 2005年，动迁安置 购汽车1辆				

	姓名	与户主关系	性别	出生年月	民族
家庭成员	孙桂珍	户主	女	1960年7月	汉
	朱梅芳	妻子	女	1959年6月	汉
	龚李英	女儿	女	1982年6月	汉
	王明武	女婿	男	1980年5月	汉
	王语婷	外孙女	女	2010年8月	汉
家庭大事	1992年，建房 2005年，动迁安置 购汽车1辆				

家庭成员	姓名	与户主关系	性别	出生年月	民族
	吴志明	户主	男	1968年11月	汉
	陈秀珍	母亲	女	1946年8月	汉
	龚勤芳	妻子	女	1972年12月	汉
	龚家欢	女儿	女	1994年4月	汉
	陈佳毅	女婿	男	1993年3月	汉
	龚诗涵	孙女	女	2019年7月	汉

家庭大事	1991年,建房 2008年,动迁安置 2018年,龚家欢本科毕业于中国地质大学,陈佳毅本科毕业于国家开放大学 购汽车1辆

家庭成员	姓名	与户主关系	性别	出生年月	民族
	张友明	户主	男	1963年4月	汉
	龚大妹	母亲	女	1941年11月	汉
	龚宝英	妻子	女	1963年8月	汉
	龚晓平	儿子	男	1985年10月	汉
	孙国萍	儿媳	女	1987年10月	汉
	龚欢怡	孙女	女	2012年5月	汉
	龚义博	孙子	男	2013年5月	汉

家庭大事	1989年,建房 2005年,动迁安置 购汽车1辆

新江村第 10 村民小组

	姓名	与户主关系	性别	出生年月	民族
家庭成员	钱祖建	户主	男	1952 年 7 月	汉
	龚小妹	母亲	女	1926 年 6 月	汉
	龚二囡	妻子	女	1951 年 11 月	汉
家庭大事	1988 年,建房 2010 年,动迁安置				

	姓名	与户主关系	性别	出生年月	民族
家庭成员	赵月林	户主	男	1971 年 1 月	汉
	龚 静	女儿	女	1992 年 12 月	汉
	沈 君	女婿	男	1988 年 5 月	汉
	沈则宇	外孙	男	2015 年 4 月	汉
	龚宸希	外孙	男	2020 年 9 月	汉
家庭大事	1992 年,建房 2010 年,动迁安置				

	姓名	与户主关系	性别	出生年月	民族
家庭成员	龚正明	户主	男	1966 年 7 月	汉
	徐雪勤	妻子	女	1968 年 10 月	汉
	龚晓清	儿子	男	1991 年 5 月	汉
家庭大事	1990 年,建房 2020 年,动迁安置				

家庭成员	姓名	与户主关系	性别	出生年月	民族
	郭龙生	户主	男	1955年12月	汉
	龚梅英	妻子	女	1956年1月	汉
	郭冬敏	儿子	男	1980年10月	汉
	龚丽琴	儿媳	女	1981年6月	汉
	郭佳蓉	孙女	女	2004年7月	汉

家庭大事	1977年，郭龙生参军入伍，1980年退伍，中共党员 1992年，建房 2010年，动迁安置 购汽车1辆

家庭成员	姓名	与户主关系	性别	出生年月	民族
	郭凤生	户主	男	1963年1月	汉
	顾雪珍	妻子	女	1963年4月	汉
	郭冬萍	女儿	女	1986年1月	汉
	郭淼	孙子	男	2007年10月	汉

家庭大事	1996年，建房 2010年，动迁安置 2018年，获评昆山高新区"健康之家" 购汽车1辆

家庭成员	姓名	与户主关系	性别	出生年月	民族
	龚友兴	户主	男	1963年9月	汉
	陆招娣	母亲	女	1931年7月	汉
	邵建芬	妻子	女	1963年7月	汉
	龚 华	儿子	男	1986年9月	汉
	蒋 婷	儿媳	女	1987年3月	汉
	龚安然	孙女	女	2014年8月	汉
	龚浩然	孙子	男	2020年3月	汉

家庭大事	2009年,龚华本科毕业于南通大学 2011年,蒋婷硕士研究生毕业于南京师范大学 购汽车1辆

家庭成员	姓名	与户主关系	性别	出生年月	民族
	龚永兴	户主	男	1954年10月	汉
	徐芳芳	妻子	女	1954年9月	汉
	龚国华	儿子	男	1977年11月	汉
	李 英	儿媳	女	1978年12月	汉
	龚思佳	孙女	女	2000年5月	汉
	龚丽华	女儿	女	1979年11月	汉

家庭大事	1987年,建房 2010年,动迁安置

	姓名	与户主关系	性别	出生年月	民族
家庭成员	龚永平	户主	男	1965年4月	汉
	龚凤娣	母亲	女	1936年7月	汉
	陆玉英	妻子	女	1965年3月	汉
	龚丽娜	女儿	女	1988年4月	汉
	杨启贵	女婿	男	1988年6月	羌
	杨诗语	外孙女	女	2015年4月	羌
	龚诗媛	孙女	女	2017年4月	汉
家庭大事	1983年，龚永平参军入伍，1987年退伍，中共党员 1992年，买房 2010年，动迁安置；龚丽娜本科毕业于中国人民解放军南京政治学院，杨启贵本科毕业于中国人民解放军南京政治学院 购汽车1辆				

	姓名	与户主关系	性别	出生年月	民族
家庭成员	龚金林	户主	男	1963年5月	汉
	张建珍	妻子	女	1963年6月	汉
	龚卫栋	儿子	男	1986年10月	汉
	王丽琴	儿媳	女	1987年10月	汉
	龚宇新	孙子	男	2010年8月	汉
家庭大事	1994年，建房 2004年，龚金林大专毕业于南京农业大学 2010年，动迁安置 2014年，龚卫栋本科毕业于南京大学 购汽车1辆				

家庭成员	姓名	与户主关系	性别	出生年月	民族
	龚学明	户主	男	1968年2月	汉
	龚阿林	父亲	男	1943年7月	汉
	龚凤和	母亲	女	1949年10月	汉
	郭月勤	妻子	女	1969年2月	汉
	龚 磊	儿子	男	1990年12月	汉

家庭大事	1989年,建房 2010年,动迁安置 2019年,获评昆山高新区"平安之家" 购汽车1辆

家庭成员	姓名	与户主关系	性别	出生年月	民族
	龚银林	户主	男	1965年12月	汉
	沈阿菊	母亲	女	1932年9月	汉
	陶彩英	妻子	女	1964年1月	汉
	龚明龙	儿子	男	1988年9月	汉
	黄秋霞	儿媳	女	1988年10月	汉
	龚奕婷	长孙女	女	2012年3月	汉
	龚奕涵	次孙女	女	2014年2月	汉

家庭大事	1994年,建房 2010年,动迁安置 购汽车1辆

	姓名	与户主关系	性别	出生年月	民族
家庭成员	龚菊林	户主	男	1968年5月	汉
	沈云生	父亲	男	1934年10月	汉
	龚爱妹	母亲	女	1939年8月	汉
	陆全英	妻子	女	1969年5月	汉
	龚 莹	女儿	女	1992年9月	汉
	李 静	女婿	男	1992年12月	汉
家庭大事	1992年，建房 2008年，动迁安置 2015年，龚莹本科毕业于常州大学，李静本科毕业于常州大学 购汽车1辆				

	姓名	与户主关系	性别	出生年月	民族
家庭成员	庄俊良	户主	男	1956年9月	汉
	刘玉妹	妻子	女	1967年10月	汉
	庄国平	儿子	男	1989年8月	汉
家庭大事	1988年，建房 2010年，动迁安置				

	姓名	与户主关系	性别	出生年月	民族
家庭成员	沈水林	户主	男	1958年8月	汉
	唐建珍	妻子	女	1956年3月	汉
	沈 叶	儿子	男	1981年9月	汉
	顾 洁	儿媳	女	1984年12月	汉
	沈星舟	孙子	男	2008年9月	汉
家庭大事	1990年，建房 2005年，动迁安置 2013年，获评昆山高新区第三届"文明和谐家庭示范户" 购汽车3辆				

家庭成员	姓名	与户主关系	性别	出生年月	民族
	董云开	户主	男	1947年2月	汉
	龚梦英	妻子	女	1950年8月	汉

家庭大事	1990年，建房 2000年，董云开荣获昆山市政府三等功 2002年，董云开被评为"昆山市劳动模范" 2010年，动迁安置

家庭成员	姓名	与户主关系	性别	出生年月	民族
	董 兵	户主	男	1969年1月	汉
	顾三妹	妻子	女	1967年7月	汉
	董 翔	儿子	男	1991年9月	汉
	杨奕璟	儿媳	女	1992年12月	汉
	董栩之	孙女	女	2017年12月	汉

家庭大事	1990年，建房 2010年，动迁安置 2014年，董翔本科毕业于南京财经大学，杨奕璟本科毕业于南京师范大学泰州学院 购汽车2辆

家庭成员	姓名	与户主关系	性别	出生年月	民族
	龚大弟	户主	男	1954年9月	汉
	陆亚兰	妻子	女	1954年9月	汉
	龚丽芳	女儿	女	1979年11月	汉
	游远松	女婿	男	1980年12月	汉
	游 欢	外孙女	女	2008年6月	汉

家庭大事	1991年，建房 2010年，动迁安置

家庭成员	姓名	与户主关系	性别	出生年月	民族
	龚小弟	户主	男	1956年11月	汉
	龚爱娣	母亲	女	1931年7月	汉
	龚凤珍	妻子	女	1960年5月	汉
	龚丽花	女儿	女	1981年10月	汉
	赵勇刚	女婿	男	1978年11月	汉
	赵媛媛	外孙女	女	2005年11月	汉
家庭大事	1992年，建房 2000年，赵勇刚本科毕业于上海师范大学 2002年，龚丽花大专毕业于苏州大学 2010年，动迁安置 购汽车2辆				

家庭成员	姓名	与户主关系	性别	出生年月	民族
	张惠明	户主	男	1951年7月	汉
	徐友珍	妻子	女	1953年6月	汉
	张伟	长子	男	1977年6月	汉
	陈琴芬	长媳	女	1979年9月	汉
	陈俊涛	孙子	男	2002年7月	汉
	张青	次子	男	1981年8月	汉
家庭大事	1975年，建房 2005年，动迁安置				

新江村第 11 村民小组

	姓名	与户主关系	性别	出生年月	民族
家庭成员	朱海民	户主	男	1954 年 9 月	汉
	金小妹	岳母	女	1927 年 9 月	汉
	朱建珍	妻子	女	1956 年 8 月	汉
	朱玉兰	女儿	女	1979 年 2 月	汉
	孙井其	女婿	男	1979 年 1 月	汉
	朱孙佳	孙女	女	2002 年 3 月	汉
	孙世佳	孙子	男	2010 年 9 月	汉
家庭大事	1987 年，翻建房屋 2014 年，动迁安置				

	姓名	与户主关系	性别	出生年月	民族
家庭成员	陆建新	户主	男	1969 年 4 月	汉
	邹妹金	母亲	女	1947 年 4 月	汉
	龚培珍	妻子	女	1970 年 1 月	汉
	陆志刚	儿子	男	1993 年 8 月	汉
	杨紫娟	儿媳	女	1993 年 5 月	汉
	陆瑾妍	孙女	女	2017 年 1 月	汉
家庭大事	1988 年，翻建房屋 2014 年，动迁安置 2016 年，陆志刚大专毕业于苏州职业大学 2017 年，杨紫娟本科毕业于南京财经大学 购汽车 1 辆				

家庭成员	姓名	与户主关系	性别	出生年月	民族
	潘天洪	户主	男	1947 年 9 月	汉
	潘永林	儿子	男	1972 年 9 月	汉
	陆梅蓉	儿媳	女	1973 年 5 月	汉
	潘文泰	孙子	男	1996 年 7 月	汉

家庭大事	1991 年，翻建房屋 2014 年，动迁安置 2018 年，潘文泰本科毕业于重庆师范大学 购汽车 1 辆

家庭成员	姓名	与户主关系	性别	出生年月	民族
	梁阿毛	户主	男	1947 年 7 月	汉
	梁凤和	妻子	女	1950 年 6 月	汉
	梁建芬	长女	女	1969 年 3 月	汉
	梁玲洁	孙女	女	1994 年 1 月	汉
	梁建萍	次女	女	1971 年 4 月	汉
	王振华	次女婿	男	1971 年 8 月	汉
	王晓雯	外孙女	女	1995 年 1 月	汉
	刘德强	外孙女婿	男	1989 年 10 月	汉

家庭大事	1991 年，翻建房屋 2014 年，动迁安置 2016 年，梁玲洁本科毕业于南通大学杏林学院 2017 年，王晓雯本科毕业于南京中医药大学 2020 年，刘德强考入华中科技大学（硕士研究生） 购汽车 1 辆

家庭成员	姓名	与户主关系	性别	出生年月	民族
	陆胜华	户主	男	1957年8月	汉
	宋前英	妻子	女	1958年10月	汉
	陆金林	儿子	男	1981年11月	汉
	唐兰兰	儿媳	女	1983年6月	汉
	陆志坤	孙子	男	2004年9月	汉
家庭大事	1992年，翻建房屋 2013年，动迁安置				

家庭成员	姓名	与户主关系	性别	出生年月	民族
	朱伯明	户主	男	1958年5月	汉
	朱杏金	妻子	女	1962年3月	汉
	朱建华	儿子	男	1983年7月	汉
	冷 霜	儿媳	女	1984年3月	汉
	朱嘉艺	孙女	女	2007年12月	汉
家庭大事	1993年，翻建房屋 2003年，朱建华本科毕业于中国矿业大学 2014年，动迁安置				

家庭成员	姓名	与户主关系	性别	出生年月	民族
	朱雪明	户主	男	1967年10月	汉
	魏妹妹	妻子	女	1970年1月	汉
	朱 斌	儿子	男	1993年11月	汉
家庭大事	1991年，翻建房屋 2014年，动迁安置				

	姓名	与户主关系	性别	出生年月	民族
家庭成员	梁红峰	户主	男	1948年7月	汉
	潘月勤	妻子	女	1950年8月	汉
	梁建红	儿子	男	1969年4月	汉
	陆芬芳	儿媳	女	1970年11月	汉
	梁琳艳	孙女	女	1993年2月	汉
	梁哲勋	曾长孙	男	2012年12月	汉
	沈哲希	曾次孙	男	2016年11月	汉
家庭大事	1983年，梁红峰任东江村经济合作社社长；翻建房屋 1986年，梁红峰任东江村村委会主任 1987年，梁红峰任东江村村支书 2010年，获评玉山镇首届"文明和谐家庭" 2014年，动迁安置				

	姓名	与户主关系	性别	出生年月	民族
家庭成员	戴永明	户主	男	1950年1月	汉
	梁水英	妻子	女	1951年2月	汉
	梁丽娟	女儿	女	1971年11月	汉
	王理忠	女婿	男	1969年7月	汉
	梁超	孙子	男	1993年7月	汉
	梁成刚	儿子	男	1974年2月	汉
	薛卫芬	儿媳	女	1978年3月	汉
	薛鸿升	孙子	男	2000年11月	汉
家庭大事	1984年，翻建房屋 2007年，梁丽娟本科毕业于中共中央党校函授学院 2012年，动迁安置 2015年，梁超本科毕业于南通大学				

家庭成员	姓名	与户主关系	性别	出生年月	民族
	梁弟男	户主	男	1955年10月	汉
	钱凤花	妻子	女	1957年8月	汉
	钱勇强	长子	男	1981年9月	汉
	张蒙蒙	长媳	女	1992年4月	汉
	钱永生	次子	男	1987年4月	汉
	陈倩	次媳	女	1992年9月	汉
	钱心怡	孙女	女	2013年3月	汉
家庭大事	1992年,翻建房屋 2014年,动迁安置				

家庭成员	姓名	与户主关系	性别	出生年月	民族
	朱雨兴	户主	男	1957年6月	汉
	朱招娣	母亲	女	1930年12月	汉
	刘秋丽	女儿	女	1980年11月	汉
	朱智澄	孙子	男	2004年11月	汉
家庭大事	1989年,翻建房屋 2001年,刘秋丽大专毕业于无锡职业技术学院 2014年,动迁安置				

家庭成员	姓名	与户主关系	性别	出生年月	民族
	朱伯泉	户主	男	1956年8月	汉
	梁根兰	妻子	女	1957年3月	汉
	朱明	儿子	男	1991年12月	汉
家庭大事					

家庭成员	姓名	与户主关系	性别	出生年月	民族
	咸明龙	户主	男	1953年8月	汉
	卞菊英	妻子	女	1955年10月	汉
	卞国华	儿子	男	1976年7月	汉
家庭大事					

家庭成员	姓名	与户主关系	性别	出生年月	民族
	朱桃福	户主	男	1937年12月	汉
	朱玉珍	女儿	女	1967年6月	汉
	沙小林	女婿	男	1965年5月	汉
	朱丽莉	孙女	女	1988年11月	汉
	唐 华	孙女婿	男	1987年11月	汉
	唐子洋	曾孙	男	2012年10月	汉
	朱子惜	曾孙女	女	2016年7月	汉
家庭大事	1992年，翻建房屋 2008年，唐华参军入伍，2010年退伍，中共党员；朱丽莉大专毕业于无锡职业技术学院 2012年，唐华大专毕业于南通职业技术学院 2014年，动迁安置 2018年，获评昆山高新区"幸福之家""最美家庭" 购汽车1辆				

家庭成员	姓名	与户主关系	性别	出生年月	民族
	张亚仙	户主	女	1961年12月	汉
	朱红彪	儿子	男	1981年9月	汉
	陈 彦	儿媳	女	1986年1月	汉
	朱瑾瑜	孙子	男	2019年8月	汉
家庭大事	2020年，陈彦大专毕业于中国石油大学				

家庭成员	姓名	与户主关系	性别	出生年月	民族
	梁建康	户主	男	1971年1月	汉
	邵建华	妻子	女	1972年7月	汉
	梁　欣	女儿	女	1994年5月	汉

家庭大事	2017年，梁欣本科毕业于江南大学

家庭成员	姓名	与户主关系	性别	出生年月	民族
	梁凤元	户主	男	1949年2月	汉
	倪雨花	妻子	女	1952年9月	汉
	梁　峰	儿子	男	1973年5月	汉
	沈敏芳	儿媳	女	1972年4月	汉
	梁嘉豪	孙子	男	1998年1月	汉

家庭大事	1983年，翻建房屋 1993年，梁峰参军入伍，1997年退伍 1996年，梁峰在部队获三等功一次 2015年，动迁安置 购汽车1辆

家庭成员	姓名	与户主关系	性别	出生年月	民族
	梁　清	户主	男	1982年6月	汉
	金妹娟	母亲	女	1953年8月	汉
	徐茂兰	妻子	女	1987年3月	汉
	梁家睿	儿子	男	2009年11月	汉

家庭大事	2004年，梁清大专毕业于河南工业大学 2005年，徐茂兰大专毕业于盐城第二职业学院 2009年，翻建房屋 2014年，动迁安置 购汽车2辆

	姓名	与户主关系	性别	出生年月	民族
家庭成员	梁义勇	户主	男	1956年9月	汉
	蔡菊花	妻子	女	1959年9月	汉
	梁　琴	女儿	女	1981年12月	汉
	费志明	女婿	男	1981年1月	汉
	费昕媛	长孙女	女	2007年10月	汉
	梁昕艺	次孙女	女	2015年1月	汉
家庭大事	1989年，翻建房屋 2004年，费志明本科毕业于苏州大学 2007年，梁琴本科毕业于苏州大学 2014年，动迁安置				

	姓名	与户主关系	性别	出生年月	民族
家庭成员	俞建根	户主	男	1954年8月	汉
	潘爱琴	妻子	女	1958年12月	汉
	俞　瑛	女儿	女	1981年12月	汉
	支泺宜	孙女	女	2008年8月	汉
家庭大事	1994年，翻建房屋 2004年，俞瑛本科毕业于徐州师范大学 2014年，动迁安置				

新江村第 12 村民小组

	姓名	与户主关系	性别	出生年月	民族
家庭成员	戴金华	户主	男	1971 年 3 月	汉
	殷福珍	母亲	女	1946 年 10 月	汉
	张莉娟	妻子	女	1971 年 10 月	汉
	戴 荣	儿子	男	1994 年 1 月	汉
	李凯丽	儿媳	女	1991 年 10 月	汉
	戴宇昂	孙子	男	2018 年 4 月	汉
家庭大事	1992 年，翻建房屋 2012 年，动迁安置 2017 年，李凯丽本科毕业于苏州科技大学 购汽车 2 辆				

	姓名	与户主关系	性别	出生年月	民族
家庭成员	项雨清	户主	男	1971 年 3 月	汉
	项道成	父亲	男	1943 年 11 月	汉
	戴正芳	妻子	女	1971 年 10 月	汉
	项 燕	女儿	女	1993 年 11 月	汉
	许凌峰	女婿	男	1993 年 10 月	汉
	许奕辰	外孙	男	2018 年 9 月	汉
家庭大事	1989 年，翻建房屋 2011 年，许凌峰参军入伍，2013 年退伍 2012 年，动迁安置 2015 年，项燕大专毕业于苏州健雄职业技术学院 2020 年，许凌峰大专毕业于西南科技大学 购汽车 1 辆				

	姓名	与户主关系	性别	出生年月	民族
家庭成员	项道文	户主	男	1955年12月	汉
	戴勤珍	妻子	女	1960年5月	汉
	项小燕	女儿	女	1981年8月	汉
	钱　进	女婿	男	1981年8月	汉
	钱毅达	外孙	男	2004年10月	汉
	项朵含	孙女	女	2010年6月	汉
家庭大事	1988年，翻建房屋 2003年，项小燕和钱进大专毕业于南京工业大学 2012年，动迁安置 购汽车1辆				

	姓名	与户主关系	性别	出生年月	民族
家庭成员	项阿毛	户主	男	1946年5月	汉
	戴小妹	妻子	女	1948年10月	汉
	项德强	儿子	男	1968年12月	汉
	梁雪芳	儿媳	女	1969年3月	汉
	项　杰	孙子	男	1992年4月	汉
	季康蕾	孙媳	女	1992年1月	汉
	项悦宸	曾孙	男	2018年12月	汉
家庭大事	2012年，项杰参军入伍，2014年退伍；动迁安置 2013年，项杰获得"优秀士兵"光荣称号 购汽车1辆				

家庭成员	姓名	与户主关系	性别	出生年月	民族
	陶小兰	户主	女	1966年5月	汉
	项文浩	公公	男	1941年9月	汉
	项林华	儿子	男	1990年4月	汉
	胡伯林	儿媳	女	1990年11月	汉
	项瑾萱	长孙女	女	2016年3月	汉
	项瑾玥	次孙女	女	2018年12月	汉
家庭大事	1997年，房屋翻建 2012年，动迁安置				

家庭成员	姓名	与户主关系	性别	出生年月	民族
	项桂华	户主	男	1966年1月	汉
	项国平	儿子	男	1988年12月	汉
	陶　怡	儿媳	女	1992年6月	汉
	项梓歆	孙女	女	2017年1月	汉
家庭大事	2011年，项国平大专毕业于江苏城市职业学院 2013年，陶怡本科毕业于苏州大学 购汽车1辆				

	姓名	与户主关系	性别	出生年月	民族
家庭成员	陆惠忠	户主	男	1969年9月	汉
	项阿良	父亲	男	1945年9月	汉
	沈剑英	妻子	女	1968年12月	汉
	陆 敏	儿子	男	1992年11月	汉
	黄馨鋆	儿媳	女	1993年5月	汉
	陆奕辰	孙子	男	2016年10月	汉
家庭大事	1992年，翻建房屋 2012年，动迁安置 2013年，陆敏大专毕业于常州信息职业技术学院 2014年，黄馨鋆本科毕业于江南大学 购汽车1辆				

	姓名	与户主关系	性别	出生年月	民族
家庭成员	陈友林	户主	男	1957年8月	汉
	陈洪芬	妻子	女	1959年6月	汉
	陈 燕	女儿	女	1983年6月	汉
	顾 军	女婿	男	1980年6月	汉
	陈佳怡	孙女	女	2005年5月	汉
	陈佳翔	孙子	男	2013年1月	汉
家庭大事	1993年，翻建房屋 2012年，动迁安置 2017年，获评昆山高新区"友善之家"				

姓名	与户主关系	性别	出生年月	民族
陈友根	户主	男	1957年8月	汉
项秀珍	妻子	女	1957年12月	汉
陈亮亮	女儿	女	1981年10月	汉
郑 兵	女婿	男	1979年9月	汉
陈郑安	长孙女	女	2007年10月	汉
郑惠月	次孙女	女	2016年10月	汉

家庭大事

1976年,陈友根参军入伍,1980年退伍
1978年,陈友根立三等功一次,获得学雷锋奖
1993年,翻建房屋
2002年,郑兵本科毕业于苏州大学
2012年,动迁安置
购汽车2辆

姓名	与户主关系	性别	出生年月	民族
陈月明	户主	男	1966年4月	汉
陈二宝	母亲	女	1934年4月	汉
李清华	妻子	女	1968年5月	汉
陈 彬	儿子	男	1990年4月	汉

家庭大事 购汽车1辆

家庭成员	姓名	与户主关系	性别	出生年月	民族
	梁弟弟	户主	男	1949年9月	汉
	项桂花	妻子	女	1951年12月	汉
	梁雪强	儿子	男	1970年4月	汉
	陆素娟	儿媳	女	1972年6月	汉
	梁心怡	孙女	女	1996年11月	汉

家庭大事	1987年，翻建房屋 2003年，梁雪强和陆素娟本科毕业于苏州大学 2012年，动迁安置 2019年，梁心怡本科毕业于南京财经大学

家庭成员	姓名	与户主关系	性别	出生年月	民族
	陈友明	户主	男	1954年5月	汉
	梁雪妹	妻子	女	1953年3月	汉
	陈美娟	长女	女	1976年2月	汉
	沈兴龙	长女婿	男	1974年3月	汉
	陈美芳	次女	女	1979年5月	汉
	陈　成	孙子	男	1997年2月	汉

家庭大事	1990年，翻建房屋 2012年，动迁安置 2018年，陈成本科毕业于苏州大学 购汽车2辆

	姓名	与户主关系	性别	出生年月	民族
家庭成员	季振元	户主	男	1965年11月	汉
	梁雪花	妻子	女	1970年1月	汉
	季梁芳	女儿	女	1990年2月	汉
	姚锦华	女婿	男	1989年7月	汉
	姚洛彤	孙女	女	2013年11月	汉
	季传珣	孙子	男	2016年12月	汉
家庭大事	1994年，翻建房屋 2011年，姚锦华大专毕业于江苏建筑职业技术学院 2012年，动迁安置；季梁芳本科毕业于南京理工大学紫金学院 购汽车1辆				

	姓名	与户主关系	性别	出生年月	民族
家庭成员	梁建青	户主	男	1963年9月	汉
	朱贤芳	妻子	女	1965年10月	汉
	梁 洁	女儿	女	1986年10月	汉
	吴昱影	孙女	女	2012年12月	汉
家庭大事	1982年，梁建青参军入伍，1986年退伍 1990年，翻建房屋 2009年，梁洁本科毕业于金陵科技学院 2012年，动迁安置 购汽车2辆				

	姓名	与户主关系	性别	出生年月	民族
家庭成员	梁建平	户主	男	1968 年 3 月	汉
	吴菊芳	母亲	女	1944 年 7 月	汉
	梁燕华	女儿	女	1992 年 1 月	汉
	刘志刚	女婿	男	1988 年 5 月	汉
家庭大事	1991 年，翻建房屋 2010 年，梁燕华大专毕业于苏州吴中技工学校 2012 年，动迁安置 2018 年，刘志刚本科毕业于扬州大学				

	姓名	与户主关系	性别	出生年月	民族
家庭成员	项玉林	户主	男	1963 年 7 月	汉
	马小英	妻子	女	1964 年 5 月	汉
	项丽萍	女儿	女	1987 年 1 月	汉
	张　祥	女婿	男	1985 年 12 月	汉
	项艺馨	孙女	女	2014 年 11 月	汉
家庭大事	1993 年，翻建房屋 2008 年，项丽萍专科毕业于苏州职业大学 2012 年，动迁安置 购汽车 1 辆				

	姓名	与户主关系	性别	出生年月	民族
家庭成员	项道清	户主	男	1962 年 8 月	汉
	王小妹	妻子	女	1964 年 10 月	汉
	刘龙凤	儿媳	女	1989 年 12 月	汉
	项雪怡	孙女	女	2010 年 1 月	汉
家庭大事	1983 年，翻建房屋 2012 年，动迁安置 购汽车 1 辆				

	姓名	与户主关系	性别	出生年月	民族
家庭成员	梁学明	户主	男	1968年8月	汉
	梁文卫	父亲	男	1946年10月	汉
	陆素珍	母亲	女	1946年12月	汉
	卞树凤	妻子	女	1967年4月	汉
	梁　玲	女儿	女	1991年11月	汉
	史晓辉	女婿	男	1992年4月	汉
	史淑伊	外孙女	女	2019年7月	汉
家庭大事	2014年，梁玲和史晓辉本科毕业于南京工业大学 购汽车2辆				

	姓名	与户主关系	性别	出生年月	民族
家庭成员	梁文卫	户主	男	1946年10月	汉
	陆素珍	妻子	女	1946年12月	汉
	梁学忠	儿子	男	1970年9月	汉
家庭大事	1993年，翻建房屋 2012年，动迁安置				

	姓名	与户主关系	性别	出生年月	民族
家庭成员	梁建明	户主	男	1962年7月	汉
	徐水珍	妻子	女	1964年8月	汉
	梁艳婷	女儿	女	1986年6月	汉
	刁永健	女婿	男	1986年11月	汉
	刁奕翡	外孙女	女	2010年6月	汉
	梁屹皓	孙子	男	2013年7月	汉
家庭大事	1982年，翻建房屋 1989年，梁建明荣获陆扬镇"十佳青年" 2002年，梁建明当选陆扬镇党代会代表 2007年，梁建明当选玉山镇人民代表，荣获"优秀共产党员"称号 2008年，梁建明荣获玉山镇"先进个人"称号 2009年，梁艳婷大专毕业于扬州环境学院 2010年，刁永健本科毕业于徐州工程学院 2012年，动迁安置 购汽车1辆				

	姓名	与户主关系	性别	出生年月	民族
家庭成员	梁建刚	户主	男	1970年9月	汉
	梁文松	父亲	男	1940年12月	汉
	项凤英	母亲	女	1940年9月	汉
	谢细娥	妻子	女	1971年2月	汉
	梁艳军	长子	男	1994年8月	汉
	梁镇飞	次子	男	2001年9月	汉
家庭大事	1993年，翻建房屋 2012年，动迁安置 2014年，梁艳军大专毕业于江苏昆山第一中等专业学校				

姓名	与户主关系	性别	出生年月	民族
项桂林	户主	男	1963年6月	汉
项英娣	母亲	女	1932年8月	汉
陆秀珍	妻子	女	1963年2月	汉
项林珍	女儿	女	1986年6月	汉
叶 林	女婿	男	1983年7月	汉
项叶蓉	孙女	女	2008年5月	汉
叶项文	孙子	男	2014年5月	汉

家庭大事
1990年，翻建房屋
2006年，叶林大专毕业于安徽池州师范专科学校
2008年，项林珍大专毕业于苏州农业职业技术学院
2012年，动迁安置
购汽车1辆

姓名	与户主关系	性别	出生年月	民族
陆文楼	户主	男	1936年6月	汉
沈爱珍	妻子	女	1945年5月	汉
陆建康	儿子	男	1967年3月	汉
赵 萍	儿媳	女	1969年2月	汉
陆晓东	孙子	男	1991年2月	汉
张 唯	孙媳	女	1989年6月	汉
陆逸昊	曾孙	男	2018年11月	汉

家庭大事
1985年，翻建房屋
2009年，张唯大专毕业于江苏信息职业技术学院
2011年，陆晓东大专毕业于南京铁道职业技术学院
2012年，动迁安置
购汽车2辆

家庭成员	姓名	与户主关系	性别	出生年月	民族
	陆建强	户主	男	1969 年 10 月	汉
	罗天芬	妻子	女	1974 年 7 月	汉
	陆阳阳	儿子	男	1992 年 6 月	汉
	陈支靖	儿媳	女	1993 年 7 月	汉
	陆昔妍	孙女	女	2018 年 6 月	汉
家庭大事	2011 年，陆阳阳参军入伍，2013 年退伍 2014 年，陈支靖大专毕业于苏州市电子信息技师学院				

新江村第13村民小组

	姓名	与户主关系	性别	出生年月	民族
家庭成员	梁惠冬	户主	男	1957年8月	汉
	戴雪妹	妻子	女	1959年9月	汉
	梁金花	女儿	女	1981年12月	汉
	徐剑平	女婿	男	1972年1月	汉
	梁予晞	孙女	女	2008年5月	汉
家庭大事	1990年，翻建房屋 2007年，梁金花硕士研究生毕业于江苏大学 2008年，徐剑平硕士研究生毕业于江苏大学 2012年，动迁安置 购汽车1辆				

	姓名	与户主关系	性别	出生年月	民族
家庭成员	梁志超	户主	男	1969年1月	汉
	梁文林	父亲	男	1937年9月	汉
	姚培芳	母亲	女	1943年10月	汉
	高小红	妻子	女	1969年4月	汉
	梁星霞	女儿	女	1991年7月	汉
	李 伟	女婿	男	1991年5月	汉
	李昀宸	外孙女	女	2017年2月	汉
	李昀轩	外孙	男	2019年3月	汉
家庭大事	1982年，翻建房屋 2012年，动迁安置；梁星霞大专毕业于南京三江学院 2014年，李伟大专毕业于中央广播电视大学 2017年，获评昆山高新区"廉洁之家" 购汽车1辆				

	姓名	与户主关系	性别	出生年月	民族
家庭成员	梁志强	户主	男	1969年8月	汉
	梁福仁	父亲	男	1946年9月	汉
	项梅芳	母亲	女	1951年1月	汉
	张惠英	妻子	女	1967年7月	汉
	梁　浩	儿子	男	1992年4月	汉
	朱　玮	儿媳	女	1994年3月	汉
	梁妙溪	长孙女	女	2017年11月	汉
	梁妙琦	次孙女	女	2017年11月	汉
家庭大事	1988年，翻建房屋 2012年，动迁安置 2013年，朱玮大专毕业于徐州工程学院 购汽车1辆				

	姓名	与户主关系	性别	出生年月	民族
家庭成员	梁雪明	户主	男	1972年12月	汉
	袁根英	母亲	女	1948年6月	汉
	刘正翠	妻子	女	1970年7月	汉
	梁　记	儿子	男	1996年8月	汉
家庭大事	1988年，翻建房屋 2012年，动迁安置				

	姓名	与户主关系	性别	出生年月	民族
家庭成员	梁文明	户主	男	1947年2月	汉
	梁爱宝	母亲	女	1921年7月	汉
	梁志青	儿子	男	1969年8月	汉
	狄春花	儿媳	女	1970年2月	汉
	梁诗怡	孙女	女	1993年9月	汉
家庭大事	1983年，翻建房屋 2017年，梁诗怡硕士研究生毕业于日本城西国际大学 2019年，动迁安置 购汽车1辆				

	姓名	与户主关系	性别	出生年月	民族
家庭成员	梁建林	户主	男	1957年10月	汉
	倪凤兰	妻子	女	1958年4月	汉
	梁勤	女儿	女	1982年5月	汉
	毕强	女婿	男	1982年1月	汉
	毕雨欣	孙女	女	2008年9月	汉
	梁宇恒	孙子	男	2018年10月	汉
家庭大事	购汽车2辆				

	姓名	与户主关系	性别	出生年月	民族
家庭成员	方桃富	户主	男	1957年2月	汉
	李德玉	妻子	女	1962年8月	汉
	方利国	儿子	男	1984年9月	汉
	王璐	儿媳	女	1987年8月	汉
	方羽昂	孙子	男	2015年5月	汉
家庭大事	1994年，翻建房屋 2006年，方利国大专毕业于苏州大学 2010年，王璐本科毕业于吉林大学珠海学院 2012年，动迁安置 购汽车1辆				

	姓名	与户主关系	性别	出生年月	民族
家庭成员	方桃珍	户主	女	1959年8月	汉
家庭大事					

	姓名	与户主关系	性别	出生年月	民族
家庭成员	方桃星	户主	男	1969年6月	汉
	冯小玲	妻子	女	1980年3月	汉
	方利莎	女儿	女	2010年7月	汉
家庭大事	购汽车1辆				

	姓名	与户主关系	性别	出生年月	民族
家庭成员	梁福兴	户主	男	1963年4月	汉
	马小妹	母亲	女	1934年3月	汉
	凌玉珍	妻子	女	1965年2月	汉
	梁青青	女儿	女	1986年2月	汉
	薛 琪	女婿	男	1986年9月	汉
	薛 睿	外孙	男	2020年12月	汉
家庭大事	2009年，薛琪本科毕业于南通大学 购汽车1辆				

	姓名	与户主关系	性别	出生年月	民族
家庭成员	沈金龙	户主	男	1953年3月	汉
	项梅花	妻子	女	1951年12月	汉
	沈 燕	长女	女	1976年2月	汉
	梁 斌	长女婿	男	1975年3月	汉
	沈思涵	长孙	男	1998年9月	汉
	沈 敏	次女	女	1978年3月	汉
	夏国荣	次女婿	男	1977年5月	汉
	夏沈添	次孙	男	2003年1月	汉
家庭大事	1987年，翻建房屋 1998年，沈敏大专毕业于苏州大学机电工程学院 2004年，动迁安置 2013年，获评昆山高新区第三届"文明和谐家庭" 2020年，沈思涵大专毕业苏州广播电视大学 购汽车1辆				

家庭成员	姓名	与户主关系	性别	出生年月	民族
	方道华	户主	男	1955年1月	汉
	陆阿芬	妻子	女	1963年5月	汉
	方 芳	女儿	女	1981年9月	汉
	楼芮希	外孙女	女	2005年11月	汉

家庭大事	购汽车1辆

家庭成员	姓名	与户主关系	性别	出生年月	民族
	邱国良	户主	男	1971年11月	汉
	马伟珍	妻子	女	1971年12月	汉
	邱 敏	女儿	女	1995年5月	汉
	李 成	女婿	男	1992年11月	汉
	邱诗涵	孙女	女	2018年10月	汉

家庭大事	购汽车2辆

家庭成员	姓名	与户主关系	性别	出生年月	民族
	吴福康	户主	男	1956年9月	汉
	袁业芬	妻子	女	1959年7月	汉
	沈吴音	女儿	女	2006年3月	汉

家庭大事	2019年，获评昆山高新区"礼仪之家"

	姓名	与户主关系	性别	出生年月	民族
家庭成员	沈根林	户主	男	1941年1月	汉
	顾秀英	妻子	女	1939年6月	汉
	顾建平	儿子	男	1967年2月	汉
	顾月妹	女儿	女	1969年2月	汉
	项小妹	儿媳	女	1967年1月	汉
	沈 明	孙子	男	1990年4月	汉
	刘利平	孙媳	女	1988年8月	汉
	沈梓轩	曾孙	男	2016年1月	汉
	沈奕可	曾孙女	女	2019年4月	汉
家庭大事	1990年，翻建房屋 2010年，刘利平本科毕业于南京大学 2012年，动迁安置 购汽车1辆				

	姓名	与户主关系	性别	出生年月	民族
家庭成员	沈阿三	户主	男	1961年12月	汉
	常永妹	妻子	女	1965年6月	汉
	沈玲玲	女儿	女	1986年9月	汉
	雷 斌	女婿	男	1986年11月	汉
	沈馨怡	长孙	男	2011年5月	汉
	沈慕妍	次孙	男	2014年10月	汉
家庭大事	1993年，翻建房屋 2007年，沈玲玲大专毕业于苏州广播电视大学 2012年，动迁安置 2013年，获评昆山高新区第三届"文明和谐家庭" 购汽车1辆				

	姓名	与户主关系	性别	出生年月	民族
家庭成员	金小弟	户主	男	1945年1月	汉
	张桂英	妻子	女	1950年6月	汉
	金 平	儿子	男	1977年10月	汉
	蒋丛花	儿媳	女	1976年3月	汉
	金宸龙	孙子	男	2000年11月	汉
	金子涵	孙女	女	2011年7月	汉
家庭大事	1990年，翻建房屋 2012年，动迁安置 购汽车1辆				

	姓名	与户主关系	性别	出生年月	民族
家庭成员	梁伯兴	户主	男	1955年6月	汉
	姚勤芬	妻子	女	1956年10月	汉
	梁 美	女儿	女	1981年1月	汉
	沈吴林	女婿	男	1981年12月	汉
	沈雨涛	外孙	男	2005年3月	汉
	梁 明	儿子	男	1985年9月	汉
	张丽萍	儿媳	女	1987年1月	汉
	梁馨菲	长孙女	女	2008年12月	汉
	梁张蕊	次孙女	女	2015年2月	汉
家庭大事	1987年，翻建房屋 2004年，动迁安置				

	姓名	与户主关系	性别	出生年月	民族
家庭成员	梁菊珍	户主	女	1952年9月	汉
	梁国民	儿子	男	1974年2月	汉
	盛培华	儿媳	女	1975年2月	汉
	梁陆捷	孙子	男	1999年8月	汉
家庭大事	购汽车1辆				

	姓名	与户主关系	性别	出生年月	民族
家庭成员	梁德华	户主	男	1963年4月	汉
	梁三宝	母亲	女	1937年7月	汉
	吉绍平	妻子	女	1969年2月	汉
	梁秋霞	女儿	女	1990年8月	汉
	葛 峰	女婿	男	1990年10月	汉
	葛彤昕	外孙女	女	2020年2月	汉
家庭大事	1992年，翻建房屋 2004年，动迁安置				

	姓名	与户主关系	性别	出生年月	民族
家庭成员	张抗弟	户主	男	1953年3月	汉
	沈小弟	父亲	男	1933年6月	汉
	沈秀珍	妻子	女	1957年7月	汉
	沈宏伟	儿子	男	1977年12月	汉
	盛月琴	儿媳	女	1977年12月	汉
	沈红勤	女儿	女	1987年1月	汉
	肖晨烨	女婿	男	1985年3月	汉
	沈芷俊	孙子	男	2000年8月	汉
	肖驿蘅	外孙	男	2012年10月	汉
家庭大事	1989年，翻建房屋 2004年，动迁安置 2008年，肖晨烨本科毕业于南昌大学 2009年，沈红勤本科毕业于南京工业大学				

	姓名	与户主关系	性别	出生年月	民族
家庭成员	梁泉福	户主	男	1963年5月	汉
	沈建英	妻子	女	1963年4月	汉
	梁 斌	儿子	男	1987年4月	汉
	张 婷	儿媳	女	1988年5月	汉
	梁义尧	孙子	男	2016年7月	汉
家庭大事	1992年，翻建房屋 2009年，梁斌本科毕业于南京航空航天大学金城学院 2011年，张婷本科毕业于中国传媒大学南广学院 2012年，动迁安置 购汽车1辆				

	姓名	与户主关系	性别	出生年月	民族
家庭成员	张梅花	户主	女	1956年11月	汉
	梁秀芳	女儿	女	1982年1月	汉
	刘　锋	女婿	男	1979年8月	汉
	梁刘硕	孙子	男	2007年9月	汉
家庭大事	1990年，翻建房屋 2003年，梁秀芳大专毕业于南京理工大学 2004年，动迁安置 购汽车1辆				

	姓名	与户主关系	性别	出生年月	民族
家庭成员	金龙其	户主	男	1953年2月	汉
	项桂英	妻子	女	1954年9月	汉
	金　英	女儿	女	1978年7月	汉
	王金宇	孙子	男	2002年1月	汉
家庭大事	1986年，翻建房屋 2004年，动迁安置 2010年，金英大专毕业于苏州农业职业技术学院				

家庭成员	姓名	与户主关系	性别	出生年月	民族
	梁文忠	户主	男	1940 年 10 月	汉
	项惠英	妻子	女	1938 年 11 月	汉
	梁月芳	长女	女	1963 年 6 月	汉
	徐林生	长女婿	男	1963 年 2 月	汉
	梁 英	长孙女	女	1986 年 1 月	汉
	吕文斌	长孙女婿	男	1987 年 3 月	汉
	吕逸墨	曾外孙	男	2016 年 1 月	汉
	梁 琴	次孙女	女	1991 年 3 月	汉
	陆 伟	次孙女婿	男	1990 年 6 月	汉

家庭大事	1987 年，翻建房屋 2008 年，梁英大专毕业于扬州教育学院 2010 年，梁琴大专毕业于南通职业大学 2012 年，动迁安置 购汽车 2 辆

家庭成员	姓名	与户主关系	性别	出生年月	民族
	方桃贵	户主	男	1962 年 9 月	汉

家庭大事	

家庭成员	姓名	与户主关系	性别	出生年月	民族
	梁建华	户主	男	1953 年 10 月	汉
	胡梅珍	妻子	女	1956 年 12 月	汉
	梁月秋	女儿	女	1979 年 11 月	汉
	陈 鹏	女婿	男	1981 年 10 月	汉
	陈 辰	孙女	女	2012 年 10 月	汉

家庭大事	

新江村第14村民小组

	姓名	与户主关系	性别	出生年月	民族
家庭成员	魏加强	户主	男	1964年1月	汉
	魏凤玲	妻子	女	1968年3月	汉
	魏文涛	儿子	男	1991年2月	汉
	管淑慧	儿媳	女	1991年8月	汉
	魏颖汐	孙女	女	2019年11月	汉
家庭大事					

	姓名	与户主关系	性别	出生年月	民族
家庭成员	邵友明	户主	男	1964年12月	汉
	李友妹	妻子	女	1965年1月	汉
	邵 东	儿子	男	1987年11月	汉
	陆 静	儿媳	女	1987年9月	汉
	邵亦晨	孙子	男	2011年10月	汉
	陆音茵	孙女	女	2016年12月	汉
家庭大事	1993年，翻建房屋 2009年，邵东大专毕业于常州轻工职业技术学院 2010年，陆静本科毕业于徐州工程学院 2013年，动迁安置				

	姓名	与户主关系	性别	出生年月	民族
家庭成员	陆 杰	户主	男	1957年4月	汉
	许妹妹	妻子	女	1960年6月	汉
	陆雪芹	女儿	女	1984年8月	汉
	曹志强	女婿	男	1983年8月	汉
	曹妤冉	外孙女	女	2012年2月	汉
家庭大事	1984年，翻建房屋 2007年，陆雪芹本科毕业于中南大学 2013年，动迁安置 购汽车1辆				

	姓名	与户主关系	性别	出生年月	民族
家庭成员	胡定喜	户主	男	1966年1月	汉
	何红梅	妻子	女	1968年11月	汉
	胡华婷	女儿	女	1989年11月	汉
	周晟烨	女婿	男	1989年9月	汉
	周嘉翌	外孙	男	2013年9月	汉
家庭大事	2012年，胡华婷本科毕业于东南大学，周晟烨大专毕业于苏州职业大学				

	姓名	与户主关系	性别	出生年月	民族
家庭成员	王国华	户主	男	1976年2月	汉
	王建友	父亲	男	1947年6月	汉
	魏冬春	母亲	女	1953年11月	汉
	蒋国芳	妻子	女	1980年2月	汉
	王星芸	长女	女	2001年9月	汉
	王星朵	次女	女	2013年10月	汉
家庭大事	1993年，翻建房屋 1994年，王国华参军入伍，1997年退伍 2013年，动迁安置 购汽车1辆				

	姓名	与户主关系	性别	出生年月	民族
家庭成员	王炳龙	户主	男	1952年9月	汉
	成阿娣	妻子	女	1952年2月	汉
	王凤	女儿	女	1981年1月	汉
	钟启文	女婿	男	1983年3月	汉
	王浩然	长孙	男	2010年9月	汉
	钟浩宇	次孙	男	2010年9月	汉
家庭大事					

	姓名	与户主关系	性别	出生年月	民族
家庭成员	王士清	户主	男	1949年4月	汉
	杨彩英	妻子	女	1953年11月	汉
	王秀兰	长女	女	1978年11月	汉
	张永华	长女婿	男	1977年12月	汉
	张懿蓉	外孙女	女	2003年11月	汉
	王秀珍	次女	女	1982年8月	汉
	陈明刚	次女婿	男	1981年1月	汉
	王奕涵	孙女	女	2008年2月	汉
	陈奕锐	外孙	男	2015年11月	汉
家庭大事	1992年，翻建房屋 2007年，王秀兰大专毕业于西南科技大学 2010年，陈明刚本科毕业于苏州大学 2013年，动迁安置 购汽车1辆				

	姓名	与户主关系	性别	出生年月	民族
家庭成员	顾金生	户主	男	1953年7月	汉
	袁桂珍	妻子	女	1956年8月	汉
	顾卫兰	女儿	女	1980年11月	汉
	洪弟	女婿	男	1976年12月	汉
	洪梓轩	外孙女	女	2004年1月	汉
家庭大事	1995年，翻建房屋 1998年，顾卫兰中专毕业于苏州市机械学校 2008年，洪弟大专毕业于中共江苏省委党校干部函授学院 2013年，动迁安置 购汽车1辆				

新江村志·村民家庭记载

家庭成员	姓名	与户主关系	性别	出生年月	民族
	王德鹏	户主	男	1967年2月	汉
	张琴芬	妻子	女	1966年10月	汉
	王婷婷	女儿	女	1994年4月	汉
	顾 诚	女婿	男	1993年6月	汉

家庭大事	1989年，翻建房屋 2013年，动迁安置 2017年，王婷婷本科毕业于汉口学院 购汽车1辆

家庭成员	姓名	与户主关系	性别	出生年月	民族
	王 斌	户主	男	1984年4月	汉
	徐金秀	妻子	女	1985年9月	汉
	王梓浩	儿子	男	2010年9月	汉

家庭大事	1984年，翻建房屋 2013年，动迁安置 购汽车1辆

家庭成员	姓名	与户主关系	性别	出生年月	民族
	邵军明	户主	男	1969年6月	汉
	邵春林	父亲	男	1936年12月	汉
	王巧英	母亲	女	1944年1月	汉
	汪海霞	妻子	女	1971年1月	汉
	邵 磊	儿子	男	1992年12月	汉
	郭盼盼	儿媳	女	1993年9月	汉
	邵泽宸	孙子	男	2020年12月	汉

家庭大事	1997年，翻建房屋 2013年，动迁安置 2016年，邵磊大专毕业于江苏省省级机关干部管理学院 购汽车1辆

120

	姓名	与户主关系	性别	出生年月	民族
家庭成员	咸勇生	户主	男	1965年4月	汉
	冯德联	妻子	女	1971年8月	汉
	咸凤霞	女儿	女	1991年12月	汉
	王 磊	女婿	男	1988年12月	汉
	王星冉	外孙女	女	2019年7月	汉
家庭大事	1985年，翻建房屋 2013年，动迁安置 2014年，咸凤霞大专毕业于苏州吴中职业技术学院				

	姓名	与户主关系	性别	出生年月	民族
家庭成员	朱德清	户主	男	1969年6月	汉
	王秀英	母亲	女	1944年4月	汉
	袁扣红	妻子	女	1973年2月	汉
	朱美玲	女儿	女	1992年6月	汉
	许雪锋	女婿	男	1990年12月	汉
	许袁诺	外孙	男	2016年6月	汉
家庭大事	1985年，翻建房屋 2012年，动迁安置				

	姓名	与户主关系	性别	出生年月	民族
家庭成员	张志强	户主	男	1965年8月	汉
	何根娣	妻子	女	1973年6月	汉
	张 军	儿子	男	1996年12月	汉
家庭大事	1984年，翻建房屋 2013年，动迁安置 购汽车2辆				

家庭成员	姓名	与户主关系	性别	出生年月	民族
	袁建华	户主	男	1960年11月	汉
	陈凤英	妻子	女	1963年7月	汉

家庭大事	

家庭成员	姓名	与户主关系	性别	出生年月	民族
	王虎根	户主	男	1962年4月	汉
	丁昭献	妻子	女	1964年7月	汉
	王 珏	女儿	女	1991年2月	汉
	徐玉飞	女婿	男	1990年8月	汉
	徐悦涵	外孙女	女	2017年3月	汉

家庭大事	1993年,翻建房屋 2008年,徐玉飞参军入伍,2010年退伍,中共党员 2013年,动迁安置 2014年,王珏本科毕业于江苏师范大学 购汽车4辆

家庭成员	姓名	与户主关系	性别	出生年月	民族
	王国强	户主	男	1971年2月	汉
	王建明	父亲	男	1943年10月	汉
	刘兰英	母亲	女	1946年4月	汉
	靳祥英	妻子	女	1970年11月	汉
	王 倩	女儿	女	1993年10月	汉
	张 宸	女婿	男	1994年6月	汉
	张哲涵	外孙	男	2016年12月	汉

家庭大事	1994年,翻建房屋 2013年,动迁安置 2016年,王倩本科毕业于扬州大学 2017年,张宸大专毕业于江苏省昆山第一中等专业学校 购汽车1辆

家庭成员	姓名	与户主关系	性别	出生年月	民族
	陈义龙	户主	男	1958年1月	汉
	陈根喜	父亲	男	1939年2月	汉
	袁爱娣	妻子	女	1966年8月	汉
	陈宏喻	儿子	男	2000年8月	汉
家庭大事					

家庭成员	姓名	与户主关系	性别	出生年月	民族
	朱阿二	户主	男	1946年8月	汉
	朱德明	儿子	男	1970年8月	汉
	周友妹	儿媳	女	1971年2月	汉
	朱春华	女儿	女	1972年4月	汉
	汪海龙	女婿	男	1965年7月	汉
	朱骏杰	孙子	男	1993年3月	汉
	张林霞	孙媳	女	1992年10月	汉
	汪兰兰	外孙女	女	1999年1月	汉
	朱悦宁	曾孙女	女	2020年7月	汉
家庭大事	1987年，翻建房屋 2013年，动迁安置 2015年，朱骏杰本科毕业于江南大学，张林霞本科毕业于南京师范大学泰州学院 购汽车1辆				

家庭成员	姓名	与户主关系	性别	出生年月	民族
	王德刚	户主	男	1968年8月	汉
	袁小红	妻子	女	1965年7月	汉
	袁媛	长女	女	1992年2月	汉
	王菡妍	次女	女	1996年11月	汉
家庭大事	2011年，袁媛大专毕业于徐州高等职业技术学校				

	姓名	与户主关系	性别	出生年月	民族
家庭成员	邵友根	户主	男	1962年12月	汉
	张芬兰	妻子	女	1963年12月	汉
	邵　平	儿子	男	1986年12月	汉
	李　乘	儿媳	女	1983年12月	汉
	邵婧琪	孙女	女	2009年8月	汉
家庭大事	1993年，翻建房屋 2013年，动迁安置 购汽车1辆				

	姓名	与户主关系	性别	出生年月	民族
家庭成员	陆　明	户主	男	1964年10月	汉
	陆小四	父亲	男	1935年10月	汉
	张平花	妻子	女	1964年6月	汉
	陆永伟	儿子	男	1989年2月	汉
	徐　红	儿媳	女	1989年5月	汉
	陆羽仪	孙女	女	2018年8月	汉
家庭大事	1983年，翻建房屋 2012年，徐红本科毕业于南京财经大学 2013年，陆永伟硕士研究生毕业于南京大学；动迁安置				

家庭成员	姓名	与户主关系	性别	出生年月	民族
	孙学勇	户主	男	1980 年 6 月	汉
	徐增芳	母亲	女	1958 年 3 月	汉
	张亚萍	妻子	女	1983 年 12 月	汉
	孙悦婷	长女	女	2006 年 1 月	汉
	孙悦芸	次女	女	2016 年 1 月	汉

家庭大事	1986 年，翻建房屋 1999 年，孙学勇参军入伍，2001 年退伍 2012 年，动迁安置 购汽车 1 辆

家庭成员	姓名	与户主关系	性别	出生年月	民族
	陆　洪	户主	男	1963 年 3 月	汉
	徐子琳	妻子	女	1973 年 2 月	汉
	陆永亚	女儿	女	1986 年 10 月	汉
	唐　磊	女婿	男	1983 年 10 月	汉
	唐昕瑶	外孙女	女	2017 年 4 月	汉
	陆永烨	儿子	男	2000 年 9 月	汉

家庭大事	1992 年，翻建房屋 2005 年，唐磊本科毕业于安徽财经大学 2008 年，陆永亚大专毕业于连云港职业技术学院 2013 年，动迁安置

家庭成员	姓名	与户主关系	性别	出生年月	民族
	王荣根	户主	男	1969年10月	汉
	冯翠华	妻子	女	1971年7月	汉
	王 成	儿子	男	1992年12月	汉
	吕佩佩	儿媳	女	1994年3月	汉
	王梓墨	孙子	男	2013年2月	汉
家庭大事	1984年，翻建房屋 2013年，动迁安置 购汽车1辆				

家庭成员	姓名	与户主关系	性别	出生年月	民族
	咸阿四	户主	男	1947年1月	汉
	成月香	妻子	女	1950年4月	汉
	咸建平	儿子	男	1975年11月	汉
	王桂芳	儿媳	女	1965年8月	汉
	咸家琪	孙子	男	1999年11月	汉
家庭大事	1983年，把草房翻建成三向一转瓦房 1990年，咸阿四被评为"第四次全国人口普查先进个人" 1992年，翻建二上二下楼房 1994年，咸阿四被评为"昆山市二五普法先进个人" 1995年，咸阿四被评为"昆山市植树造林先进个人" 1996年，咸阿四被评为"先进党员" 2013年，动迁安置 购汽车2辆				

	姓名	与户主关系	性别	出生年月	民族
家庭成员	王天宝	户主	男	1951年10月	汉
	吴红妹	妻子	女	1956年1月	汉
	王　春	儿子	男	1978年2月	汉
	张春梅	儿媳	女	1977年1月	汉
	王梓健	孙子	男	2001年8月	汉
家庭大事	1992年，翻建房屋 2013年，动迁安置 购汽车1辆				

	姓名	与户主关系	性别	出生年月	民族
家庭成员	李永森	户主	男	1974年11月	汉
	李金根	父亲	男	1942年3月	汉
	唐春女	母亲	女	1946年1月	汉
	沈雪芳	妻子	女	1977年1月	汉
	李翊君	女儿	女	1999年10月	汉
家庭大事	1986年，翻建房屋 2013年，动迁安置 2017年，李翊君考入南京理工大学泰州科技学院（本科） 购汽车1辆				

	姓名	与户主关系	性别	出生年月	民族
家庭成员	朱阿四	户主	男	1956年12月	汉
	李梅芳	妻子	女	1956年12月	汉
	朱德强	儿子	男	1981年11月	汉
	陆春方	儿媳	女	1983年4月	汉
	朱婧文	孙女	女	2007年7月	汉
家庭大事	1986年，翻建房屋 2013年，动迁安置 购汽车1辆				

新江村志·村民家庭记载

	姓名	与户主关系	性别	出生年月	民族
家庭成员	李　昌	户主	男	1965年10月	汉
	李保根	父亲	男	1938年2月	汉
	徐巧珍	母亲	女	1942年10月	汉
	汤素琴	妻子	女	1966年5月	汉
	李连杰	儿子	男	1994年6月	汉
家庭大事	1988年，翻建房屋 2013年，动迁安置 2017年，李连杰考入苏州大学（本科） 购汽车1辆				

	姓名	与户主关系	性别	出生年月	民族
家庭成员	魏阿根	户主	男	1961年10月	汉
	陶芬珍	妻子	女	1963年4月	汉
	魏文娟	女儿	女	1985年5月	汉
	曾魏杰	孙子	男	2011年2月	汉
家庭大事	1978年，翻建房屋 2017年，动迁安置 购汽车1辆				

	姓名	与户主关系	性别	出生年月	民族
家庭成员	王阿二	户主	男	1946年3月	汉
	成秧女	妻子	女	1946年4月	汉
	邱月华	儿媳	女	1975年12月	汉
	王邱林	孙子	男	2001年1月	汉
家庭大事	1984年，翻建房屋 2017年，动迁安置 购汽车1辆				

	姓名	与户主关系	性别	出生年月	民族
家庭成员	王小鹏	户主	男	1969年12月	汉
	王巧芬	妻子	女	1968年5月	汉
	王　静	女儿	女	1992年11月	汉
	陆伟华	女婿	男	1990年8月	汉
	王芯琦	外孙女	女	2014年9月	汉
家庭大事	1984年，翻建房屋 1987年，王小鹏参军入伍，1991年退伍，中共党员 1990年，王小鹏荣立三等功 2004年，动迁安置 2020年，获评昆山高新区"健康家庭" 购汽车1辆				

	姓名	与户主关系	性别	出生年月	民族
家庭成员	徐建忠	户主	男	1968年8月	汉
	陈小妹	母亲	女	1934年10月	汉
	张红萍	妻子	女	1968年11月	汉
	徐　枫	女儿	女	1990年11月	汉
	陈　晖	女婿	男	1989年1月	汉
	陈泽祺	外孙	男	2015年6月	汉
家庭大事	1986年，翻建房屋 2004年，动迁安置				

家庭成员	姓名	与户主关系	性别	出生年月	民族
	朱德胜	户主	男	1987年2月	汉
	朱阿三	父亲	男	1951年7月	汉
	费桂珍	母亲	女	1953年10月	汉
	平 琳	妻子	女	1987年2月	汉
	朱俊涛	儿子	男	2009年10月	汉

家庭大事	1986年，翻建房屋 2013年，动迁安置 购汽车1辆

家庭成员	姓名	与户主关系	性别	出生年月	民族
	张林成	户主	男	1965年9月	汉
	周小妹	母亲	女	1946年10月	汉
	平建芳	妻子	女	1967年9月	汉

家庭大事	1997年，翻建房屋 2019年，动迁安置 购汽车1辆

家庭成员	姓名	与户主关系	性别	出生年月	民族
	陶立春	户主	男	1953年1月	汉
	徐巧珍	妻子	女	1959年10月	汉
	陶 俊	女儿	女	1981年6月	汉
	李 健	女婿	男	1976年3月	汉
	李梓宁	长外孙	男	2002年7月	汉
	陶昱成	次外孙	男	2010年10月	汉

家庭大事	1986年，翻建房屋 1998年，李健中专毕业于苏州农业学校 2004年，动迁安置 2011年，陶俊大专毕业于太仓工业学校 购汽车1辆

家庭成员	姓名	与户主关系	性别	出生年月	民族
	邵根明	户主	男	1967年4月	汉
	李春香	妻子	女	1968年3月	汉
	邵丽晶	女儿	女	1992年2月	汉
	查英杰	女婿	男	1992年11月	汉
	查奕萱	外孙女	女	2016年9月	汉

家庭大事	1988年，翻建房屋 2007年，动迁安置 2015年，查英杰大专毕业于南京化工信息学院 购汽车1辆

家庭成员	姓名	与户主关系	性别	出生年月	民族
	张志民	户主	男	1968年12月	汉
	张 杰	儿子	男	1991年12月	汉
	顾卓珺	儿媳	女	1991年6月	汉

家庭大事	1984年，翻建房屋 2012年，动迁安置 2014年，张杰本科毕业于常州大学怀德学院 购汽车1辆

家庭成员	姓名	与户主关系	性别	出生年月	民族
	陆玉强	户主	男	1965年3月	汉
	蒋龙花	妻子	女	1968年4月	汉
	陆勇刚	儿子	男	1989年3月	汉
	陆宇轩	孙子	男	2011年11月	汉

家庭大事	1996年，翻建房屋 2013年，动迁安置 购汽车1辆

新江村志·村民家庭记载

家庭成员	姓名	与户主关系	性别	出生年月	民族
	高来兴	户主	男	1958年7月	汉
	高巧凤	妹妹	女	1963年3月	汉
家庭大事					

家庭成员	姓名	与户主关系	性别	出生年月	民族
	刘英	户主	女	1978年3月	汉
	刘春凤	父亲	男	1943年12月	汉
	咸素珍	母亲	女	1949年12月	汉
	徐建刚	丈夫	男	1974年7月	汉
	徐佳伟	儿子	男	2003年10月	汉
家庭大事					

家庭成员	姓名	与户主关系	性别	出生年月	民族
	邵永东	户主	男	1966年4月	汉
	周大宝	母亲	女	1940年9月	汉
	郑柯	妻子	女	1963年3月	汉
	邵靖然	女儿	女	1989年3月	汉
	顾丹菲	女婿	男	1987年5月	汉
	顾庭羽	外孙女	女	2015年11月	汉
家庭大事	1987年，邵永东大专毕业于苏州轻工职业学院 2013年，顾丹菲本科毕业于苏州大学 2014年，邵靖然本科毕业于意大利米兰大学				

新江村第 15 村民小组

	姓名	与户主关系	性别	出生年月	民族
家庭成员	唐根强	户主	男	1967 年 7 月	汉
	蒋金娣	妻子	女	1966 年 3 月	汉
	唐　燕	女儿	女	1990 年 9 月	汉
	郑　超	女婿	男	1989 年 10 月	汉
	郑淳阳	外孙	男	2015 年 3 月	汉
家庭大事	1986 年，翻建房屋 2004 年，动迁安置 2011 年，郑超大专毕业于淮安技术学院 2012 年，唐燕大专毕业于南通高贸学院 购汽车 1 辆				

	姓名	与户主关系	性别	出生年月	民族
家庭成员	魏晓翔	户主	男	1965 年 1 月	汉
	周前英	母亲	女	1941 年 4 月	汉
	皋凤英	妻子	女	1965 年 3 月	汉
	魏良健	儿子	男	1988 年 8 月	汉
	刘　艳	儿媳	女	1993 年 3 月	汉
	魏云浩	孙子	男	2013 年 6 月	汉
家庭大事	1991 年，翻建房屋 2013 年，动迁安置 购汽车 1 辆				

	姓名	与户主关系	性别	出生年月	民族
家庭成员	唐小连	户主	男	1954年4月	汉
	周成宝	妻子	女	1954年7月	汉
	唐叶青	儿子	男	1980年6月	汉
	朱洁洁	儿媳	女	1982年3月	汉
	唐朱缘奇	长孙	男	2004年4月	汉
	朱唐缘佳	次孙	男	2010年9月	汉
家庭大事	1986年，翻建房屋 2003年，唐叶青大专毕业于昆山开放大学 2013年，动迁安置 2018年，朱洁洁本科毕业于四川电子科技大学 购汽车1辆				

	姓名	与户主关系	性别	出生年月	民族
家庭成员	唐六连	户主	男	1968年10月	汉
	凌玉芳	妻子	女	1969年4月	汉
	唐斌申	儿子	男	1992年12月	汉
	赵　竞	儿媳	女	1992年1月	汉
	唐宇棋	孙子	男	2018年7月	汉
家庭大事	1989年，翻建房屋 2009年，动迁安置 2014年，唐斌申大专毕业于无锡职业技术学院 购汽车1辆				

	姓名	与户主关系	性别	出生年月	民族
家庭成员	周立成	户主	男	1956年11月	汉
	周 军	儿子	男	1983年1月	汉
	成晓玲	儿媳	女	1986年10月	汉
	周煦涵	长孙	男	2011年1月	汉
	成思逸	次孙	男	2020年6月	汉
家庭大事	1974年，周立成参军入伍，1981年退伍，中共党员 1986年，翻建房屋 2001年，周军参军入伍，2003年退伍，中共党员 2004年，动迁安置 购汽车1辆				

	姓名	与户主关系	性别	出生年月	民族
家庭成员	吴苏明	户主	男	1969年11月	汉
	陆青华	妻子	女	1968年12月	汉
	吴燕萍	女儿	女	1992年8月	汉
	夏 立	女婿	男	1993年8月	汉
家庭大事	1984年，翻建房屋 2013年，动迁安置 2015年，吴燕萍本科毕业于陕西商洛学院，夏立本科毕业于江苏师范大学				

	姓名	与户主关系	性别	出生年月	民族
家庭成员	朱文尧	户主	男	1969年1月	汉
	唐三妈	祖母	女	1928年10月	汉
	唐大顺	岳父	男	1950年5月	汉
	唐晓琴	妻子	女	1971年4月	汉
	唐金涛	儿子	男	1993年8月	汉
家庭大事	1994年，翻建房屋 2004年，动迁安置				

新江村志·村民家庭记载

	姓名	与户主关系	性别	出生年月	民族
家庭成员	魏家宽	户主	男	1957年11月	汉
	吴巧珍	妻子	女	1959年5月	汉
	魏良斌	儿子	男	1982年5月	汉
	张　静	儿媳	女	1983年4月	汉
	魏宇宸	孙子	男	2008年5月	汉
家庭大事	1976年，魏家宽参军入伍，1981年退伍，中共党员 1988年，翻建房屋 2013年，动迁安置 购汽车1辆				

	姓名	与户主关系	性别	出生年月	民族
家庭成员	束建明	户主	男	1957年8月	汉
	陆小妹	母亲	女	1934年11月	汉
	范丽珍	妻子	女	1963年9月	汉
	束　芳	女儿	女	1987年10月	汉
	徐邓军	女婿	男	1984年11月	汉
	束馨怡	外孙	男	2010年3月	汉
家庭大事	1986年，翻建房屋 2003年，徐邓军参军入伍，2005年退伍 2007年，动迁安置 2020年，陆小妹逝世 购汽车1辆				

136

	姓名	与户主关系	性别	出生年月	民族
家庭成员	吴苏香	户主	男	1963年3月	汉
	王大妹	妻子	女	1963年8月	汉
	吴　涛	儿子	男	1986年8月	汉
	俞　瑛	儿媳	女	1986年10月	汉
	吴思琪	孙女	女	2011年12月	汉
	俞思远	孙子	男	2016年8月	汉
家庭大事	1988年，翻建房屋 2007年，动迁安置；吴涛大专毕业于无锡工艺职业技术学院 2013年，俞瑛本科毕业于江苏第二师范学院 购汽车2辆				

	姓名	与户主关系	性别	出生年月	民族
家庭成员	唐文根	户主	男	1962年4月	汉
	张兰珍	妻子	女	1960年2月	汉
	唐　亮	儿子	男	1985年11月	汉
	王建英	儿媳	女	1973年11月	汉
	唐子琦	孙女	女	2009年2月	汉
家庭大事	1980年，唐文根参军入伍，1986年退伍，中共党员 1995年，翻建房屋 2004年，动迁安置 购汽车1辆				

家庭成员	姓名	与户主关系	性别	出生年月	民族
	李金娥	户主	女	1962年1月	汉
	王英	女儿	女	1991年12月	汉
	吴杰	女婿	男	1992年1月	汉
	吴王熙	长外孙	男	2016年7月	汉
	吴欣雨	次外孙	男	2019年3月	汉

家庭大事	1984年，翻建房屋 2013年，动迁安置 购汽车1辆

家庭成员	姓名	与户主关系	性别	出生年月	民族
	魏家根	户主	男	1965年2月	汉
	朱党英	妻子	女	1970年2月	汉
	魏良骅	儿子	男	1991年7月	汉
	冯娇娇	儿媳	女	1991年8月	汉
	魏熙佳	孙子	男	2019年4月	汉

家庭大事	1986年，翻建房屋 2007年，动迁安置 2015年，冯娇娇大专毕业于南通职业大学 购汽车1辆

家庭成员	姓名	与户主关系	性别	出生年月	民族
	魏晓强	户主	男	1969年10月	汉
	陈爱霞	妻子	女	1979年1月	汉
	魏　晨	儿子	男	1992年7月	汉
	高艳晴	儿媳	女	1993年10月	汉
	魏晟柠	孙子	男	2020年5月	汉
家庭大事	1986年，翻建房屋 2007年，动迁安置 2015年，魏晨本科毕业于苏州大学 2016年，高艳晴本科毕业于南京师范大学 购汽车1辆				

家庭成员	姓名	与户主关系	性别	出生年月	民族
	王金龙	户主	男	1946年5月	汉
	王　东	儿子	男	1979年11月	汉
	王亚琴	女儿	女	1986年10月	汉
	王沁怡	孙女	女	2006年11月	汉
家庭大事					

	姓名	与户主关系	性别	出生年月	民族
家庭成员	杨平兰	户主	女	1963年3月	汉
	魏良文	长女	女	1985年11月	汉
	俞纯刚	长女婿	男	1982年4月	汉
	俞铭轩	外孙女	女	2007年6月	汉
	俞铭辰	外孙	男	2013年1月	汉
	魏良燕	次女	女	1989年5月	汉
	陈　良	次女婿	男	1982年4月	汉
	魏孝宇	孙子	男	2013年1月	汉
家庭大事	1988年，翻建房屋 2005年，陈良本科毕业于吉林农业大学 2012年，动迁安置				

	姓名	与户主关系	性别	出生年月	民族
家庭成员	吴苏文	户主	男	1966年11月	汉
	陈雪英	妻子	女	1966年10月	汉
	吴　程	儿子	男	1989年12月	汉
	孙林玉	儿媳	女	1988年8月	汉
	吴欣欣	孙女	女	2013年6月	汉
家庭大事	1992年，翻建房屋 2013年，动迁安置 2016年，吴程大专毕业于苏州市职业大学 2017年，孙林玉本科毕业于淮海工学院				

	姓名	与户主关系	性别	出生年月	民族
家庭成员	周立贵	户主	男	1966年2月	汉
	周阿二	父亲	男	1939年11月	汉
	钮小冬	母亲	女	1943年12月	汉
	陶芬兰	妻子	女	1966年2月	汉
	周 尧	儿子	男	1989年11月	汉
	邵佳玉	儿媳	女	1990年10月	汉
	周梓沫	长孙	男	2016年8月	汉
	邵龚平	次孙	男	2019年5月	汉
家庭大事	1983年，翻建房屋 2004年，动迁安置 2012年，周尧本科毕业于江苏技术师范学院 2013年，邵佳玉本科毕业于常州工学院 购汽车1辆				

新江村第 16 村民小组

	姓名	与户主关系	性别	出生年月	民族
家庭成员	乔文龙	户主	男	1956 年 8 月	汉
	戴小英	妻子	女	1961 年 3 月	汉
	戴仲坤	儿子	男	1987 年 3 月	汉
	王 萍	儿媳	女	1990 年 11 月	汉
	戴梦妍	孙女	女	2017 年 1 月	汉
	戴丽萍	女儿	女	1982 年 12 月	汉
	王冬华	女婿	男	1981 年 11 月	汉
	王 瑞	长外孙女	女	2005 年 5 月	汉
	王 婷	次外孙女	女	2009 年 8 月	汉
家庭大事	1989 年，建房 2009 年，戴仲坤本科毕业于南京理工大学泰州科技学院 2013 年，动迁安置 购汽车 1 辆				

	姓名	与户主关系	性别	出生年月	民族
家庭成员	戴金龙	户主	男	1967 年 11 月	汉
	唐金凤	母亲	女	1947 年 1 月	汉
	徐雪妹	妻子	女	1969 年 2 月	汉
	戴城城	儿子	男	1992 年 6 月	汉
家庭大事	1990 年，建房 2013 年，动迁安置 2014 年，戴城城本科毕业于南京理工大学 购汽车 1 辆				

家庭成员	姓名	与户主关系	性别	出生年月	民族
	戴永元	户主	男	1955年12月	汉
	戴文观	父亲	男	1931年11月	汉
	张阿玉	妻子	女	1958年1月	汉
	戴建峰	儿子	男	1981年10月	汉
	王丽平	儿媳	女	1981年10月	汉
	戴崧佐	孙子	男	2007年12月	汉

家庭大事	1992年，建房 2013年，动迁安置 购汽车1辆

家庭成员	姓名	与户主关系	性别	出生年月	民族
	蔡梅花	户主	女	1965年8月	汉
	戴雪亚	女儿	女	1988年3月	汉
	倪文俊	女婿	男	1985年7月	汉
	倪岱淇	外孙女	女	2017年6月	汉

家庭大事	1990年，建房 2007年，倪文俊本科毕业于浙江嘉兴学院 2012年，戴雪亚本科毕业于南京航空航天大学

家庭成员	姓名	与户主关系	性别	出生年月	民族
	戴梅生	户主	男	1949年11月	汉
	戴福明	儿子	男	1976年2月	汉
	崔艳芹	儿媳	女	1980年3月	汉

家庭大事	1996年，戴福明中专毕业于江苏省苏州商业学校

	姓名	与户主关系	性别	出生年月	民族
家庭成员	戴惠林	户主	男	1962年8月	汉
	宋玲珍	妻子	女	1967年10月	汉
	戴　婷	女儿	女	1990年8月	汉
	王　金	女婿	男	1989年12月	汉
	王敏浩	长外孙	男	2017年5月	汉
	戴浩然	次外孙	男	2018年6月	汉
家庭大事	1988年，建房 2011年，王金本科毕业于江苏科技大学 2012年，动迁安置 2017年，戴婷本科毕业于江苏科技大学 购汽车1辆					

	姓名	与户主关系	性别	出生年月	民族
家庭成员	戴菊林	户主	男	1955年8月	汉
	徐素英	妻子	女	1957年4月	汉
	戴未群	女儿	女	1981年10月	汉
	顾　锋	女婿	男	1981年11月	汉
	戴敏刚	孙子	男	2006年2月	汉
家庭大事	1990年，建房 2012年，动迁安置 购汽车1辆					

	姓名	与户主关系	性别	出生年月	民族
家庭成员	戴荣元	户主	男	1940年2月	汉
	戴志强	儿子	男	1971年7月	汉
	陆金珍	前儿媳	女	1970年8月	汉
	李 青	儿媳	女	1982年9月	汉
	戴慧倩	孙女	女	1994年12月	汉
	戴桧煜	孙子	男	2017年10月	汉
家庭大事	2006年，李青本科毕业于北京大学 2016年，戴慧倩硕士研究生毕业于英国利物浦大学				

	姓名	与户主关系	性别	出生年月	民族
家庭成员	戴建明	户主	男	1950年12月	汉
	陆菊珍	妻子	女	1954年3月	汉
	戴亚刚	儿子	男	1976年10月	汉
	张 莉	儿媳	女	1977年9月	汉
	戴紫怡	孙女	女	2002年3月	汉
	戴邪芳	女儿	女	1978年12月	汉
	沈 云	女婿	男	1977年6月	汉
	沈丽蓉	外孙	男	2002年3月	汉
家庭大事	1994年，戴亚刚参军入伍，1997年退伍；建房 2013年，动迁安置 购汽车1辆				

	姓名	与户主关系	性别	出生年月	民族
家庭成员	戴水荣	户主	男	1939 年 6 月	汉
	缪兰宝	妻子	女	1943 年 10 月	汉
	戴宝明	儿子	男	1963 年 4 月	汉
	刘 馨	外孙女	女	1992 年 6 月	汉
	戴雪英	长女	女	1968 年 11 月	汉
	赵伟明	长女婿	男	1966 年 5 月	汉
	赵文清	外孙	男	1993 年 4 月	汉
	戴雪琴	次女	女	1974 年 3 月	汉
	刘建国	次女婿	男	1969 年 8 月	汉
	刘依雯	外孙女	女	1998 年 11 月	汉
家庭大事	1990 年，建房 2014 年，赵文清大专毕业于常州信息学院 2015 年，刘馨硕士研究生毕业于英国谢菲尔德大学 2017 年，刘依雯考入江苏第二师范学院（本科）				

	姓名	与户主关系	性别	出生年月	民族
家庭成员	倪友林	户主	男	1958 年 9 月	汉
	陆瑞娟	妻子	女	1960 年 7 月	汉
	倪良志	女儿	女	1989 年 3 月	汉
	丁 强	女婿	男	1991 年 12 月	汉
	倪燊怡	外孙女	女	2015 年 12 月	汉
	丁彦钦	外孙	男	2019 年 3 月	汉
家庭大事					

	姓名	与户主关系	性别	出生年月	民族
家庭成员	周妙萍	户主	女	1966年9月	汉
	倪秀珍	母亲	女	1943年7月	汉
	倪培清	丈夫	男	1965年2月	汉
	周 超	女儿	女	1988年6月	汉
	陈 函	女婿	男	1987年8月	汉
	陈奕帆	外孙	男	2014年2月	汉
	倪超华	儿子	男	1993年9月	汉
	王怡文	儿媳	女	1994年6月	汉
家庭大事	2010年，周超本科毕业于南京财经大学 2014年，陈函本科毕业于中国地质大学 2017年，倪超华和王怡文本科毕业于江苏大学				

	姓名	与户主关系	性别	出生年月	民族
家庭成员	倪玉林	户主	男	1969年6月	汉
	梁金妹	母亲	女	1949年3月	汉
	王冬妹	妻子	女	1969年10月	汉
	倪 伟	儿子	男	1993年3月	汉
	谢建聪	儿媳	女	1992年9月	汉
家庭大事	2013年，谢建聪本科毕业于长江大学 2015年，倪伟本科毕业于徐州工程学院				

	姓名	与户主关系	性别	出生年月	民族
家庭成员	倪雨忠	户主	男	1970年6月	汉
	倪巧宝	母亲	女	1940年7月	汉
	姚惠英	妻子	女	1970年7月	汉
	倪　倩	女儿	女	1993年9月	汉
家庭大事	2013年，动迁安置 2020年，倪倩硕士研究生毕业于东南大学				

	姓名	与户主关系	性别	出生年月	民族
家庭成员	倪雨海	户主	男	1963年12月	汉
	查桂玉	妻子	女	1967年7月	汉
	倪　萍	女儿	女	1986年10月	汉
	仲根磊	女婿	男	1987年8月	汉
	倪浚森	孙子	男	2010年5月	汉
	仲悦瑄	孙女	女	2013年7月	汉
家庭大事	1996年，翻建楼房 2009年，倪萍大专毕业于南京化工职业技术学院；仲根磊大专毕业于南京化工职业技术学院，中共党员 2011年，获评玉山镇第二届"文明和谐家庭" 2013年，动迁安置 2020年，获评昆山高新区"礼仪之家" 倪雨海为中共党员				

	姓名	与户主关系	性别	出生年月	民族
家庭成员	戴阿四	户主	男	1957年7月	汉
	倪雪珍	妻子	女	1959年10月	汉
	倪戴丹	儿子	男	1982年11月	汉
	章　萍	儿媳	女	1982年7月	汉
	倪昕妍	孙女	女	2006年12月	汉
家庭大事	1983年，建房 2000年，倪戴丹参军入伍，2002年退伍 2011年，章萍大专毕业于南京农业大学 2013年，动迁安置				

	姓名	与户主关系	性别	出生年月	民族
家庭成员	戴阿小	户主	男	1954年4月	汉
	钱雪英	妻子	女	1956年10月	汉
	戴玲霞	女儿	女	1980年5月	汉
	戴子芸	长外孙女	女	2009年2月	汉
	戴子佳	次外孙女	女	2018年12月	汉
	戴子妍	三外孙女	女	2018年12月	汉
家庭大事	2013年，动迁安置 购汽车1辆				

	姓名	与户主关系	性别	出生年月	民族
家庭成员	倪小弟	户主	男	1950年8月	汉
	张瑞珍	妻子	女	1955年12月	汉
	倪永清	儿子	男	1977年10月	汉
	吴宝娟	儿媳	女	1980年4月	汉
	倪文昊	孙子	男	2010年4月	汉
家庭大事	1983年，建房 1995年，倪永清参军入伍，1998年退伍，在部队荣获三等功一次，中共党员				

	姓名	与户主关系	性别	出生年月	民族
家庭成员	袁秋红	户主	男	1965年8月	汉
	袁根福	父亲	男	1944年12月	汉
	丁 妹	母亲	女	1945年1月	汉
	唐小凤	妻子	女	1965年12月	汉
	袁振刚	儿子	男	1988年11月	汉
	朱 婷	儿媳	女	1990年10月	汉
	袁尹祺	孙子	男	2015年2月	汉
	朱思淼	孙女	女	2018年10月	汉
家庭大事	2010年，袁振刚大专毕业于江苏信息职业技术学院 2013年，动迁安置 2014年，朱婷本科毕业于苏州大学 购汽车1辆				

	姓名	与户主关系	性别	出生年月	民族
家庭成员	戴国华	户主	男	1976年6月	汉
	沈风荷	母亲	女	1950年9月	汉
	曹　英	妻子	女	1977年6月	汉
	戴常欢	女儿	女	2002年4月	汉
家庭大事	1994年，戴国华参军入伍，1997年退伍 2013年，动迁安置				

新江村第 17 村民小组

	姓名	与户主关系	性别	出生年月	民族
家庭成员	倪培元	户主	男	1969 年 5 月	汉
	梁雪英	妻子	女	1967 年 9 月	汉
	倪敏华	儿子	男	1992 年 3 月	汉
	邹宇婷	儿媳	女	1991 年 8 月	汉
	倪珞芸	长孙女	女	2019 年 2 月	汉
	倪珞涵	次孙女	女	2020 年 11 月	汉
家庭大事	2015 年，倪敏华本科毕业于中南大学土木工程学院，邹宇婷本科毕业于徐州医学院 购汽车 2 辆				

	姓名	与户主关系	性别	出生年月	民族
家庭成员	张惠林	户主	男	1948 年 8 月	汉
	倪金毛	妻子	女	1949 年 2 月	汉
	倪红英	女儿	女	1975 年 2 月	汉
	郭海峰	女婿	男	1974 年 9 月	汉
	倪红斌	儿子	男	1977 年 9 月	汉
	莫颖群	儿媳	女	1979 年 12 月	汉
	郭 玥	外孙女	女	2003 年 10 月	汉
	倪贝豪	孙子	男	2006 年 9 月	汉
家庭大事	1968 年，张惠林参军入伍，1973 年退伍 1980 年，翻建房屋 2008 年，动迁安置；倪红英大专毕业于中央广播电视大学 2012 年，郭海峰和莫颖群本科毕业于中央广播电视大学				

家庭成员	姓名	与户主关系	性别	出生年月	民族
	倪进泉	户主	男	1956年12月	汉
	钱桂珍	妻子	女	1957年7月	汉
	倪亚琴	女儿	女	1982年3月	汉
	郑继刚	女婿	男	1982年2月	汉
	倪誉瑜	外孙女	女	2004年11月	汉
	郑涵予	外孙	男	2011年3月	汉

家庭大事	2013年，动迁安置 购汽车2辆

家庭成员	姓名	与户主关系	性别	出生年月	民族
	顾介平	户主	男	1962年11月	汉
	金　花	妻子	女	1963年11月	汉
	顾蓓蕾	女儿	女	1985年6月	汉
	陆　叶	女婿	男	1985年2月	汉
	陆际尧	孙子	男	2009年1月	汉
	顾馨妍	孙女	女	2014年6月	汉

家庭大事	1994年，建房 2003年，顾介平获昆山市优秀论文三等奖 2007年，顾蓓蕾本科毕业于徐州工程学院 2012年，顾介平被评为"昆山市师德标兵" 2013年，动迁安置；获评昆山高新区第三届"文明和谐家庭" 2015年，顾介平被评为周市镇"优秀教师" 2020年，顾蓓蕾被评为昆山公交集团"先进生产工作者" 购汽车1辆

	姓名	与户主关系	性别	出生年月	民族
家庭成员	顾国林	户主	男	1947年11月	汉
	童桂芳	妻子	女	1947年3月	汉
	顾月琴	长女	女	1976年3月	汉
	宁建昆	长女婿	男	1973年11月	汉
	顾　宁	长外孙	男	1999年11月	汉
	顾月芬	次女	女	1978年12月	汉
	汤戈臣	次女婿	男	1979年9月	汉
	汤嘉豪	次外孙	男	2003年12月	汉
家庭大事	1991年，翻建房屋 2013年，动迁安置；宁建昆本科毕业于南京中医药大学 购汽车1辆				

	姓名	与户主关系	性别	出生年月	民族
家庭成员	倪伯明	户主	男	1947年10月	汉
	戴风和	妻子	女	1948年10月	汉
	倪一青	女儿	女	1968年11月	汉
	周　兵	女婿	男	1968年8月	汉
	周申一	外孙	男	1992年4月	汉
	倪一锋	儿子	男	1972年1月	汉
	顾建芳	儿媳	女	1976年10月	汉
	倪天寅	孙子	男	1999年1月	汉
家庭大事	1986年，翻建房屋 1988年，倪一青本科毕业于江苏大学，周兵大专毕业于南京化工职业技术学院 2014年，周申一本科毕业于江苏科技大学 2013年，动迁安置 购汽车1辆				

	姓名	与户主关系	性别	出生年月	民族
	倪凤兴	户主	男	1963年4月	汉
	薛雪芳	妻子	女	1964年1月	汉
家庭成员	倪慧琴	女儿	女	1987年2月	汉
	李　彬	女婿	男	1987年2月	汉
	李雍睿	长外孙	男	2016年7月	汉
	倪雍博	次外孙	男	2018年10月	汉
家庭大事	1987年，翻建房屋 2009年，李彬本科毕业于扬州大学 2010年，倪慧琴本科毕业于南京医科大学 2013年，动迁安置				

	姓名	与户主关系	性别	出生年月	民族
家庭成员	倪佳君	户主	女	1990年11月	汉
家庭大事	2013年，动迁安置；倪佳君本科毕业于南京信息工程大学 购汽车1辆				

	姓名	与户主关系	性别	出生年月	民族
	倪培兴	户主	男	1962年4月	汉
	戴火英	妻子	女	1962年10月	汉
家庭成员	倪敏艳	女儿	女	1985年9月	汉
	高　磊	女婿	男	1985年1月	汉
	高瑾辰	外孙女	女	2012年6月	汉
	倪翊辰	外孙	男	2017年10月	汉
家庭大事	1987年，翻建房屋 2008年，倪敏艳大专毕业于南通职业大学，高磊本科毕业于苏州大学 2013年，动迁安置				

家庭成员	姓名	与户主关系	性别	出生年月	民族
	邵建昆	户主	男	1955年12月	汉
	倪雨珍	妻子	女	1954年10月	汉

家庭大事	

家庭成员	姓名	与户主关系	性别	出生年月	民族
	倪益明	户主	男	1964年10月	汉
	唐玉芳	妻子	女	1965年11月	汉
	倪 舟	儿子	男	1987年2月	汉
	陆士屏	儿媳	女	1989年10月	汉
	倪艺薪	孙女	女	2017年6月	汉

家庭大事	2001年，倪益明本科毕业于中共昆山市委党校 2009年，倪舟本科毕业于苏州科技大学 2013年，动迁安置 购汽车2辆

家庭成员	姓名	与户主关系	性别	出生年月	民族
	赵阿菊	户主	女	1947年9月	汉
	赵子萍	女儿	女	1969年5月	汉
	俞永金	女婿	男	1966年7月	汉
	赵燕亚	孙女	女	1990年2月	汉

家庭大事	2012年，赵燕亚本科毕业于南京人口干部管理学院 2013年，动迁安置 购汽车1辆

家庭成员	姓名	与户主关系	性别	出生年月	民族
	赵金生	户主	男	1943 年 10 月	汉
	倪妹妹	妻子	女	1941 年 9 月	汉
	赵子荣	儿子	男	1963 年 6 月	汉
	顾美兰	儿媳	女	1963 年 4 月	汉
	赵 逸	孙子	男	1987 年 2 月	汉
	徐 维	孙媳	女	1989 年 4 月	汉
	赵思菡	曾孙女	女	2013 年 12 月	汉
	徐晟嘉	曾孙	男	2016 年 4 月	汉

家庭大事	2008 年，赵逸本科毕业于江苏大学 2010 年，徐维大专毕业于苏州卫生职业技术学院 2013 年，动迁安置 购汽车 1 辆

家庭成员	姓名	与户主关系	性别	出生年月	民族
	赵月琴	户主	女	1962 年 6 月	汉
	赵杏花	母亲	女	1944 年 3 月	汉
	凌友兴	妻子	女	1958 年 3 月	汉
	赵玲玲	女儿	女	1983 年 8 月	汉
	冯起华	女婿	男	1979 年 5 月	汉
	赵宇豪	长外孙	男	2009 年 1 月	汉
	冯家豪	次外孙	男	2014 年 2 月	汉

家庭大事	2004 年，冯起华本科毕业于青岛科技大学 2006 年，赵玲玲本科毕业于中南财经政法大学 购汽车 2 辆

家庭成员	姓名	与户主关系	性别	出生年月	民族
	倪海元	户主	男	1946 年 6 月	汉

家庭大事	

家庭成员	姓名	与户主关系	性别	出生年月	民族
	李永新	户主	男	1968年1月	汉
	戴惠珍	妻子	女	1968年3月	汉
	李 盈	女儿	女	1990年10月	汉
	邹 勇	女婿	男	1987年9月	汉
	邹京佟	外孙	男	2017年10月	汉
家庭大事	2013年,动迁安置 购汽车2辆				

家庭成员	姓名	与户主关系	性别	出生年月	民族
	潘志龙	户主	男	1973年8月	汉
	王小牛	外祖母	女	1925年2月	汉
	吴扣珍	母亲	女	1950年12月	汉
	陈丽芳	妻子	女	1972年6月	汉
	潘 虹	女儿	女	1996年11月	汉
家庭大事	1989年,翻建房屋 2013年,动迁安置 2018年,潘虹本科毕业于江苏师范大学				

家庭成员	姓名	与户主关系	性别	出生年月	民族
	倪凤泉	户主	男	1958年8月	汉
	夏玲妹	妻子	女	1957年3月	汉
	倪建国	儿子	男	1979年11月	汉
	翁珠凤	儿媳	女	1979年12月	汉
	翁骏倪	长孙	男	2002年12月	汉
	倪骏宇	次孙	男	2010年2月	汉
家庭大事	1994年,翻建房屋 2013年,动迁安置 购汽车2辆				

	姓名	与户主关系	性别	出生年月	民族
家庭成员	倪永明	户主	男	1946年2月	汉
	施玲珍	妻子	女	1947年11月	汉
	倪益妹	女儿	女	1973年12月	汉
	龚建明	女婿	男	1972年12月	汉
	倪文华	孙子	男	1996年7月	汉
家庭大事	1990年，龚建明参军入伍，1993年退伍，中共党员 1991年，翻建房屋 2010年，倪益妹大专毕业于南京财经学院 2013年，动迁安置 2017年，获评昆山高新区"幸福之家""最美家庭" 2018年，倪文华本科毕业于苏州大学 2019年，获评昆山高新区"友善之家" 购汽车1辆				

	姓名	与户主关系	性别	出生年月	民族
家庭成员	李茂友	户主	男	1957年10月	汉
	龚碧兰	妻子	女	1956年9月	汉
	李 颜	长女	女	1980年2月	汉
	徐 勇	长女婿	男	1975年5月	汉
	徐宇轩	长外孙	男	2001年3月	汉
	李红玲	次女	女	1981年12月	汉
	李 华	次女婿	男	1981年8月	汉
	李文俊	次外孙	男	2004年12月	汉
	李龚平	儿子	男	1984年6月	汉
	程 莉	儿媳	女	1988年8月	汉
	李皓天	孙子	男	2014年8月	汉
家庭大事	1969年，李茂友参军入伍，1973年退伍 2007年，李龚平大专毕业于镇江高等专科学校 2018年，程莉本科毕业于南京师范大学				

新江村第 18 村民小组

家庭成员	姓名	与户主关系	性别	出生年月	民族
	梁凤兴	户主	男	1962 年 1 月	汉
	梁建芳	妻子	女	1965 年 6 月	汉
	梁琪华	长女	女	2001 年 6 月	汉
	梁艺华	次女	女	2005 年 8 月	汉
家庭大事	1988 年,梁凤兴大专毕业于苏州市职工大学 2014 年,动迁安置				

家庭成员	姓名	与户主关系	性别	出生年月	民族
	陆阿龙	户主	男	1964 年 4 月	汉
	陈美容	妻子	女	1962 年 10 月	汉
	陆春燕	女儿	女	1988 年 11 月	汉
	成勇全	女婿	男	1984 年 11 月	汉
	陆成旭	孙子	男	2011 年 10 月	汉
家庭大事	1980 年,翻建房屋 2002 年,成勇全参军入伍,2004 年退伍 2006 年,动迁安置 购汽车 1 辆				

	姓名	与户主关系	性别	出生年月	民族
家庭成员	曹建忠	户主	男	1969年1月	汉
	梁梅珍	母亲	女	1945年11月	汉
	唐宝兰	妻子	女	1968年11月	汉
	曹亚英	女儿	女	1990年8月	汉
	武宇杰	女婿	男	1986年8月	汉
	武泽航	长孙	男	2016年3月	汉
	曹泽桉	次孙	男	2019年12月	汉
家庭大事	2011年，武宇杰硕士研究生毕业于英国诺丁汉特伦特大学 2014年，曹亚英本科毕业于江苏大学 购汽车2辆				

	姓名	与户主关系	性别	出生年月	民族
家庭成员	梁男男	户主	男	1952年3月	汉
	梁雪珍	妻子	女	1954年5月	汉
	梁建东	儿子	男	1978年1月	汉
	陶玉珍	儿媳	女	1977年9月	汉
	梁建琴	女儿	女	1982年5月	汉
	王建东	女婿	男	1981年1月	汉
	梁静宜	孙女	女	2003年8月	汉
	王奕泽	外孙	男	2007年1月	汉
家庭大事	1991年，翻建楼房 2000年，王建东参军入伍，2002年退伍 2014年，动迁安置 购汽车1辆				

	姓名	与户主关系	性别	出生年月	民族
家庭成员	梁小毛	户主	男	1950年10月	汉
	孙巧琴	妻子	女	1952年12月	汉
	梁慧玲	女儿	女	1975年11月	汉
	景晖	女婿	男	1975年12月	汉
	梁宝定	儿子	男	1977年2月	汉
	梁敬喆	孙子	男	2002年1月	汉
家庭大事	1986年，房屋翻建 1996年，梁小毛被评为陆杨镇"优秀共产党员"；梁慧玲获得全国作文比赛二等奖 2014年，动迁安置 购汽车1辆				

	姓名	与户主关系	性别	出生年月	民族
家庭成员	高金龙	户主	男	1955年11月	汉
	高文俊	父亲	男	1935年10月	汉
	梁彩英	母亲	女	1936年1月	汉
	朱三宝	妻子	女	1956年10月	汉
	高梁	儿子	男	1981年4月	汉
	钱雅勤	儿媳	女	1981年12月	汉
	钱贞道	长孙	男	2005年3月	汉
	高圣恩	次孙	男	2008年11月	汉
家庭大事	1986年，房屋翻建 1991年，高金龙被评为陆杨镇抗洪救灾先进个人 2002年，高梁本科毕业于中国矿业大学 2014年，动迁安置；获评昆山高新区第四届"文明和谐家庭示范户" 购汽车2辆				

	姓名	与户主关系	性别	出生年月	民族
家庭成员	梁阿明	户主	男	1958年11月	汉
	梁志萍	妻子	女	1972年2月	汉
	梁 红	女儿	女	1992年6月	汉
	吴昌顺	女婿	男	1985年10月	汉
	梁嘉颖	外孙女	女	2013年7月	汉
	梁嘉鑫	外孙	男	2016年12月	汉
家庭大事	1983年，翻建房屋 2014年，动迁安置				

	姓名	与户主关系	性别	出生年月	民族
家庭成员	项华根	户主	男	1957年6月	汉
	俞扬珍	妻子	女	1959年11月	汉
	梁亚芳	女儿	女	1982年11月	汉
	徐建华	女婿	男	1979年10月	汉
	徐雨欣	长孙女	女	2005年2月	汉
	梁雨薇	次孙女	女	2009年11月	汉
家庭大事	1986年，翻建房屋 2014年，动迁安置				

	姓名	与户主关系	性别	出生年月	民族
家庭成员	唐五连	户主	男	1963年9月	汉
	陈桂兰	妻子	女	1965年5月	汉
	唐月苹	女儿	女	1989年1月	汉
	顾 俊	女婿	男	1986年11月	汉
	顾致远	孙子	男	2014年9月	汉
家庭大事	2009年，顾俊本科毕业于徐州工程学院 2011年，唐月苹本科毕业于南京晓庄学院				

	姓名	与户主关系	性别	出生年月	民族
家庭成员	梁金四	户主	男	1959 年 6 月	汉
	邹金芬	妻子	女	1964 年 10 月	汉
	梁慧萍	女儿	女	1986 年 1 月	汉
	王亚峰	女婿	男	1983 年 9 月	汉
	王沛玉	长外孙女	女	2007 年 4 月	汉
	梁沛玟	次外孙女	女	2014 年 5 月	汉
家庭大事	1992 年，建房 2005 年，王亚峰大专毕业于徐州工业职业技术学院 2012 年，梁慧萍大专毕业于南京审计学院 2014 年，动迁安置				

	姓名	与户主关系	性别	出生年月	民族
家庭成员	梁义良	户主	男	1957 年 11 月	汉
	陆凤仙	妻子	女	1963 年 4 月	汉
	梁叶华	儿子	男	1984 年 9 月	汉
	陶 芳	儿媳	女	1984 年 4 月	汉
	梁陶宇	孙子	男	2008 年 6 月	汉
	陶欣语	孙女	女	2013 年 9 月	汉
家庭大事	1990 年，翻建楼房 2005 年，梁叶华大专毕业于徐州工业职业技术学院 2014 年，动迁安置				

	姓名	与户主关系	性别	出生年月	民族
家庭成员	高金彪	户主	男	1958 年 6 月	汉
	支彩英	妻子	女	1959 年 7 月	汉
	高　杨	儿子	男	1981 年 12 月	汉
	陈诗慧	儿媳	女	1979 年 7 月	汉
	高鼎焱	孙女	女	2007 年 1 月	汉
	高鼎恩	孙子	男	2010 年 2 月	汉
家庭大事	1990 年，翻建楼房 2000 年，陈诗慧本科毕业于新加坡国立大学 2014 年，动迁安置 购汽车 1 辆				

	姓名	与户主关系	性别	出生年月	民族
家庭成员	潘桂琴	户主	女	1956 年 1 月	汉
	梁　萍	女儿	女	1979 年 8 月	汉
	赵利华	女婿	男	1979 年 2 月	汉
	赵一芊	外孙女	女	2002 年 3 月	汉
	梁晓春	外孙	男	2007 年 6 月	汉
家庭大事	1991 年，翻建楼房 2014 年，动迁安置 购汽车 1 辆				

	姓名	与户主关系	性别	出生年月	民族
家庭成员	梁凤根	户主	男	1951年9月	汉
	朱惠芬	妻子	女	1955年3月	汉
	梁 勇	儿子	男	1977年6月	汉
	赵 欢	儿媳	女	1981年5月	汉
	梁家鸣	孙子	男	2008年7月	汉
家庭大事	1988年，翻建楼房 2014年，动迁安置 购汽车1辆				

	姓名	与户主关系	性别	出生年月	民族
家庭成员	梁金三	户主	男	1956年6月	汉
	龚莲英	妻子	女	1957年6月	汉
	梁国华	儿子	男	1981年11月	汉
	陈红芳	儿媳	女	1981年3月	汉
	陈 梁	长孙	男	2005年2月	汉
	梁 陈	次孙	男	2008年10月	汉
家庭大事	1992年，翻建楼房 2014年，动迁安置 购汽车1辆				

	姓名	与户主关系	性别	出生年月	民族
家庭成员	戴大英	户主	女	1961年3月	汉
	梁凤娟	女儿	女	1981年10月	汉
	孙国鑫	女婿	男	1978年7月	汉
	孙祎炜	长孙	男	2003年8月	汉
	梁天宇	次孙	男	2014年5月	汉
家庭大事	1992年，翻建楼房 2014年，动迁安置 购汽车1辆				

	姓名	与户主关系	性别	出生年月	民族
家庭成员	杨道仁	户主	男	1961年10月	汉
	咸桂香	妻子	女	1967年6月	汉
	咸吴斌	儿子	男	1988年1月	汉
	刘　冬	儿媳	女	1990年9月	汉
	咸敬成	长孙	男	2011年6月	汉
	咸敬億	次孙	男	2019年1月	汉
家庭大事	2009年，咸吴斌大专毕业于盐城工业职业技术学院 2013年，动迁安置 购汽车1辆				

	姓名	与户主关系	性别	出生年月	民族
家庭成员	李爱明	户主	男	1972年5月	汉
	陈　丽	妻子	女	1971年11月	汉
	李　俊	儿子	男	1993年4月	汉
家庭大事	2017年，李俊本科毕业于长春大学 购汽车2辆				

家庭成员	姓名	与户主关系	性别	出生年月	民族
	陆宝宝	户主	男	1961年9月	汉
	王红芬	妻子	女	1962年4月	汉
	陆 燕	女儿	女	1984年9月	汉
	李 刚	女婿	男	1983年8月	汉
	陆李鑫	孙子	男	2005年10月	汉
	李嘉艺	孙女	女	2011年7月	汉
家庭大事	1979年，陆宝宝参军入伍，1983年退伍 2001年，李刚参军入伍，2003年退伍				

家庭成员	姓名	与户主关系	性别	出生年月	民族
	梁兴元	户主	男	1953年8月	汉
	袁凤英	妻子	女	1956年10月	汉
	梁海刚	儿子	男	1978年8月	汉
	赵丽珍	儿媳	女	1974年4月	汉
	梁维超	孙子	男	2000年7月	汉
家庭大事	1975年，梁兴元参军，1977年退伍，中共党员 1986年，翻建房屋				

	姓名	与户主关系	性别	出生年月	民族
家庭成员	韩金观	户主	男	1943年10月	汉
	周银珍	妻子	女	1970年11月	汉
	韩 英	女儿	女	1969年3月	汉
	朱京翔	外孙	男	1993年12月	汉
	韩 华	长子	男	1971年9月	汉
	张凤娟	长媳	女	1973年1月	汉
	韩方琳	孙女	女	1994年11月	汉
	韩 军	次子	男	1974年6月	汉
	朱惠兰	次媳	女	1974年8月	汉
	韩志杰	孙子	男	1998年1月	汉
	韩翁杰	三子	男	2000年12月	汉
家庭大事	2016年，朱京翔本科毕业于日本神户大学 2020年，韩志杰本科毕业于南京师范大学，韩翁杰大专毕业于昆山第一中等专业学校				

新江村第19村民小组

	姓名	与户主关系	性别	出生年月	民族
家庭成员	梁菊初	户主	男	1951年11月	汉
	陈大妹	妻子	女	1952年7月	汉
	梁春花	女儿	女	1973年2月	汉
	吴芳雨	外孙女	女	1995年4月	汉
	周佳俊	外孙女婿	男	1990年7月	汉
	梁国华	儿子	男	1975年9月	汉
	徐淑芳	儿媳	女	1975年5月	汉
	梁 越	孙女	女	2000年7月	汉
	梁艺超	孙子	男	2008年12月	汉

家庭大事	1986年，翻建房屋 1995年，梁春花大专毕业于苏州财经学院 2011年，动迁安置 2016年，吴芳雨大专毕业于连云港师范大学 2020年，周佳俊本科毕业于山东大学 购汽车1辆

	姓名	与户主关系	性别	出生年月	民族
家庭成员	梁全英	户主	女	1958年4月	汉
	沈泉林	丈夫	男	1955年8月	汉
	沈莉莉	女儿	女	1984年7月	汉
	刘远庆	女婿	男	1983年2月	汉
	沈刘菱	孙女	女	2009年7月	汉

家庭大事	1995年，翻建房屋 2005年，刘远庆本科毕业于南京金陵大学 2010年，沈莉莉硕士研究生毕业于苏州大学 2011年，动迁安置 购汽车1辆

	姓名	与户主关系	性别	出生年月	民族
家庭成员	梁文标	户主	男	1969年4月	汉
	梁友明	父亲	男	1948年11月	汉
	邵凤娟	妻子	女	1968年5月	汉
	梁　超	儿子	男	1991年12月	汉
	曹　雪	儿媳	女	1991年8月	汉
	梁恒铭	孙子	男	2020年2月	汉
家庭大事	1987年，翻建房屋 2011年，动迁安置 2014年，梁超和曹雪本科毕业于南京财经大学 购汽车2辆				

	姓名	与户主关系	性别	出生年月	民族
家庭成员	张金龙	户主	男	1950年8月	汉
	张白妹	母亲	女	1927年7月	汉
	陆大妹	妻子	女	1952年5月	汉
	张　萍	长女	女	1974年10月	汉
	冯利明	长女婿	男	1976年1月	汉
	冯思宇	外孙女	女	1999年4月	汉
	张　燕	次女	女	1975年11月	汉
	黄　东	次女婿	男	1978年1月	汉
	张佳豪	孙子	男	2000年10月	汉
	黄梦豪	孙女	女	2011年8月	汉
家庭大事	1986年，翻建房屋 2011年，动迁安置 购汽车2辆				

家庭成员	姓名	与户主关系	性别	出生年月	民族
	张红兴	户主	男	1970年4月	汉
	张小福	父亲	男	1941年6月	汉
	杨小依	母亲	女	1943年5月	汉
	姚武琴	妻子	女	1969年8月	汉
	张 芸	女儿	女	1992年9月	汉
	叶晓舟	女婿	男	1989年10月	汉
	叶昱淇	孙子	男	2015年7月	汉

家庭大事	1987年，翻建房屋 2011年，动迁安置；叶晓舟大专毕业于天津工程职业技术学院 2013年，张芸大专毕业于南京人口管理干部学院 购汽车1辆

家庭成员	姓名	与户主关系	性别	出生年月	民族
	姚永泉	户主	男	1965年2月	汉
	姚妹兰	母亲	女	1932年12月	汉
	俞金花	妻子	女	1964年8月	汉
	姚 婷	女儿	女	1988年4月	汉

家庭大事	1988年，翻建楼房 2010年，姚婷本科毕业于江南大学 2011年，动迁安置 购汽车1辆

家庭成员	姓名	与户主关系	性别	出生年月	民族
	张雪龙	户主	男	1965年7月	汉
	罗优平	妻子	女	1966年9月	汉

家庭大事	1988年，翻建楼房 2011年，动迁安置

	姓名	与户主关系	性别	出生年月	民族
家庭成员	张莉芬	户主	女	1969年4月	汉
	张阿雪	父亲	男	1942年12月	汉
	陈季奕	丈夫	男	1968年10月	汉
	钱 淼	女儿	女	1990年2月	汉
	王曙光	女婿	男	1986年5月	汉
	王希悦	外孙	男	2012年11月	汉
	钱梓茹	外孙女	女	2018年1月	汉
家庭大事	1978年,翻建房屋 2011年,动迁安置				

	姓名	与户主关系	性别	出生年月	民族
家庭成员	张燕莉	户主	女	1980年10月	汉
	刘 漪	丈夫	男	1979年5月	汉
	刘亦辰	儿子	男	2003年10月	汉
	张雅蕙	女儿	女	2014年9月	汉
家庭大事	1990年,翻建房屋 2011年,动迁安置 购汽车1辆				

	姓名	与户主关系	性别	出生年月	民族
家庭成员	邵雪元	户主	男	1957年1月	汉
	倪凤珍	妻子	女	1957年7月	汉
	邵成刚	儿子	男	1978年12月	汉
	周 爽	儿媳	女	1983年12月	汉
	邵益欣	孙子	男	2004年7月	汉
	邵奕雯	孙女	女	2015年3月	汉
家庭大事	1986年，翻建房屋 2011年，动迁安置 购汽车1辆				

	姓名	与户主关系	性别	出生年月	民族
家庭成员	梁全兴	户主	男	1961年8月	汉
	方国琴	妻子	女	1981年7月	汉
	梁钰晨	儿子	男	2015年3月	汉
家庭大事	1986年，翻建房屋 2012年，动迁安置				

	姓名	与户主关系	性别	出生年月	民族
家庭成员	陆菊珍	户主	女	1962年9月	汉
	梁 玉	女儿	女	1981年11月	汉
	梁意荣	孙子	男	2005年5月	汉
家庭大事	1987年，翻建房屋 2002年，梁玉本科毕业于苏州科技大学 2011年，动迁安置				

家庭成员	姓名	与户主关系	性别	出生年月	民族
	梁全龙	户主	男	1964年1月	汉
	邹桂珍	母亲	女	1937年8月	汉
	成素珍	妻子	女	1965年4月	汉
	梁水明	儿子	男	1988年8月	汉
	金秋红	儿媳	女	1988年8月	汉
	梁欣洁	孙女	女	2014年2月	汉
家庭大事	1986年,翻建楼房 2008年,梁水明大专毕业于吴江师范学院 2009年,金秋红大专毕业于常州纺织服装职业技术学院 2011年,动迁安置				

家庭成员	姓名	与户主关系	性别	出生年月	民族
	梁全妹	户主	女	1968年12月	汉
	查福泉	丈夫	男	1967年11月	汉
	查 峰	儿子	男	1990年9月	汉
	朱欣欣	儿媳	女	1990年8月	汉
	查呓芝	孙女	女	2014年10月	汉
	查朱毅	孙子	男	2019年3月	汉
家庭大事	2012年,查峰和朱欣欣大专毕业于江苏食品职业技术学院				

家庭成员	姓名	与户主关系	性别	出生年月	民族
	张金元	户主	男	1954年1月	汉
	吴六妹	妻子	女	1955年12月	汉
	张梅芳	女儿	女	1982年1月	汉
家庭大事	1980年,翻建楼房 2003年,张梅芳大专毕业于苏州市广播电视大学 2011年,动迁安置 购汽车1辆				

新江村第 20 村民小组

	姓名	与户主关系	性别	出生年月	民族
家庭成员	周白妹	户主	女	1956 年 11 月	汉
	陆锦洪	丈夫	男	1952 年 12 月	汉
	陆伟刚	长子	男	1975 年 8 月	汉
	陆 怡	长孙女	女	1999 年 3 月	汉
	陆惠国	次子	男	1979 年 1 月	汉
	嵇君君	次媳	女	1986 年 2 月	汉
	陆 溪	次孙女	女	2012 年 6 月	汉
家庭大事	1990 年，翻建楼房 2009 年，嵇君君大专毕业于镇江财经大学 2011 年，动迁安置 2018 年，陆怡考入厦门大学（本科） 购汽车 1 辆				

	姓名	与户主关系	性别	出生年月	民族
家庭成员	曹雪龙	户主	男	1964 年 12 月	汉
	王小芬	妻子	女	1967 年 7 月	汉
	曹 军	儿子	男	1988 年 2 月	汉
	曹博文	孙子	男	2013 年 1 月	汉
家庭大事	2011 年，动迁安置 购汽车 1 辆				

	姓名	与户主关系	性别	出生年月	民族
家庭成员	唐建平	户主	男	1965年5月	汉
	沈彩虹	妻子	女	1964年9月	汉
	唐 刘	儿子	男	1986年3月	汉
	沈梦成	儿媳	女	1992年11月	汉
	沈奕讯	孙子	男	2018年8月	汉
家庭大事	1980年，翻建房屋 2008年，唐刘大专毕业于华东理工大学 2011年，动迁安置 2013年，沈梦成中专毕业于无锡技师学院 购汽车2辆				

	姓名	与户主关系	性别	出生年月	民族
家庭成员	梁汉勤	户主	男	1954年4月	汉
	王平生	妻子	女	1954年10月	汉
	梁 杰	儿子	男	1982年12月	汉
	郭 娟	儿媳	女	1990年11月	汉
	梁莞凝	孙女	女	2017年10月	汉
家庭大事	1987年，翻建楼房 2003年，梁杰大专毕业于河南工业大学 2011年，动迁安置 2015年，郭娟本科毕业于江西科技学院 购汽车1辆				

	姓名	与户主关系	性别	出生年月	民族
家庭成员	沈菊桂	户主	男	1952年11月	汉
	陆巧香	妻子	女	1951年4月	汉
	沈建清	儿子	男	1973年11月	汉
	陈雪英	儿媳	女	1975年11月	汉
	沈哲强	孙子	男	1998年4月	汉
	沈建珍	女儿	女	1975年12月	汉
	仇爱平	女婿	男	1973年4月	汉
	仇思佳	外孙女	女	1998年11月	汉
家庭大事	1989年，翻建楼房 2010年，获评玉山镇首届"文明和谐家庭" 2011年，动迁安置；获评玉山镇第二届"文明和谐家庭" 2019年，沈哲强大专毕业于连云港师范高等专科学院 2020年，仇思佳本科毕业于南京师范大学泰州学院 购汽车2辆				

	姓名	与户主关系	性别	出生年月	民族
家庭成员	陆粉锁	户主	男	1962年11月	汉
	袁阿三	母亲	女	1932年8月	汉
	沈玉侠	妻子	女	1964年3月	汉
	陆敏娟	女儿	女	1987年2月	汉
	丹尼斯	女婿	男	1984年7月	德籍
	陆菲尔	外孙	男	2013年2月	德籍
家庭大事	1992年，翻建房屋 2009年，陆敏娟本科毕业于江南大学 2011年，动迁安置 购汽车1辆				

家庭成员	姓名	与户主关系	性别	出生年月	民族
	陈学俊	户主	男	1937年2月	汉
	袁妹珍	妻子	女	1929年10月	汉

家庭大事	1982年，翻建楼房 2011年，动迁安置

家庭成员	姓名	与户主关系	性别	出生年月	民族
	袁小毛	户主	男	1951年11月	汉
	陈惠英	妻子	女	1954年9月	汉
	袁菊芳	女儿	女	1976年10月	汉
	王生荣	女婿	男	1971年7月	汉
	袁园菁	孙女	女	2009年10月	汉

家庭大事	1980年，翻建楼房 2011年，动迁安置 购汽车1辆

家庭成员	姓名	与户主关系	性别	出生年月	民族
	袁小弟	户主	男	1958年4月	汉
	何雪珍	妻子	女	1963年7月	汉
	袁　敏	女儿	女	1985年5月	汉
	冯志荣	女婿	男	1982年12月	汉
	冯语瞳	长外孙女	女	2007年11月	汉
	冯语曦	次外孙女	女	2014年2月	汉

家庭大事	1976年，袁小弟参军入伍，1981年退伍 1990年，翻建楼房 2004年，袁敏大专毕业于苏州市职工大学 2005年，冯志荣本科毕业于南京师范大学 2011年，动迁安置 购汽车1辆

家庭成员	姓名	与户主关系	性别	出生年月	民族
	潘昆明	户主	男	1965年12月	汉
	潘乘鉴	父亲	男	1927年4月	汉
	周秀英	母亲	女	1933年11月	汉
	盛美秋	妻子	女	1964年4月	汉
	潘 倩	女儿	女	1991年10月	汉

家庭大事	1985年，翻建楼房 2011年，动迁安置 2013年，潘倩本科毕业于苏州大学 购汽车1辆

家庭成员	姓名	与户主关系	性别	出生年月	民族
	潘惠珍	户主	女	1978年4月	汉

家庭大事	2011年，动迁安置

家庭成员	姓名	与户主关系	性别	出生年月	民族
	戴 平	户主	男	1964年10月	汉
	祁秀兰	母亲	女	1940年2月	汉
	张雪珍	妻子	女	1965年10月	汉
	戴 剑	儿子	男	1989年4月	汉
	时 静	儿媳	女	1989年9月	汉
	戴欣悦	长孙女	女	2016年5月	汉
	时欣榆	次孙女	女	2019年9月	汉

家庭大事	1995年，翻建楼房 2007年，张雪珍本科毕业于中共中央党校函授学院 2009年，戴剑大专毕业于常州轻工职业技术学院 2012年，动迁安置

家庭成员	姓名	与户主关系	性别	出生年月	民族
	赵四妹	户主	女	1962年4月	汉
	戴　俊	儿子	男	1986年6月	汉
	曹　益	儿媳	女	1987年10月	汉
	戴宸雨	孙子	男	2018年8月	汉
家庭大事	2007年，戴俊大专毕业于盐城师范学院 2010年，曹益本科毕业于徐州师范大学				

家庭成员	姓名	与户主关系	性别	出生年月	民族
	梁冬林	户主	男	1967年12月	汉
	查文花	妻子	女	1969年1月	汉
	梁　婷	女儿	女	1990年5月	汉
	徐泽元	女婿	男	1990年8月	汉
	徐佳睿	外孙	男	2018年7月	汉
家庭大事	1990年，翻建房屋 2002年，梁冬林大专毕业于中共昆山市委党校 2011年，动迁安置 2012年，梁婷本科毕业于盐城师范学院 2017年，徐泽元本科毕业于中国地质大学（北京）继续教育学院 购汽车1辆				

家庭成员	姓名	与户主关系	性别	出生年月	民族
	朱雪林	户主	男	1956年12月	汉
	朱婉珍	母亲	女	1931年10月	汉
	王爱洁	妻子	女	1963年6月	汉
家庭大事					

家庭成员	姓名	与户主关系	性别	出生年月	民族
	顾水生	户主	男	1955年1月	汉

家庭大事	1975年，翻建房屋 2011年，动迁安置

家庭成员	姓名	与户主关系	性别	出生年月	民族
	曹雪林	户主	男	1956年12月	汉
	梁玉华	妻子	女	1957年8月	汉
	曹 吉	女儿	女	1982年2月	汉
	朱永林	女婿	男	1980年12月	汉
	朱 芸	孙女	女	2004年9月	汉

家庭大事	2003年，朱永林大专毕业于兰州大学

家庭成员	姓名	与户主关系	性别	出生年月	民族
	潘惠良	户主	男	1974年3月	汉
	魏贵玲	妻子	女	1976年7月	汉
	潘 卫	儿子	男	1998年12月	汉

家庭大事	1992年，翻建房屋 2011年，动迁安置 2019年，潘卫大专毕业于苏州高等职业技术学院

家庭成员	姓名	与户主关系	性别	出生年月	民族
	潘惠清	户主	男	1977年8月	汉
	徐春娟	妻子	女	1982年4月	汉
	潘永盛	儿子	男	2009年10月	汉
	潘思雨	女儿	女	2017年8月	汉

家庭大事	1995年，潘惠清参军入伍，1998年退伍，在部队荣获三等功一次 1999年，潘惠清由河北省保定部队迁来昆山市陆桥